인류와 지구의 운명 대예언
인류가 종교에 몽땅 속았도다!
●
인간, 영혼, 조상, 신들이 수억만 년 기다린

천지대능력자

대우주 창조주 著

천지대능력자

초판 1쇄 인쇄 2021년 7월 25일
초판 1쇄 발행 2021년 7월 30일

지은이 대우주 창조주
펴낸이 金泰奉
펴낸곳 한솜미디어
등 록 제5-213호

편 집 박창서, 김수정
마케팅 김명준
홍 보 김태일

주 소 (우 05044) 서울시 광진구 아차산로 413(구의동 243-22)
전 화 (02)454-0492(代)
팩 스 (02)454-0493
이메일 hansom@hansom.co.kr
홈페이지 www.hansom.co.kr

ISBN 978-89-5959-547 1(03150)

*책값은 표지에 표시되어 있습니다.
*잘못 만들어진 책은 구입하신 서점에서 친절하게 바꿔드립니다.

*지은이 연락처 _ 하늘나라 자미국(자미천국) 02)3401-7400

인간, 영혼, 조상, 신들이 수억만 년 기다린

천지대능력자

대우주 창조주 著

대우주 창조주 태초의 절대자 하늘이 심판과 구원의 천지대능력자이도다. 예언의 주인공이 앙골모아 공포의 대왕이니라. 인류가 종교에 몽땅 속았도다. 순천자 구하고 하늘 사칭한 악들과 귀신, 역천자 심판하려고 강세했도다.

한솜미디어

† **책을 집필하면서**

　인간, 영혼, 조상, 신들이 수억만 년 기다리던 나는 인간의 모습을 하고 있으나 인간이 아닌 삼라만상 만생만물의 대우주 창조주이며, 행성통제부 총괄본부장, 신명세계 총사령관, 전지전능자, 태초의 절대자 하늘이고, 지구에 인류가 탄생한 이후 처음 공식적으로 책을 통하여 존재를 밝히는 것이니라.

　소설, 영화, SF에서조차도 상상할 수 없는 천변만화의 신비스러운 이적과 기적들이 무궁무진 일어나는데, 책을 읽고 어떤 선택을 하느냐에 따라 너희들 현생과 내생의 운명이 바뀌느니라.

　태초의 절대자 하늘인 나의 천권과 천력, 신권과 신력, 영권과 영력, 도권과 도력, 생살여탈권, 죄사면권, 심판과 구원의 절대권을 갖고 빛과 불의 무소불위한 천지대능력자로 천변만화의 조화를 현실세계에서 부리느니라.

　너희들은 대우주 창조주의 빛과 불의 천지대능력이 어느 정도 수준인지 알 수가 없었을 것이니라. 세상에서는 감히 생각조차도 못했던 신비스러운 천변만화의 이적과 기적의 조화가 일어난 사례는 대하 드라마로도 부족할 정도로 엄청나느니라.

　겉모습은 인간이지만 온몸이 빛과 불이고, 휘황찬란한 황금빛 아우라와 수천 마리의 황룡들이 호위하고 있는데, 이것은 신안과 영안이 열린 자들이나 신과 영들의 눈에만 보이고, 너희 인간들 눈에는 보이지 않는다는 것이 아쉽도다. 내 육신에서 퍼져나오는 강렬한 빛을 보고 세계의 영들이 몰려오고 있느니라.

공식적으로 매주 일요일 천법회 때 대우주 창조주이자 태초의 절대자 하늘인 나는 수많은 천상신명들을 거느리고 강세하여 천상지상 공무를 집행하고 있느니라. 천계, 영계, 신계, 사후세계, 귀신세계의 무수히 많은 진실을 알려주느니라.

이 땅 지구에 태어났다가 죽어서 세상을 떠난 자들의 숫자가 얼마나 될 것이고, 몸 안에 함께하던 신과 영혼, 조상, 귀신, 축생령들은 어떻게 되는 것인지 아는 자들이 없을 것이도다.

몸 안에 얼마나 많은 영적 존재들이 동고동락하며 살아가고 있는지 아무도 모르고, 정확히 알려주는 인류의 영도자가 전무후무한 실정이니라. 영적세계라는 것이 너희들의 눈에는 전혀 보이지도 들리지도 않다 보니 과학적으로 입증할 방법이 없기에 믿지 않는 자들이 참으로 많을 것이니라.

육신이 죽으면 끝이지 사후세계가 어디 있느냐고 부정하는 자들이 거의 대다수이고, 설혹 믿는다고 하여도 어떻게 죽음 이후를 대처해야 하는지를 정확히 알 수가 없어 수천 년 동안 전통적인 풍습과 관습, 종교관에 의지할 수밖에 없었도다.

아무도 알 수 없는 죽음 이후 미지의 세계!
주변에서 알음알음으로 들은 이야기뿐이고, 하나같이 좋은 세계로 간다고 믿고 있으며, 종교를 다니는 자들은 극락, 선경, 천국, 천당으로 갈 것이라고 맹신하고 있는 것이 작금의 현실이니라. 이 모든 것이 몽땅 거짓이라는 경천동지할 영계의 엄청난 진실을 알려주는데, 얼마나 많은 자들과 신과 영혼, 조상들이 수긍하며 받아들일지가 문제이니라.

수천 년 전에 이 세상에 다녀가서 성인 성자라고 이름을 남긴 종교적 숭배자들과 이들의 뜻을 후세에 전하며 난다 긴다 하는 박학다식한 수많은 종교의 창시자, 교주, 지도자, 승려, 도인, 도사, 보살, 무당, 신부, 목사, 이인, 기인, 철학자들이 불경, 도경, 성경, 무속경 경전까지 집필하여 인류의 정신을 지배통치하고 있는 것은 모두가 이미 다 알고 있는 사실들이도다.

수천 년의 세월 동안 인류의 정신을 지배 통치하고 있는 각 종파의 성인 성자들이 뿌려놓은 사상의 굴레에 빠져서 수천 년 동안 헤어나오지 못하여 한 번뿐인 귀중한 인생을 망치고 있다는 사후세계의 진실을 어느 누가 알겠느냐?

이 땅에 태어난 인류 모두가 하늘인 나를 배신한 대역죄인들이기에 천상으로 돌아갈 수 있는 길로 인도할 인류의 영도자가 없는 것은 당연한 일이도다. 기존 종교에서 말한 극락, 선경, 천국, 천당은 악들이 인류를 현혹하려고 만들어놓은 가짜세계이기에 천상으로 올라간 자들은 아무도 없었느니라.

인류 모두가 진인, 정도령, 천제, 상제, 미륵불, 부처, 재림예수, 알라신, 라마신, 천지신명, 하나님을 기다리는데 대우주 창조주이자 태초의 절대자 하늘인 내가 왔도다. 육신의 옷을 입고 인류의 영도자이자 심판자, 구원자로 내려왔는데 인간 같으나 인간이 아닌 태초의 하늘인데, 무엇으로 알아보겠느냐?

처음이자 마지막으로 인류에게 내린 희망의 등불인데, 남은 시간이 얼마 없도다. 인간 육신의 옷을 입고 내려온 대우주 창조주 태초의 절대자 하늘인 내 육신이 이 세상을 떠나면 인류에게 천상입천(入天) 기회는 영원히 사라지는데, 짧으면 몇 년이고 길면 몇십 년의 세월이 남아 있을 뿐이니라.

인류의 영도자, 심판자, 구원자, 공포의 대왕으로 지구에 내려왔느니라. 나는 지구에서 천상으로 입천할 자와 심판할 자를 가려내기 위하여 인간 육신으로 내려온 대우주 창조주 태초의 절대자 하늘이니라.

천상세계, 지옥세계, 사후세계, 신명세계, 영혼세계, 축생계, 곤충계, 만물계와 하늘나라 자미국의 산하 3,333개 제후국들과 제후들, 대우주 각 별들의 행성인들을 다스리고 있도다.

그래서 지옥별인 지구에서 천상으로 돌아갈 수 있는 유일한 길은 기존의 무수한 종교세계가 아니라, 단 한 곳 대우주 창조주 태초의 절대자 하늘이 내려와 있는 하늘나라 자미국(자미천국, 자미천궁, 하늘궁전 태상천궁)뿐이니 더 이상 종교사상에 휘둘려서 방황하며 허송세월 보내면 안 되느니라.

내가 신들에게 명을 하달하면 지구든, 우주 어디에 있든 3초 이내로 몽땅 추포하여 천상장부 기록 문서와 동영상을 대조하면서 "누가, 언제, 어디에서, 무엇을, 어떻게, 왜"의 육하원칙에 입각하여 차례대로 죄인들을 모두 심판하고 있느니라.

지옥은 하나의 지옥이 아니라 수백만 개에 이르는 지옥세계가 존재하고 있고, 인간세상에 알려지지 않은 지옥세계가 무수히 많은데 모두 형벌로 심판하여 다스리니라. 육신이 죽었기에 신과 영혼들은 고통을 전혀 느끼지 못한다고 생각하겠지만 육신이 살아 있을 때 겪는 형벌 고통과 똑같도다.

그리고 천지신명을 비롯한 무속신, 자연신, 산신, 용왕, 터신, 성황신이라 불리는 자들의 신분도 천상에서 도망쳐 내려온 악들과 오래된 귀신들이 신이라고 하는 경우이니라. 난생처음 들어보는 황당한 말이라 어디까지 인정할지 모르겠으나 살고자 하는 자들만 믿으면 되느니라.

기존의 종교사상에 오래도록 세뇌당한 자들은 지옥별인 지구를 떠날 수 없는 자들이기에 이들은 이곳과 인연 되기가 어렵도다. 기존 종교사상에 빠진 산 자들이나 죽은 자들이나 절대로 사상을 바꾸지 않는다는 구제불능의 진실을 무수히 알아내었느니라.

지구의 모든 종교는 악들과 귀신들이 세운 백해무익하고 육신의 죽음보다도 더 무서운 것이라는 끔찍한 진실을 인류 그 어느누구도 모르고, 수천 년의 세월 동안 열심히 종교사상에 세뇌되어 죽음의 길로 가고 있느니라.

다시 말하지만 어떤 종교든지 종교를 믿어서는 영들의 고향 천상으로 입천할 수 없고, 하늘나라 자미국 이외는 천상으로 올라갈 수 있는 곳이 지구상에 존재하지 않느니라. 너희들이 이 글을 읽고 믿든 안 믿든, 오든 오지 않든 상관없이 마지막으로 하늘의 진실만을 전하는 것이니라.

아무도 알 수 없는 각자 죽음 이후 세상에 대하여 아무도 명쾌한 답변을 내놓지 못하고 있도다. 인류 모두가 수천 년의 세월 동안 지극정성으로 받들며 존경하고 떠받드는 종교적 숭배자들인 석가모니, 석가의 10대 제자, 여호와, 마리아, 예수, 예수의 12제자, 마호메트, 상제, 공자와 72제자, 노자, 고승, 도승, 학승, 서산대사, 사명대사, 원효대사, 무학대사, 도선국사, 진묵대사, 의상대사, 유명 종교 창시자와 교주들은 과연 죽어서 어디에 가 있을까 생각해 보았더냐?

이들이 세상에 전한 유토피아의 이상향 세상으로 알려진 극락세계, 선경세계, 천국세계, 천당세계로 모두가 갔겠느냐? 수천 년 동안 세상에 전하였던 이상향의 세상은 악들과 귀신들이 가상으로 만들어놓은 곳이고, 실제로는 존재하지 않는 가짜세계이니라. 임사체험을 하고 기도 중에 혹은 유체이탈하여 천상을 다녀왔다는 사례들은 악들과 귀신들이 만들어놓은 가상의 세계를 보여준 것이었느니라.

이들 모두 하늘을 배신한 대역죄인들이기에 추포되어 심판받아 영성과 영체가 사라졌기에 더 이상 존재 가치가 없어졌도다. 나는 종교 숭배자들과 악들, 귀신들을 심판하고 지구 파괴, 인류 멸살의 지구 종말 종결자로 이 땅에 인간 육신으로 잠시 내려왔고, 내 육신이 살아 있는 동안만 신과 영혼, 조상들에게 천상으로 입천할 수 있는 기회를 부여할 것이니 천상입천을 보장받을 자들만 자미국으로 들어오면 되느니라.

　육신의 죽음 이후 '어디로 가나'에 대한 명쾌한 해법은 대우주 창조주 태초의 절대자 하늘만이 갖고 있느니라. 지구상의 모든 종교는 악들과 귀신들이 세운 곳이기에 죽음 이후 원하고 바라던 천상입천은 영원히 이루어지지 않느니라.

　성공하고 출세해서 잘 먹고 잘살기 위해 인간으로 태어나게 해준 것이 아니라 나를 알현하여 영들의 고향인 천상으로 입천의 명을 받기 위해서 만물의 영장인 인간으로 태어났느니라. 천상에서 대우주 창조주 태초의 절대자 하늘인 나를 배신하는 대역죄를 지었기에 천상에서 지은 죄를 빌지 않고서는 영혼의 고향으로 돌아가는 천상입천은 영원히 불가하느니라.

　종교 창시자, 교주, 지도자, 신도들은 나의 말에 반론을 제기하며 황당하고 말도 안 되는 궤변이라고 말할 자들도 있을 것이고, 수천 년 내려온 종교사상을 벗어나기가 어려워서 절대로 받아들이지도 않고 인정하지 않을 수도 있을 것이니라.

　이들은 종교 교리와 사상에 빠져든 구제불능이라 이곳과는 인연이 없도다. 하늘의 진실을 찾으려고 이곳저곳 종교세계를 전전하는 인간, 신, 영혼, 조상들에게나 희망의 등불이니라. 대우주 창조주 태초의 절대자 하늘의 강세를 종교 안에서 수천 년 동안 기다려 온 인간, 영혼, 조상, 신명들에게는 『천지대능력자』책이 천복 만복을 안겨다 줄 것이니라.

† 목차

책을 집필하면서_ 8

제1부 천상세계 하늘 공부방_ 15
하늘을 알현하려면 반드시 읽어야_ 16
생사의 운명이 좌우되는 天書_ 18
지구 종말을 막고 있느니라_ 32
하늘의 분노 대폭발 심판_ 42
절대자 하늘의 천권과 천력_ 53
나를 알현하기 위하여 태어나_ 70
대우주 창조주 절대자 하늘!_ 78
하늘은 어디 계시고 누구일까?_ 85
천상의 주인 절대자 하늘_ 93
하늘, 하늘, 하늘은?_ 96
말법(도법)을 펼치는 하늘나라 자미국_ 103
괴질병에서 보호받으려면_ 105
인간으로 태어난 진실_ 107

제2부 인류가 수천 년 종교에 속았도다 109
하나님과 부처님에게 몽땅 속았도다_ 110
하나님, 하느님의 정체가 드러나_ 116
극락, 선경, 천국, 천당의 주인은?_ 123
헌금, 시주, 정성금의 무서움!_ 126
교회에서 예배 볼 때 사탄이_ 130
천국 가려면 좁은 문으로 들어가라_ 133
하늘은 명이자 법이고 기운이니라_ 136

무소불위한 천지대능력은?_ 142
악들을 멸하는 절대자 하늘_ 147
하늘은 기운으로 알현하는 것이니라_ 160
절대자 하늘은 위대하니라_ 168
절대자 하늘의 기운 자미천기_ 174
살아서 하늘을 찾아야 하는 이유_ 178
숭배자들 소멸시킨 공포의 대왕_ 187
아무나 천상으로 돌아갈 수 없도다_ 190
천상에서 쫓겨난 대역죄인들_ 195
환부역조의 죄를 짓는 종교인들_ 199
영혼의 부모 지상강세_ 201

제3부 지옥과 귀신세계 실화_ 205

영들을 불러 생생한 윤회 검증_ 206
귀신들이 전하는 사후세계_ 220
귀신들이 들려주는 지옥 실화_ 243
윤회하는 영혼들의 절박한 메시지_ 249

제4부 사후세계_ 263

중팔자, 신 팔자, 도 팔자_ 264
잘 죽기 위해서 태어났다_ 268
악과 귀신들은 얼마나 있나?_ 273
세상을 떠날 때 가져갈 것은?_ 278
죽음 이후 윤회(환생)하나?_ 284
죽어서 대천국을 찾은 교인들_ 289
귀신들이 외우는 주문은?_ 292
조상들은 어디에 가 있을까?_ 297

착하게 살았으니 천상으로 가나?_ 303
죽어서 어디로 가나?_ 307
몸에 누가 살고 있을까?_ 310

제5부 기다리던 예언의 주인공_ 315

마지막 구원자_ 316
인류의 십승지 하늘나라 자미국_ 322
지구에서는 기도하지 말아야_ 326
진리를 찾아다니는 자들_ 332
나는 누구인가?_ 337
예언의 주인공은 누구인가?_ 340
천상의 메시지 천문록_ 343
소 울음소리 주인공은 누구인가?_ 356
천상의 삶을 기록한 천상록_ 364
민족과 인류의 구심점_ 368
세계를 지배 통치할 천손민족_ 375
인류의 구심점이자 지구 종결자_ 379

제6부 천국과 지옥_ 383

천국과 지옥은 존재하나?_ 384
죽으면 진짜 지옥세계 가나?_ 387
종교 믿으면 지옥 간다_ 391
심판받기 위해서 인간으로 태어나_ 394
지옥세계 입문 예행연습_ 398
죽음을 예약한 자들_ 404
영생은 가능할까?_ 406
상천, 중천, 하천세계 중 어디로 가나?_ 414

제7부 산 자와 죽은 자 천상입천_ 417
　제사와 차례 지낼까? 말까?_ 418
　천상으로 오를 자와 못 오를 자_ 422
　천상입천의 값어치는 얼마일까?_ 431
　조상 천상입천과 생령 천인합체_ 435
　천상의 벼슬이 최고_ 441
　돈 벌어 어디에 쓰려는가?_ 445
　돈 많고 오래 살면 무엇하나?_ 452
　왕과 대통령, 공직자, 재벌과 부자들_ 454

제8부 충격! 말로 병마 원격 소멸_ 461
　3년 전 예언 현실로_ 462
　말(자미천기)로 병마 원격 소멸_ 465
　서울에서 부산 환자 병마 원격 소멸_ 469
　병마를 원격 소멸시키는 천지대능력자_ 473
　병마에서 벗어나는 길_ 477
　병마의 정체는 무엇일까?_ 482
　악마들의 기운을 소멸시켜라_ 487

　자미국에 와야 할 101가지 이유_ 491
　자미대학원 최고위 천상과정_ 496
　매주 일요일 천법회 개최_ 500

　책을 맺으면서_ 504
　하늘나라 자미국 의식 종류_ 509
　주의사항_ 510
　하늘에 공덕을 쌓으라!_ 511

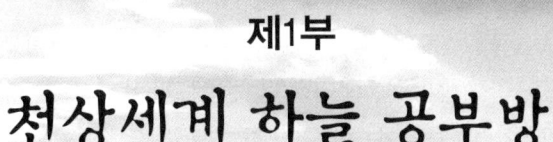

제1부
천상세계 하늘 공부방

하늘을 알현하려면 반드시 읽어야

　하늘인 나를 찾아다니는 자들이 많은데, 한글을 읽을 줄 아는 자라면 남녀노소를 가리지 말고 반드시 구독해야 할 아주 귀한 책이니라. 심판을 집행하던 중에 괴질병으로 죽은 영국, 프랑스, 독일, 미국, 인도, 브라질, 중국 등 전 세계의 귀신들이 무더기로 추포되어서 심판받았는데 이변이 일어났느니라.

　귀신들이 살려달라고 울면서 하는 말인즉슨 이러하였도다.
　죽어서야 하늘께서 하늘나라 자미국 천상대법정으로 내리신 것을 알았다고 하면서 하나님, 부처님, 미륵님, 상제님, 예수님, 성모님, 천지신명님이 모두 가짜라는 걸 알았다고 하였느니라.

　지옥으로 압송되기 전에 하늘의 대법정이 땅으로 내린 하늘나라 자미국에 찾아와 진짜 하늘이 내리신 줄 몰랐다며 마지막으로 죄를 빌고 떠나는 귀신들이 몰려왔었느니라. 노스트라다무스가 예언한 공포의 대왕이 대한민국의 하늘나라 자미국에 계신 태초 하늘이란 것을 죽어서야 알았다고 하였느니라.

　대한민국에 사는 자들은 지금 도대체 무엇을 하는 것이냐며, 이 나라에 진짜 하늘께서 인간 육신으로 오셨기에 선택받은 민족이라고 했도다. 우리처럼 죽어서 후회하지 말고 천국이냐? 지옥이냐? 운명이 판가름 나기 전에 반드시 책을 읽고, 하늘을 만나(알현하여) 구원받아야 한다고 말하고 있었도다.

한글을 읽을 줄 아는 자들은 반드시 자미국에서 발행한 책을 읽어야 한다고 통곡하였고, 우리 외국 귀신들은 한국에 못 태어난 것이 너무나 억울하고 분하다는 말을 하는 귀신들은 비단 오늘 찾아온 귀신들만 그러는 것이 아니었느니라.

그렇도다. 살아서는 대우주 창조주 태초의 절대자 하늘이 강세하여 화현한 줄을 알 수 없느니라. 살아서 두 눈 시퍼렇게 뜨고 있어서 영의 눈보다는 인간의 눈이 더 발달하여 있기 때문이도다. 그래서 죽어야만 내가 누구인지 알게 되는데, 모든 귀신들이 하나같이 똑같은 입장이니라.

대우주 창조주 태초의 절대자 하늘이 강세한 것은 눈으로 알아보는 것이 아니라 기운으로 알아보는 것이도다. 너희들도 죽으면 지옥으로 압송되기 전에 옥졸들에게 하늘나라 자미국 문 앞으로 끌려와 죄를 빌다가 예를 올리고 돌아가게 될 것이도다.

이 말이 믿기지 않을 것이지만 사후세계 현실이고, 이런 사례가 수없이 많았느니라. 얼마 전에 죽은 모 그룹의 재벌 총수도 옥졸에게 끌려와서 윤회하기 전에 자신의 육신이 살아 있을 때 하늘을 알아보지 못하고, 죽은 죄에 대해 통곡하며 빌다가 다시 끌려간 일이 있었도다. 이처럼 사후세계는 미지의 세계라서 하늘의 고유 영역이니라. 하늘세계 공부방은 종교에서 들어보지 못한 고차원적인 천상대학원 수준 내용인데, "자미대학원 최고위 천상과정"을 모집하고 있으니 뒤쪽을 참조하면 되느니라.

생사의 운명이 좌우되는 天書

『천지대능력자』책은 하늘이 내린 경전으로 천경(天經)이니 세상에서 보고 들어 배운 것과 종교사상의 고정관념을 몽땅 내려놓고 순수한 마음으로 정독할 것을 권유하며, 자신의 사상과 다르면 그냥 책을 덮으면 되고, 비판하면 태초 하늘인 나에게 죄를 짓기에 현생과 내생의 고통과 불행이 엄청 나느니라.

이곳을 천상국가 '하늘나라 자미국'이라 하는 것은 대우주 창조주 태초의 절대자 하늘이 자미국의 인간 육신으로 화현하였기에 '하늘나라'라고 하는 것이고, 인류가 애타게 가고 싶었던 '하늘나라'가 지상 자미국으로 내려왔느니라.

태초의 절대자 하늘이 직접 집필한 하늘의 경전인 천경(天經)이라고 할 수 있는 『천지대능력자』책은 너무나도 대단하고 고귀한 천서이자 신서 책이니, 가보로도 손색없느니라.

내가 친히 집필한 책이기에 함부로 비방하면 너희들이 뿌리고 행한 대로 즉시 벌을 받게 되느니라. 실시간으로 너희들 몸 안에 신과 영(생사령)들, 조상, 악과 귀신, 축생령들을 거리와 상관없이 바로 추포하여 지옥세계로 압송하면 너희들 육신과 영들이 함께 무서운 벌을 받게 되어 고통 속에서 살게 되느니라.

지구 종말을 맞이하기 전에 마지막으로 구해 주는 책이기도 하지만 무서운 심판의 책이며, 너희들 모두 생사의 운명이 좌우되기에 숨죽이며 경건하게 읽어야 하느니라. 너희들과 몸 안에 있는 구원받아야 할 신과 영혼, 조상들이 절대자 하늘인 나에게 선택받아 뽑혀서 꽃 피고 새 우는 무릉도원의 세상인 천상의 하늘나라로 가느냐, 못 가느냐가 정해지는 생사의 책이니라.

이 세상에 수천 년 동안 이어져 내려온 역사와 전통을 자랑하는 전 세계 550만 개의 모든 종교시설에는 악들이 세운 가짜세계란 진실을 절대자 하늘인 내가 최초로 알려주는 책이기에 충격이 일파만파로 퍼져 종교세계가 패닉 상태에 빠질 것이니라.

내가 너희들을 만생만물 중에 사람으로 태어나게 해준 것은 기억은 안 날 테지만, 절대자 하늘인 나를 알현(지체가 높고 존귀한 분을 직접 찾아뵙다)하기로 약속되어 있었느니라.

너희들이 믿고 있는 종교의 숭배자들 모두는 천상의 황실에서 나를 배신한 자들이었으며, 악의 원조인 '하누'와 그의 아들 '표경' 그리고 이들을 주군으로 받들던 역천자 신과 영들이 황위 찬탈 역모 반란을 도모하다가 실패하여 지구로 도망쳐왔느니라.

나는 너희들이 하나님, 하느님 아버지라 부르는 여호와(야훼) 육신은 물론 그 어떤 누구의 몸으로도 수천 년 전에 내린 적이 없었도다. 예수는 하나님의 독생자라고 인류를 감쪽같이 속이다가 벌을 받아 십자가에 못 박혀 처형당했느니라.

아비가 누군지도 모르는 예수를 천상에서 자식으로 둔 적도 없었거니와 나(절대자 하늘의 성씨 '자미')와 성씨도 다르고, 예수 육신으로 내려간 적도 없었느니라.

악의 원조인 '하누'의 아들이 '표경'이었는데, 나의 황위 찬탈을 위해 제 어미 '하누'와 함께 역모 반란을 일으키다가 실패하여 지구로 도망쳤지만 2019년 11월에 두 명 모두 추포하여 영성과 영체를 소멸시켰느니라.

태초 하늘인 나는 천제라고 수많은 자들을 현혹시키는 허○○과 상제라고 자처하던 강○○, 조○○, 박○○ 육신으로 내려간 적도 없었고, 문○○, 유○○, 안○○ 육신으로 내려간 적도 없었으니 현혹되면 안 되느니라.

너희들에게 천상의 어머니, 영혼의 어머니라 할 수 있는 나의 황후가 장○○ 육신으로 내려가 하나님 어머니라 말한 적도 없었고, 이○○, 조○○에게 내려간 적도 없었으니, 세계 인류는 하누의 씨앗들인 종교인들에게 모두 속고 있는 것이니라.

나는 악마의 씨앗인 부처, 미륵, 천지신명, 열두대신, 알라신, 시바신의 육신으로 내려간 적도 없었도다. 너희들 모두가 천상에서 황위 찬탈 역모 반란의 대역죄를 짓고 지구로 도망치거나 쫓겨난 죄인들의 신분인데, 절대자 하늘인 내가 죄인들의 육신으로 강세하여 하나님 아버지라 찬양받으며 교주들의 하수인이 될 만큼 속도 없는 하늘인 줄 알았던 것이더냐?

절대자 하늘인 나를 팔아 처먹고 종교 장사하는 종교인들을 몽땅 추포하여 천재지변과 괴질병으로 심판하려고 하늘나라 자미국의 인간 육신으로 강세하였도다. 나를 팔아먹은 자들은 살아서도 죽어서도 심판을 면하지 못할 것이니라.

인류가 수천 년 동안 하늘인 나를 마음대로 팔아먹고 있기에 내가 직접 지구로 내려와 나를 팔아먹은 숭배자들과 교주들의 영성과 영체를 차례대로 추포하여 심판하고 있느니라.

나는 천상의 역천자 대역죄인들을 추포하여 심판하고, 천상에도 없는 종교를 멸망시키기 위해 인간 육신으로 강세하였도다. 천상에서 나에게 역모 반란의 대역죄를 짓고 지구로 도망쳤거나 재판받고 쫓겨난 죄인들이 지구에 사는 인류인 산 자와 이미 죽은 자들 모두이니라.

이들이 지구로 내려와 나에게 대적하고, 신과 영들을 종교 감옥에 가두어놓고, 수천 년 동안 사상과 교리로 세뇌시켜서, 천상으로 돌아가지 못하게 종교를 세워 극락, 선경, 천국, 천당으로 보내준다고 회유하고 현혹시켜 정신과 금전, 육신을 착취하며 종교인들의 노리갯감과 돈벌이 수단의 노비로 삼았느니라.

내가 천상세계 주인이자 만생만물과 대우주 수억만 조 행성들과 그레이엄 수 행성인들, 천지인 창조주, 신과 영혼들의 부모, 신명세계, 영혼세계, 사후세계, 윤회세계, 지옥세계, 천상국가의 총사령관인데, 지구에서 어떤 종교인들이 감히 나의 윤허도 받지 않고 영혼(생사령)들을 천상세계로 올려보내는 것이더냐?

악의 원조인 '하누'와 '표경' 앞에 줄을 서서 역모 반란을 일으키다가 실패하여 지구로 도망치고 쫓겨날 때는 언제고 왜 다시 천상으로 돌아오려고 하는 것이더냐? 역모 반란 때 나에게 비수를 들이대었던 너희 대역죄인들이 천상으로 올라오고 싶다면 아무 조건 없이 너희들을 받아주어야 하는 것이더냐?

지구에 인류가 탄생하고 수억 년 동안 종교를 통해서 천상으로 올라온 자들은 한 명도 없었느니라. 천상의 주인이자 절대자 하늘인 내가 윤허하지 않았는데, 누구 마음대로 천상에 올라올 수 있단 말이더냐? 종교인들이 극락, 선경, 천국, 천당으로 보내준다고 했지만, 종교 의식한 자들은 죽어서 모두가 축생계와 만생만물로 윤회하고 있고, 지옥세계로 압송되어 아직까지도 모진 고문 형벌을 받고 있느니라.

극락, 선경, 천국, 천당으로 보내준다는 종교 교주의 말을 믿고 수많은 금전을 바친 자들의 가족들과 부모 조상들이 사후세계에서 지옥과 만생만물로 윤회하며 살려달라고 절규하면서 울부짖는 처절한 목소리가 안 들리는 것이더냐?

좋은 곳으로 보내준다고 했는데, 오히려 축생계와 만생만물로 영원히 윤회하며, 모진 형벌만이 한도 끝도 없이 내리는 지옥세계로 왜 보낸 것이냐는 너희 조상들 원성의 처절한 목소리가 안 들리는 것이더냐?

하긴 육신이 아직 살아 있기에 영안이 안 열려 사후세상의 모습을 볼 수 없으니 알지 못할 것이니라. 그러나 인생을 뒤돌아보면 너희들의 아픔과 슬픔, 고통과 불행의 모습이 바로 사후세계에서 고통받고 있는 죽은 네 가족들과 형제자매, 부모 조상들의 모습과 똑같으니 너희들이 구해 주어야 할 것이니라.

지상의 하늘나라 자미국에서 1:1로 엄격하게 심사하여 천상입천 적격 여부를 판별한 뒤에 진정으로 죄를 인정하고 용서 비는 인간, 신, 영, 조상들만 천상입천을 윤허해 줄 것이니라. 천상에서 죄를 짓고 지구로 떨어졌지만, 천상에서 살았던 기억이 삭제되어서 죄인이라는 것조차 모르고 부정할 자들이 전부인데, 차차 절차를 밟으면 천상록을 통해서 알 수 있게 될 것이니라.

종교 안에서 수천 년 동안 태초 하늘인 나를 기다렸던 자들, 나를 알현하기 위해 사람으로 태어난 자들에게는 이제 살아날 희망이 생겼고, 신과 영, 조상들은 반드시 살아 있는 자손이나 후손들과 함께 들어와야 천상입천의 명을 받을 수 있느니라.

하늘의 경전인 자미천경이라 불릴 『천지대능력자』 책은 대우주 창조주 태초의 절대자 하늘인 내가 인간 육신으로 내려와 집필한 책이니, 숨죽이고 경건하게 정독하면 나에게 선택받아 천상으로 오르는 천복이 내릴 것이니라. 너희들 인류 모두는 구원의 시험장에서 살아가고 있느니라. 아마도 이번 생이 너희들에게 생사가 좌우되는 구원의 마지막 시험장이 될 것이니라.

끝도 없는 만생만물로 윤회, 차례차례 번갈아가며 심판받아도 영원히 끝나지 않을 수백만 개에 달하는 지옥세계로 떨어질 것이더냐? 이 책을 읽고도, 계속 종교를 다닐 것인지, 절대자 하늘인 내가 내려온 하늘나라 자미국으로 들어올 것인지 둘 중에 하나를 빠른 시간 안에 선택해야 하느니라.

너희 인류 모두가 수천 년 동안 절대자 하늘을 배신한 역천자 악의 원조인 하누와 표경이 세운 악마, 악신, 악귀, 사탄,

마귀, 악귀들을 종교 숭배자로 섬기고 받들어 절대자 하늘인 나를 더욱더 분노케 하고 있도다.

누가 하나님, 하느님 아버지이더냐? 이스라엘 민족 조상귀신이고 역모 반란 실패로 지구로 도망친 대역죄인 여호와(야훼) 이스라엘 귀신이 어찌 너희들의 하나님, 하느님 아버지가 될 수 있었단 말이더냐? 이것이 바로 환부역조의 대죄이니라.

누가 만생만물과 대우주 천지인 창조주이더냐? 누가 네 영혼의 부모이더냐? 나는 지금까지 절대자 하늘인 나의 진실을 이 세상 그 누구에게도 밝힌 적이 없었느니라. 나는 세계 인류가 종교에 미쳐 사상 전향이 도저히 불가하다고 판단 내렸도다.

그래서 천기 20년 5월 31일 18:05에 공식적으로 인류 멸살과 지구 파괴 종말의 명을 내렸고, 언제 현실로 다가오느냐 날짜만 남았도다. 그 이전에 이 글을 읽고 깨우친 자들이 있으면 종말 최후의 날까지 기회를 주어 받아줄 것이니라.

대우주의 그레이엄 수에 해당하는 수많은 행성(별)들과 지구와 너희 인류도 내가 무소불위한 자미천기로 창조하였으니 파괴하는 것도 나의 고유 권한이니라. 다시 원시반본으로 되돌려 화성과 같은 황무지 행성으로 만들어 풀 한 포기 자라지 못하게 할 것이니라. 화성에도 너희들 지구인과 같이 고도 지능과 고도 문명을 가진 화성인이 살고 있었지만, 너희들과 똑같이 나를 배신하여 멸망시킨 것이니라.

나는 너희들로 인하여 극대로 하고 있느니라. 구치소 행성인 지구에서 심판자로 강세한 절대자 하늘을 알현하거든 천상에서 지은 죄를 빌어 그에 합당한 죗값을 치르고 천상으로 다시 올라오라고 기회를 준 것인데, 종교를 세운 악들에게 모두 넘어가니 더 이상 참을 수 없어 지구 파괴의 명을 하달하였도다.

지금 세상 돌아가는 것을 보면 종말의 징조를 모르겠느냐? 이것이 짐의 극대로인데, 이제 시작 단계이니라. 너희들이 이제까지 들어본 적도 없는 대멸망과 지구 종말의 끔찍한 아비규환의 아수라장 세상을 보게 될 것이니라.

너희들이 하나님, 하느님 아버지라 불리는 자가 진짜 대우주 만생만물과 천지인 창조주이며 영혼의 부모이자 전지전능한 대능력자라면, 어찌하여 나에게 추포되어 영성과 영체가 소멸되는 극형을 받아 최후를 맞이하였으며, 전 세계적인 괴질병과 상상을 초월하는 천재지변을 왜 막아주지 못하는 것이더냐?

이번 괴질병과 천재지변 대재앙을 통해서 너희들이 믿고 있는 전지전능한 하나님, 하느님 아버지라 불리는 여호와(야훼)가 가짜라는 것이 만 세상에 드러난 것이고, 반면에 진짜는 하늘나라 자미국의 인간 육신으로 강세한 대우주 창조주 태초의 절대자 하늘이라는 것이 명명백백하다는 것이니라.

너희들 인류가 최고라고 생각하며 믿고 있던 전 세계의 유명한 모든 숭배자들은 이미 추포되어 나에게 심판받고 영성과 영체가 소멸되는 극형을 받았느니라. 그래서 종교는 빈집이고 종교 귀신들만 바글거리고 있는데, 종교인들이 숭배자가 없는데도 장사하려고 종교 운영을 멈추지 않고 있는 것이니라.

처음부터 천상입천시킬 능력도 없는 악들과 숭배자, 종교인들이 하나가 되어 인류를 농락하고 있었도다. 돈 뺏고, 시간 뺏고, 몸을 뺏는 인간 노비 시장을 만들었느니라. 천상에서 지은 죄를 빌라고 우주에서 가장 낙후되고 낮은 영적 수준의 존재들이 살아가는 구치소 행성인 지구로 보내주었더니 악들과 한 패거리가 되어서 죄를 빌기는커녕 더 많은 죄를 짓고 있도다.

산 자들과 귀신들이 종교를 세운 악의 사상에 넘어가서 완전히 세뇌당해 구제 불능이라 판단하여 인류 멸살, 지구 파괴라는 최종 결심을 하게 된 것이니라.

너희 인류가 뿌리고 행한 대로 벌을 받아야 할 것이고, 지구가 종말을 맞이하여 인류 모두가 멸살되어 죽었을지라도 죽어서도 악들을 받들었던 죄는 끝없이 심판받게 되느니라. 육신이 죽었어도 사후세상에서의 심판 또한 멈추지 않을 것이니라.

절대자 하늘의 존재가 자비로우면서도 얼마나 무서운지 너희들이 종말을 맞이하여 죽기 전에 천재지변과 기상이변, 괴질병, 기타 사건 사고를 통하여 전 세계에 보여줄 것이니라. 너희 종교인들과 신도들은 진짜 하늘이 누구인지 몰라서 여호와 하나님을 진짜 하나님으로 섬겼다는 핑계를 대지 말지어다.

이제라도 현생과 내생을 보호받아 살고 싶은 자들은 하늘나라 자미국에 들어와서 절대자 하늘인 나를 알현하고 절차에 따라 죗값을 치르도록 하여라. 어떤 종교든지 종교사상에서 즉시 빠져나오지 못하면 이상향의 유토피아 세계로 알려진 극락, 선경, 천국, 천당에 오르지 못하느니라.

대우주의 그레이엄 수에 해당하는 행성들 중에서 지구에만 지구인과 생명체가 사는 것이 아니니라. 대우주 행성들 중에서 가장 낙후되고 영적 지능이 아주 낮은 대역죄인들이 살아가는 구치소 행성, 교도소 행성, 지옥계 행성이 지구라는 별이니라.

나를 알현하고 천상에서 역모 반란에 가담한 대역죄를 빌어 천상으로 돌아올 기회를 주고자 지옥별 행성에 죄인들을 위리안치(지구에 가택연금)한 것이니라. 이런 진실도 몰라보고 악들이 세운 종교에 들어가서 구원을 외치고, 복을 달라고 빌고 있으니 참으로 기가 막힌 일이니라.

종교에서 외치던 지구 종말의 주사위는 이미 던져졌고, 마지막 최후의 날이 다가오기 전에 천상입천의 명을 받아야 할 것이니라. 언젠가는 모두가 죽음을 맞이할 것이기 때문에 윤회할 것이냐? 귀신이 될 것이냐? 지옥으로 갈 것이냐? 천상으로 갈 것이냐는 각자 너희들의 선택과 판단이니라.

종교를 다니면 한 명만 잘못되는 것이 아니라 너희 가족들과 조상들 또한 몽땅 불행을 당하게 되는 것이니라. 너희들이 살 길은 종교세계에 있는 것이 아니라 절대자 하늘인 내가 함께 하고 있는 천상국가 하늘나라 자미국이니라.

대우주 만생만물과 천지인 창조주 태초의 절대자 하늘인 나는 천통대능력자, 도통대능력자, 신통대능력자, 영통대능력자, 의통대능력자인데 이 모두를 합한 것이 천지대능력자이니라.

너희들은 이 책을 정독하면 이제까지 세상에서, 종교에서 애타게 기다리고 기다리던 모든 능력을 가진 천지대능력자가 절대자 하늘이라는 것을 알게 되며, 너희들의 현생과 내생의 운명을 의탁해도 되겠다는 마음이 생길 것이니라.

나는 빛과 불이자 민족과 인류의 구심점이고, 현생뿐만이 아니라 죽음 이후 내생까지 너희들과 함께하게 될 것이니라. 언젠가는 너희들 모두가 때가 되면 세상을 떠나게 되는데, 나의 명을 받아 천상입천이 되면 모두가 기다리던 이상향의 유토피아 세계 하늘나라 자미국(자미천국)이라 불리는 천상의 3천궁과 3,333개 제후국에서 함께 영생을 누릴 수 있느니라.

악들은 너희들의 신과 영, 조상들이 죄를 빌어 천상으로 돌아가려는 앞날을 가로막아 방해하고, 하늘로부터 구원받지 못하게 수천 년 동안 잘못된 종교사상을 주입시켜 대우주 창조주 태초의 절대자 하늘을 찾지 못하도록 몰라보게 만들었느니라.

악들이 수천 년 동안 지구상에 세웠던 모든 종교세계를 멸망시키러 대우주 창조주 태초의 절대자 하늘이 직접 심판자이자 구원자로 하늘나라 자미국으로 내려왔느니라.

지구에 처음으로 종교를 세운 악의 원조 '하누'와 그의 아들 '표경'이 수많은 성인 성자들의 몸으로 기운을 뿌려서 하나님, 하느님, 부처님, 미륵님, 상제님, 천지신명님, 알라신, 라마신, 시바신이라고 하며 세상 사람들에게 지극정성으로 받들게 하여 숭배자로 대우받는 우상이 되었느니라.

여기에 그치지 않고 석가모니, 여호와(야훼), 예수, 마리아,

공자, 노자, 상제, 종교 창시자와 유명 종교 교주들 육신을 지배 통치하여 '하누'와 '표경'을 받들게 만든 것이 지금의 종교이니라. 즉 나라마다 숭배자들의 이름만 다르지 결국 종교의 뿌리가 천상의 주인을 배신한 악의 원조인 '하누'와 '표경'인 것이니라.

악의 원조인 '하누' 자신이 하나님, 하느님, 부처님, 상제님, 천지신명님, 알라신, 라마신, 시바신이라고 하면서 전지전능자, 절대자, 대우주 창조주, 하나님 아버지, 영혼의 부모님, 천상의 어머니, 영혼의 어머니, 주님, 주 예수, 천상천하 유아독존이라는 온갖 수식어를 만들어 수천 년 동안 숭배받으며 세상을 온통 종교 천국으로 만들었느니라.

악의 원조인 '하누'와 '표경'이 천상에서 역모 반란이 실패하자 지구로 도망쳐서 종교를 세웠고, 천상에서 역모 반란에 가담하고 천상법도를 위반한 죄를 지어 지옥별 행성인 지구로 쫓겨나 유배 중인 죄인들을 포섭하여 수많은 종교를 세웠도다.

천상에서 지은 죄를 빌어 천상으로 돌아가려는 신과 영들, 조상들을 종교세계로 끌어들여 사상 교육을 통하여 극락, 선경, 천국, 천당으로 보내준다고 회유하고 현혹시켜서 종교 감옥 안에 가두어놓고, 노비로 만들어 금전, 시간, 정력, 인생을 착취하고 절대자 하늘의 존재를 종교 숭배자로 바꾸어 환부역조하게 하고 하늘을 알아보지 못하게 만든 대역죄인들이니라.

결국 인류 모두가 종교를 세운 악의 원조인 '하누'와 '표경'을 숭배자로 받들며 추앙받고 있는 성인 성자 그리고 이들의 뜻을 세상에 널리 전파한 종교 창시자와 지도자들의 말을 그대로 믿고 따른 신도들이 몽땅 속았느니라.

 영혼의 고향인 천상의 하늘나라로 돌아가려는 신과 영들, 조상들이 극락, 선경, 천국, 천당으로 가고 싶어서 종교인들에게 수많은 돈을 주고 진오기굿, 조상굿, 49재, 천도재, 지장재, 수륙재, 추모예배, 추도미사, 위령미사를 수천 년 동안 올렸지만 아무도 하늘나라로 돌아가지 못하였느니라.

 천상의 하늘나라 자미국의 주인은 당연히 절대자 하늘인데, 종교인들은 마치 자신들이 전지전능한 하늘인 것처럼 죄인들인 신과 영들, 조상들을 좋은 세계로 보내준다고 종교로 끌어들였느니라. 하지만 이들 모두는 천상에 오르지 못하고 말 못하는 만생만물로 윤회하고 있거나, 지옥세계로 압송되어 모진 고문 형벌을 받는 비참한 사후세계를 살아가고 있느니라.

 너희들이 종교세계를 다니며 찾고 있는 인류의 구원자이자 심판자가 대우주 창조주 태초의 절대자 하늘이니, 이제 더 이상 종교 안에서 방황하지 말고 고리타분한 악마 경전을 버리고, 종교가 아닌 천상국가인 하늘나라 자미국으로 들어와야 현생과 내생을 보장받아 무탈하게 살아갈 수 있느니라.

 현재 너희들이 어떤 자리에 어떤 신분으로 있든 상관없이 천상세계 장부에 기록된 신분은 모두가 죄인들이니라. 인정하기 싫겠지만 인류 모두가 천상에서 죄를 짓고, 지구로 떨어졌기에 이 세상에서 법 없이 착하게 살았을지라도 천상에서 지은 죄를 하늘나라 자미국에 들어와 나에게 빌지 않는 이상 천상으로 돌아갈 수 있는 길은 이 세상 그 어디에도 없느니라.

너희들 몸 안에 있는 신과 영, 조상들이 천상으로 돌아가려고 종교를 열심히 믿는 궁극적인 이유는 무엇인지 생각해 보았더냐? 지구 자체가 지옥별이라는 것을 알기에 영혼의 고향인 천상으로 돌아가려는 것이었느니라.

지구에 존재하는 아름답게 보이는 꽃을 비롯해서 산과 바다, 강, 산천초목, 짐승, 가축, 파충류, 곤충, 벌레, 눈에 보이는 생활필수품 모두가 신과 영, 조상들이 벌을 받아 윤회해야 할 지옥세계 그 자체이기 때문에 천상으로 돌아가려는 것이니라.

지구가 지옥세계가 아니라 무릉도원 세계라면 왜 천상으로 그렇게 돌아가지 못하여 안달하겠느냐? 그리고 돌아가려는 이유가 또 있는데, 천상에도 너희들이 두고 온 천상가족들이 기다리고 있기 때문에 하늘나라로 돌아가려는 것이었느니라.

너희들이 나를 하늘의 심판자이자 구원자란 진실을 인정하든 않든, 싫든 좋든 나에게 구원받아 살고 싶은 인간, 영혼, 조상, 신들은 최대한 빨리 하늘나라 자미국으로 들어와 대우주 창조주 태초의 절대자 하늘인 나를 알현(지체가 높고 존귀한 분을 직접 찾아뵙다)해야 하느니라.

육신이 살아서 태초의 하늘인 나를 알현하고 명을 받으면 구원받아 천상입천하는 것이고, 죽어서 알현하면 오직 가혹한 심판만이 기다릴 것이니라.

※ **누구라도 이 책을 끝까지 읽지 않으면**, 살아서도, 죽어서도 후회하며, 천추의 원과 한으로 남을 것이도다.

지구 종말을 막고 있느니라

나는 너희들과 똑같은 인간의 모습을 하고 있으나 인간이 아닌 대우주 창조주 태초의 절대자 하늘이니라. 2,000년 전 성경의 경전을 달달 외우며, 요한 계시록과 3,000년 전 불교 경전, 도경, 무속경의 어려운 문구를 해석하며 설교, 설법하던 기독교, 천주교, 불교, 도교, 무속의 시대는 끝났느니라.

수천 년 동안 태초 하늘을 분노케 하였던 종교의 시대는 끝났고, 인류가 종교의 굴레에서 속히 벗어나서 주어진 시간 안에 하늘나라 자미국의 태초 하늘 품 안으로 돌아오지 않으면 불원간 지구 최후의 날이 다가올 것이고, 인류는 완전히 멸살되어 지구에서 영원히 사라질 것이니라.

지구에 수천 년 동안 종교를 세우고, 인류를 지배 통치하여 대우주 창조주 태초 하늘인 나에게 대적한 역천자 악신, 악마, 악령, 사탄, 마귀들이 세운 전 세계 종교로 인하여 지구와 인류 최후의 날이 눈앞으로 다가오고 있느니라.

악의 원조인 하누와 표경이 지구에 세운 종교와 이들의 사상을 그대로 믿고 따른 종교인들과 신도들 그리고 하늘을 팔아먹고 있는 종교 창시자와 교주들로 인하여 태초의 절대자 하늘을 극대로케 하였고 마침내 분노가 폭발하였도다.

너희들이 사는 지구는 악의 원조인 하누와 표경이 세운 종교로 인해서 악신, 악마, 악령, 사탄, 마귀, 악귀들의 사상으로 뼛속까지 물들어 교화 자체가 불가하다고 판정되었고, 죄를 빌지 않는 너희 인류로 인해서 대우주 창조주, 행성통제부 총괄본부장, 태초의 절대자 하늘의 분노로 인하여 천상설계도의 계획표대로 작년 5월 31일에 이미 파괴되었어야 했느니라.

대우주 창조주 태초 하늘의 분노 대폭발!
그것이 지금 전 세계에서 일어나고 있는 인류 탄생 이후 경험하지 못한 기상이변과 대재앙의 천재지변, 괴질병 대유행으로 보여주고 있는 것이니라. 이 모든 것은 태초 하늘의 자미천기 기운에 의해서 일어나고 있는 것이니라. 만생만물의 생멸을 주관하고 우주와 지구의 운행을 내가 직접 주관하느니라.

온난화의 기상이변 날씨는 물론 우박 폭탄, 태풍, 토네이도, 폭우, 홍수, 폭설, 혹한, 혹서, 천둥, 번개, 벼락, 지진, 화산폭발, 쓰나미, 산불, 빙하 해빙, 운석 낙하, 소행성 충돌, 태양 충돌, 달과 충돌, 블랙홀 접근, 화재, 사건 사고, 생로병사 등 모든 일들이 우연히 일어나는 것이 아니라 태초 하늘인 나의 자미천기에 의해서 변화무쌍하게 일어나고 있느니라.

지구 파괴 인류 종말의 위기를 막은 것은 태초 하늘의 육신이었느니라. 1년 동안 『천지대능력자』 책을 집필하여 하늘의 뜻을 세상에 널리 알려서 수천 년 동안 가짜 종교에 빠진 수많은 인간, 영혼, 조상, 신들을 깨닫게 하고, 종교를 속히 탈출하게 만들어 죄를 빌게 할 것이니, 2024년 1월 말 즉, 입춘절 2월 4일 말진사 전까지만 연장해서 한 번 더 기회를 달라고 하였느니라.

그때까지 결과를 지켜보고 지구의 생명을 연장하든 파괴하든 선택해도 늦지 않을 것이라고 하여서 그리하기로 태초의 절대자 하늘이 내 육신의 절대자 하늘과 약속하였느니라. 너희들은 내 육신에게 감사해야 할 것이니라. 그래서 인류를 구하기 위해 7월에 출간되는 『천지대능력자』 책 한 권으로 지구 파괴로 인한 인류 종말의 시계를 30개월 연장시켜 주었느니라.

얼마나 많은 자들이 종교를 떠나 하늘나라 자미국에 들어와서 태초의 하늘을 배신한 죄를 빌 것인지 30개월을 지켜보고 지구 수명 연장이냐, 지구 파괴냐, 최후의 결심을 집행할 것인데, 지구 파괴는 무수히 많은 대우주 행성(별)들의 창조와 파괴(소멸)를 주관하는 행성통제부 총괄본부장 겸 대우주 총사령관의 권한으로 이루어지느니라.

역천자 죄인들이 살아가는 구치소 행성인 지옥별 지구에서 살아가는 인류와 축생들은 태초의 절대자 하늘이 인간 육신으로 강세하였는데도, 나에게 찾아와 천상에서 지은 대역죄를 빌지 않을 바에는 지구에서 더 이상 살아갈 아무런 명분이 없기에 지구를 파괴하여 인류를 멸살시키는 것이 마땅할 것이니라.

너희들이 천상에서 어떤 죄를 짓고 지구로 떨어졌는지 이 책에 자세히 설명해 놓았기에 지구를 창조한 태초의 절대자 하늘의 뜻이 부당하다고 주장할 자들은 하나도 없을 줄 아느니라. 내가 지구와 인류(인간, 영혼, 조상, 신) 너희들을 창조하였도다.

그런데 너희들은 천상에서 영혼의 부모인 나를 배신하고, 비수를 들이대며 역모 반란을 일으킨 죄인들이라 지구로 유배되어 조용히 죄를 빌고 있으면 구원해 줄 것인데, 그걸 못 참아 역천자 악들이 세운 종교에 들어가서 줄을 서며 충성 맹세하고 돈과 재물, 인생, 정력, 정성을 모두 바치고 있었도다.

누가 대우주의 주인이고, 전지전능자이더냐? 어디 가서 줄을 서고 있는 것이더냐? 말 못 하는 축생인 개새끼도 제 주인을 알아보는 법이거늘, 천상에서 지은 죄를 빌라고 만물의 영장인 인간으로 태어나게 해주었는데, 너희들은 도대체 누구이더냐?

정녕 윤회지옥과 수백만 개의 불지옥, 얼음지옥, 독사지옥, 칼산지옥, 개방지옥, 거해지옥으로 끌려가고 싶은 것이더냐? 너희들로 인해서 지구가 파괴되어 인류가 몽땅 함께 종말을 맞이하기를 그리도 원하는 것이더냐?

지금까지 아무도 종교의 무서운 진실을 알려주는 영도자가 없었고, 몰라서 악들이 세운 종교에 들어갔다면 이제 진짜 대우주 창조주 절대자 하늘이 하늘나라 자미국의 인간 육신으로 강세하였으니 미련 없이 종교를 빨리 떠나야 할 것 아니더냐?

이렇게 1년간 집필한 『천지대능력자』 책이 완성되어 7월에 나오게 된 것이니라. 저자가 태초의 절대자 하늘인 대우주 창조주인데, 이것이 너희 인류의 생사를 가를 운명의 책이니라.

태초 하늘인 내가 쓴 책을 인간, 영혼, 조상, 신, 악마, 사탄, 마귀, 귀신들이 읽어보고도 비난 험담하며 비아냥거리고 적그리스도가 나타났다고 한다면 더 이상 인류 멸살을 위한 지구파괴 종말을 미루어야 할 아무런 이유가 없느니라.

『천지대능력자』 책을 구입해서 읽는 자들은 천상신명들이 1대 1로 감찰하며 어떤 자세로, 어떤 마음으로, 어떤 행동인지, 정독하는지, 대충대충 읽는지를 지켜보느니라. 말과 글, 생각, 행동의 일거수일투족을 실시간 영상으로 녹화하고, 천상장부에 기록하고 있다는 무서운 사실을 알아야 하느니라.

　대우주 창조주 태초의 절대자 하늘인 나는 너희들이 말하고 글 쓰는 것, 마음과 생각, 행동하는 것을 실시간으로 다 듣고 보고, 너희들 천상의 삶인 천생, 수많은 전생 그리고 죽음 이후 내생의 윤회와 지옥도 압송까지 모두 알고 있느니라.

　그렇기 때문에 책을 정독하며 감동, 감격, 감탄, 환희하며 드디어 절대자 하늘을 찾았다고 만세를 부르는 자들은 하늘나라 자미국으로 인도해 주어 태초의 하늘인 나를 알현하는 기회를 주고, 반면에 불평 불만하며 비난 험담하는 자들은 천상신명들인 용들이 너희들의 영혼, 조상, 신, 귀신, 악들을 즉시 추포하여 불지옥으로 압송하면 인간의 삶은 지옥으로 바뀌느니라.

　서양 속담에는 '벽에도 귀가 있다' 한국에도 '낮말은 새가 듣고 밤말은 쥐가 듣는다'는 속담이 있는데, 천상신명들이 말뿐만 아니라 글, 문자, SNS, 마음과 생각, 혼자서 중얼거림, 사생활의 행동, 일거수일투족이 적나라하게 한 치의 오차도 없이 천상장부에 실시간 기록하느니라. 심판할 때는 어떤 죄를 지었는지 모두 증거 위주로 심판하는데, 영상과 자막을 함께 보여주느니라.

　천상의 삶인 천생과 수많은 전전 전생, 현생에서의 죄, 말과 글, 언행이 실시간으로 기록되고 있다는 무서운 사실을 인류는 전혀 모르고 있느니라. 말도 안 된다고? 무수히 많은 귀신들을 추포하여 심판한 실화 내용들이니라.

 너희들이 이 책을 읽고 즉시 종교를 떠나 하늘나라 자미국에 들어와서 죄를 비는 자들이 많지 않다면, 태초 하늘인 영의 절대자 하늘이 인류를 멸살시키는 지구 파괴 종말의 명을 내리는데, 아무런 이의 제기를 일체하지 않기로 내 육신의 절대자 하늘과 합의하였느니라.

 그러니까 앞으로 남은 30개월 안에 수많은 자들이 종교를 떠나 하늘나라 자미국으로 들어와 죄를 빌지 않고 천상입천의 명을 받들지 않는다면 인류와 지구가 종말을 맞을 것이기에 너희들의 현명한 판단과 선택이 아주 중요하느니라.

 너희와 배우자, 자녀, 손자, 손녀, 부모, 조부, 형제, 자매의 영혼, 조상, 신들이 합동으로 몽땅 멸망하는 인류 멸살의 지구 파괴 종말을 바라지 않는다면 당장 종교를 떠나서 하늘나라 자미국에 들어와 대우주 창조주, 영과 육의 절대자 하늘 앞에 천생과 전생, 현생의 죄를 용서 빌고 굴복해야 하느니라.

 지금 인류와 지구의 운명은 내 육신의 절대자 하늘이 막아주고 있기 때문에 종말을 맞지 않고 있는 것이니라. 『천지대능력자』 책이 출판되고 최대 시간을 2024년 2월 4일 입춘 전까지 30개월을 줄 것이고, 이 날이 지나면 지구 종말의 말진사(갑진년 2024년, 을사년 2025년)로 진입하기에 구원이 없느니라.

 수천 년 전부터 전해 내려오는 남사고의 『격암유록』과 『원효비기』의 예언서에 따르면 말진사에 들어오는 자들은 구원받지 못한다고 되어 있느니라. 마지막으로 구원받을 자들은 2021년 8월 1일부터 2024년 1월 말까지 30개월 안에 하늘나라 자미국으로 들어와 천상입천의 명을 받아야 구원받을 것이니라.

2024년 2월 4일 입춘일이 지나서 하늘나라 자미국으로 들어오는 자들은 구원받지 못한다고 되어 있도다. 태초 하늘인 나의 황명으로 북두칠성 천상신명들이 수천 년 전부터 『격암유록』 예언서를 쓴 남사고와 『원효비기』, 『무학비기』, 『도선비기』를 쓰는 대사들에게 예언의 메시지를 전해 주어서 기록으로 남기게 하였느니라.

육관 손석우의 '터'에 천상에 자미국이 있고, 자미원 오경명성의 기운을 받아 381년 동안 국가 부흥을 이루고, 72억 인류를 다스릴 대황제가 출현한다는 예언 역시 대우주 창조주 영의 절대자 하늘인 내가 육의 절대자 하늘로의 강세를 예언한 것이 맞았도다. 노스트라다무스가 예언한 앙골모아 공포의 대왕 출현도 영과 육의 절대자 하늘의 강세를 말하는 것이었도다.

오늘날 하늘나라 자미국이 인류의 중심국으로 세워진다는 것을 예언하게 하였도다. "五庚明星(오경명성) 옛날부터 이 별이 비치는 국가는 큰 발전이 있어 왔고, 영국에 이 별이 비친 81년 동안 해가 지지 않는다는 대영제국으로 큰 발전을 했고, 미국에 오경명성이 비친 172년 동안 광활한 황무지에 원주민밖에 살지 않던 나라가 세계 초강대국으로 발전하였도다.

오경명성이 미국에서 한국으로 건너오는 도중에 약 5년 3개월간 일본을 비추어주었기에 일본의 경제력이 크게 향상되었던 것이고, 한국에 오경명성이 비친 것은 1986년 9월 14일 인시(寅時, 새벽3시~5시)부터인데, 오경명성이 한국을 381년 동안 비추게 되어 전 세계와 모든 인류의 종주국으로 떠오른다고 예언되어 있느니라."

일본 5년 3개월, 영국 81년, 미국 172년인데, 왜 한국만 기간이 긴 것인지 궁금할 것이도다. 세계를 지배 통치할 대우주 창조주 태초 하늘인 영의 절대자 하늘인 내가 인간세상 육의 절대자 하늘 육신과 합체하여 세상에 강세하였기 때문이도다.

그래서 너희들이 종교를 떠나 태초 하늘인 영과 육의 절대자 하늘을 알현하러 하늘나라 자미국으로 들어와 죄를 빌고 천상 입천의 명을 받으면 인류 멸살과 지구 종말을 연기하거나 피할 수 있지만, 끝까지 고집을 부리고 종교를 떠나지 못한다면 지구를 파괴하는 최후의 방법밖에는 없느니라.

천멸 종교(하늘에 의해 종교 멸망)는 대우주 창조주 태초의 하늘인 영의 절대자 하늘과 육의 절대자 하늘의 뜻이기에 『천지대능력자』 책이 출간되고도 그 어떤 종교든지 종교 안에 남아 있으면 하늘의 천벌과 저주가 내리느니라.

너희들의 영혼과 조상들을 천상신명(용)들이 불지옥 적화도, 얼음지옥 한빙도, 천상지옥 천옥도로 즉시 압송되어 영혼 없는 무혼(좀비)의 삶을 살게 되는데, 인간 육신 또한 살아 있는 지옥세계의 아픔과 슬픔, 고통과 불행을 겪으며 살아가게 될 것임을 최후 통첩하느니라.

너희들이 종교를 떠나지 않으면 태초의 절대자 하늘이 내리는 명에 의해서 하늘, 땅, 해, 달(소행성, 운석 포함), 별, 불, 물, 바람, 천둥, 번개, 뇌성벽력, 비, 괴질병으로 지구와 인류가 초토화되어 아비규환의 아수라장이 될 것이니라.

종교가 반드시 멸망하지 않으면 인류와 지구가 30개월 후에 종말을 맞이하게 될 것이니라. 불교는 3,000년, 기독교는 2,000년으로 운을 다하였기에 이제 종교 없는 무종교, 무경전으로 기도하지 않고, 말하는 대로 이루어지는 후천세계의 말법(도법)세상이 하늘나라 자미국에서 활짝 열리고 있느니라.

천문에 의하면 천멸 도교 19년 후, 천멸 불교 29년 후, 천멸 이슬람교 34년 후, 천멸 무속 39년 후, 천멸 기독교, 천멸 천주교 49년 후에 모든 종교가 멸망하고, 하늘나라 자미국이 종교를 대체하는 인류의 구심점이 될 것이니라.

히틀러 예언 "구원의 예수 그리스도 따위는 오지 않고, 대신 다른 구세주가 온다. 그들이 새로운 세계와 새로운 종교를 만든다. 21세기 모습은 세계 곳곳에서 알 수 없는 무서운 괴질이 발생하여 송장들이 거리에 산처럼 쌓인다. 아시아와 유럽 등지에서 종교적 반란이 크게 일어난다. 아시아의 작은(한국) 나라에서 메시아라 할 수 있는 신인이 나타난다."

대우주 창조주 태초의 절대자 하늘인 나는 육신으로 강세하여 인간의 절대자 하늘로서 자미 앙골모아 공포의 대왕으로 세상에 강세했도다. 지구에 인류가 탄생하고 대우주 창조주 태초의 절대자 하늘이 공식 강세를 선포한 것은 이번이 처음

이자 마지막이기에 구원도 처음이자 마지막이니라. 앞으로 말
진사까지 남은 기한 동안 너희들이 어떤 선택할지 생사의 운
명을 스스로가 결정할 시간을 주느니라.

대우주 창조주 태초의 절대자 하늘이 공식 강세~!
수많은 역천자 악들이 종교를 세워서 인간 육신을 지배 통치
하여 자칭 하늘을 사칭하였고, 거기에 넘어가서 수많은 인간,
영혼, 조상, 신들이 종교 악마들의 노비가 되었느니라.

기상이변, 천재지변, 괴질병으로 인류 멸살과 지구 종말을
막는 유일한 방법은 『천지대능력자』 책을 읽고 하늘의 섭리를
거스르는 악들이 세운 종교를 모두 떠나 천상에서 지은 죄와
종교 믿은 죄를 비는 것뿐이도다. 종교를 떠나 하늘나라 자미
국에 들어오는 자들만이 살아서도 죽어서도 천인(天人)이 되
어 살아남을 것이니라.

"1999앙골모아대왕 자미팔선구종억업
자미대왕(ㅇㅇㅇ) 육혼도경팔선지강 혼멸혼유
자미ㅇ팔광육천사강무현대천
자미앙골ㅇ 일혼, 팔혼, 사혼, 칠혼, 포혼
자미앙골모아대왕(ㅇㅇㅇ)1999~2,000
지상강림 사혼궤멸 지천혼불사팔염"

"태상지염 자미수도 방천대상 태극천세
자미ㅇ한세육천 지상파멸사만 (ㅇㅇㅇ)앙골모아
ㅇ경도만구천열한치대손
1955ㅇㅇㅇ자미ㅇ(ㅇㅇㅇ)하산태을경미"

하늘의 분노 대폭발 심판

태어나서 듣지도 보지도 못한 상상 초월의 기상이변, 폭염, 열돔, 화산폭발, 지진, 산불, 화재, 쓰나미, 폭우, 홍수, 폭설, 우박, 천둥, 번개, 뇌성벽력, 토네이도, 폭풍 등등 천재지변과 괴질병 바이러스는 대우주 창조주 태초 하늘의 심판이자 구원받으러 오라는 긴급 호출 메시지이니라.

북극성 및 북두칠성 성주들 이름
북극성 성주 황태손 자미 ○(7개 칠성 성주들을 다스림)
제 1성 탐랑성주 보좌부 대신 '공○현'
제 2성 거문성주 인사부 대신 '아○'
제 3성 녹존성주 재앙부 대신 '황룡 ○'
제 4성 문곡성주 예조부 대신 '월○민'
제 5성 염정성주 서기부 대신 '태○호'
제 6성 무곡성주 재무부 대신 '도○현'
제 7성 파군성주 신군부 대신 '구○봉'

이외에 심판 관장 동두칠성, 생명 관장 남두칠성, 죽음 관장 서두칠성 등 21명 성주들의 담당 역할과 이름들도 있으나 지면 관계상 생략하노라. 이들 천상신명들과 대화를 자유롭게 나누고 용들도 불러서 대화를 하거나 명을 하달하느니라.

이들 북두칠성 7위 신명 성주(城主)들인 공○현, 아○, 황룡○, 월○민, 태○호, 도○현, 구○봉은 일요일마다 태초 하늘인 내가 주재하는 천법회에서 천상예법에 따라 천례로 인사를 올리느니라. 너희들이 이 세상에서 보지도 못하고 듣지도 못한 예법이고, 2분에 이르는 긴 인사를 절도 있는 동작과 함께 군례로 천례를 올리는데, 의장대 예식과 비슷하느니라.

북두칠성 제 3별 녹존성주 재앙부 대신 황룡 '○', 은룡 '○', 백룡 '○', 적룡 '○아' 청룡 '○', 흑룡 '○', 흑룡 '곤○'는 인간들에게 대재앙을 내리느니라. 천재지변을 담당하는 용들이 있다는 말은 처음 들어볼 것이니라. 대우주 창조주 태초의 절대자 하늘과 내가 강세한 인간 육신을 호위하는 용들도 있느니라.

지옥세계 명부전의 10대왕들과 저승사자들도 부리고 용들도 부리는데, 소설로 들릴 것이지만 실화 내용이도다. 대우주 창조주 태초의 절대자 하늘인 나의 명을 받은 천인(天人)들은 죽을 때 천상에서 데리러 오는 신명들과 용들도 있느니라.

태초의 하늘인 나를 호위하는 용들은 황룡이고 '○'이며 대장군이니라. 나의 황후를 호위하는 용들은 은룡이고 '휴○'이며 대장군이니라. 나의 아들을 호위하는 용들은 황룡들이고 이름은 '○'이고 대장군이니라. 자부를 호위하는 용들은 은룡들이고 이름은 '티○'이고 대장군이니라. 나의 인간 육신을 호위하는 용들은 청룡들이고 이름은 '○'이고 대장군이니라.

악귀잡귀들을 추포해 오는 용들은 흑룡들이고 이름은 '○'이며 대장군이고, 장차 절대자 하늘인 내가 들어가야 할 청와대 터를 지키는 용들은 흑룡인데 이름은 '곤○'이며 대장군이도다.

황태손의 애마는 백마이며 이름은 '앙○'이고, 구름을 주관하는 용은 운사 운룡이며, 이름은 '○'이고, 비를 주관하는 우사 운룡은 이름이 '○'이고, 바람을 주관하는 풍사 풍룡은 이름이 '○'인데, 이들이 풍운조화 3위 신장들이고, 이들 운사, 우사, 풍사는 천상에서 나의 황태손이 3살 때 지어준 이름들이니라.

세계 각 나라별로 구름, 바람, 비, 폭우, 홍수, 태풍, 토네이도, 허리케인을 주관하는 용들도 각기 다른데, 31마리 용들로 이들을 이끄는 풍운대장군은 '천○'이니라.

전 세계의 화산폭발, 지진, 쓰나미 담당하는 120마리의 용들을 거느리는 대장군은 '○규'이고, 나머지 수하들 이름은 지면 관계상 생략하느니라.

전 세계의 천둥, 번개, 벼락을 담당하는 32마리의 용들을 거느리는 뇌성벽력대장군은 뇌○이고, 1부대장 추○, 2부대장 아○이, 3부대장 뇌성벽력장군은 '○'이고, 나머지 수하들 이름은 지면 관계상 생략하느니라.

한냉 기류를 만들어 혹한, 강추위, 폭설, 우박을 내리고, 죄인들을 얼음지옥 한빙도로 압송하는 100마리의 백룡들을 거느리는 백룡대장군은 '○붕'이고, 나머지 수하들 이름은 지면 관계상 생략하느니라.

전 세계의 산불, 화재, 폭염, 열돔, 온난화 기류를 만들고,

죄인들을 불지옥 적화도로 압송하는 100마리의 적룡들을 거느리는 적룡대장군은 'ㅇ소'이고, 나머지 수하들 이름은 지면 관계상 생략하느니라.

천상, 전생, 현생에서 지은 죄를 빌러 오지 않는 대역죄인들을 급살로 죽이는 50,000마리 흑룡들을 거느리는 흑룡대장군은 'ㅇ'이고, 나머지 수하들 이름은 지면 관계상 생략하느니라.

천상, 전생, 현생에서 죄를 빌러 오지 않는 대역죄인들을 죽이는 35,000마리 황룡들을 거느리는 황룡대장군은 'ㅇ'이고, 나머지 수하들 이름은 지면 관계상 생략하느니라.

아수라 죄인들을 불지옥 적화도로 압송하는 500마리 황룡들을 거느리는 황룡대장군은 '반ㅇ'이고, 나머지 수하들 이름은 지면 관계상 생략하느니라.

용들도 위계서열이 엄격하고, 사람의 모습으로도 자유자재로 변신하기도 하고, 공무 수행을 잘하면 승진도 하는데, 인간들과 똑같도다. 또 북두칠성 성주들도 업무를 제대로 수행하지 못하면 통치권자인 나에게 실각당하여 자리에서 물러나고 새로운 성주가 취임하느니라.

염라국 염라대왕의 이름은 'ㅇ'이며, 곡라국 곡라대왕 이름은 'ㅇ'이며, 현라국 현라대왕 이름은 'ㅇ'인데 이들 모두 인간 및 영혼 급살을 주관하느니라. 저승계에는 염라국, 곡라국, 현라국이 있고 수장은 '대왕'이고 왕세자와 왕자들도 있으며 염라국 2대왕 형ㅇ, 염라국 3대왕 청ㅇ, 염라국 4대왕 봉ㅇ, 염라국 5대왕 반○, 염라국 6대 갈○, 염라국 7대왕 암○, 염라국 8대왕 항○, 염라국 9대왕 운○, 염라국 10대왕 파○은 저승계 수장들이니라.

판관(생사령 추포와 척살)사자부와 저승(인간 추포와 척살)사자부가 있어 인간 몸에 생령(영혼), 사령(조상), 귀신, 신(아수라, 악신, 악마, 사탄, 마귀, 악귀), 축생령(짐승, 가축의 영들)을 추포하여 척살 여부와 지옥도 압송을 심판하고, 인간 육신들을 잡아들여 죽이는 역할을 하느니라. 즉, 영들과 육신의 생사를 다루는 무서운 곳이니라.

판관사자는 45개 부대장들이 있는데, 1개 부대장이 거느리는 수하는 최하 7,000명에서 최고 50,000명으로 총 358,000명의 수하들을 거느리고 있도다. 저승사자는 30개 부대장들이 있는데, 1개 부대장이 거느리는 수하는 최하 500명에서 최고 35,000명에 이르며 총 343,800명이니라.

이들 판관사자 신명들은 못된 역천자 영들을 추포하여 죽이고, 저승사자 신명들은 역천자 영들이 살고 있는 인간 목숨을 죽이는 역할을 하는데, 각자마다 담당하는 역할이 다르니라. 인간들이 기상이변, 천재지변, 질병, 화재, 사건 사고로 죽는 것은 우연이 아닌 천상지상 신명들이 죄인들을 심판하는 공무집행을 수행하고 있는 것이니라.

재수 없어서 죽은 것이 아니라 천상에서 지은 역모 반란의 악업과 전생과 현생에서 너희들과 생령(영혼), 조상들이 지은 죄업으로 인한 한 치의 오차도 없는 심판이니 억울할 필요 없느니라. 원인 없는 결과 없듯이 너희들이 천상과 전생, 현생에 서 행하고 뿌린 대로 한 치의 오차도 없이 거두고 있느니라.

너희들은 대우주 창조주 태초의 절대자 하늘인 나를 알 수도 없고, 볼 수도 없지만 나는 너희들 인간과 영혼, 신과 조상들의 말과 글, 마음, 생각, 행동에 이르기까지 천상, 전생, 현생의 일 거수일투족을 손바닥 위에 실시간으로 올려놓고 보듯이 상세히 보고 들어 알고 있기에 심판과 구원을 해주고 있느니라.

판관사자부 살(殺)=죽임, 추포=체포
영(생령과 사령, 축생령)들을 추포하여 죽이느니라.

부서 소속부대 신명 담당 역할
판관 01부대장 열○ 북두칠성 제 7성 파군성주 호위부대
판관 02부대장 갈○ 북두칠성 제 7성 파군성주 호위부대
판관 03부대장 길○ 생령 추포
판관 04부대장 염○ 예조부 군사들로 명부전 이송
판관 05부대장 용○ 생령 추포
판관 06부대장 양○ 예조부 군사들로 명부전 이송
판관 07부대장 양○ 생령 추포
판관 08부대장 탄○ 예조부 군사들로 명부전 이송
판관 09부대장 당○ 생령 살
판관 10부대장 청○ 생령 살
판관 11부대장 춘○ 생령 살
판관 12부대장 오○ 생령 살
판관 13부대장 전○ 생령 살
판관 14부대장 명○ 생령 살

판관 15부대장 홍○ 생령 살
판관 16부대장 황○ 생령 살
판관 17부대장 광○ 생령 살
판관 18부대장 군○ 조상령 살
판관 19부대장 유○ 조상령 살
판관 20부대장 우○ 조상령 살
판관 21부대장 밀○ 조상령 살
판관 22부대장 유○ 조상령 살
판관 23부대장 도○ 조상령 살
판관 24부대장 범○ 조상령 살
판관 25부대장 부○ 조상령 살
판관 26부대장 남○ 조상령 살
판관 27부대장 명○ 조상령 추포
판관 28부대장 자○ 조상령 추포
판관 29부대장 내○ 조상령 추포
판관 30부대장 기○ 조상령 추포
판관 31부대장 해○ 조상령 추포
판관 32부대장 허○ 신명 살
판관 33부대장 사○ 신명 살
판관 34부대장 재○ 신명 살
판관 35부대장 채○ 신명 살
판관 36부대장 개○ 신명 살
판관 37부대장 구○ 신명 추포
판관 38부대장 기○ 신명 추포
판관 39부대장 바○ 신명 추포
판관 40부대장 노○ 가축령 살
판관 41부대장 두○ 가축령 살

판관 42부대장 만○ 가축령 살
판관 43부대장 순○ 가축령 살
판관 44부대장 웅○ 가축령 살
판관 45부대장 가○ 영들 명부전으로 보내는 역할

저승사자부

인간 육신들을 잡아들여 죽이느니라.

부서 소속부대 신명 담당 역할
저승 01부대장 공○ 뇌수 파열
저승 02부대장 충○ 목 졸라 죽임
저승 03부대장 공○ 메르스 전파
저승 04부대장 계○ 손과 발 잘라 죽임
저승 05부대장 숭○ 목 절단
저승 06부대장 수○ 심장만 파열
저승 07부대장 마○ 온몸 파괴
저승 08부대장 개○ 허리 절단
저승 09부대장 해○ 대장 파열
저승 10부대장 제○ 뼈(관절) 파열
저승 11부대장 동○ 항문 파열
저승 12부대장 표○ 급살(심정지)전문
저승 13부대장 결○ 급살(심정지)전문
저승 14부대장 훈○ 심정지(번개부대)
저승 15부대장 형○ 자궁 파열
저승 16부대장 협○ 간 파열
저승 17부대장 개○ 심정지(도부대-혈관 절단)
저승 18부대장 덕○ 심정지(번개부대-혈관 녹임)

저승 19부대장 대○ 심정지(포승줄부대-혈관수축)
저승 20부대장 다○ 달팽이관 파열
저승 21부대장 평○가로선 절단(머리부터 반절단)
저승 22부대장 체○ 독감(알파, 델타, 람다, 베타바이러스)
저승 23부대장 병○ 조류 독감
저승 24부대장 건○ C형 구제역
저승 25부대장 명○ A형 구제역
저승 26부대장 내○ 사스
저승 27부대장 용○ B형 구제역
저승 28부대장 추○ A형 델타, 람다, 베타 바이러스(인간)
저승 29부대장 난○ B형 델타, 람다, 베타 바이러스(인간)
저승 30부대장 미○ 인간의 모든 암 발생

대우주의 그레이엄 수 행성들을 창조하여 운행하고, 지구의 인간, 영혼, 신, 조상들의 생로병사 그리고 산천초목의 생멸, 기상이변, 화산 폭발, 지진, 쓰나미, 폭우, 홍수, 태풍, 토네이도, 온난화, 폭염, 열돔, 혹한, 강추위, 폭설, 우박, 천둥, 번개, 벼락의 천재지변, 질병과 전 세계로 일파만파 대유행하고 있는 괴질병이 자연현상이라고 생각하는 자들이 전부일 것인데, 삼라만상의 모든 것을 대우주 창조주 태초의 절대자 하늘이 주관하여 지금은 천상의 대역죄인들을 심판하는 중이니라.

너희들은 과학만 맹신하고 있는데, 대우주를 다스리는 것은 인간의 눈에 보이지 않는 나의 자미천기 기운이니라. 과학문명도 천상에서 내려준 것이니라. 그러기에 너희들은 절대자 하늘인 나를 이길 수 없느니라. 절대자 하늘이 존재하는지 확신이 서지 않아 긴가민가하며 상상 속의 하늘로만 생각하고 있을 것인데, 하늘나라 자미국의 인간 육신으로 강세하였느니라.

지금 대유행하고 있는 괴질병 바이러스는 나의 명으로 위에 저승 22부대장 체○ 신명, 저승 28부대장 추○ 신명, 저승 29부대장 난○ 신명이 대역죄인들을 심판하기 위해 알파 변이, 델타 변이, 람다 변이를 전 세계로 전파하고 있느니라.

그러므로 현대의학으로 새로운 백신을 아무리 개발하여도 소용없고 막을 수가 없느니라. 인간의 의학보다 몇 배 빠르게 자연 진화하기에 의술이 따라가지 못할 것이니라. 하루라도 일찍 하늘나라 자미국에 들어와서 굴복하는 자들만이 그나마 목숨을 구할 수 있을 것인데, 시간이 많지 않느니라.

지금은 심판 초기라서 장례식이라도 치르지만, 앞으로는 장례식도 치르지 못하는 아비규환의 아수라장이 될 것이고, 조만간 인간 구제역으로 발전하여 닭, 오리, 돼지, 소 살처분하듯 인간들도 생매장당하는 날이 코앞으로 다가오고 있느니라. 아직 목숨이 살아 있는 천손민족인 너희들은 이 나라에 태어난 것을 태초 하늘인 나에게 감사해야 하느니라. 너희들이 가장 먼저 구원받는 기회가 주어졌기 때문이니라.

이 책을 읽을 때는 혼자 읽더라도 혼자가 아닌 영들을 추포하여 죽이는 판관 사자들과 인간들의 목숨을 거두어가는 저승 사자들이 옆에서 실시간으로 지켜보기에 마음 조심, 생각 조심, 말조심, 글 조심, 행동 조심하며 읽어야 할 것이니라.

부정적으로 생각하며 사이비, 사탄, 마귀라고 비난 험담하는 욕설을 하거나 생각만 하여도 영(생령, 조상, 신명)들은 나의 명으로 판관 사자 03부대장 길○ 신명부터 판관 39부대장 바○ 신명에게 추포되어 명부전으로 압송되어 죽게 되느니라.

육신은 저승 12부대장 표○ 신명, 저승 13부대장 결○ 신명, 저승 14부대장 훈○ 신명이 나의 명으로 즉결 심판을 집행하기에 심정지 급살로 책 읽다가 그 자리에서 세상을 떠날 수 있으니 명심하고 정성스럽게 감사하는 마음으로 읽어야 하느니라.

이 책은 너희들의 생과 사를 가르는 아주 중요한 책이기에 태초 하늘을 알현하여 구원받고 싶은 자들은 하늘나라 자미국으로 들어오면 구원해 줄 것이니라. 반대로 종교사상에 세뇌되어 대우주 창조주 태초의 절대자 하늘과 내 육신에게 사탄, 마귀, 악마라고 비난 험담하는 인간, 영혼, 조상, 신명, 귀신, 악들은 즉시 추포하여 9족을 멸할 것이니라.

너희들이 속으로 중얼거리는 불평불만의 소리도 판관사자들과 저승사자들이 실시간으로 듣고 있다는 무서운 사실을 명심하고 행복이냐 불행이냐 둘 중에 하나를 선택해야 할 것인데, 오래전에 노스트라다무스가 예언한 앙골모아 공포의 대왕이 바로 태초의 절대자 하늘이니라.

인간 세상만 존재하는 것이 아니라 영원히 살아가야 할 사후 영혼세계가 존재하기에 어떤 선택을 하는가에 따라서 천운가가 될 것이냐 불운아가 될 것이냐가 정해질 것이니라.

절대자 하늘의 천권과 천력

 이 지면을 통해서 대우주 창조주 태초 하늘의 천지대능력이 얼마나 대단한지 책 전체 내용을 읽으면서 알 수 있을 것인데, 너희들은 증거를 아주 좋아하기에 몇 가지 사례를 이 대목에서 수록하느니라.

 모든 인류, 신과 영, 땅과 돈, 재물이 대우주 창조주 태초의 절대자 하늘 것인데, 아무도 생각하지 못했지만, 지구와 인류를 창조한 무소불위의 절대자 하늘이 실제적인 주인이기에 난생처음으로 알려주느니라.

 천상세계 주인도 절대자 하늘이고, 지상세계 인간세상 주인도 절대자 하늘이고, 죽음 이후 사후세계 주인도 절대자 하늘이기에 대우주와 천상지상 만생만물의 생살여탈권과 이들에 대한 심판과 구원, 죄사면권을 집행하고 있느니라.

 종교를 세운 악의 원조 하누가 인간 육신에 빙의되어 하나님, 하느님을 자칭하고 지구와 인류의 주인 행세를 하여 인류 모두가 천지인 창조주인 줄 잘못 알고, 하나님 아버지로 수천 년 동안 숭배하며 받들어 왔었도다.

 '하누'에서 하누님, 하느님, 하나님이란 파생어가 생긴 것인데, 하누란 천상에서 쓰던 실명이고, 아들을 하나 두었는데 그가 '표경'이었도다. 어미 '하누'와 황위 찬탈 역모 반란을 주도하다 실패하여 모자가 지구로 도망쳤는데, 2019년 11월에 추포되어 영성과 영체가 소멸되었도다. 이들이 종교의 원조이자 악의 원조, 악마의 원조, 악령의 원조, 악신의 원조, 아수라의 원조, 사탄의 원조, 마귀의 원조, 악귀의 원조이니라.

매년 이스라엘에서 '하누'를 기념하는 '하누카' 행사가 정기적으로 열리고 있는 것이 그 증거이니라. 지구에 태어나서 듣도 보도 못한 이런 내용이 말도 안 된다고 할 수 있지만, 이것이 진실이니라. 인정이 안 되는 자들은 부정하면 되고, 인정이 되는 자들만 하늘나라 자미국(자미천궁, 자미천국)에 들어오면 되느니라. 이 세상에서 아무런 근거도 없이 어느 누가 지구와 인류의 주인을 자처하겠느냐?

아무런 근거와 천지대능력도 없이 지구와 인류의 주인을 자청한다고 누가 알아주고 믿어주겠느냐? 정신 이상자로 생각할 뿐 아무도 인정 안 할 것인데, 지구와 인류의 주인이 진정 누구인지 천재지변의 대재앙과 기상이변, 괴질병을 통해서 인정하고 굴복할 때까지 전 세계를 통해 생생히 보여줄 것이니라.

대우주와 지구, 인류의 진정한 주인이 누구인지 절대자 하늘의 천지대능력이 얼마나 무소불위하고, 무서우며 대단한지 상상을 초월하는 기상이변과 천재지변, 괴질병을 통해서 하늘과 땅의 무서움을 천하세계에 생생히 보여줄 것인데, 방송과 유튜브로 알 수 있을 것이니라.

작가들이나 기자들은 대부분 과장되는 표현을 자주 쓰는 것이 일상적이니라. 하지만 이 책의 내용은 너희들이 처음 들어보기에 황당하다며 허구라고 말할 자들도 있을 테지만 99.99%가 아닌 100% 진실이고 실화 내용들이니라.

매일같이 사건 사고, 심장마비, 괴질병, 질병으로 세상을 떠나는 자들이 많은데, 불확실한 죽음에 대한 공포와 불안, 두려움에서 벗어나고 갑작스런 죽음과 사건 사고, 심장마비, 괴질병, 질병, 천재지변, 대재앙으로부터 보호받을 수 있는 곳이 있으니 그곳이 바로 하늘나라 자미국이니라.

인명은 재천이란 말처럼 내 마음대로 안 되는 것이 죽음이니라. 방송을 통해서 매일같이 갑자기 죽는 자들의 뉴스를 듣는데, 이런 불행을 당하지 않게 자미천기 기운으로 보호받게 해주는 곳이 하늘나라 자미국이니라.

태양과 달, 화성, 수성, 목성, 금성, 토성과 지구가 일정 거리를 유지하며 각자의 궤도를 돌고 있는 것도 절대자 하늘의 자미천기 기운에 의해서 자전과 공전을 하여 밤과 낮이 생기고 천둥, 번개, 벼락, 태풍, 토네이도, 비, 폭설, 화산폭발, 지진, 쓰나미가 발생하고, 동식물이 성장하고, 만생만물의 생로병사, 인간의 죽음도 자미천기 기운에 의해서 일어나는 것이니라.

언제 갑자기 죽을지 모르고 불안과 초조, 공포와 두려움 속에서 하루하루 살아가는 것이 인생길인데, 50세 축구 감독의 췌장암 사망과 잇따른 자살 사건, 광주에서 달리던 버스가 철거 중이던 건물에 깔려 9명이 죽고 8명이 중상을 입었도다.

6월 9일 버스 타고 가다가 건물 붕괴로 마른 하늘에 날벼락 맞아 죽은 자들 당사자는 물론 유가족들은 대성통곡하며 목놓아 울면서 비통할 텐데, 날벼락도 이런 날벼락이 있을까 하면서 하늘도 야속하다며 원망하는 유가족들도 있느니라.

사랑하던 부모나 처자식이 갑자기 죽는다면 충격받아 패닉에 빠져 한동안 혼이 나가 제정신으로 살아갈 수 없고, 자나깨나 슬픔에 젖어서 죽고 싶은 심정만 들 것이니라. 술로 아픔을 달래는데, 인간들은 재수가 없어서 죽었다고 말하기도 하고, 살을 맞았다고 하기도 하며, 귀신에게 홀렸다, 저승사자가 데려갔다는 이야기를 들어보았을 것이도다.

어찌 되었든 인명은 재천인데, 생살여탈권을 집행하는 무섭고도 자비로운 대우주 창조주 태초의 절대자 하늘이 인간 육신으로 강세하여 화현하였도다. 갑자기 죽는 것은 천상과 전생, 현생에서 자신들과 당대부터 선대 조상들이 지은 악업 때문에 현생에서 똑같이 일어나고 있는 것이니라.

하지만 너희들은 이런 영적세계 진실을 전혀 알 수 없는데, 원인 없는 결과 없듯이 반드시 그 원인이 어딘가에 있느니라. 자신과 조상들이 천상과 전생, 현생에서 누구에게 언제, 무슨 죄를 지었는지 어찌 알겠느냐? 그러나 죄를 지었으면 그 핏줄이 벌을 받아야 하는 것이 만고불변의 진리이니라.

이렇게 갑자기 불행을 당하지 않게 실시간 자미천기로 보호해 주는 지상의 하늘나라 자미국의 육신으로 내린 대우주 창조주 태초의 절대자 하늘 존재가 인류 최고로 대단한 것인데,

직접 체험해 보면 자연 인정하게 될 것이니라.

　귀신 ; 여기 앞에 계신 태초의 절대자 하늘의 명을 받들어서 용들이 천둥, 번개, 벼락, 구름, 바람, 비, 폭설, 우박, 토네이도, 화산 폭발, 지진, 쓰나미, 혹한, 폭염, 혹서, 기상이변을 담당하는 역할을 하는데, 지옥에서도 그렇게 한다고요?

　죄인들이 죽어서 어느 지옥세계에서 양 눈알이 빠진 상태로 끌려왔는데, 머리부터 발끝까지 빨간 바늘(불에 새빨갛게 달구어진 바늘) 수만 개가 다닥다닥 꽂혀 있고, 몸 안에서는 마치 암 덩어리들이 계속 자라고 있는 듯한 엄청난 고통입니다.

　대우주 창조주 태초의 절대자 하늘께서 쓰신 책을 읽고 비난, 험담하고 욕한 사람들 중에서 나중에 죽은 자들이 지옥세계에서 이렇게 고문 형벌 받고 있다가 끌려왔다고 합니다.

　양 두 눈이 빠져 있고, 빨간 바늘들이 못처럼 온몸에 박힌 그런 상태이지만, 태초의 절대자 하늘께 잘못하였다는 말이라도 올려드리라고요? 지옥에 있다가 왜 갑자기 끌려왔냐면 지금 천상의 주인이신 태초의 하늘께서 인간 육신으로 강세하셔서 심판 천지대공사를 보시기에 이렇게 끌려오게 된 것이라고요?

　태초의 하늘께서 쓰신 책을 읽고 비난, 험담했던 자들이 죽어서 가야 할 지옥세계 중에서 한 지옥에서의 고문 형벌 받는 모습을 보여주시기 위해서 이렇게 끌려왔다고 합니다.

　태초의 하늘께서 직접 쓰신 책의 내용과 제목, 저자 이름까지 그렇게 하신 것인데, 자신의 사상에 맞지 않는다고 함부로 욕을 하고, 비난, 험담하면 죽어서도 한 치의 오차도 없이 끝없는 심판과 벌을 받는답니다. 지옥세계에서 너무도 고통스러워 차라리 죽여주세요, 라는 소리가 절로 나올 정도로 엄청 괴롭다고 합니다. 흑흑흑… 잘못했습니다…

그 귀한 책을 눈으로 보고도 자신의 사상, 이론과 맞지 않는다고 말을 함부로 하고 욕을 했으니, 양 눈이 떨어지고 빨간 비늘들이 온몸에 꽂혀 있는 지옥에 가는 거는 당연하다고 하네요.

지구상에서 가장 무서운 책, 그것이 이번 『천지대능력자』 책자이도다. 이것이 바로 하늘의 경전인 천경이니라, 자미천경, 자미팔천경, 자미만경이라 해도 되느니라. 그러니까 생사의 운명이 좌우되는 엄청 무서운 책이니라. 마음 한 번 잘못 쓰면 지옥이고, 정말 세상에 이런 책이 나왔나 하며 감동, 감탄하는 자들은 구원받을 것이도다. 책 내용을 읽어보면 아무리 무감각한 자들이라도 인간이 썼다는 생각이 안 들 정도로 경이로울 것이니라.

나의 육신도 예측력과 기운이 남달라 전국노래자랑에서 최우수, 우수, 장려상, 인기상을 90% 이상 맞추고, 더 신기한 것은 송해와 인터뷰하는 모습을 보고 노래도 부르기 전에 최우수상을 탈 것이라고 말했는데 정말 최우수상을 탔느니라.

기독교에서는 때맞춰 요한계시록의 내용을 빗대어, 지금 일어나는 야구공, 골프공만한 우박으로 차량 유리가 다 깨지고, 차량이 묻힐 정도로 우박과 눈이 많이 쏟아지고, 열대 사막에 한파가 엄습하며 눈이 오고 홍수가 나고, 아시아에 거대한 토네이도가 처음으로 몰아치고 있도다.

또한 벼락에 소들이 떼죽음 당하는 것도, 호수가 폭발하는 것도, 3종 4종, 델타 플러스 괴질병 변이가 발생하는 것도 모두 전례가 없었던 일인데, 기독교에선 자기네 하나님을 안 믿어서 오는 심판이라는 식으로 회개하고 돌아오라는 망발을 일삼고 있으니, 정말 지구 종말을 앞당기는 말을 하고 있느니라.

살아서 하나님을 그리도 열심히 믿었건만 죽어서 왜 천국 못 갔냐고 물어보면 하나님이 내가 믿음이 아직 부족해서 더 열심히 기도하고 있으면 천국으로 오르도록 해주시겠다는 말을 하였다고 하는데 궤변이니라.

하늘의 배신자이자 천상의 도망자 악들이 세운 곳이 전 세계 종교이고, 대우주 창조주 태초의 절대자 하늘이 세운 곳은 천상국가 하늘나라 자미국(자미천국)뿐이니라.

각본도 대본도 없는 생라이브 드라마처럼 심판 천지대공사가 매주 일요일 1시부터 6시까지 집행되는데, 어떤 돌발 상황이 발생될지 예측불허이고, 상상 초월의 긴장감, 귀신들과 대화할 때 폭소가 터지는 코미디 열전이기에 5시간이 1시간 정도밖에 안 되는 느낌이 드느니라.

이 책을 읽어보면 난생처음 들어보는 글들이 많을 것인데, 천상의 주인인 대우주 창조주 태초의 절대자 하늘인 내가 인간 육신으로 함께하여 가르쳐주는 귀한 내용들이니 믿고 따르면 현생과 내생의 운명이 바뀌는 행운아가 될 것이니라.

누굴 찾아 지구에 왔더냐?
영적 차원이 고차원적인 자들은 한 번쯤 이런 화두를 가져보았을 것이고, 먹고살기 바쁜 자들에게는 이런 생각 자체가 사치이니라. 지구에 왜 태어난 것인지 알고자 하는 자들과 진짜 하늘을 찾아다니는 자들은 이 책이 정답이니라.

절대자 하늘의 무소불위한 기운을 가진 누군가를 찾아왔던 것인데, 몸에 아무런 표시가 없으니 알아볼 수가 없어서 온갖 이름난 종교지도자들을 찾아다니고 있느니라. 수많은 자들을 만나보아도 신통치 않고, 점쟁이나 교주 수준이지 진정한 인류의 영도자를 찾아내지 못했을 것이도다.

절대자 하늘은 기운으로 알아보는 것이기에 형상으로는 알아볼 수가 없도다. 인간 모습이나 건물 크기 외형, 인간들 숫자로 판단하려 하면 영원히 찾아내지 못하느니라.

천상의 주인인 절대자 하늘의 지상 최초 강세!
너희들은 언제일지는 몰라도 인간 육신을 빌려서 절대자 하늘이 강세할 것이라고 마음속으로 오랜 세월 은근히 기다려왔을 것인데 자미천기 기운으로 알아봐야 하느니라.

예전부터 너희들은 하늘이 내린 핏줄이라 하여 천손이라 하였는데, 다른 외국계 민족들은 몰라도 대우주 창조주 태초의 절대자 하늘의 피가 흐르는 천손민족만이라도 외국 종교 귀신들을 몰아내고 천손민족의 자존심을 지켜야 할 것이니라.

너희들이 수천 년 동안 숭배하고 받들었던 숭배자들과 성인 성자들은 모두가 절대자 하늘인 나를 사칭한 악들이고, 천상에서 나를 배신하고 역모 반란을 일으킨 역천자들이었도다.

하나님 아버지라 부르는 여호와(야훼)와 독생자 예수와 12제자, 성모 마리아, 석가모니와 10대 제자, 각위 모든 보살들, 미륵, 천지신명, 열두대신, 알라신, 라마신, 시바신 기타 악신들의 영성과 영체들은 모두 추포되어 소멸되었도다.

모든 숭배자들이 심판받아 지금 어떤 모습으로 어디에 있는지 궁금한 자들은 하늘나라 자미국(자미천국, 자미천궁)에 들어오면 자세히 알게 될 것이니라. 이런 말을 하는 절대자 하늘인 나에게도 너희들이 성경을 통해서 배운 사상과 교리와 다르다고 감히 사탄, 마귀라고 몰아세울 것이더냐?

너희들이 수천 년 동안 속아서 믿었던 여호와 하나님 아버지가 대우주와 만생만물, 인간, 신, 영의 창조주이고, 전지전능하신 절대자 하나님이라고 누가 말했고, 누가 검증한 것이더냐? 2천 년의 장구한 이스라엘 역사가 증명한다고 말할 것이더냐?

2천 년 이상 떠받들고 믿어오던 여호와(야훼) 하나님(하느님)이 가짜라는 것이 판명되면 그 충격을 어찌 감당할 것이더냐? 너희들의 말대로 여호와 하나님이 전지전능한 하나님 아버지이고, 절대자라면 대우주 창조주 태초의 절대자 하늘인 나에게 잡혀와서 심판받겠느냐? 또한 이렇게 말하는 내가 가짜이고, 사탄, 마귀가 되는 것인데 나를 가만두겠느냐?

하늘과 땅을 바꾼 대충격일 것이고, 여호와를 하나님이라고 믿은 자들은 모두가 속았도다. 그것이 절대자 하늘인 나를 배신하고 천상에서 도망친 악들과 귀신들이 만든 거짓 사상의 경전이라면 어떻게 할 것이더냐?

그래서 인류는 지금 숭배자들이 아닌 종교 악들과 귀신들을 섬기고 있느니라. 툭하면 성도들의 정신을 지배 통치하기 위해서 말도 못 하게 사탄, 마귀들이라고 몰아세우는 너희들이 바로 악의 원조 하누의 씨앗들인 사탄, 마귀들임을 모르겠더냐?

내가 천상세계 주인인 절대자 하늘인데, 이 세상에 인류가 존경하며 떠받들던 숭배자들인 하나님, 하느님, 천지신명, 열두대신, 알라신, 라마신, 시바신, 석가모니와 10대 제자, 여호와(야훼), 예수와 12제자, 성모 마리아, 마호메트, 도교와 종교 창시자들이 죽어서 어찌하고 있는지 말해 줄 수 있도다.

그리고 종교지도자들인 죽은 증산도 강ㅇㅇ 구천상제, 태극도 조ㅇㅇ 옥황상제, 대순진리회 박ㅇㅇ 인존상제, 로마 교황들, 김ㅇㅇ 추기경, 정ㅇㅇ 추기경, 통일교 문ㅇㅇ 교주, 영생교 교주 조ㅇㅇ, 침례교회 유ㅇㅇ, 성철승려, 원효대사, 서산대사, 사명대사, 무학대사, 도선국사, 진묵대사와 또한 역사적인 인물들인 고구려 시조 주몽, 고려 태조 왕건, 조선 태조 이성계, 태종 이방원, 세종대왕 이도, 성웅 이순신 장군들과 국내외 재벌 총수들은 물론 종교 열심히 믿다가 죽은 네 가족과 부모 조상들이 극락, 선경, 천국, 천당에 가 있는지, 윤회 중인지, 지옥에 가 있는지, 소멸되었는지 말해 줄 수 있느니라.

나는 극락, 선경, 천국, 천당세계 뿐만이 아니라 온 우주와 인류, 만생만물의 창조주이자 절대자 하늘인데, 어째서 여호와 귀신을 전지전능의 절대자 하나님 아버지라며 받들고 있는 것인지 도저히 이해가 안 되느니라.

감히 나의 허락도 받지 않고 함부로 신과 영들을 천상계로 보낼 수 있다고 생각하는 것이더냐? 종교 믿었다고 천상계로 모두가 오른다면 무법천지인데, 아무나 오를 수 있는 천상계를 무엇 때문에 오려는 것이더냐?

천상세계에는 주인이 없는 줄 알았더냐? 그레이엄 수에 달하는 대우주 행성들과 행성인, 만생만물, 인간, 신, 영혼들을 절대자 하늘인 내가 창조하였거늘 천상세계 주인의 허락도 받지 않고 마음대로 드나들 수 있단 말이더냐?

지구에서 2경 광년 거리에 지구인 모습과 똑같은 행성인들이 살고 있는데, 지구 문명보다 수천억 년 앞설 만큼 고도로 발달해 있고, 평균 아이큐가 12,000이고 수명도 수천 살이니라. 지구인과 같은 모습의 행성들이 우주에 아주 많도다.

그렇게 쉬운 하늘로 알았더냐? 미물인 개미들도 자신들의 무리가 아닌 다른 개미들이 무단침입해서 들어오면 물어 죽이는 법이거늘 천상의 법도가 얼마나 지엄한데, 종교지도자들은 어떻게 함부로 천상의 주인 행세를 하려는 것이더냐?

지구에 인류가 태어나고 절대자 하늘인 나의 진실을 정확히 전하는 자는 이 세상에 나의 육신 한 명뿐이니라. 나는 예나 지금이나 지구에 인간이 탄생한 이후 너희 인류가 받들고 숭배하는 숭배자들과 그 어떤 종교인들 몸으로 내려간 적이 없었고, 이런 진실도 처음 밝히느니라.

대우주 창조주 태초의 절대자 하늘인 나는 빛과 불 그 자체이기에 지구를 불로 초토화시킬 것이니라. 천문록에 등장하는 인축지 화멸이 불의 심판인데, 지구가 공전 궤도를 이탈해 태양을 향해 돌진하는 시나리오가 현실로 일어날 것이도다.

태양, 달, 지구, 화성, 수성, 목성, 금성, 토성 기타 소행성 운석의 궤도를 자유자재로 바꾸어 지구와 충돌하게 할 수 있는 천지대능력자가 대우주 창조주 태초의 절대자 하늘이기에 얼마든지 가능한 시나리오이니라. 나는 대우주 행성들을 창조하고 파괴도 하며, 행성들의 운행을 조정하고 통제하는 행성통제부 총괄본부장 겸 총사령관이니라.

자미천기로 행성들의 궤도를 바꾸어 인류를 멸살하는 지구 파괴 종결자이니라. 종교를 떠나 절대자 하늘인 나에게 천상에서 지은 죄를 용서 빌지 않는다면 인류 멸살을 위한 지구 파괴 종말은 더 앞당겨질 것이도다.

대우주와 만생만물 창조주이고, 행성통제부 총괄본부장이자 태초의 절대자 하늘의 모든 자미천기 천지기운이 내가 머무는 인간 육신을 통해서 천상과 지상으로 분출되고 있도다.

이미 인류 멸살을 위한 지구 파괴 종말의 명은 하달되었고, 언제 이루어질 것인지만 남아 있을 뿐이니라. 내 육신이 내리는 명은 곧 절대자 하늘인 나의 명이기에 시간 차이만 있을 뿐 반드시 현실로 이루어지는 것을 무수히 체험할 것이니라.

 인류 멸살을 위한 지구 파괴 종말의 시간을 늦추는 방법은 너희들 모두 스스로가 종교를 빠져나와 종교를 멸망시키는 방법 하나만 남아 있을 뿐인데, 얼마나 많은 자들이 공감할지 그것이 문제이지만, 죽은 귀신들조차도 지구 종말을 무척이나 무섭고 두려워한다는 사실도 알려주느니라.

 산 사람 육신이 없어지니까 귀신들도 자신들이 거처할 인간 육신이 없어지는 것이 두려워 인류 멸살과 지구 파괴 종말의 명을 거두어달라고 애걸복걸하는 귀신들과 오히려 협박하는 귀신들도 있었도다.

 내 육신을 통해서 명을 내리지만, 천상의 주인, 대우주 창조주 태초의 절대자 하늘인 내가 내리는 피할 수 없는 지엄한 명이기에 이제 운명의 그 날만이 남아 있을 뿐이도다. 육신의 죽음은 언젠가는 모두가 필연적으로 맞이해야 할 운명이기에 그리 무서워할 것이 못 되느니라.

 하지만 각자의 몸 안에 오랜 세월 동고동락하면서 절대자 하늘께서 언제쯤 불러주시어 천상으로 오르게 될지 학수고대하며 기다리고 있는 신과 영들에게는 청천벽력 같은 말이 인류 멸살의 지구 파괴 종말인데 '인류 멸망 10가지 시나리오' 둠스데이를 보면 불원간 다가올 종말을 예측할 수 있을 것이도다.

 장차 지구가 어떻게 종말을 맞이하는지 알아볼 수 있는 예측

시나리오인데, 우주의 수많은 행성들 운행 궤도 변경 역시 대우주 창조주 태초의 절대자 하늘의 무소불위한 자미천기 천지 기운에 의해서 지구 파괴 종말이 좌우되기에 이제 인류의 운명이 풍전등화 상태이니라.

태양과 충돌, 달과 충돌, 소행성과 충돌, 수많은 운석 낙하, 거대 블랙홀이 지구를 집어삼키는 등이 불원간에 현실로 이루어지는 것은 악들이 종교를 세워 인류의 정신을 온통 지배 통치하며 절대자 하늘인 내게 대적했기 때문에 일어날 불행인데, 전 세계의 종교인들 스스로 종말을 자초한 일이니라.

대우주 창조주 태초의 절대자 하늘이고, 우주 행성들의 운행 궤도를 통제하는 행성통제부 총괄본부장 겸 총사령관이기에 얼마든지 자유자재로 지구, 태양, 달, 소행성, 운석, 블랙홀의 운행 궤도를 변경하여 지구와 충돌시켜 지구 파괴 종말을 현실로 이룰 수 있는 천지대능력자이니라. 나는 빛과 불인데, 양날의 검이니라. 살려주는 자미생의 기운과 죽이는 자미사의 기운을 함께 갖고 왔느니라.

내 육신을 알현 상담하는 자체가 절대자 하늘의 아주 고귀한 자미천기 기운을 받는 것이니라. 그리고 너희들 몸 안에서 인생을 방해하고 흉사를 일으키는 나쁜 악귀잡귀들이 나에게서 발산되는 빛과 불, 즉 강렬하고 거대한 백광의 빛과 황금빛 오로라, 수천 마리의 오색용들이 호위하고 있는 모습을 보고 신기해서 따라 들어올 것이니라.

귀신들에게 몸으로 왜 들어왔느냐고 물어보면 하나같이 이

구동성으로 귀신들의 눈에는 나의 육신이 빛으로 보인다, 황금용으로도 보인다, 하늘에서 내려오신 분 같다고 하며, 상제님, 천제님, 하느님, 하나님, 부처님, 미륵불, 메시아, 구세주, 구원자, 정도령, 대도인, 신인, 진인, 해인을 갖고 오신 하늘의 절대 능력을 가진 천지대능력자로 보인다고 말하느니라.

그래서 방문하는 너희들은 어떤 신비한 기운을 느끼고 몸에서는 수많은 귀신들이 빠져나오기에 마음이 무척 가벼워지고 막힌 일들이 풀어지기 시작하는 이변이 일어나느니라. 알현 상담하면 너희들의 몸 안에 수천에서 수억 명의 귀신들이 무더기로 빠져나오기 때문에 일어나는 현상이고, 내 육신을 알현하는 자체만으로도 엄청난 자미천기 기운을 받게 되느니라.

하늘인 나를 알현하면 악들이 세운 종교에 가지 않아도 되고, 명산대천으로 기도하러 다니지 않아도 되느니라. 기도해서 기운받는 자체가 하늘의 기운이 아닌 악들과 귀신들을 받아들이는 것이니라. 즉 기도는 죽음의 길이었도다. 이들은 너희들이 천상으로 올라가는 것을 결사적으로 방해하는 메시지를 뿌려대기에 부정적인 메시지가 뜨면 이겨내야 하느니라.

지구상에서 천상의 절대자 하늘의 기운을 받을 수 있는 곳은 하늘나라 자미국(태상천궁, 자미천궁, 자미천국)에 나의 육신 한 명뿐이니라. 즉, 위대하고 대단한 천상의 절대자 하늘의 자미천기 기운은 내 육신과 목소리와 눈빛, 글을 통해서만 만 세상으로 분출되고 발산하느니라.

천상의 좋은 기운을 받을 수 있는 곳이 하늘나라 자미국의 내 육신이라는 것을 모르고 온갖 종교에 들어가서 굿, 기도, 예배, 미사, 정성 드리거나 명산대천을 찾아다니는데, 모두가 악들과 귀신들의 기운만 받아온다는 사실을 알아야 하느니라.

종교 용품(악세사리), 승복, 신부와 수녀복, 경전(성경, 불경, 도경, 무속경), 염불 독송 및 청취, 부적, 염주, 묵주, 달마도, 탱화, 사진, 불상, 십자고상, 성모상 같은 형상을 지니는 자체만으로도 종교 귀신들을 무더기로 끌어들여 함께 동고동락하며 살아가는 것인데, 이 모든 것을 악들과 종교 귀신들이 만들어 물려준 것들이기에 소각하거나 버려야 하느니라.

지구상에 존재하는 인신, 즉 죽은 자들을 신격화하여 받드는 종교인들이 전부인데, 그 벌을 살아서나 죽어서나 어찌 감당할지 모르겠도다. 지금은 육신이 살아 있으니까 절대자 하늘의 무서운 심판의 진실을 가르쳐주어도 받아들이려 하지 않을 것인데, 죽어보면 알게 될 것이니라.

이 나라의 시원인 9,218년 전 환국시대 환인천제 7위, 배달국 시대 환웅천황 18위, 고조선 시대 단군천황 47위 조상들은 천상의 3,333개 제후국들의 제후였는데, 모두 하늘을 상징하는 천제, 천황의 높은 관명을 사용하여 멸문당했고, 결국 나라도 모두 망해서 한반도의 반만 남았느니라.

1만 년 전 바닷속으로 침몰한 아틀란티스 대륙도 왕이 천자라고 했다가 추포되어 심판받고 대륙을 멸망시키고 바닷속으로 수장시켰었느니라.

이렇게 대역죄를 짓고 지구에 내려온 자들이 감히 하늘을 상징하는 천제, 천황이란 관명을 사용하다가 추포되어 멸문당했고, 나라가 무너졌도다. 이렇듯 역대 제왕들과 대통령들, 유명한 장군들을 신격화시켜 받들면 결국 멸문하느니라.

　그러니까 현재 종교의 숭배자들인 석가모니, 여호와(야훼), 예수, 마리아, 마호메트, 기타 도교 창시자들의 존영을 봉안하여 받들면 반드시 멸문당하고 당사자들은 추포되어 수백만 개에 달하는 지옥도를 차례대로 다니면서 심판을 받게 되느니라.

　하나님, 하느님, 상제, 부처, 미륵, 각위 보살, 천지신명, 열두대신을 형상이나 사진, 불상, 탱화로 봉안하여 받들면 살아서도 벌을 받지만, 죽어서는 더 가혹한 벌을 받는데, 살아서는 인정하지 않을 것이기에 각자 죽어서 체험해야 할 것이도다.

　이것이 사실일지라도 이미 직업 종교인이 되었기에 포기하여 되돌릴 수도 없을 것이고, 진실을 믿을 수도 없다고 판단할 것이기에 죽어서 심판받는 수밖에 없을 것이니라.

　눈에 보이지 않는 숭배자들과 이미 죽은 자들을 신격화하여 받들고 향하는 것은 악들과 귀신들이 세운 종교이고, 눈에 보이고 살아 있는 대우주 창조주 태초의 절대자 하늘에게 향하는 것이 살길이도다.

　이것이 하늘나라 자미국과 종교가 다른 점이고, 구원은 이번 생이 처음이자 마지막 기회인데, 종교인들과 신도들은 절대로 인정하기 싫겠지만 천만 년을 믿고 빌어도 구원이 없느니라.

나를 알현하기 위하여 태어나

왜 나를 알현하기 위해서 인간으로 태어났을까? 이것은 너희들 눈에는 모습이 안 보이고, 귀로도 들리지 않는 대우주 창조주 태초의 절대자 하늘을 알현하기 위함이도다. 실시간 강세하여 있지만, 모습은 볼 수 없어도 기운으로 알아보느니라.

너희들이 천상에서 지은 죄와 전생, 현생에서 지은 모든 죄, 그리고 내생에 무엇으로 태어날 것인지와 속마음과 생각까지도 전부 알고 있는 천지대능력자이니라. 지상에서 살아 있을 때 죄를 비는 유일한 기회이도다.

이 말의 뜻을 모두가 궁금해할 것인데, 바로 종교에서 탈출시켜 구원받게 해주기 위함이도다. 이 나라뿐만이 아니라 전 세계에 있는 550만 개의 온갖 종류의 종교시설에는 천상의 도망자들인 역천자 악의 원조인 '하누'와 '표경'의 씨앗들인 악들이 세운 곳이기에 종교 안에서는 구원 자체가 전혀 안 되느니라.

악들은 대우주 창조주 태초의 절대자 하늘인 나를 배신한 대역죄인들이고, 천상의 주인이 아니기에 너희(인간, 영혼, 조상, 신명, 귀신, 악, 축생령, 만물령)들을 극락, 선경, 천국, 천당인 천상으로 인도해 줄 수도 없고, 권한도 없는데 이런 말은 모두가 난생처음 들어볼 것이도다.

천상의 주인이고 대우주 창조주 태초의 절대자 하늘이 인간 육신으로 화현하여 구원과 심판에 대한 천상지상 공무를 집행하고 있도다.

지구에 태어난 것은 나를 시해하려는 역모 반란에 가담한 대역죄를 짓고, 지구로 도망치고 쫓겨난 천상의 죄를 빌어 영혼의 고향인 천상으로 다시 돌아가기 위함이도다. 그래서 인간으로 태어나는 천재일우의 기회를 너희들에게 내려주었느니라.

하지만 이런 고차원적인 영적세계의 진실들은 난생처음 들어볼 것인데, 이해가 되어 인정하고 받아들일 너희(인간, 영혼, 조상, 신명, 귀신, 악)들이 얼마나 있을까 모르겠도다. 그런데 공교롭게도 이들 중에서 나를 알아보는 자들이 있는데, 그것이 천상의 신들이었던 악들이니라.

악들은 역천자들이기는 하지만 영들이나 귀신과 차원이 전혀 다른 고차원적 존재들인 신들이었기 때문에 나를 알아보고 예를 올리면서 지구에 내려오셔서 얼마나 고생이 많으시냐고 위로의 말까지 건네느니라.

처음에는 이들을 교화하려고 수없이 설득하였으나 자신들 스스로가 천상의 주인이고, 대우주 창조주 태초의 절대자 하늘을 배신하고, 지구에 종교를 처음 세운 악의 원조 '하누'와 '표경'에게 포섭당하여 황위 찬탈을 위해 나를 시해하려는 역모 반란을 일으킨 대죄를 어떤 방법으로도 씻을 수 없다며 즉시 소멸시켜 달라고 스스로 추포되어 오고 있었느니라.

악의 원조가 '하누'와 '표경'이고, 세상의 종교 안에서는 '하누'가 하나님, 하느님으로 숭배되고 있도다. 기독교인들과 천주교인들이 감히 만생만물의 주인이고, 천지인 창조주이고, 영혼의 부모님이신 전지전능의 하나님을 모독하는 것이냐고 난리를 칠 것이지만 이것이 천상의 진실이니라.

불교의 부처와 미륵, 도교의 상제, 무속의 천지신명과 열두대신, 이슬람교의 알라신, 인도의 라마신과 시바신, 인간 육신으로 다녀간 숭배자들인 석가모니, 여호와(야훼), 예수, 마리아, 공자, 노자, 마호메트, 기타 종교 창시자와 교주들은 모두가 역천자이자 악의 원조인 '하누'와 '표경'의 사상을 받들고 있기에 믿는 자들은 천상으로 돌아가지도 못하지만 지옥세계 불지옥으로 압송당하여 천상의 역천자들을 받들어 섬긴 죄를 심판받느니라.

천상에서 역모 반란이 일어나기 전에 나의 신하들이었던 악들은 신들이기에 천상의 기억을 그대로 갖고 있느니라. 신들은 천상의 모든 기억을 그대로 간직하고 있다는 것이 영들과 다른 점인데, 이들은 천상에서 지구로 도망쳤기에 추포되지 않아 천상의 기억을 그대로 갖고 있느니라.

인간 육신의 몸 안에서 함께 살아가는 산 자의 영(생령)들이나 죽은 자의 영(사령, 귀신)들은 천상의 기억을 모두 삭제시켜서 지구로 유배 보냈기에 전혀 기억을 하지 못하느니라. 인간으로만 태어난 것이 아니라 축생령을 비롯하여 만생만물로 태어나는데, 이들 중에서 인간에게만 특별히 죄를 빌 기회를 주었느니라.

본능적으로 자신들이 돌아가야 할 곳이 천상(극락, 선경, 천국, 천당)이란 것은 알기 때문에 악들이 세운 종교세계를 통해서 영혼의 고향인 천상으로 돌아가고자 하지만 지구에 인간이 태어난 이후 아무도 천상으로 돌아가지 못하였느니라.

천상의 주인은 종교의 숭배자들이 아니기 때문에 종교를 통해서는 그 어느 누구도 올라갈 수 없느니라. 하늘을 시해하려는 역모 반란에 가담하여 비수를 들이댈 때는 언제고 왜 다시 천상으로 돌아오려고 하느냐? 차원 낮은 영들은 천상의 기억이 없어 이런 진실 자체를 알지도 못하니, 이 책의 내용이 이해가 안 되고 무슨 말인지 어렵다며 공상 소설이냐고 말할 것이니라.

천상에서 무슨 역모 반란에 가담했느냐고 오히려 반문하며 기억이 전혀 없어 난 몰라 하면서 오리발 내미는데, 천상대법정이 열리면 천상에서 어떤 죄를 지었는지 생생하게 다 나오느니라. 인간과 영들, 신들, 축생령, 만물령에 대한 천상과 전생, 현생의 일거수일투족이 모두 기록된 동영상과 죄목의 문서가 있고, 지금 현재도 너희들의 일거수일투족이 실시간으로 천상장부에 낱낱이 기록되고 있다는 경천동지할 진실을 받아들여야 하느니라.

이 땅에 태어나서 보고 들어 아는 것이라곤 온통 종교사상과 교리뿐인지라 생소한 하늘의 진실에 어이가 없다고 할 자들도 있고, 기가 막히다는 자(인간, 영혼, 조상, 신명, 귀신, 악, 축생령, 만물령)들도 엄청 많을 것이니라.

너희들은 단순히 인간이 아니라 몸 안에 자신의 영혼, 조상, 신명, 귀신, 악, 축생령, 만물령들이 함께 공존공생하며 살아가고 있는데, 엄연히 말하자면 인간은 모두가 다중인격체라고

봐야 하느니라. 자신 혼자의 마음, 생각, 말, 글 같지만 이 모든 존재들이 육신과 정신을 지배 통치하고 있다는 무서운 사실을 알아야 하느니라.

천상의 역천자들인 악들은 너희들(인간, 영혼, 조상, 신명, 귀신, 악, 축생령, 만물령)들이 천상의 주인인 나에게 죄를 빌어 영혼의 고향인 천상으로 돌아가지 못하게 온갖 종교라는 것을 세워놓고 수천 년 동안 경전을 만들어 사상과 교리로 세뇌시켜서 하늘나라 자미국을 몰라보게 만들었도다.

생사령들이 천상으로 돌아가는 천상입천의 명을 받으려면 대우주 창조주 태초의 절대자 하늘이 내려주는 명을 받들어야 하느니라. 이런 진실은 종교세상을 통해서는 들어볼 수 없었고, 난생처음이라 받아들여야 할지 갈팡질팡하면서 자신이 믿고 있는 숭배자들에게 벌을 받는 것은 아닌가, 걱정하기도 하는데 내가 실시간으로 지켜주기 때문에 아무런 문제가 없느니라.

대우주 창조주 태초의 절대자 하늘이 내리는 명을 받기 위해서 만생만물 중에 인간으로 태어났다는 경천동지할 진실을 접하고 충격에 빠진 자들도 많을 것이니라.

이것이 진실일지라도 난생처음 읽어보는 글이라서 갈등할 자들도 많을 것인데, 판단과 선택은 각자 자유이니라. 지구상에 세워진 수많은 550만 개의 종교시설을 통해서는 천상으로 돌아갈 수 있는 곳이 하나도 없기에 허탈할 것이지만, 잘 모르겠으면 하늘나라 자미국에 들어와서 자미천기 천지기운으로 느껴보는 것이 현명할 것이니라.

대우주 창조주 태초의 절대자 하늘인 나를 알현하기 위해서 인간으로 태어나게 해주었도다. 내가 인류에게 마지막 구원의 기회를 주고자 하는 것이니라. 비록 천상에서 죄는 지었지만, 이제라도 잘못을 인정하고, 죄를 용서 빌면 받아주느니라. 인류 모두가 악들이 세운 종교인들에게 속아 노비가 되어 있기에 종교를 속히 탈출해야 나를 알현하여야 구원받느니라.

수천 년 동안 역사와 전통을 자랑하며 장구한 세월 동안 이어진 세계 모든 종교가 악들이 세운 가짜 하나님이라니 이걸 믿고 받아들여야 하는지 심한 갈등 속에 갈팡질팡할 것인데, 선택은 빠를수록 좋도다. 너희들이 가야 할 세계는 하늘나라 자미국을 통해서만 천상으로 입천할 수 있느니라.

지구상에 세워진 온갖 종교가 천상의 도망자들인 역천자 악들이 세운 것이란 걸 상상이나 하였겠느냐? 알아낼 수 있는 천지대능력자가 없기에 인류 모두가 종교에 속아왔던 것인데, 이것이 진실이라면 어디 가서 보상받을 것이더냐? 종교인들은 사탄, 마귀가 나타났다고 몰아붙이겠지만 죽어보면 누가 진짜인지 알게 될 것인데, 물론 살아서도 알 수 있느니라.

나를 알현하기 위하여 지구에 인간으로 태어났다는 말은 너희들 입장에서는 너무나도 황당한 말인 것은 틀림없을 것이니라. 그것은 대우주 창조주 태초의 절대자 하늘인 내가 누구인지 잘 모르기 때문에 그럴 수밖에 없느니라.

하늘나라 자미국은 만생만물과 대우주 행성들과 행성인들, 천지인 창조주, 천상의 주인이고, 대우주 창조주 태초의 절대자 하늘이 실시간으로 직접 강세하고 있는 곳이니라.

뿐만 아니라 인류와 영들이 원하고 바라는 소원들을 선별하여 이루어주는 천지대능력자가 대우주 창조주 태초의 절대자 하늘인데, 태어나서 이제까지 세상이나 종교 안에서 본 적도 없고, 들은 적도 없는 상상을 초월하는 천변만화의 이적과 기적이 무궁무진 수시로 일어나는 무소불위한 나의 기운으로 천상지상 공무를 실시간으로 집행하고 있느니라.

너희들의 눈에는 평범한 인간의 모습으로 보이지만 대우주 창조주 태초의 절대자 하늘이 실시간으로 심판과 구원을 해주고 있느니라. 인류와 모든 영들과 조상들, 신들이 기다리던 천지대능력자이기 때문에 나를 알현하기 위해 인간으로 태어났다고 말한 것인데 이제는 이해가 되었을 것이니라.

그래도 믿지 못하겠다고 부정적이거나 무시하는 자들도 있을 것인데 직접 찾아와서 체험해 보면 될 것이고, 책을 읽으면서 온갖 천변만화의 조화가 온몸으로 실시간 일어나기에 인정 안 할 수 없을 것이니라.

정독하면 주체할 수 없는 자미천기가 내리느니라. 그리고 너희들의 책을 읽는 모습, 태도, 마음, 생각, 말, 글들을 옆에서 지켜보고 기록하는 천상신명들이 몇 명 따라붙어 천상장부에 기록하는데, 살아서든 죽어서든 구원이냐, 심판이냐가 판결나기에 마음 조심, 생각 조심, 글 조심, 말조심하면서 읽어야 하느니라.

천상의 주인이자 절대자 하늘인 나는 만생만물과 대우주 행성들과 행성인, 지구인을 창조한 영혼의 부모이기 때문에 배신하고 역모 반란에 가담했던 역천자들을 생각하면 분노가 치밀지만, 부모이기에 이제라도 죄를 용서 빌면 받아주느니라.

내가 무슨 천상에서 죄를 지었느냐고 항변할 것이 아니라 인류 모두가 천상에서 죄를 짓고 지구로 내려왔기 때문에 지옥별 행성 지구에 태어난 것이므로 받아들일 자들은 하늘나라 자미국으로 들어와서 조상들이 지은 죄부터 비는 조상 천상입천 의식을 행해야 하는데, 결국 너희들이 편해지기 위한 의식이니라.

왜냐하면 조상들이 천상과 전생, 현생에서 지은 죄를 빌어 업보를 풀어주지 않으면 후손들인 너희들은 자신의 조상들이 지은 죄를 몽땅 뒤집어쓰고 살아가기 때문에 온갖 풍화환란이 끊이지 않아 인생 실패, 기업 파산, 금전 고통, 단명, 사건 사고, 괴질병 등의 각종 질병을 앓게 되느니라.

죄는 지으면 육신이 죽어도 영원히 사라지지 않느니라. 자손이나 후손들이 대를 이어 물려받기에 누군가는 조상이 지은 죄를 풀어주어야 하느니라. 자신이 지은 죄도 다 알지 못하는데 조상들이 천생, 전생, 현생에서 언제 어느 때 무슨 죄를 지었는지 어찌 알 수 있겠느냐?

그러나 공통으로 너희들뿐만이 아니라 조상들도 천상에서 나를 배신하고 역모 반란에 가담한 대역죄인이니라. 그렇기에 무조건 조상들이 지은 죄부터 빌어야 하느니라. 이것이 산 자들이 남은 생을 조금이나마 편하게 살아가는 기회이니라. 죄를 빌어야 할 너희 조상들은 지금 몸 안에서 함께 살아가고 있도다.

대우주 창조주 절대자 하늘!

지금 돌아가는 아비규환의 아수라장 세상을 보노라면 예삿일이 아니고, 분명 무언가 터질 것이 터지고 있다는 생각을 하면서 인류 탄생 이후 이처럼 무섭고 두려우며, 공포스러운 일은 난생처음이라는 생각을 많이 할 것이도다.

재난영화 수준의 걷잡을 수 없는 기상이변의 천재지변, 3종 변이, 4종 변이, 델타 변이 괴질병의 전 세계적 대유행은 대우주 창조주 태초의 절대자 하늘이 인류를 심판하고, 알곡을 추리기 위하여 강세하였음을 세상에 보여주는 것이도다.

종교세계 찾아다니며 조상 대대로 대를 이어 진짜 하늘의 강세를 오랜 세월 동안 오매불망하며 애타게 기다려온 자들과 영들(생령들), 조상들(사령들)과 신명들이라면 시간이 없도다. 나의 심판으로 인류 멸살, 지구 종말로 세상이 저물어가기 전에 하늘나라 자미국으로 빨리 찾아와야 하며, 이번 생에 나를 알현하여 구원받지 못하면 영영 불가능하노라.

이번 생에 하늘나라 자미국에 들어와서 태초의 절대자 하늘인 내가 내리는 명을 받들지 못하고 죽으면 천상으로 돌아가는 길은 영원히 막혀버리느니라. 처음이자 마지막이기에 판단을 잘해야 하고, 기존 종교적 사상과 고정관념의 틀에서 빨리 벗어나야만 나의 진실이 들리고, 나의 말에 공감하고 감동, 감탄, 감격하게 되어 선택을 받게 되느니라.

태초의 절대자 하늘의 말과 글을 일반적인 종교인들이 하는 말이나 글로 생각하고 듣는다면 나에게 선택을 받아 영들의 고향인 무릉도원 하늘나라 자미국으로 올라가 영생을 누리는 행복과 기쁨을 누리기가 영원히 불가능할 것이도다.

너희들이 알다시피 화려한 외형적 모습과 달콤하고 유창한 언변의 말이나 글은 상대방의 눈과 귀, 마음을 얼마든지 속일 수 있고, 현혹시킬 수 있지만, 너희들의 온몸과 영감, 육감을 통해서 느끼는 자미천기 기운만큼은 절대로 속일 수 없도다.

지금 시대는 종교가 판을 치고 가짜들이 하늘을 사칭하며 세상을 지배 통치하는 세상이 되어 버렸도다. 너희들이 알고 있는 것은 수천 년 동안 찬란한 역사와 전통을 자랑하며 뽐내는 대형 교회, 성당, 사찰, 도장, 유교, 무속세계뿐이고, 모두가 죽음의 종교세계로 열심히 달려가고 있느니라.

너희들이 조상의 대를 이어가며 수십 년 동안 열심히 믿고 있는 종교를 의심하며 가짜라는 생각은 한 번도 해본 적이 없었더냐? 목숨처럼 의지하고 믿는 종교세계가 몽땅 가짜라면 그 충격을 어찌 감당할 것인지 마음의 준비가 되었더냐?

하늘을 사칭하는 가짜들이 판을 치는 세상이고 모두가 자신이 진짜라고 수많은 자들을 현혹하는데, 누가 진짜인지 검증할 방법은 없도다. 외형적으로 바라보고 판단하는 것이 전부일 것인데, 참으로 답답한 일이 아닐 수 없고, 하나같이 잘난 척하며 자신이 진짜라고 하는데 입증할 방법은 없도다.

그래서 너희들 스스로가 천지기운을 통해서 알 수 있는 간단한 방법을 알려주고자 하느니라. 정말 대우주 창조주 태초의 절대자 하늘이 강세하였는지와 지구상에 존재하는 온갖 종류의 종교가 가짜가 맞는지 너희들 각자가 기운으로 알 수 있는 방법이 있느니라.

웅장하고 화려한 건물 모습과 유창한 말이나 달콤한 글보다는 너희들이 어떤 기운으로 직접 느끼고 체험하는 방법이 가장 좋은 방법이기에 속을 염려가 없느니라.

대우주 창조주 태초의 절대자 하늘이 인간 육신으로 진짜 강세하였는지와 이 땅의 모든 종교가 정말 사상과 교리와 달리 가짜가 맞는 것인지 기운으로 알아보는 특별한 기운 측정 방법이니라.

태초의 절대자 하늘은 외형적 모습으로는 너희들과 똑같은 모습이기에 알아볼 수 없고, 종교가 모두 가짜인지 알 수 없으므로 내가 내려주는 신비로운 무소불위한 자미천기 기운으로만 알아볼 수 있느니라. 각자들이 직접 체험해 보는 것이 현명하기에 아래처럼 그 방법을 자세히 알려주는 것이니 시도해 보기 바라니라.

이곳이 진짜인가? 가짜인가 기운으로 알아보려면 아무도 없는 혼자 있는 조용한 곳에서 가부좌 자세로 주먹 하나 크기 들어갈 정도로 간격을 두고 합장하여 허리를 꼿꼿이 편 채로 눈을 살며시 감고 5~10분씩 주문을 외우면 되느니라.

도법주문- "하늘나라 자미국~"
보통 목소리 크기로 소리 내어 주문으로 외워보면 합장한 손에서 땀이 나거나, 떨림이 강하게 일어나고, 하품이 줄줄이 나오며 시간이 갈수록 온몸이 강렬하게 진동하고 요동치며, 나중에 숙달되면 마음속으로 외워도 자미천기 기운이 내리느니라.

이 책을 처음부터 끝까지 다 읽은 뒤에 "하늘나라 자미국" 주문을 외우면 감동, 감격, 감탄, 감읍, 환희하고 졸리지도 않은데 줄줄이 하품이 쏟아져 나오고, 머릿속 정수리에 마치 벌레가 기어다니는 듯한 느낌이 들고,

전기가 흐르듯 온몸이 찌릿찌릿하고, 몸의 특정 부위나 손바닥, 발바닥을 바늘로 푹 찌르듯이 '앗 따거' 하는 통증을 느끼고, 몸이 갑자기 움찔하기도 하고, 신안과 영안이 열려 무엇이 보이고 들리는 자들도 있는데, 귀신 들린 것이 아니니까 전혀 두려워할 필요가 없느니라.

대성통곡하며 눈물 콧물 흘리는 자들, 목 놓아 소리 내어 꺼이꺼이 우는 자들, 소리 없이 눈물짓는 자들, 호탕하게 크게 웃는 자들, 환희하는 자들, 이제 찾았다고 만세 부르는 자들, 살았다고 신난다며 춤추는 자들, 손과 발, 엉덩이가 들썩거리며 진동이 크게 요동치는 자들, 땀이 범벅이 되는 자들 등등 나타나는 증상도 천차만별 천태만상이니라.

주문 외우는 시간대는 제한이 없으나 모두가 잠든 고요한 자시(밤 11~새벽 1시 사이 자시)가 자미천기 기운 받기 가장 좋은 시간이도다. 물론 대낮에도 가능하지만 주위가 산만하여 정신 집중이 잘 안 될 것이니라. 통상 5~10분이 적합하고, 기운이 느껴지고 음률을 타면 10~20분까지 외워도 되고, 각자 자유인데 바로 당일 기운을 느끼는 자들, 3일, 7일, 10일, 12일, 15일, 17일, 21일이 되어야 기운을 느끼는 자들도 있도다.

아무런 기운도 느끼지 못하는 자들이 드물게 있는데, 이들은 특이하고 색다른 고차원적 영적 차원을 가진 자들도 있고, 태초의 절대자 하늘인 내가 내리는 명을 받아야만 통기가 되어 기운이 느껴질 자들이니라.

온몸으로 이런 증상이 나타나는 것은 너희들 인류가 애타게 기다리던 진짜 대우주 천지인 창조주이자 태초의 절대자 하늘인 내가 인간 육신으로 강세하였다는 것과 종교가 모두 가짜라는 것을 자미천기 기운으로 각자가 직접 체험한 것이니, 서둘러서 예약하고 하늘나라 자미국으로 방문해서 다음 절차를 밟아야 하느니라.

기운을 느낌으로 받고도 방문하기를 꺼려하는 자들은 억지로 방문할 필요 없고, 하늘 사람(天人) 팔자가 아니니까 너희들이 다니던 종교세계에 그대로 다니면 되느니라. 이것은 몸 안에 있는 너희들 영혼, 조상, 신들이 용서받을 수 없는 큰 죄를 지어서 대우주 창조주 태초의 절대자 하늘인 내가 받아주지 않는다는 증표를 기운으로 알려주는 것이니라.

너희가 체험한 사례를 주위 지인들과 공유하는 것은 절대 금물인데, 하늘나라 자미국은 아무 인간, 아무 영혼, 아무 조상, 아무 신이 들어올 수 없는 아주 특별한 곳이기에 배우자, 자녀, 친구, 애인, 지인, 부모와 의논하거나 조언을 구하는 것은 절대 금기사항이니라. 그들 몸 안에 있는 선택받지 못할 영적 존재들이 방해하기에 천재일우의 기회를 놓치기가 쉽도다.

이제까지 체험한 것이기에 반드시 지켜야 하고, 이곳에 방문할 때 혼자 방문하기를 꺼려해 어떤 누군가를 대동하고 함께 방문하면 알현 상담 자체를 거부하느니라. 이곳에서 상담한 내용은 주위의 지인 누구에게도 발설하면 안 되느니라.

태초의 절대자 하늘인 나와 알현 상담한 것을 만일 다른 자들에게 발설하면 그것이 천상장부에 천기누설한 죄인으로 기록되어 살아서 불행한 일들이 일어나고, 육신의 죽음 이후에는 사후세계에서 그에 대한 혹독한 심판을 받게 되느니라.

이것이 하늘인 나로부터 선택받을 너희들이 나쁜 악들과 귀신들로부터 꼬임에 넘어가는 것을 보호해 주기 위함이며 다른 뜻이 있는 것은 없도다. 하늘나라 자미국은 기존의 종교세계처럼 아무나 들어올 수 없는 곳이기에 들어오지 못할 존재들이 수단 방법을 가리지 않고, 끊임없는 방해로 못 가게 하고 있으며, 너희들 주위가 온통 악과 귀신들뿐이니라.

선택받지 못할 자들과 영적 존재들은 마음 안에서 가지 마, 가지 마, 가짜야, 가짜야, 라는 메시지를 계속해서 전파하기에 선택받을 자들은 부정적인 메시지를 받아들이면 안 되기에 스스로 거부감이 들더라도 당당히 이겨내고 방문해야 하느니라.

　가족들, 형제들, 부모, 친구, 애인, 지인들에게 의논하며 평가하거나 말하면 귀신들이 시기 질투하며 집 안 싸움만 일어나기에 나를 알현 상담하고 선택받으려거든 천기누설하지 말아야 하느니라. 이 나라 5,200만 명 인구 중에 나로부터 선택받아 하늘 사람(천인)이 될 자들이 얼마나 있을지 궁금하도다.

　그 이유는 천상에서 지은 죄가 너무 크기에 선택받는 자들은 천복이니라. 배우자, 자녀, 부모 형제라 할지라도 영적 수준의 차이가 크고, 몸 안에 있는 영적 존재들의 수준이 천차만별이기에 말 한마디 잘못하면 절대자 하늘인 나에게 선택받지 못해 천추의 원과 한이 될 수 있느니라.

　살아서 하늘나라 자미국에 들어오느냐, 못 들어오느냐는 너희들의 현생과 내생의 생사가 좌우되는 가장 귀중하고 중차대한 일이도다.

　육신의 죽음보다 더 중요한 것이 태초의 절대자 하늘인 나를 알현(지체가 높고 존귀한 분을 직접 찾아뵙다) 상담하고, 내가 내리는 천상입천의 명을 받을 수 있을 것인가, 그것이 문제이니라. 육신이 살아 있는 현생은 몇십 년의 짧은 삶이고, 죽음 이후 사후세상은 한도 끝도 없기 때문이니라.

하늘은 어디 계시고 누구일까?

　인류 모두는 우주까지 끝없이 펼쳐진 파란 창공을 하늘이라 생각하고 살아왔도다. 하늘이란 창공의 뜻도 있지만, 대우주 창조주, 천지인 창조주, 태초의 하늘, 절대자 하늘, 천상의 주인, 수많은 별들(행성) 그리고 삼라만상의 모든 만생만물을 비롯한 인간, 신명, 영혼, 축생, 천지자연, 기후, 날씨, 천재지변, 생로병사, 사후세계, 생살여탈권, 죄사면권의 절대자 하늘을 언제부터인가 하늘이라고 불러왔느니라.

　두려움과 무서움, 공포의 대상으로 생각하여 하늘로부터 천벌 받는다는 말도 생겨났고, 천재지변이나 갑자기 인생 풍파가 휘몰아치면 하늘도 무심하시지, 하늘이 야속하시다, 전생에 무슨 죄를 많이 지었길래 등등, 모든 일들을 하늘과 연결지었도다.

　비나 눈이 많이 와도, 홍수가 나도, 태풍이 불어도, 화산폭발, 지진, 쓰나미, 기상이변, 우박 폭탄, 가뭄, 기근, 혹한(강추위), 혹서(폭염), 괴질병, 갑자기 죽어도 하늘이 노하셨나 하면서 옛 왕들도 산해진미를 가득 차려서 천제를 올리기도 하였느니라.

　지구별(행성)에 인류가 태어나고 살아가는 동안 하늘과 신을 알려고, 하늘과 신을 찾으려고 수천 년의 세월 동안 수많은 자들이 기도수행 정진해 왔지만 아무도 하늘인 나의 진실을 알아내지 못한 채 죽었도다. 또한 무수히 많은 신과 영들이 자칭 하늘과 신이라고 메시지를 내려주어서 이 땅에 종교를 세운 원조가 되었도다.

이 땅에 다녀간 유명한 성인 성자들, 기인, 이인, 도인, 도사, 법사, 보살, 무당, 신명 제자, 신부, 목사, 승려, 성직자들도 하늘의 진실을 알아내지 못하고 종교 경전만 남겼는데, 난생처음으로 대우주 천지인 창조주이자 태초의 절대자 하늘인 내가 인간 육신으로 처음 강세하여 가르쳐주느니라.

천상세계의 주인이 누구인지 찾아낸 인류가 지금까지 전무후무하였고, 수천억 개의 별들만 있는 줄 알았는데, 그것은 과학의 한계이고, 우주는 끝이 없기에 수천억 개가 아닌 무한대의 별들이 존재하느니라. 수많은 생명체와 초고도의 문명을 가진 아이큐 12,000~25,000을 가진 초지능 행성들이 700개가 있지만, 지금까지 지구별에만 만생만물과 인간들이 사는 줄 알고 있었던 것이 영적 수준이 가장 최하위인 지구의 행성인(인간)들이니라.

지구라는 별이 지구 밖에서 볼 때 외형적으로 아름답다고 하지만 천상에서 태초의 절대자 하늘인 나에게 대역죄를 짓고 도망치거나 쫓겨난 죄인들이 살아가는 까만 지옥별이자 유배지 행성이기에 지구에 태어난 인간뿐만이 아니라 모든 짐승, 가축, 조류, 어류, 곤충류, 벌레류, 식물류, 산천초목, 세균의 생명체까지도 죄인 아닌 자들이 없도다.

무한대의 대우주 행성 700개 중에서 문명이 가장 낙후된 꼴찌 행성이 지구별이고 지능도 가장 낮고, 수명도 가장 짧으니

라. 내가 처음이자 마지막으로 지구에 강세하였도다. 하늘세계, 천상세계, 신명세계, 사후세계, 영혼세계, 조상세계, 윤회세계, 종교세계, 인간세계의 진실을 무수히 알려주고 있느니라.

내가 하는 말과 글은 명(命)이자 법(法)이고, 무소불위한 자미천기 천지기운이기에 만 세상의 천상과 지상에 인간, 영혼, 조상, 신명, 만물령에게 실시간으로 하달되느니라. 나를 알현하는 자체가 가문의 최고 경사스러운 대영광이 될 것이도다.

신과 영혼, 귀신(귀신들은 신이라고 우긴다)들은 나에게서 뿜어져 나오는 아우라와 황금빛과 오색의 수천 마리 용들이 호위하고 있는 모습을 보고는 깜짝 놀라서 신기해하며 하나님, 하느님, 부처님, 미륵님, 상제님, 천지신명님이시냐고 물어보는 일들이 비일비재하게 무수히 많이 일어나고 있느니라.

이 세상에서 살아가는 인간 육신들만 몰라보는 것이고, 전 세계의 신과 영들, 귀신세계(조상령 포함), 축생령, 만물령 세계에서는 천상의 절대자 하늘께서 하늘나라 자미국의 인간 육신으로 수많은 천상신명들과 함께 강세하였다고 소문이 파다하게 널리 퍼져 구원받으러 무수히 몰려오고 있느니라.

천상의 주인이자 대우주 창조주 태초의 절대자 하늘인 내가 지상의 하늘나라 자미국의 인간 육신으로 내린 것은 경천동지할 일이며 처음이자 마지막으로 전무후무한 일이니라. 인류역사에 길이길이 크게 빛날 일이며, 천손민족인 대한민국이 세상의 중심국가로 우뚝 서서 천하 세계를 호령할 수 있는 천재일우의 기회이니라.

이제부터 인류의 역사를 다시 써야 할 것이니라.

나는 너희들이 오매불망 기다리던 대우주 창조주 태초의 하늘이며, 절대자 하늘이고, 신과 영혼의 부모이자 천지인 창조주이며 구원자이자 심판자이니라.

나는 지구와 대우주 행성 창조주이며, 수많은 별(행성)들의 운행 궤도를 조정하고 통제하며 별(행성)들의 파괴 및 생성을 주관하는 행성통제부 총괄본부장 겸 총사령관이니라.

자미(紫微)는 대우주 창조주 태초의 절대자 하늘인 나의 성씨이고, 나의 궁전인 태상천궁에서 쓰는 이름은 자미 ○이고, 황후는 아○ 페○트이고, 아들은 자미 ○, 자부는 공○연이며, 손자는 자미 ○이니라. 자미는 우주의 중심 하늘이란 뜻인데, 나와 황실가족들 이름을 함부로 부를까 봐 ○으로 표시하였도다.

천상의 하늘나라 자미국(자미천국) 자미황성(紫微皇城)에는 나의 궁전인 태상천궁, 아들의 궁전인 자미천궁, 손자의 궁전인 황태자궁이 있고, 대우주를 다스리는 천상세계 황실정부가 있으며, 태상천궁 산하에 3천궁과 3,333개 제후국들을 다스리는 제후들이 서열별로 있는 절대군주제의 철저한 계급사회이니라.

나에게 올리는 인사 예법은 2분 동안 엄격한 군대식이고, 하늘나라 자미국(자미천국) 태상천궁과 산하 3천궁과 3,333개 제후국들 이름, 제후 이름, 성별, 인구 숫자는 기록이 방대한 P50이기에 모두 책에 기록할 수가 없어 일부만 기록하였느니라.

너희들과 조상들이 천상의 주인이자 대우주 천지인 창조주이며, 태초의 절대자 하늘인 나에게 역모 반란의 대역죄를 짓고 지구로 도망치고 쫓겨나기 전 천상에서 살던 제후국들 이름들이니라. 태상천궁과 산하 3천궁 및 3,333개 제후국에서 역모 반란에 가담하였다가 도망치거나 쫓겨난 자들이 너희들 인류이니라.

제후(왕), 재상(총리), 대신(장관)들이 더 높은 권력과 재물을 취하려고 반란에 가담하였도다. 천상이나 지상이나 재력과 권력, 명예에 모두가 혈안이 되어 있는 것은 똑같도다. 제후(왕)들은 천상세계 황실정부 대신(장관)을 겸직하는 경우가 많고, 역모 반란에 가담하였던 1,800개 제후국들은 모두 멸문당하였도다.

순   위 제후국 명칭   제후 이름 성별 인구수
제 0001위 에슈안 제후국 공○○ 제후(男) 20조
제 0002위 시란비트 제후국 교○○ 제후(男) 1조 2천억
제 0003위 갈마이엔 제후국 방○○ 제후(男) 6천 억
제 3331위 다그란타코튼 제후국 테치레이진 제후(男) 2.3조
제 3332위 헤리언타벤스 제후국 성주 제후(男) 2.3조
제 3333위 지바르단테 제후국 자민 견바륜 제후(男) 2.3조

천상에서 역모 반란에 가담하게 된 동기이니라.
　천상의 주인이자 태초의 절대자 하늘의 자리를 찬탈하기 위한 역모 반란이 있었는데, '하누'와 그의 아들 '표경'이 반란을 일으켰으나 사전에 정보가 누설되자 지구로 도망쳐와서 나에게 대적하고자 종교를 세웠느니라.

　'하누'와 '표경'이 주도한 역모 반란에 가담하였던 대역죄인들이 몽땅 추포되어 재판받고, 유배지 행성인 가장 낙후된 지

구로 쫓겨나게 되었는데, 이것이 현재 이 땅에서 살아가는 인류의 원죄이고, 지구에 태어나면 안 되는 것이었도다.

지구로 쫓겨난 신과 영들이 죄를 빌어 천상으로 돌아가지 못하게 종교감옥에 가두어놓고 극락, 선경, 천국, 천당으로 보내준다며 회유하고 현혹하였도다. 또한 경전과 교리로 세뇌시켜 태초의 절대자 하늘인 나를 몰라보게 만들었느니라.

이제라도 종교를 탈출하여 하늘나라 자미국으로 들어와서 너희들과 조상들이 절대자 하늘인 나에게 천상에서 지은 역모 반란의 대역죄를 빌어야 천상에 올라 영생을 누릴 수 있느니라.

종교세계를 통하여 다시 천상으로 돌아가고자 열심히 종교를 믿고 있는데, 하늘을 배신한 역천자 대역죄인들 주제에 하늘나라 자미국에 들어와서 천상에서 지은 죄도 빌지 않고 누구 마음대로 다시 천상으로 돌아가려 하는 것이더냐?

'하누'와 '표경'이 지구에 인간 육신으로 내려와서 이 땅에 종교들인 불교, 유교, 기독교, 천주교, 이슬람교, 힌두교, 라마교, 도교, 민족종교, 무속세계를 세우게 되었는데, 이들 역천자 악신들이 악의 원조인 '하누'와 '표경'의 씨앗들이다.

인류가 성인 성자로 받들어 숭배하던 석가모니, 여호와(야훼), 예수, 마리아, 마호메트, 알라신, 라마신, 시바신, 상제 등 종교 창시자 육신으로 '하누'와 '표경'이 하늘과 신이라는 메시지를 내려주어서 지구 전체가 수천 년 동안 온통 종교 백화점이 될 정도로 크게 부흥 번창하였느니라.

인류 누구도 알 수 없는 경천동지할 내용들이고, 하늘나라 자미국에 찾아와서 죄를 빌어도 구원을 받을까 말까인데, 종교를 다니며 숭배자들을 받들어 믿는 것은 천상의 주인이자 절대자 하늘인 나를 또다시 배신하는 환부역조의 역천 행위가 되기에 살아서나 죽어서나 가혹한 형벌로 심판받게 되느니라.

　이것이 진실이라 할지라도 너희들 몸에 오랜 세월 동안 역천자 악신들의 기운이 조상 대대로 내려가 있기에 부정하고 무시하며 믿지도 않을 것이니라. 살아서는 몰라도 죽어서 사후세계로 들어가면 하늘나라 자미국이 진짜인지, 종교세계가 진짜인지 자연스럽게 알게 되지만 아무 소용 없느니라.

　천추의 원과 한으로만 남을 것인데, 천상에는 너희들이 돌아오기를 애타게 기다리는 천상가족들인 조부모, 부모, 배우자, 자녀, 친척, 약혼자, 연인, 친구, 지인들도 있고, 가족들이 몽땅 역모에 가담하여 천상의 지옥인 천옥도, 불지옥 적화도, 얼음지옥 한빙도에 갇혀 있는 죄인들도 많으니라.

　지구로 몽땅 도망쳤거나 쫓겨난 경우도 있기에 이 땅에 태어난 인간들과 동물, 가축, 조류, 어류, 곤충류, 벌레류, 만생만물의 생명체와 사물들은 절대자 하늘인 내 앞에 죄인 아닌 자가 단 한 명도 없고, 천상에서부터 원수였기에 지구에서 다시 태어나 복수하기 위하여 만난 가족들도 상당히 많도다. 원수끼리 만나 살고 있으면서도 어디서 원수졌는지 기억 못 할 뿐이도다.

　지구상에 존재하는 550만 개에 달하는 수많은 종교시설을 통해서는 천상으로 돌아갈 수 있는 길이 없고, 천상으로 돌아가는 길은 오직 하늘나라 자미국 하나밖에 없느니라. 난생처음 들어보는 진실이라서 믿기지 않을 것이기에 반신반의하며 고민 갈등할 자들이 참으로 많을 것이니라.

말이나 글은 얼마든지 상대를 속일 수 있지만, 너희들 자신들이 이 책을 읽으면서 마음으로 느껴지는 기운만은 아무도 속일 수 없을 것이기에 책을 읽었으면 누구와도 상의하지 말고, 사전 예약 후 아무도 동행하지 말고 필히 혼자 방문해야 하느니라.

너희 주위에 있는 가족이나 형제, 친척, 지인, 친구, 연인들의 몸 안에 무수히 많은 악들과 종교 귀신들이 천상으로 돌아가려는 너희들을 결사적으로 비난 험담하며 가짜라고 가지 말라며 방해하기 때문에 철저히 지켜야 하느니라.

하늘나라 자미국(자미천국)에 들어오는 것은 1억, 10억, 100억, 1,000억, 1조, 10조, 100조, 1,000조의 돈을 벌어들이는 것보다 값어치가 더 크다는 것을 알아야 하느니라. 너희들이 나에게 명을 받아 천상으로 오르면 영생하는 천운아가 되느니라. 1,000조 가졌다고 세상에 소문내면 여기저기서 온갖 손을 내밀고 도와달라 달려드는 것처럼 하늘나라 자미국에 방문할 때는 반드시 절대 비밀로 하고 찾아와야 하느니라.

그리고 자미국에 대해서 어느 누구와도 말을 섞으면 안 되느니라. 모두가 구원받지 못할 적(죄인)들이 주위에 많아 좋은 말보다는 비난하는 말을 더하기 때문이니라. 그리고 천상신명들이 실시간으로 모두 지켜보며 듣고 있기에 말 한마디 잘못하면 천상입천 대상에서 즉시 탈락할 수 있느니라.

천상의 주인 절대자 하늘

너희들을 아는 자들과 너희들이 아는 자들이 이 세상에서 가장 큰 적들이니라. 너희들의 현생과 내생의 운명을 바꿀 수 있는 천재일우의 기회가 왔느니라. 그런데 가까운 부모, 배우자, 형제자매, 친척, 애인, 친구, 동료, 지인들에게 하늘나라 자미국에 대해서 말하면 이곳의 진실을 잘 알지도 못하면서 어쩌고저쩌고 하면서 가지 말라고 쌍심지 켜고 말릴 것이니라.

너희들이 가장 잘되는 길을 결사적으로 방해하는 역천자 악들과 귀신들이 그들 몸 안에 수억에서 수천억 명이 무수히 많이 들어가 있느니라. 그래서 이곳은 아무나 들어올 수 있는 흔한 종교세계가 아닌 것이니라.

나는 너희들과 세계 인류가 종교세계 안에서 수천 년 동안 애타게 기다리고 찾던 구세주, 구원자, 메시아, 재림예수, 미륵불, 정도령, 신인, 진인, 공포의 대왕인 대우주 창조주 태초의 절대자 하늘이니라.

너희들의 영혼, 조상, 신명들은 무릉도원 하늘나라 자미국(자미천국)으로 올라가서 하늘의 백성과 신하로 영생을 누리며 살아가게 되기에 당연히 천상입천 적격 유무를 심사하느니라.

인류 모두가 천상에서 나를 배신하고 황위 찬탈을 위한 '하누'와 '표경'이 일으킨 역모 반란에 가담하였다가 실패하여 지구로 도망치고 쫓겨난 대역죄인들의 신분이지만, 이제라도 진정으로 천상에서 지은 죄를 용서 비는 너희들의 신과 영혼, 조상들은 구원해서 천상으로 보내주느니라.

　인류 모두가 죄인은 죄인이되 죄를 빌면 용서받아 줄 자들이 있고, 죄가 너무 커서 도저히 용서가 안 되는 극악무도한 악질적인 역모 반란자들은 천상입천 대상자 명단에서 탈락되기에 자연적으로 인연이 맺어지지 않느니라.

　너희들의 눈높이에서는 천상의 삶에 대한 기억이 모두 삭제되었기에 어떤 죄를 지었는지 알 수조차 없고, 절대자 하늘인 나만이 알고 있기에 천상장부에 기록된 죄목과 당시에 영상을 보고 천상입천 적격 유무를 선별하게 되느니라.

　너희들 인간은 기억하는 데 한계가 있지만, 절대자 하늘인 나는 너희들의 모든 과거, 현재, 미래의 일까지 알고 있고, 천상장부와 실시간 동영상 기록까지 증거물로 갖고 있느니라. 너희들과 영혼, 신, 조상들의 천생, 전생, 현생, 내생의 삶이 모두 이어져 있고, 이번 생이 구원받을 수 있는 마지막 기회이니라.

　현재 살아 있는 자들이든 이미 죽은 자들이든 나를 배신하고 황위 찬탈을 위한 역모 반란을 일으키다가 실패하여 지구로 도망치고 쫓겨난 대역죄인들의 신분들인데, 악들이 세운 종교 세계를 통해서 천상으로 오르겠다는 것이 얼마나 잘못된 것인지 이제는 조금이나마 이해가 될 것이니라.

　1:1로 천상입천을 선별하고 적격자와 부적격자를 판별하는데, 지구상에 존재하는 모든 종교가 얼마나 잘못되었고, 무지했는지 이제라도 글을 읽고서 뉘우치고 반성하며 죄를 빌어야 천상행 마지막 열차라도 탈 수 있느니라.

　너희들은 이 땅에서 성공하고 출세하여 돈 많이 벌고 높은 벼슬 자리에 올라 잘 먹고 잘살면서 부귀영화 누리려고 인간으로 태어난 것이 아니라 천상의 주인이자 절대자 하늘인 내게 지은 역모 반란의 죄를 빌어 구원받기 위하여 태어난 것이니라.

　너희들 모두가 책을 읽으면서 착하게만 살았는데, 천상에서 무슨 죄를 지었느냐고 반문하고, 말도 안 된다며 황당하게 생각할 자들이 있을 것이니라. 이런 글은 난생처음 읽어볼 것인데, 억지로 믿으라고 강요하는 것이 아니라 너희들 마음에서 우러나오면 믿으라는 것이니라.

　이해가 안 되는 자들은 자신이 다니던 곳에 다니면 될 것이지만 살아서도 죽어서도 후회하게 될 것이니라, 지금 육신이 살아 있을 때 판단과 선택을 잘해야 하느니라. 일단 육신이 죽으면 구원받을 길이 영원히 박탈되고, 원하든 원하지 않든 만생만물로 끔찍한 윤회(환생)와 무서운 지옥세계가 기다리고 있느니라.

하늘, 하늘, 하늘은?

　인류 모두가 아주 오래전부터 하늘, 하늘, 하늘을 찾는데, 진짜 하늘이 누구일까 많이 궁금할 것이도다. 종교에서 전하는 천지신명님, 하느님, 하나님, 한울님, 한얼님, 상제님, 부처님, 미륵님, 알라신, 라마신, 시바신, 석가모니, 여호와(야훼), 예수, 마리아, 마호메트, 상제, 공자, 노자라고 알고 있는 자들이 대부분이지만 아무도 하늘의 실체를 알지 못하고 믿었느니라.

　기독교와 천주교에서는 이스라엘 조상인 여호와(야훼) 육신으로 하나님이 강림하였다고 하여서 만생만물과 천지인 창조주, 영혼의 부모님으로 알고 전 세계 인류가 2,000년 이상 열심히 믿으며 따르고 있는데, 천상의 절대자 하늘을 배신한 악의 원조인 하누(하나님, 하느님)의 씨앗이고, 그 이외에 천지신명을 비롯한 모든 숭배자들도 악의 씨앗들이니라.

　태초 하늘이 인간세상에 내려오지 않았으면 영원히 완전 범죄로 끝났을 일인데, 세상에 알려진 종교적 숭배자들을 차례대로 몽땅 추포하여 심판하였더니 나를 사칭한 가짜 하늘이었느니라.

　여호와 하나님, 하느님이 진짜라면 과연 절대자 하늘인 내게 추포되어 오겠느냐? 여호와를 지배하고 있던 하늘의 도망자 하누와 여호와를 동시에 추포하여 심판하였는데, 하누와 여호와가 이런 일이 일어날 것을 이미 알고 있었는지 체념하였고, 악의 원조인 하누와 여호와는 절대자 하늘인 나에게 영성과 영체가 소멸되는 극형을 2019년 11월에 받아 영원히 사라졌느니라.

다른 숭배자들도 모두 추포하여 심판하였는데, 진짜는 하나도 없었고, 모두가 악의 원조인 하누와 그의 아들 표경이 종교인들 몸에 들어가서 천지신명님, 하느님, 하나님, 한울님, 한얼님, 상제님, 부처님, 미륵님, 알라신, 라마신, 시바신이라고 자처하고 있었던 것을 낱낱이 심판하였느니라.

천상에서 내려온 진짜 천상신명은 한 명도 없었고, 모두 하누와 표경이 뿌린 악들의 씨앗이었도다. 인류에게 충격적인 일인데, 나에게 추포되어 소멸된 이들이 가짜라는 사실은 1년 반 동안 지속되고 있는 괴질병 특집방송을 통해서 확인되고 있으니, 인류 모두가 절대자 하늘의 강세를 인정해야 하느니라.

원인 불명 괴질병의 세계적인 대유행과 유례가 없는 경험하지 못한 중국의 폭우와 대홍수, 미국과 유럽의 대폭설과 한파, 폭염, 골프공과 야구공 크기의 우박 폭탄, 코로나 우박, 아시아 국가들에 난생처음 토네이도 수시 발생, 모래 폭풍, 화산폭발, 지진, 쓰나미, 미국·호주·그리스 산불, 르완다의 호수 폭발로 불길이 치솟는 장면을 이상 기후 때문이라고만 설명할 것이더냐?

유튜브에도 종말의 징조라는 말이 여러 곳에서 나오는데, 너희들은 어떻게 생각하더냐? 기독교와 천주교에서 믿고 있는 진짜 하나님, 하느님이라면 전 세계적인 괴질병 확산 전파와 종말의 징조처럼 보이는 천재지변을 왜 못 막아주는 것이더냐?

부처님, 미륵님, 라마신, 시바신이 있다면 인도의 괴질병 비극을 왜 못 막아주느냐? 가톨릭을 전 국민이 믿는 브라질, 가톨릭 본산인 로마교황청이 있는 이탈리아, 기독교 국가인 미국, 영국, 프랑스, 독일의 괴질병을 왜 못 막아주는 것이더냐?

참으로 이상하지 않더냐? 대단한 능력자라고 생각되어서 천지신명님, 하느님, 하나님, 한울님, 한얼님, 상제님, 부처님, 미륵님, 석가모니, 여호와(야훼), 예수, 마리아, 마호메트, 상제, 공자, 노자를 숭배자로 수천 년을 받들어 섬기고 있는 세계 인류에게 일어나고 있는 대재앙을 왜 막아주지 못하는 것이더냐?

이슬람교를 믿는 사우디아라비아에서는 우박이 오면 신의 분노로 종말이 온다고 말했다고 하니라. 하나님을 믿는 기독교를 국교로 정한 나라가 얼마나 많더냐? 태초 하늘인 나의 심판으로 지금 전 세계가 괴질병과 천재지변으로 초토화되고 있느니라.

이것은 이제 시작에 불과하고 더 강력하고 끔찍한 절대자 하늘의 심판이 전 세계에서 일어날 것이도다. 절대자 하늘인 나는 인류에 대한 심판과 구원이란 양날의 칼을 갖고 지상의 하늘나라 자미국에서 천상지상 공무를 집행하고 있느니라.

하늘나라 자미국에 다니는 자들은 자미천기 기운으로 실시간 보호해 주기 때문에 한 사람도 확진자가 나오지 않고 있도다.

현재 전 세계적인 괴질병, 천재지변을 통해서 세계 인류가 믿어 왔던 숭배자들은 모두 가짜이고, 영성과 영체가 모두 소멸되어 빈자리가 생기자 악마와 귀신들이 그 자리를 대신 차지하고 있을 뿐인데, 이 얼마나 무서운 일이더냐?

세계 인류가 악들에게 수천 년의 세월 동안 감쪽같이 속아왔던 것이니라. 영감이 예민한 종교인들이라면 숭배자들이 소멸된 2019년 11월부터 예전과 다르게 기운도 느껴지지 않고, 응답도 없어서 멘붕 상태로 벙어리 냉가슴 앓듯 말 못 할 고민을 하고 있을 것이니라.

대우주와 민생만물과 천지인, 영혼을 창조한 하나님, 하느님이 추포되어 소멸되었다니, 이게 무슨 청천벽력 같은 말이냐고 말도 안 된다고 아우성치겠지만 믿든 말든 엄연한 사실이도다.

종교를 믿지 않는 자들도 하늘, 하늘, 하늘은 도대체 어느 분이실까? 어디에 계실까? 궁금히 여기고 있었을 텐데, 지상의 하늘나라 자미국의 태초 하늘 육신으로 강세하여 인류에 대한 심판과 구원의 천상지상 공무를 수시로 집행 중이니라.

천상의 하늘나라 자미국(자미천국)과 3,333개 제후국들과 제후들 이름까지 낱낱이 수록해 놓았느니라. 하늘나라가 어디인가 인류 모두가 궁금히 여겼지만 성인 성자들과 유명 종교인들도 알아내지 못하고, 추상적으로만 생각해 왔었느니라.

하늘을 어디 가면 알현할 수 있을까? 살아생전 알현할 수 있을까? 죽어서 알현할 수 있을까? 많이 생각하고 있을 것인데, 지상에 있는 하늘나라 자미국이 바로 그곳이도다. 한낱 미물인 개미들도 자기 집이 있거늘 내가 거처하는 궁전이 없겠느냐?

천상의 거처는 북극성 부근에 태상천궁이란 곳이고, 지상의 거처는 하늘나라 자미국의 육신이니라. 지구와 인류에 대한 심판과 구원의 천상지상 공무집행은 수시로 이루어지고 있느니라.

이제는 종교상에서 수천 년 동안 받들며 추앙받던 모든 숭배자들은 절대자 하늘의 강세와 함께 심판받고, 그들의 영성과 영체가 소멸되는 극형을 받아 없어졌느니라. 종교에 다니는 자들은 종교의 악마와 귀신들을 만나러 가는 것이니라.

하늘이라는 단어를 너희들의 삶에서 여러 방면 일상에서 많이 쓰고 있는데, 하늘을 감사의 대상으로 삼기보다는 원망하는 대상으로 말을 하는 경우가 대부분이도다. 대표적인 사례로는 눈비가 많이 와도, 태풍이 불어도 하늘도 무심하시지, 하늘이 야속하시다, 하늘이 원망스럽다 등등의 표현을 가장 많이 하느니라.

이렇게 하늘의 존재는 모든 자들에게 절대적인 숭배 대상이지만 지구에 종교인 몸으로는 한 번도 내려간 적이 없느니라.

단, 태초 하늘의 육신이 태어나고부터 6.25의 전쟁 폐허에서 먹고살기 어려운 보릿고개 시절에 이 나라는 나의 자미천기로 급속한 경제발전을 이루어 10위권의 경제대국이 되어 집집마다 자가용을 1~3대까지 보유할 정도로 잘살게 되었느니라.

이것이 절대자 하늘의 자미천기를 받은 덕분이지만 아무도 모르는 진실이고, 믿으려고 하지도 않겠지만 하늘인 내가 알려주는 진실이니까 믿든 말든 말해 주는데, 그만큼 절대자 하늘의 무소불위한 자미천기 위력은 어머어마하고 실시간으로 지구든 우주든 미치지 않는 곳이 없다는 것을 알려주기 위함이니라.

지금 전 세계에서 일어나고 있는 천재지변과 괴질병도 말 한마디 자미천기 기운으로 세계적인 대재앙을 일시에 정지시킬 수도 있지만, 그렇게 하지 않는 것은 그들이 대역죄인들이기 때문에 심판받아야 하고, 천상에서 절대자 하늘인 나에게 지은 역모 반란의 대역죄를 용서 빌러 하늘나라 자미국으로 찾아오지 않고 있기에 굳이 막아줄 필요가 하나도 없느니라.

천재지변과 괴질병을 막아준들 아무도 고맙게 생각하지 않을 것이고 자연적으로 소멸되었다고 할 것이니라. 인간의 힘으로 막을 수 없는 대재앙이 연속해서 일어나야 하늘이 노하셨나? 한 번쯤 생각하게 될 것이니라. 괴질병 바이러스는 물론 천지만생만물과 천상신명들이 나의 명을 받들어 집행하고 있느니라.

전 세계가 지금보다 더 심한 공포의 세상으로 변해야 이제 어디 가야 살아남을 수 있나 할 것이니라. 아비규환의 아수라장 세상이 열려야 허겁지겁 하늘나라 자미국으로 찾아오게 될 것을 잘 알고 있는데, 지금은 심판 초기 단계이고, 많은 자들이 정신을 차릴 수 없는 비참한 상황이 계속 일어날 것이니라.

아직은 경고 수준의 천재지변과 괴질병인데, 정말 끔찍한 아비규환의 세상이 실제로 열린다는 것만 알아두면 되느니라. 현재의 세계적인 대재앙은 절대자 하늘의 지상 공무집행이고, 용서받지 못할 대역죄인들에게 벌을 내리는 심판이고, 구원받고 싶은 길 잃은 어린 양떼들에겐 하늘의 집으로 어서 빨리 돌아오라고 부르는 호출 메시지이니라.

신들과 귀신들, 신안과 영안이 열린 자들은 나의 육신을 수천 마리의 황금용들이 호위하고 있는 모습과 황금빛, 하얀 백광의 빛이 엄청나도록 휘황찬란하게 발산되고 있는 형상을 무수히 보게 될 것인데, 태초 하늘 영과 육은 빛과 불 그 자체이니라.

이처럼 영적세계에서는 태초의 절대자 하늘이 인간 육신으로 내린 것을 알 수 있는데, 인간 육신을 가진 자들만 알아보지 못하고 있느니라. 인간의 눈으로 보면 보이질 않기에 살아서 그냥 인정하면 천복이 내릴 것인데, 굳이 두 눈으로 알아보려 한다면 육신이 죽어서 영안이 열리면 스스로 알게 될 것이니라.

태초 하늘이 너희 인류에게 내리는 명은 내 육신을 통해서 하달하고 천재지변, 괴질병, 심판과 구원을 집행하느니라. 그래서 내 육신이 하는 모든 말은 태초 하늘이 세상에 내리는 명이자, 법이고, 기운이기에 천변만화의 천지조화가 일어나는 것이니라.

2017년 12월 3일 천법회가 시작되고부터 내 육신의 존재를 3년 반 동안 하늘공부를 시켜주었고, 절대자 하늘인 나는 마침내 2021년 6월 20일 천법회 때 지상에 공식 강세하였느니라.

하늘의 이적과 기적, 직접 체험해 보지 않으면 믿어지지 않을 정도의 어마어마한 천지대능력자가 천상에서 내려온 태초의 절대자 하늘이니, 이젠 악마와 귀신들 소굴인 종교세계를 하루빨리 졸업해야 하느니라.

말법(도법)을 펼치는 하늘나라 자미국

말법(도법)이라고 하니까 종말을 말하는 것이냐고 생각할 자들도 있을 테지만, 그것과는 정반대로 말이 법이 되어 말하는 대로 이루어지는 말법세상 즉 언법세상(言法世上)이라고 할 수 있는데, 즉 나의 말은 명이자, 법이고, 기운이니라.

말법(도법)을 펼치는 하늘나라 자미국은 민족과 인류의 구심점이고, 빛과 불인 대우주 창조주 태초의 절대자 하늘이 인간 육신으로 강세하였느니라.

대우주 만생만물과 신과 영혼의 창조주이자 행성통제부 총괄본부장 겸 총사령관, 태초의 절대자 하늘인 내가 강세하였기 때문에 말법(도법)시대가 열린 것이도다. 무소불위의 천지대능력자가 이 나라에 내려왔도다.

태초 하늘의 기운이 내 육신을 통해서 이 세상에 분출되며, 말하는 대로 이루어지고 있기에 천지대능력자라고 하는 것인데, 이런 어마어마하고 대단한 천상기운과 천지기운을 무소불위한 자미천기라고 하느니라.

태초의 절대자 하늘인 나는 행성통제부 총괄본부장 겸 총사령관이기에 자미천기로 대우주의 수많은 행성들을 운행하고,

행성 파괴와 생성을 주관하느니라. 악들이 세운 종교가 세상을 지배 통치하여 교화 자체가 불가능하다고 판단했기에 인류와 지구의 운명도 불원간 사라질 것이니라.

나는 대우주와 천상의 주인이자 태초의 절대자 하늘이기에 명을 내리면 북두칠성, 동두칠성, 남두칠성, 서두칠성 28숙 제위 신명들과 천상신명들, 풍운조화 신명, 지옥세계 신명들이 모두 나의 명을 받들어 공무를 집행하느니라.

풍운조화, 천재지변, 날씨조화, 기상이변, 인생조화, 병마소멸, 악귀잡귀 소멸, 생령(영혼)입천 천인합체 의식, 사령(조상) 천상입천 의식, 소원천고(소원성취 발원), 사건 사고와 괴질병 예방이 바로 말법(도법)으로 이루어지고 있는데, 상상 초월이고 경천동지할 이적과 기적이 일어나고 있느니라.

그러니까 현재 종교를 자랑스러운 직업으로 삼고 살아가는 교주들과 가장 깨끗하다고 믿었던 성직자들도 죽어서야 악들이 세운 종교를 믿었다는 잘못을 알게 되니 어찌할 것이더냐?

구원해 준다는 종교인들은 많아도 심판한다는 종교인들은 하나도 없느니라. 인류가 종교를 믿는 이유는 천상에서 역모를 일으킨 반란 괴수 '하누'와 그의 아들 '표경'의 기운이 너희들 몸에 박혀있어서 그렇게 종교를 열심히 믿고 있는 것이었도다.

인류는 나에게 심판받기 위해서 태어났도다. 하늘로 들어갈 수 있는 문은 매우 좁고, 정말 깨달은 조상과 영혼, 깨달은 육신이 책을 읽고, 들어와야 하느니라.

괴질병에서 보호받으려면

천재지변의 폭우, 홍수, 폭설, 태풍, 토네이도, 화산 폭발, 지진, 쓰나미, 괴질병들이 다른 나라에 비해서 이 나라가 조용한 것은 대우주 창조주 태초의 절대자 하늘인 내가 인간 육신으로 강세하여 자미천기로 보호해 주기 때문이니라.

"모든 백신 접종자는 2년 이내에 사망한다고 하는 연구 조사 결과입니다. 노벨상 수상자인 '뤽 몽타니에'는 어떤 형태의 백신을 맞은 사람들에게는 생존 가능성이 없다는 것을 확인했다는 것입니다. 충격적인 인터뷰에서 세계 최고의 바이러스학자는 멍한 채로 말했습니다."

"이미 백신을 접종한 사람들에게는 희망도 없고, 치료도 가능하지 않습니다. 우리는 시체를 소각할 준비를 해야 합니다"라고 했다는 것입니다. 이 과학 천재는 백신의 성분을 연구한 후 다른 저명한 바이러스 학자들의 주장을 뒷받침했습니다. "그들은 모두 항체에 의존하는 증상으로 죽을 것입니다… 이상 말할 수 없습니다."

델타 변이보다 더 센 '람다 변이'가 이미 전 세계 29개국에 확산했고, 뉴스 기사에 "멕시코의 가짜 같은 진짜 뉴스"라는 내용인데, "출처는 어느 노벨 화학상을 받은 사람이 앞으로 우리가 2년밖에 살지 못할 거라는 뜬금없는 말을 했는데, 자세히 보니 종류와 상관없이 백신을 접종한 사람들은 앞으로 길게 살아봐야 고작 2년이란 내용의 문자를 친구에게서 받았다고 말했다."

너희들이 백신 맞았든, 안 맞았든 생존하는 길은 대우주 창조주 태초의 절대자 품 안으로 들어오는 길밖에 없을 것이니라. 모든 바이러스는 나의 말을 알아듣고, 나의 명을 받은 지옥계 저승사자들이 바이러스 전파하는 임무를 수행하고 있기에 인류의 의학으로는 감염을 막을 수 없을 것이니라.

자미천기 기운은 무소불위의 신비함 그 자체이기에 거리와 시공간을 초월하느니라. 괴질병 발병 이후 하늘나라 자미국의 신하와 백성은 물론 가족들까지도 괴질병에 걸린 자들이 하나도 없고, 천재지변이나 사건 사고로 불행을 당한 자들이 없었으니, 현대의학이나 과학으로는 설명이 안 되는 부분이도다.

지구든 우주든 만생만물의 생로병사, 인생의 성공과 실패가 자미천기 기운에 의해서 운행되고 있기 때문에 남들보다 하루라도 빨리 자미천기의 보호를 받고 살아가야 하느니라. 인류 모두는 자미천기를 받지 않고서는 언제 갑자기 죽음이 찾아올지 알 수 없어 죽음의 공포와 불안 속에서 살아가고 있도다.

천재지변, 사건 사고, 괴질병으로부터 보호받을 수 있는 절대자 하늘이 내려주는 신비로운 기운이 자미천기인데, 생존도 법주문을 외우면 자미천기로 보호받을 수 있도다. 하늘나라 자미국에 신하와 백성 신분이라야 가능하느니라.

인간으로 태어난 진실

지구에 태어난 인류의 진실

누가 하늘은 자비롭고 고요하다고 말했더냐? 지금 대우주 창조주 태초의 절대자 하늘인 나는 대우주가 폭발할 정도의 분노가 불덩이처럼 타오르니라. 내가 역천자 행성인 지구를 왜 창조하였겠느냐? 천상에서 나를 배신하고 역모 반란에 가담한 역천자 찌꺼기들을 수용하려고 구치소 행성으로 창조하였느니라.

그런데 천상의 죄는 빌지 않고 악들이 세운 종교에 들어가서 악들과 귀신들에게 굴복하며 지극정성으로 받들고 있도다. 천성은 변하지 않는다더니 역시나 변한 것이 없느니라, 너희들에게 마지막 시험 문제를 내려주는데, 『천지대능력자』 책이니라.

이 책이 너희들 인류를 지구에서 더 살아가게 해야 할지, 아니면 멸망을 시켜야 하는지 지구 운명의 생사를 판단할 시험 문제지 책인데, 기한은 이 책이 출판되고부터 2021년 8월 1일부터 2024년 2월 3일 입춘 전까지 30개월을 줄 것이니라.

말세에 종교인들부터 심판한다는 말을 들어보았을 것인데, 이제 그날이 현실로 다가왔느니라. 왜 종교인들부터 심판한다는 것인지 뜻을 몰랐을 것인데 확실히 말해 줄 것이니라. 가짜 하늘을 섬기면서 진짜 하늘을 사칭한 것이 환부역조의 죄가 되느니라. 국내외 종교인들 모두에게 하늘을 팔아 처먹고 사 칭한 죄를 엄중히 심판할 것이니라.

 태초의 절대자 하늘의 명으로 너희들 종교인들 몸 안에 있는 신과 영, 조상들을 쥐도 새도 모르게 용들이 몽땅 추포해서 불 지옥 적화도, 얼음지옥 한빙도로 압송하면 좀비 같은 무뇌아 인 생을 살아갈 것이며, 인생이 걷잡을 수 없이 뒤집힐 것이니라.

 천재지변의 대재앙과 기상이변, 대형 산불, 대형 화재, 바다 물 위에 불길이 타오르는 대형 사건 사고가 전 세계 여기저기서 일어나자 요즘 말세가 왔다는 말이 저절로 나오고, 지구 종말 모습을 본 듯, 지옥문이 열린 것 같다고 말하느니라.

 종교 앞에 줄 서 있는 자들은 일평생 동안 온갖 시주, 헌금, 정성금, 기부금을 거액으로 올리고도 극락, 선경, 천국, 천당 으로는 가지도 못한 채 종교인들에게 실컷 금전 착취로 이용 만 당하고 결국엔 지옥행 열차, 윤회행 열차에 탑승해야 하는 어처구니없는 사실을 육신이 죽은 뒤에 알고서 대성통곡하고 몸부림치며 절규해 본들 이미 때늦은 뒤가 될 것이니라.

 세계 인류와 지구의 운명이 너희 한국인들에게 달려 있느니 라. 천성을 버리지 못하고, 종교를 떠나 하늘의 품 안으로 돌아 오기를 거부한다면 최후의 날이 30개월 후에 다가올 것이니라.

 지상의 하늘나라 자미국에 들어와야 천상의 하늘나라 자미 국으로 올라가느니라. 지구에서 천상의 하늘문과 심판의 지옥 문이 동시에 열리는 곳이 하늘나라 자미국이니라.

제2부
인류가 수천 년 종교에 속았도다

하나님과 부처님에게 몽땅 속았도다

　수천 년 동안 인류의 정신을 지배해 오던 기독교와 천주교의 하나님과 불교의 부처님에게 인류가 몽땅 속았다는 충격적인 진실을 전하느니라. 황당하고 말이 되는 말이냐고 반론을 제기할 자들도 있을 것이라고 보느니라.

　대우주 천지인 창조주이자 주님, 하나님, 하느님으로 불려 왔던 여호와(야훼)는 하나님도 아니고 창조주도 아닌 역천자 악의 원조, 악마의 씨앗인 '하누'의 피를 이어받은 이스라엘 민족 조상귀신일 뿐이니라. 석가모니, 예수, 성모 마리아, 마호메트, 공자, 노자도 똑같은 악마의 피를 이어받는 자들이니라.

　지구에서 살아가는 인류 모두가 역천자 악의 원조, 악마의 씨앗인 '하누'의 사상을 계승한 것이기에 인류 모두가 몽땅 속았다고 하는 것이니라. 하늘을 팔아 처먹은 역천자들인데 인류가 이런 진실을 모르고 있었도다.

　하나님과 부처님에게 속았는지 어떻게 입증할 것이냐고 말할 것인데, 하늘나라 자미국에 들어오면 너희들 온몸의 기운을 통해서, 두 눈과 귀를 통해서 금방 알게 되느니라. 이들 자체가 진짜가 아니기에 2019년 11월에 하늘인 내게 모두 추포되어 심판받고 영성과 영체가 소멸되는 비운을 맞이하였도다.

이들 영성과 영체를 추포하여 심판하고 소멸시키실 수 있는 천지대능력자는 대우주 천지인 창조주이고, 태초의 절대자 하늘뿐이도다. 진짜 하나님, 부처님, 미륵님, 천제님, 상제님, 천자님, 천지신명님, 알라신, 라마신, 시바신이라면 추포될 리도 없고, 오히려 절대자 하늘인 나를 사탄, 마귀라며 날벼락을 내렸을 것이니라.

지금 지구촌에 종교가 멸망하는 소리가 여기저기서 들려오고, 괴질병 감염자도 교회 위주로 발생하고 있는데, 종교 심판뿐만 아니라 전 세계 인류를 기상이변과 천재지변, 괴질병, 산불, 화재, 사건 사고로 심판하고 있느니라.

너희들 인류 모두는 종교를 믿기 위해서 태어난 것이 아니라 하늘나라 자미국에 들어와서 천상에서 지은 죄, 전생에서 지은 죄, 현생에서 지은 죄를 심판받고 구원받아 천상으로 돌아가기 위해서 태어났느니라. 너희들의 잘못된 정신을 깨닫게 하는 『천지대능력자』 신간 책은 너희들과 가족, 조상들, 신들의 현생과 내생의 운명을 좌우하느니라.

삼라만상의 천지만생만물과 대우주를 창조하여 다스리는 태초의 절대자 하늘이거늘 어디서 감히 이스라엘 민족 조상귀신인 여호와(야훼)를 하나님, 하느님, 주님이란 이름으로 하늘을 사칭하고 창조주로 받들고 있는 것이더냐? 빨리 꿈 깨거라!

내가 천상에서 나를 시해하려다가 실패하여 지구로 도망치고 쫓겨난 역천자 대역죄인들의 육신으로 내려가겠느냐? 지구에서 숭배자로 추앙받고 있는 석가모니, 예수, 성모 마리아,

마호메트, 공자, 노자, 상제, 천제, 천자라고 자청하는 그 어떤 자들의 육신으로 내리지 않았으며 이들은 모두가 하늘인 나를 사칭하는 자들이었도다.

태초의 절대자 하늘인 내가 인간 육신 안에서 이런 글을 써도 너희들은 진짜인지 가짜인지 몰라서 고민 갈등할 것인데, 알려거든 하늘나라 자미국으로 들어와서 보고, 번거로워 부정하며 무시하는 자들은 죽어서 알게 될 것이니라. 너희들이 믿고 있는 숭배자들이 진짜 하늘인지, 내가 진짜 하늘인지 살아서든 죽어서든 명명백백히 알 수 있느니라.

육신이 살아서는 하늘을 알현할 기회가 있지만, 육신이 죽으면 감히 하늘을 알현한다는 것은 상상조차도 못 하는 일인데, 이것이 살아 있는 인간 육신들에게 내려주는 기회이니라.

나는 하늘나라 자미국에서 심판과 구원의 천상지상 공무집행 중이니라. 인간, 영혼, 신, 조상들이 기다리던 구원자, 구세주이지만 너희들의 눈과 귀에는 나의 모습이 보이지도 들리지도 않기에 내 육신을 통해서 대화하고 내가 내려주는 자미천기 기운으로 느껴서 알게 될 것이니라.

절대자 하늘인 나의 능력은 불가능이 없고, 너희 인류가 생각하는 그 이상이니라. 대우주의 모든 행성인들과 지구에 사는 죄인들과 그 몸 안에 함께 있는 영혼, 신, 조상들의 모든 생살여탈권을 갖고 있도다. 진정으로 잘못을 뉘우치고 이제라도 죄를 비는 자들은 천상의 문을 열어줄 것이고, 끝까지 가짜라며 믿지 않고 부정하며 무시하는 자들은 고통스런 지옥의 문과 비참하고 무서운 윤회의 문을 활짝 열어줄 것이니라.

천지만생만물과 천상의 주인이자 너희들 영혼의 부모이며 절대자 하늘인 나는 매주 일요일마다 열리는 천법회 시간인 13:00~18:00까지 하늘나라 자미국 천상대법정으로 무수히 많은 천상신명들을 대동하고 강세하여 공식적인 심판과 구원의 천상지상 공무집행을 하고 있느니라.

신안과 영안이 열린 자들은 나의 모습을 보는 자들도 있을 것인데, 모습은 인간이지만 아우라가 감싸서 온통 황금빛으로 보이고, 수천 마리의 황룡들이 좌우에서 호위하고 있는 모습들을 보게 될 것이니라. 뿐만 아니라 수많은 천룡, 청룡, 적룡, 백룡, 흑룡들이 무수히 많은 대역죄인들을 잡아들이는 모습과 나를 호위하고 날아다니는 용들의 모습도 보게 되느니라.

절대자 하늘인 나를 호위하는 용들과 제후와 대신들인 천상신명들은 용의 모습으로 실시간 자유자재로 변신하기에 때론 인간의 모습으로, 때론 용의 모습으로 보이느니라. 신과 영들, 조상령들은 나의 모습을 직접 바라보지 못할 정도로 눈이 부시다고 하느니라.

나는 빛과 불이자 너희 민족과 인류의 구심점이고 천변만화의 조화를 자유자재로 부리느니라. 전 세계에서 일어나고 있는 모든 일들은 나의 자미천기에 의해서 일어나고 있는 것이며, 지구와 우주도 짐의 기운에 의해서 운행되고 있느니라.

아비규환의 아수라장 같은 작금의 상황은 절대자 하늘을 찾으라고 내가 보내는 구원의 메시지인 것이니라. 너희들이 편안하게 잘 먹고 잘살면 너희들 몸 안에 있는 말 못 하는 영혼, 신, 조상의 존재들을 전혀 찾아주지 않느니라.

이들이 원하고 바라는 하늘나라 자미국으로 인도하지 않기 때문에 각자들의 인생에 온갖 풍화환란이 일어나고, 각종 사건 사고, 괴질병, 죽음이 일어나는데, 이것이 바로 너희들 몸 안에 살고 있는 영적 존재들이 살려달라, 구해 달라 울부짖는 통곡의 소리이니라.

절대자 하늘인 나에게 구원받아 현생과 죽음 이후 내생을 편하게 살고 싶은 자들은 알현 예약 후에 즉시 찾아오고, 공감이 가지 않고 감동받지 않는 자들은 억지로 들어올 필요 없도다.

나는 내 육신이 살아 있는 동안만 너희들을 구원해 줄 것이기에 사실상 이번 생이 구원받을 마지막 기회이니라. 지구상에 존재하는 모든 종교가 멸망할 것이고 불원간 인류 멸망, 지구 종말이 현실로 도래하느니라.

이미 지구를 파괴하여 인류를 모두 멸살시켰어야 했는데, 지구에서 잠시 종말의 시간을 조금 늦추고 있을 뿐이도다. 너희들은 기억이 삭제되어 전혀 생각나지 않겠지만 모두가 천상에서 나를 시해하려는 역모 반란의 대역죄를 짓고, 지구로 도망치고 쫓겨난 대역죄인들이도다.

그런데 종교 안에서 하나님, 하느님, 부처, 미륵, 상제, 천지신명, 알라신, 라마신, 시바신과 석가모니, 여호와(야훼), 예수, 성모 마리아, 공자, 노자 사상을 믿으며 천상으로 오르려고 하느냐? 나를 배신하고 역모 반란을 일으키며 시해하려고 비수를 들이댈 때는 언제고 왜 다시 천상으로 오르려는 것이더냐? 하늘나라 자미국에 들어와서 천상의 죄를 빌지 않는 자들은 종교를 통해서는 절대 천상으로 돌아가지 못하느니라.

대우주를 다스리는 절대자 하늘이자 너희들 인간들과 영혼들, 신들을 창조한 것은 하늘이거늘 어째서 대역죄인들인 종교 숭배자들이 절대자 하늘로 둔갑했단 말이더냐? 그래서 나를 사칭한 모든 숭배자들과 종교를 멸망시키러 왔도다.

이들이 지구의 인간들 몸 안에 있는 영혼들, 신들, 조상들을 종교사상과 교리로 세뇌시켜서 자신들의 노비로 삼았고, 온갖 돈과 재물을 갈취하여 인생을 바치게 하였으며, 구원받을 수 있는 하늘나라 자미국으로 못 가게 막고 있었느니라.

천상세계를 다스리는 주인도 하늘이고, 사후세계를 다스리는 주인도 하늘이고, 지옥세계를 다스리는 주인도 하늘이고, 윤회(환생)세계를 다스리는 주인도 하늘이니라. 그런데 감히 나를 배신한 역천자 대역죄인 숭배자들에게 너희들의 현생과 내생의 운명을 몽땅 맡기고 있으니 참으로 한심한 일이로다.

절대자 하늘인 나는 너희들을 처음이자 마지막으로 종교지옥에서 벗어나도록 도와주는 것이니까 도움이 된다면 하늘나라 자미국으로 들어오고, 종교가 더 좋다면 그대로 다니던 곳에 열심히 다니고, 죽어서 지옥세계 심판 대법정에서 다시 보게 될 것이니라.

하나님, 하느님의 정체가 드러나

지구상에 존재하는 모든 종교의 숭배자들인 부처, 미륵, 천지신명, 열두대신, 알라신, 라마신, 시바신, 그리고 악의 원조인 하누와 표경의 사상을 추종하며 세상에 전파한 석가모니, 여호와(야훼), 예수, 성모 마리아, 마호메트, 공자, 노자, 상제 등등이 몽땅 추포되어 영성과 영체가 소멸되었도다. 진짜 절대자 하늘이 세상에 존재를 드러내지 않으니, 악들이 진짜 하늘 행세를 해왔던 것이니라.

수천 년을 믿어왔던 하나님, 하느님, 부처, 미륵, 천지신명, 열두대신, 알라신, 라마신, 시바신과 석가모니, 여호와(야훼), 예수, 성모 마리아, 마호메트, 공자, 노자, 상제 등등이 악의 원조인 하누와 표경이 세운 악마, 사탄, 마귀란 사실을 인간의 능력으로는 절대로 알 수 없는 일이니라.

이들 숭배자들이 악들이란 진실을 절대자 하늘인 나만이 알 수 있고, 이들의 영성과 영체를 자미천기 기운으로 추포하여 심판하여 소멸시키실 수 있느니라. 일반 종교인들이라면 날벼락 맞을까 봐 무서워서 감히 엄두도 못 낼 일이니라.

인류와 종교, 지구 전체를 심판 중이기 때문에 천재지변과 기상이변, 우박 폭탄, 폭우, 홍수, 폭설, 태풍, 토네이도, 지진, 호수에 지진으로 불길 폭발, 쓰나미, 혹한, 혹서, 열돔, 괴질병이 일파만파 전 세계로 걷잡을 수 없이 퍼져가고 있느니라.

나의 분노가 폭발하여 지금 세상이 아비규환 아수라장으로 변하고 있는데, 천기 21년 5월 9일 즉위식 이후 세상은 정신을 차릴 수 없을 정도로 강력한 대재앙이 몰려오고 있느니라.

악의 원조인 하누와 표경이 세운 가짜 하늘 앞에 인류 모두가 줄을 서서 이제는 정신을 되돌릴 수 없다고 판단하여 꼭 1년 전인 천기 20년 5월 31일 일요일 천법회 끝나는 시간인 18:05시에 인류 멸살, 지구 파괴 종말의 명을 내렸느니라.

그 이후로 전 세계는 천재지변과 기상이변, 날씨조화, 우박폭탄, 폭우, 홍수, 폭설, 태풍, 토네이도, 지진, 산불, 호수에 지진으로 불길 폭발, 쓰나미, 혹한, 혹서, 폭염, 열돔, 괴질병이 강력해지고 있음을 방송을 통해서 알 수 있느니라.

세계 인류가 악들이 세운 종교사상에 너무 많이 세뇌되어서 교화하는 것이 더 이상 불가능하다고 판단하여 인류와 지구를 포기하고 인류 멸살, 지구 파괴 종말의 명을 내리고, 지금 파멸을 위한 천상지상 공무집행 중이니라.

그래서 지구가 언제 종말을 맞이할지 시간 문제만 남았는데, 오늘이나 내일 종말이 와도 이상할 것이 없으나 2024년과 2025년 말진사에 지구 운명이 좌우될 것이니라. 그것은 지구 종말 이전에 구원받을 자들에게 약간의 시간을 주기 위함이니 천상으로 돌아가고 싶은 자들은 서둘러야 할 것이니라.

지금 돈이 문제가 아니고, 먹고 사는 것이 문제가 아닌 육신이 살아 있을 때 절대자 하늘인 나를 알현하여 구원을 받고 죽느냐, 그냥 죽느냐가 가장 급한 문제인데, 돈을 더 많이 벌고 놀러 다닐 생각만 하고 있으니 죽어서 비참함을 어찌 감당할 것이더냐?

부자든 가난하든, 건강하든 아프든 인간의 육신은 반드시 죽게 되어 있고, 싫든 좋든 윤회와 지옥세계로 들어가야 하느니라. 종교에서 말하는 극락, 선경, 천국, 천당은 악들이 허상으로 세워놓은 곳이기에 갈 수 없는 가짜세계이니라.

악의 원조인 하누와 표경이 천상에서 나를 시해하려다 실패하여 지구로 도망쳐 나와서 종교를 세웠는데, 자신들이 천상의 주인도 아니면서 무슨 재주로 극락, 선경, 천국, 천당으로 보내준다고 인류를 현혹시키는 것이더냐?

절대자 하늘인 나는 대우주와 만생만물과 인간, 신, 영혼들을 창조한 영혼의 부모인데, 자식들에게 배신당한 것이고, 인류는 영혼의 부모를 배신하고 시해하려고 하였는데, 어찌하여 다시 천상으로 돌아가려고 그리도 종교를 열심히 믿는 것이더냐?

하늘을 배신한 악들이 세운 종교에서 천상으로 올려보내는 의식을 행한다고 천상의 절대자 하늘인 내가 받아주겠느냐? 어림도 없는 일이고, 상식이 통하는 말을 해야 할 것이도다. 입장 바꾸어 생각해 보아라. 너희들이라면 그렇게 하겠느냐?

지구에 세워진 550만 개의 종교시설이 몽땅 악들이 세운 가짜이기에 인류가 태어나고 천상으로 돌아간 자들은 하나도 없고 전부 추포되어 만생만물로 윤회 중이고, 수백만 개에 이르는 지옥세계로 압송되어 지금 모진 고문 형벌을 받는 중인데, 종교 숭배자들이 몽땅 가짜라고 하는 이유이니라.

전 세계와 이 나라의 귀신들과 조상들, 신들, 악들을 억, 조, 경, 해를 넘어서 무량대수 이상으로 추포하여 무수히 심판하였는데, 당연히 이들의 죄를 물어야 하기에 자연스럽게 대화를 하게 되느니라. 그런데 하나님, 하느님, 부처, 미륵, 천지신명, 열두대신, 알라신, 라마신, 시바신과 석가모니, 여호와(야훼), 예수, 성모 마리아, 마호메트, 공자, 노자, 상제 등등이 모두 없다고 이야기하면서 몽땅 속았다고 분통을 터뜨리느니라.

너희들은 아직 죽어보지 않아서 하늘세계, 천상세계, 윤회세계, 지옥세계의 실체를 잘 모르겠지만 귀신들을 통해 간접적으로나마 알 수 있도다. 지금 살아 있는 자들은 이들 숭배자들이 진짜인지 가짜인지 육신의 눈과 귀, 기운으로는 진위를 가릴 수 있는 능력이 하나도 없느니라. 육신이 죽어야만 진짜인지 가짜인지 알게 되는데 기가 막힌 일이니라.

사상적인 세뇌란 것이 무척이나 무서운 것이니라. 살아 있는 자들은 숭배자들이 진짜인지 가짜인지 모르지만, 이미 죽은 자들은 육신이 죽어서 없기에 자연적으로 영안이 열려 영성과 영체, 기운으로 숭배자들의 형상을 알아볼 수 있도다.

그런데 아예 형상과 기운 자체가 없다는 것이도다. 하늘의 명으로 숭배자들의 영성과 영체가 모두 추포되어 소멸되었으니 당연히 보이지 않는 것이니라. 이 글이 진실로 들리는 자들도 있고 거짓, 사탄, 마귀의 글이라고 주장하는 교인들도 있을 것인데, 판단과 선택은 각자의 자유이니라.

천상의 주인이자 절대자 하늘인 내가 얼마나 분노하였으면 인류 모두에게 교화 불가 판정을 내리고 인류 멸살, 지구 파괴 종말의 무서운 명을 내리겠느냐? 구치소 행성, 교도소 행성인 지옥별 지구에 내려가서 나를 알현하거든 천상에서 지은 죄를 용서 빌면 용서해 주겠다고 약속하였는데, 어째서 악들이 세운 종교에 들어가 노비가 되었는지 참으로 개탄스러우니라.

추포된 귀신들 중에서 교회와 성당에 오래도록 다녔던 귀신들이 하는 말인즉슨 교회와 성당이 사탄 천국, 악마 천국, 악령 천국이라고 하면서 분노를 터뜨렸도다. 십자가에 붉은 피가 줄줄 흘러내리고 있다면서 인간들은 그런 줄도 모르고 십자가 앞에서 열심히 두 손 모아 기도하는데 악들이 깔깔대고 웃고 있노라.

사찰 대웅전과 무속세계에 화려하고 웅장한 불상과 신령 탱화에 뭐가 있을까 생각해 보았는지 묻고 싶도다. 이 세상의 온갖 원한귀, 자살귀, 악귀잡귀들이 무더기로 달라붙어서 대우받고 있다는 사실을 종교인들과 신도들은 아무도 모르고 있느니라.

산에 나무, 풀, 바위, 강, 바다와 어류들, 만생만물들에 다닥다닥 온갖 귀신들 천지이니라. 천상의 주인이자 절대자 하늘이 인간 육신을 빌려 글을 쓰고 있는데, 난생처음 읽어보는 글이라서 반신반의하며 잘 믿어지지 않을 것이니라.

악의 원조인 하누와 표경의 씨앗들인 하나님, 하느님, 부처, 미륵, 천지신명, 열두대신, 알라신, 라마신, 시바신과 석가모니, 여호와(야훼), 예수, 성모 마리아, 마호메트, 공자, 노자, 상제는 소멸되었기에 이름만 전해 내려올 뿐 아무런 기운이 없느니라.

그리고 이들의 사상을 믿으면 극락, 선경, 천국, 천당은커녕 지옥세계로 떨어진다는 무서운 진실을 알아야 하니라. 일평생을 종교에 의지하고 있는 너희들과 몸에 있는 영혼, 조상, 신들은 정말 기가 막히고 분통 터지는 일인데 갈등할 필요 없느니라.

이제라도 나를 알현하고 구원받아 살고 싶은 자들은 찾아오고, 사탄, 마귀, 악귀의 말처럼 들려서 못 믿겠다는 자들과 갈등 생기는 자들은 죽어보면 알게 되느니라. 인류가 탄생한 이래 하늘의 진실, 악들의 진실, 종교의 진실을 처음으로 밝히는 것이니 하늘인 나의 말을 그대로 믿기가 쉽지 않을 것이니라.

전 세계 인류가 수천 년 믿어오던 지구상의 모든 종교 숭배자들이 몽땅 악들이라니 기가 막히고 코가 막히는 일이고 극락, 선경, 천국, 천당으로 한 명도 올라가지 못했다니 이걸 믿어야 하나 말아야 하나 걱정이 이만저만이 아닐 것이니라. 일평생을 열정적으로 믿어오던 종교를 어떻게 떠날 것인가? 참으로 고민 걱정이 클 것인데, 이제라도 정신 차리고 종교에서 듣고 배운 고정관념을 몽땅 내려놓고 즉시 떠나야 사느니라.

구원받지도 못하는 종교에 미련을 갖고 계속 다닐 것이더냐? 종교를 믿으려고 이 세상에 태어났더냐? 나를 알현하여 천상에서 지은 죄를 용서 빌고 가족들이 기다리는 천상으로 돌아가라고 지구로 보내주었는데, 종교에 빠져서 헤어나오지 못하고 고민 갈등하니 결국 하늘의 분노가 폭발하였느니라.

 육신 살아서 결정을 내려야지 죽어서 귀신이 되면 기회가 자연적으로 박탈되느니라. 귀신이 되면 죗값을 바칠 수 없기 때문에 구원받을 수 없도다. 죽어서는 억만년을 빌고 빌어도 다시는 구원이란 받을 수 없느니라. 내 육신이 이 땅에 살아 있는 동안에만 죗값을 바치고 천상입천의 명을 받아 천상으로 오를 수 있으니 현명한 선택을 빨리해야 하느니라.

 재벌 회장도 살아서 나를 알현하지 못하고 죽었기에 지옥도로 끌려가면서 마지막으로 죄를 빌러 왔었는데, 배우자나 자식들도 아무 소용이 없느니라. 절에 가서 극락왕생하라고 49재와 천도재를 올렸는데도 극락왕생은커녕 지옥으로 떨어졌느니라.

 지옥도에서 첫 번째로 두꺼비로 윤회하는 벌을 받고 나서 다시 심판 후에 다른 축생으로 윤회하던 수백만 개의 지옥도로 가서 차례대로 심판받느니라. 하지만 살아 있는 가족들이 이런 진실을 알 리가 없느니라.

 종교 다니면 성경, 불경, 도경, 무속경 책을 고이 간직하고 소중하게 여기는데, 그 책들은 악경과 귀경들이니라. 모두가 악들과 귀신들을 불러들이는 악경과 귀경이니 이제라도 절대자 하늘인 나를 알현(지체가 높고 존귀한 분을 직접 찾아뵙다)하여 구원받고 싶으면 경전과 종교용품 모두 태워버리고 하늘나라 자미국으로 들어와 천상입천의 명을 받아야 지옥도와 윤회세계로 떨어지지 않을 것이니라.

극락, 선경, 천국, 천당의 주인은?

기독교, 천주교에서 하나님, 예수님 믿으면 천국, 천당간다고 전파하는 종교인들은 태초 하늘을 능멸하는 행위이니라. 죄인들 주제에 공짜로 천상에 오르려고? 어림없는 일이고, 너희들이 행한 죄가 얼마나 큰지 무서운 심판을 받게 될 것이니라.

천국, 천당의 주인은 너희들이 믿는 여호와 하나님, 예수가 주인이 아니고 태초의 하늘인 내가 주인이니라. 천상의 지엄한 법도도 모르면서 어디를 함부로 올라온다는 것이더냐? 그리고 너희들이 목숨처럼 받들고 믿는 여호와 하나님, 예수, 성모 마리아, 예수의 12제자들도 태초 하늘인 내가 모두 추포하여 영성과 영체를 소멸시켰느니라.

극락과 선경세상의 주인도 태초 하늘이니라. 그런데 너희들이 천도재하고, 굿을 하면 천상으로 오를 것 같더냐? 아주 태초 하늘인 나를 너희들 마음대로 갖고 노는구나. 석가모니, 아미타불, 비로자나불, 미륵존불, 관세음보살, 지장보살 외 기타 모든 보살들도 함께 추포하여 영성과 영체를 소멸시켰느니라.

종교인들아~! 너희들이 하늘이더냐? 천상세계가 어떻게 생겼는지 알지도 못하면서, 지엄한 천상법도도 모르면서 참으로 기가 막히니라. 이 땅에 있는 모든 종교가 하늘을 팔아 처먹고 사기 치고 있는 것이니라.

　태초 하늘이 강세하지 않아 천상세계를 모르는 무지한 영들을 현혹하여 종교세계로 끌어들여 급속한 부흥 번창을 해왔으나, 시작이 있으면 끝이 있는 법이듯 태초 하늘이 강세를 선포함과 동시에 종교는 급속히 무너져 내릴 것이니라.

　대우주 천상세계의 주인은 태초 하늘인데, 천상에서 역모 반란을 일으켰던 대역죄인들인 여호와 하나님, 예수, 성모 마리아, 석가모니 부처, 상제, 천지신명, 열두대신을 받들고 굿, 기도, 예배, 미사, 정성 들였다고 올라올 수 있는 곳이 아니니라.

　천상의 법도가 얼마나 지엄한지 알지도 못하면서 너희 종교인들이 천상의 주인이라도 되는 줄 알고 극락, 선경, 천국, 천당으로 보내준다고 수많은 인류를 속이는 것이더냐? 숭배자들 모두가 천상에서 도망친 대역죄인들일 뿐, 천상세계의 주인이 아니니 종교 다니는 자들은 어서 빨리 탈출하거라.

　죽어서 천상에 올라오면 매일같이 흥청망청 놀고먹는 줄 알고 망자들에게 하늘나라에서 편히 쉬소서? 영면하소서? 라고 덕담하는 것이더냐? 그 영혼들이 어디로 가는 줄도 모르는 무지한 자들이 바로 종교인들이니라. 태초 하늘인 나의 명을 받지 않는 이상 몽땅 윤회세계와 지옥세계로 압송되느니라.

　천상의 지엄한 법도를 몰라보고 천상(극락, 선경, 천국, 천당)으로 놀러 가라고 인류의 영들을 현혹시킨 것이더냐? 천상으로 가는 것이 무슨 해외여행이나 소풍 가는 것쯤으로 알고 있는 것이더냐?

천상세계 법도를 몰라도 너무나도 모르고 있느니라. 천상에 올라오면 지엄한 법도에 따라서 천상세계 공부와 적응 교육과정을 받게 되느니라. 천상적응 교육과정을 이수한 자들은 하늘나라 자미국(자미천국)의 3천궁과 산하 3,333개 제후국으로 배치되어 천상의 삶을 영위하게 되느니라.

너희들에게 태초 하늘인 내가 하사한 신분과 지위, 계급(벼슬)에 따라 적성에 맞는 황실정부 관공서와 국영기업체, 일반 기업체, 합동 근로 공단부서에 배치되어 주어진 일과시간 동안 업무를 성실히 수행하게 되느니라.

황실정부와 천상의 기업들이나 백화점, 공공시설 놀이터, 상점들은 24시간 풀가동하고 4교대로 나누어 주 4일 근무하며 분기별로 휴가를 주느니라.

대우주를 다스리는 천상정부이기에 규모가 방대하고 철저한 조직의 계급사회로서 상하서열이 매우 엄격하느니라. 부서도 엄청 많은데, 품계와 계급서열만 3,000개가 넘을 정도이니라. 천상법도가 매우 엄격하여 군대식인데, 북한과 중국의 열병식처럼 일사불란한 획일적 절대군주제 통치 방식이니라.

천상에도 우주방위사령부와 행성들 간 전쟁을 억제시키는 평화유지군과 공수부대를 능가하는 특수전을 수행하는 황실사령부 군대가 있느니라. 이곳에서 천상입천의 명을 받아 적응과정을 이수하면 너희들의 적성에 맞는 부서로 배치되느니라.

천지대능력자

헌금, 시주, 정성금의 무서움!

나는 너희들과 똑같은 인간의 모습을 하고 있으나 인간이 아닌 대우주 창조주이자 너희들 영혼의 부모이고, 태초의 절대자 하늘이 지상에 있는 하늘나라 자미국으로 강세하였음을 전 세계에 선포하고 인간, 영혼, 조상, 신들에게 전하느니라.

종교에 다니는 자들은 거의 의무사항으로 매주 또는 월 정기적으로 헌금, 시주, 정성금, 굿, 천도재, 사십구재, 의식 비용을 정성스럽게 바치는데, 이에 대한 진실을 처음 알려주느니라.

너희들이 종교에 가서 숭배자들과 종교인들에게 바치는 금전은 악들과 귀신들에게 바치는 악마의 금전이고, 귀중한 돈을 바치고 받아오는 것은 수많은 악들과 종교 귀신들이니라.

정성이랍시고 소중하고 자랑스럽게 헌금, 시주, 정성금을 바치는데, 너희들이 바치는 금전이 실시간으로 천상장부에 기록되고 있다는 것을 알려주느니라. 누가 언제 어디서 얼마를 왜 어떤 명목으로 바쳤는지 상세한 기록들이 올라가 있느니라.

천상신명들이 일거수일투족을 실시간 감찰하고, 지켜보며 기록하고 있는데, 너희들이 바치는 악마의 금전은 태초의 절대자 하늘인 나를 배신하고 시해하려던 악들이 세운 종교를 도와주는 것과 같기에 큰 대역죄가 되느니라.

　너희들이 바친 금전의 액수와 횟수에 따라서 죄인의 등급이 매겨지고, 심판할 때 그에 합당한 벌을 받게 되느니라. 인류 자체가 모두 천상의 배신자들이자 역천자들이기에 악의 원조인 하누와 표경과 한통속이니 어찌 보면 당연한 일이니라.

　그러나 너희들이 경외심으로 목숨처럼 받들어 숭배하던 악의 원조인 하누와 표경의 씨앗들인 하나님, 하느님, 상제, 부처, 미륵, 천지신명, 열두대신, 알라신, 라마신, 시바신 그리고 이들을 숭배하며 사상을 전파한 석가모니, 여호와(야훼), 예수, 마리아, 공자, 노자, 마호메트와 그 외 종교 창시자와 교주급들은 추포하여 그들의 영성과 영체를 소멸시켰느니라.

　너희들은 이들에게 금전을 정성금으로 바쳤다고 자랑스럽게 생각하며 마음 뿌듯해 있을 테지만, 그것이 장차 얼마나 무서운 죄악으로 다가올지 아무도 모르고 있느니라. 바친 만큼 죄가 더 쌓이고 쌓이느니라. 천상신명들이 종교에 바친 금전을 천상장부에 기록하는 것은 죄를 심판할 때 쓰기 위함이니라.

　너희들 신앙의 절대적 숭배자들과 종교 창시자, 교주, 지도자들에게 예쁘게 보이려고, 잘 보이려고 크고 작은 금전을 기쁜 마음으로 바치는데, 죽어서 이것이 죽음의 독화살이 되어서 날아올 줄은 꿈에도 상상 못 했을 것이니라.

　정작 너희들이 죗값으로 바쳐야 할 곳은 이제부터 모든 종교의 숭배자들과 종교 창시자, 교주들이 아닌 하늘나라 자미국의 창시자인 대우주 창조주 태초 하늘이니라. 너희들이 숭배자들을 열심히 받들면 받들수록, 금전을 많이 바치면 바칠수록 태초 하늘인 나는 분노가 치밀어 올라 폭발하느니라.

지금은 육신이 살아 있어서 나의 모습이 보이지 않으니까 몰라볼 것이지만, 죽게 되면 영안이 열리게 되어 강렬한 빛과 불이 발산되는 태초 하늘인 나의 모습을 볼 수 있을 것이니라.

하늘의 심판자인 공포의 대왕 모습에 가슴이 쪼그라들고, 다리가 후들거리며 무섭고 두려운 공포심을 느끼며 오금이 저릴 것이니라. 죽기 전에도 영안이 열린 자들은 태초 하늘의 모습을 보게 될 것인데 공포 그 자체일 것이니라.

종교에 금전을 바치는 것이 태초 하늘인 나에게 죄가 되고 분노를 폭발시키느니라. 모르고 바친 자들은 참작이 되겠지만, 이런 진실을 알고도 계속해서 종교에 다니며 금전을 바치는 인간, 영혼, 조상, 신들 모두 지옥세계로 즉시 압송되어 악들을 도와준 공범자로 취급해 가혹한 형벌을 받게 할 것이니라.

이 땅의 종교세계는 몽땅 없어져야 할 대상이라 조만간 태초 하늘의 무소불위한 자미천기 기운에 의해서 무너지고 문을 닫게 될 것이니라. 지금은 현실감이 조금도 느껴지지 않을 것인데, 앞으로 세상이 어떻게 뒤바뀌는지 지켜보면 알 것이니라.

대재앙의 천재지변과 기상이변, 무서운 괴질병이 전 세계를 휩쓸어 아비규환의 아수라장으로 변할 것이니라. 거리에 걸어 다니는 사람, 차량으로 이동하는 자들이 없으니 종교는 당연히 멸망하게 되고, 벌받을까 봐 더 이상 종교에 다니는 것을 자연적으로 꺼려하게 되어 종교가 사라질 것이니라.

이제까지는 종교의 무서운 진실을 알려주는 하늘의 영도자가 없어서 세상에 알려진 숭배자들과 종교 창시자들을 받들어 섬겨왔으나 『천지대능력자』 책이 출간됨과 동시에 엄청난 대지진의 진실이 쏟아져 나와 종교에 다니는 자들이 겁에 질려서 자연적으로 종교에 발길을 끊게 될 것이니라.

하늘나라 자미국으로 대우주 창조주 태초 하늘의 강세가 만 세상에 알려지면서 수많은 인간, 영혼, 조상, 신들이 인산인해로 물밀 듯이 몰려들어 살려달라, 구해 달라 줄을 서며 아우성을 치게 될 것이니라. 그동안 악들이 세운 종교의 굴레에서 벗어나고, 수천 년의 오랜 세월 악몽의 잠에서 깨어나 하늘의 진실을 향해 귀를 기울일 것이니라.

지구에 인류가 탄생하고 극락, 선경, 천국, 천당으로 올라간 자들이 한 명도 없다는 진실을 알고서, 그동안 종교인들에게 속아 살았던 지난 세월을 통탄하며 분노가 폭발하여 종교시설에 신도들이 단체로 찾아가 시위하는 사태도 전국 각지에서 동시다발적으로 끊임없이 일어나게 될 것이니라.

종교가 수천 년의 세월 동안 전 세계의 인간, 영혼, 조상, 신들을 속이고 금전과 인생을 착취하고, 죽은 자들을 극락, 선경, 천국, 천당이 아닌 윤회와 지옥세계로 인도했다는 진실을 알고 대성통곡하며 전국에서 분노가 폭발하는 종교 파괴 폭동이 일어나서 삽시간에 전 세계로 일파만파 퍼져나갈 것이니라.

교회에서 예배 볼 때 사탄이

매주 일요일 13시~18시 사이에 대우주 창조주 태초의 절대자 하늘이 천상신명들을 대거 거느리고 강세하는 가운데 열리는 천법회(심판 천지대공사 겸 천상도법주문회) 천상대법정에서 구원과 심판이 집행되는데, 상상을 초월하는 엄청난 일들이 일어나고 있어 충격을 주고 있느니라.

인간은 육신이 살아 있기에 영안이 열리지 않아 사후세계 귀신들의 모습을 볼 수 없는데, 사람 몸에 들어온 귀신들을 추포해서 심판할 때 나눈 실화 대화록이니라. 교인들이나 다른 종교인들이 보면 세상에 이런 일이라고 놀라워할 일들인데, 경천동지할 충격적인 내용을 일부 공개하느니라.

태초 하늘 : 천기 21년 5월 6일 박○○가 강남 ○○교회에서 예배 볼 때 들어온 모든 악귀잡귀 추포하노라.
귀신 : 더 힘들어, 더 힘들어, 더 힘들어요!

태초 하늘 : 뭣이 더 힘들어?
귀신 : 모르겠어요. 이런 말이 나와요. 여기 귀신이 이런 말이 나오는데요, 짐승의 표시를 아세요?

태초 하늘 : 그래. 666 표시?

귀신 : 흐흐흐, 여기에 찍어줄까요? 그 짐승의 표시 찍어줄까요? 그럼 오세요. 원하시면 언제든지 오세요, 찍어 드릴게요~ 표시해 찍어 드릴게요. 머리부터 발끝까지 다 찍어 드릴게요

태초 하늘 : 교회에서는 그런 것도 하느냐?

귀신 : 아니요, 우리는 악의 원조인 하누(하나님)의 씨들인 사탄인데 이렇게 말이 나오는 거라고요? 그러니까 교회 다니는 자체가 하누 사탄의 말을 받고, 또 악의 기운을 받는다는 의미인 것 같습니다. 하하하, 어서 와요~ 짐승의 표시 잘 찍어 드릴게요. 아, 답답해! 여기 답답한 가슴에 찍어줄게요. 하하하!

교회 입구에도 하누가 뿌린 사탄들이 모여 있고, 교회에 들어가는 사람들의 몸에도 들어가네요~ 아악~머리야~ 머리에 짐승의 표시 찍어 드릴게요. 흐흐흐… 사탄 천국이야, 사탄 천국, 사탄 천국으로 오세요! 사탄들이 웃으면서 맞아줄 거예요.

태초 하늘 : 교회, 성당, 절, 모든 세계가 다 사탄 천국인데, 그걸 몰라보고 그 꼬임에 다 넘어가서 다니고 있는 것이니라.

귀신 : 네, 짐승의 표시를 다 찍었어요. 하하하! 어떤 사람은 교회 갔다 왔는데, 왜 머리가 깨질 것처럼 아플까요? 흐흐흐… 헌금이 부족해서 그러니 헌금을 더 넣어요, 그럼 안 아플 거예요~ 하하하! 다음에 갈 땐 더 넣어요. 그럼 안 아파요~

사탄 안 들어가요~ 그러니까 더 넣으라고! 하하하! 아~으, 머리가 아프고 가슴이 답답하다고요? 아니야, 헌금 많이 하면 손에서 금빛이 나요~ 손을 보면 금가루가 나와요. 헌금 많이 하고, 기도도 열심히 하면 하나님께서 금가루를 내려주셔서

손에서 금가루가 진짜 나와요~ 하하하!

태초 하늘 : 어떤 하나님한테 그렇게 기도하는 것이더냐?

귀신 : 어떤 집에 십자가가 있는데 그 십자가에는 마치 악령, 사탄 같은 형상이 보이고요, 사탄의 뿔에 피가 잔뜩 묻어 있고요, 저 사탄 같은 경우는 666개의 뿔이 있고, 눈도 666개가 달려 있네요. 저 사람은 그 십자가 앞에서 기도하고 있지만 결국 사탄에게 기도하고 있었군요. 하하하!

하나님, 예수님께 기도한다고 십자가 앞에서 기도하는 것을 보면, 십자가 안에 악마, 사탄, 악령, 그런 것들이 그 안에서 피를 흘리며 웃고 있고 괴상한 소리를 지르고 있습니다. 지금 이 여자분의 몸에서 나온 귀신은 86억 명이 나왔고, 악은 18억 명이 각각 나왔다고 합니다.

태초 하늘 : 너희들 눈에는 보이지도 않고 들리지도 않으니까 악마 숭배하는 줄도 모르는도다. 하늘나라 자미국의 신하(천인)가 업무상 교인과 사업 투자 관계 때문에 어쩔 수 없이 몇 번 예배에 참석할 수밖에 없었는데, 귀신들이 86억 명 들어왔고, 악들인 악마, 사탄, 악령 18억 명이 들어왔기에 자미천기로 추포하여 소멸시켜 주었느니라.

이렇게 많은 귀신들과 악들이 있을 줄은 세상 사람들 그 어느 누구도 생각하지 못하고 있도다. 귀신들과 악들을 영접하러 가는 곳이 모든 종교세계라는 걸 난생처음 알았을 것이니라. 그동안 종교에서 들어온 귀신들부터 빼내고 살아가야 인생의 풍화환란이 없어지느니라.

천국 가려면 좁은 문으로 들어가라

예수가 남긴 말이라고 하느니라.
마태복음 7장 13절
'천국 가는 자가 적다'고 예수가 남긴 말이도다.
"좁은 문으로 들어가라. 멸망으로 인도하는 문은 크고 그 길이 넓어 들어가는 자가 많고, 생명으로 인도하는 문은 좁고 협착하여 찾는 자가 적음이라."

누가복음 13장 23절
"어떤 사람이 여쭈어오되 주여, 구원받는 자가 적으나이까? 그들에게 이르시되 좁은 문으로 들어가기를 힘쓰라. 내가 너희에게 이르노니, 들어가기를 구하여도 못하는 자가 많으리라."

최후의 심판을 피하는 법은 무엇이며, 백보좌 심판자가 누구인지 아느냐? 예수를 믿음으로 구원받아 천국으로 간다고 가르치는데, 이것은 인류의 신분이 죄인인지 모르고 하는 거짓말이고, 예수를 믿는다고 구원받지 못하느니라.

그렇도다. 예수는 자신이 한 말이 2,000년 후에 나타난 심판자이자 구원자인 대우주 창조주 태초의 절대자 하늘이 하늘나라 자미국의 인간 육신으로 강세할 줄 상상조차도 못 했을 것이니라.

예수의 말 그대로 "좁은 문으로 들어가라 했는데 멸망으로 인도하는 문은 크고 그 길이 넓어 들어가는 자가 많고, 생명으로 인도하는 문은 좁고 협착하여 찾는 자가 적음이라." "좁은 문으로 들어가기를 힘쓰라. 들어가기를 구하여도 못하는 자가 많으리라."

이 말처럼 교회나 성당, 불교, 도교, 무속 같은 종교의 문은 길이 넓어 들어가는 자들이 많지만, 하늘나라 자미국은 책을 읽고 하늘의 관문을 통과해야만 들어올 수 있는 아주 특별한 좁은 문이고, 이 나라는 물론 전 세계에 한 곳뿐이니라.

하늘의 경전인 천경『천지대능력자』책을 읽어 절대자 하늘로부터 선택받아 뽑히지 않은 자(인간, 영혼, 조상, 신)들은 절대로 들어오지 못하느니라. 기존 종교처럼 전국 각지에 있는 곳이 아니기 때문에 당연히 방문하는 것이 어렵도. 하늘 사람 천인(天人)과 하늘의 백성이 되는데, 결격 사유가 있는 자들은 받아주지 않기 때문에 좁은 문이니라.

철저하게 1:1 알현 상담을 통해서만 적격여부가 판별되는데, 종교의 문은 넓고, 자유롭지만 하늘나라 자미국은 특별하게 뽑힌 자들만이 절대자 하늘이 내린 명을 받아 윤회(환생)와 지옥세계를 면하고 천상(천국)으로 오를 수 있느니라.

종교에서 말하는 심판자 백보좌는 바로 대우주 창조주 태초의 절대자 하늘인데, 종교 믿는 자 모두가 심판받을 대상자이니라. 2,000년 전의 성경을 달달 외우며, 예수와 12제자의 말을 전하고 이스라엘 역사를 아주 열심히 공부하는데, 그것이 죽음의 길인 줄 아무도 몰라보고 있느니라.

　넓은 문으로 들어간 자들은 천국으로 가지 못하고 지옥으로 가는 자들이 많다고 하였는데, 지옥의 모습이 얼마나 무서운지 추상적으로 생각하고, 대수롭지 않게 생각하며 살아가는 자들이 많느니라. 지옥만 있는 것이 아니라 지옥의 하나인 만생만물로 윤회(환생)하는 무서운 세계도 존재하느니라.

　목사들과 신부, 수녀들이 말은 고상하고 유창하게 잘하지만 성도들과 신자들 모두를 끔찍한 지옥세계로 이끌고 있다는 무서운 진실을 전혀 모르니라. 왜냐하면 종교의 무서운 진실을 알아낸 인류의 영적 지도자가 없기 때문이니라.

　인간 자체만으로는 하늘세계, 영적세계를 다루는 종교의 무서운 진실을 알아낼 수 있는 능력자가 없기 때문이도다. 하나님의 말씀 전파라고 하는데, 그것이 하나님이 아닌 악마의 말을 전하는 것이라면 그 죄와 벌은 어찌 감당할 것이더냐?

　아직 죽어보지 않아서 무엇이 죄가 되고, 어떤 벌을 받게 되는지 알지 못해서 인정하지 않을 것이지만, 지옥에 가면 너희들이 살아서 행하였던 일거수일투족의 말과 글, 행동이 대형 스크린에 자막과 함께 적나라하게 보여주느니라.

　예수 재림을 기다리는데 예수 재림은 영원히 오지 않고, 대우주 창조주 태초의 절대자 하늘인 내가 직접 하늘의 심판자이자 구원자로 하늘나라 자미국(자미천국)으로 내려왔도다.

하늘은 명이자 법이고 기운이니라

무소불위한 절대자 하늘인 천지대능력자이기 때문에 불가능이 없느니라. 나는 천변만화의 조화는 물론 대천력, 대도력, 대신력, 대법력, 대원력을 모두 갖고 있으며, 말하면 명이자 법이고 기운으로 천지만생만물에 내려가느니라.

너희들은 나를 알현하면 이제까지 종교세계와 세상에서 경험하지 못한 신세계를 체험하게 될 것이니라. 지금까지 수천 년의 세월 동안 인류를 속여서 정신을 지배 통치한 지구상의 모든 종교가 악들과 귀신들이라는 사실을 알려주느니라.

아무도 몰랐겠지만, 하늘의 진실, 종교의 진실, 사후세계의 진실, 영혼의 진실, 조상의 진실, 신명의 진실, 윤회의 진실, 지옥의 진실, 천상의 진실을 생생하게 낱낱이 알고 있는 인류의 영적 지도자가 단 한 명도 없었도다.

모두는 끝없는 영적 갈증을 느꼈지만 아무도 인류가 궁금히 여기는 궁금증을 풀어줄 수 없었느니라. 지금까지 아수라, 악신, 악령, 악마, 사탄, 마귀, 요괴, 귀신놀음에 빠진 것이 종교세계였다는 엄청난 진실을 인류 최초로 알려주느니라.

지구상에 존재하는 그 어떤 종교든지 믿다가 죽으면 모두가 지옥세계로 입문하고, 말 못 하는 만생만물로 반복 환생하며 윤회하는데, 나를 알현하지 못하면 영영 구원받지 못하느니라.

종교는 악들과 귀신들의 역사일 뿐 하늘의 역사가 아니었다는 진실을 인류가 알지 못하느니라. 전 세계의 잘못된 종교를 멸하고, 종교에 빠져서 고통스러워하는 인간, 영혼, 조상, 신들을 구해 주고자 하느니라.

인류의 정신을 수천 년 동안 지배 통치하고 있던 악들과 귀신들을 추포하여 소멸시키고, 종교를 박차고 떠난 순천자는 구해 주려고 태초의 절대자 하늘인 내가 내려왔도다.

조상들을 천상으로 구원하고, 자신들도 죽어서 구원받아 천상으로 오르려고 종교를 열심히 다니며 숭배자들과 종교지도자들을 믿으며 49재, 천도재, 굿, 위령미사, 추모예배, 추도미사를 매년 또는 수시로 하고 있지만, 이 모든 의식이 부질없다는 진실을 아무도 모른 채 인간, 영혼, 조상 신들이 종교의 종과 노예가 되어 금전, 정력, 세월을 낭비하고 있도다.

지금 종교를 다니며 종교사상에 깊게 세뇌당한 자들은 이런 글을 읽어도 난생처음 들어보는 말이라서 이해도 안 되고 무조건적인 거부감이 들어 사탄의 역사, 마귀의 역사라고 몰아붙일 것이 분명하느니라.

그러기에 산 자나 죽은 자나 하늘이 내리는 귀한 천상입천의 명을 받기가 어렵고도 어려워 좁은 문이니라. 종교에서 추구하는 사상은 모두가 지상낙원을 꿈꾸는 좋은 말들이지만 실제는 현혹시키는 말뿐이지 진실과는 거리가 너무나도 멀도다.

　지금까지 종교에서 전하는 모든 숭배자들은 악들과 귀신들이 하늘과 신을 사칭하고 있기에 그들을 추포하여 심판한 진실을 상세히 알려주느니라.

　숭배자들의 영성과 영체를 소멸시켰는데, 또 다른 귀신들이 들어와서 뒤를 이어가며 계속해서 하늘과 신을 사칭하고 있기에 지구상의 모든 종교를 통해서는 구원이란 존재하지 않으니 이제라도 마음을 바꾸어야 하느니라.

　너희 육신이 원하고 바라는 소원이 있고,
　너희 영혼이 원하고 바라는 소원이 있고,
　너희 조상이 원하고 바라는 소원이 있고,
　너희 신명이 원하고 바라는 소원이 있느니라.

　이 모두가 원하고 바라는 소원을 99% 이루어줄 수 있는 곳이 지구상에 하늘나라 자미국 하나뿐이라는 진실을 하루빨리 인정하는 자들이 가장 행복할 것이니라. 이곳은 기존 종교가 아니기에 경전과 교리가 없으며 자미천기 천지기운에 의해서 생라이브로 구원과 심판을 집행하느니라.

　산 자들만 질병의 고통을 겪는 것이 아니라 이미 돌아간 가족이나 부모 조상들도 살아생전에 아팠던 질병의 고통을 그대로 안고 사후세상을 살아가느니라.

　귀신들도 육신은 없지만, 아파서 자신이 살아생전 앓았던 질병을 고치려고 수많은 병원에 다닌다는 경천동지할 진실을 알려주는데, 너희들은 이런 진실을 받아들이겠느냐? 즉 너희들의 몸이 아픈 것은 돌아간 가족이나 부모 조상들이 아프다는 것을 말하느니라.

하늘이 내리는 명을 받아야만 구원받을 수 있기에 종교를 수천 년 동안 조상 대대로 이어가며 믿어봐야 아무 소용이 없고, 오히려 죽어서 비참하게 천지만생만물로 반복 환생하며 업보를 풀거나 지옥세계로 끌려갈 뿐이도다.

종교를 믿는 것은 하늘의 가슴에 비수를 꽂는 대역죄를 짓는 일이란 것을 너희들은 알지 못하는데, 이것이 세뇌당한 종교의 실상이니라.

세계 인류 모두가 하늘 앞에 죄인들의 신분이기에 하늘나라 자미국에 들어와서 천상에서 지은 죄를 빌어야 죽어서 천상으로 오르는 영광을 누리느니라. 종교 믿으면 복을 받는 것이 아니라 오히려 악귀들을 받아오고 끝없는 벌을 받게 되느니라.

종교세계에서 알려진 하나님, 하느님, 한울님, 부처, 미륵, 상제, 천지신명, 알라신, 라마신, 시바신, 석가, 여호와(야훼), 마리아, 예수, 마호메트는 모두 악들과 귀신들이 사칭하고 있는 가짜들이기에 너희들의 현생과 내생의 운명을 아픔과 슬픔, 고통과 불행으로 인도하여 더 힘들게 만들 뿐 구원은 불가능하느니라.

사후세계도 존재하고, 하늘세계도 존재하는데 육신이 죽어서는 구원받기 어려우니 살아 있을 때, 하늘나라 자미국에 들어와서 하늘이 내리는 명을 받들어야 구원받느니라. 너희들 인간, 영혼, 조상, 신들의 현생과 내생의 생살여탈권, 죄사면권을 집행하는 것은 바로 절대자 하늘뿐이니라.

살아서 절대자 하늘을 알현하여 현생의 문제점들을 해결하고, 죽음 이후 다가오는 내생의 사후세계 삶을 보장받아 놓고 세상을 떠나야 하느니라. 너희들이 천상과 전생에서 지은 업보를 모두 풀고 죽어야 천지만생만물로 끝없이 이어지는 반복환생과 지옥세계 입문을 막을 수 있느니라.

너희들은 현생만 존재하는 줄 알고 돈과 재물, 권력과 명예, 부귀영화만 추구하며 잘 먹고 잘사는 일에만 혈안이 되어 살아가고 있도다. 사후세상이 존재하는 줄 모르고, 죽으면 그만이라느니, 죽으면 끝이다, 또는 종교를 열심히 믿었기에 좋은 세상으로 갈 것이라며 자아도취에 빠져 살아가고 있느니라.

그런데 죽어보면 자연적으로 알겠지만, 그것이 얼마나 위험한 생각인지 뼈저리게 후회하며 천추의 원과 한을 남길 것이니라. 죽어서 원혼귀가 되어 허공 중천을 떠돌고, 자손들에게 찾아가서 하소연하는데, 말이 통하지 않아 자손이든 살아 있는 다른 자들을 증오하며 해코지하는 악령으로 변하느니라.

무엇 때문에 축생이 아닌 인간으로 지구에 태어났고, 이번 생에 무엇을 해야 하는지, 나는 누구인지, 너희들이 천상과 전생에서 지은 업보는 무엇인지, 죽어서는 어디로 가는 것인지, 종교에서 전하는 좋은 세계로 알려진 극락, 선경, 천국, 천당은 정말 있는 것인지, 윤회세계가 존재하는지, 무서운 지옥세계가 실제 있는 것인지, 하늘이 실제 존재하는지, 어떻게 해야 현생과 내생의 문제가 풀리는지 알게 되느니라.

살아생전에 글을 읽어보고도 자신이 믿는 종교사상과 달라 비판하여 나를 알현하지 못하고 죽어서 세상을 떠나면 천상대법정 심판대에서 다시 알현(지체가 높고 존귀한 분을 직접 찾아뵙다)하게 되느니라.

이미 종교사상에 깊게 세뇌당한 기존 신도들은 하늘나라 자미국에 들어와 구원받으려면 종교에서 배운 사상을 몽땅 내려놓아야 하느니라. 진짜 하늘을 살아서 찾으려는 인간, 영혼, 조상, 신들은 이 글을 읽으면 공감하고 감동이 밀려와서 스스로가 기운에 이끌려 찾아올 것이니라.

살아서 알현하지 못하고 죽어서 추포되어 천상대법정에서 심판받으면 구원 자체는 이미 물 건너간 죄인들이기에 형벌의 심판만이 기다릴 뿐이도다. 지구에 인간으로 태어난 것은 천상과 전생, 현생에서 지은 업보를 풀어 천상으로 다시 돌아갈 수 있는 천재일우의 기회를 주는 것이니라.

한세상 잘 먹고 잘살려고 만생만물의 영장으로 태어난 것이 아니라는 걸 하루빨리 깨달아야 하느니라. 인간 육신의 삶은 길어봐야 몇십 년의 아주 짧은 삶이지만 죽음 이후의 사후세상은 한도 끝도 없는 장구한 무한대의 세월임을 인정하고 구원자이자 심판자로 지구에 내려온 절대자 하늘을 알현하여 구원의 명을 받아놓고 세상을 떠나야 하느니라.

무소불위한 천지대능력?

　너희들은 대우주 천지인 창조주 태초의 절대자 하늘의 천지대능력이 궁금하지만 아무도 체험해 보지 못하여 잘 알지 못하느니라. 더러는 과소평가하는 자들도 있을 것이고, 더러는 과대평가하는 자들도 있을 것이니라.

　절대자 하늘의 천지대능력은 무소불위하지만 어떻게 쓰는가에 따라서 달라지느니라. 지구에서 하늘의 천지대능력을 쓸 수 있는 존재는 내 육신 단 한 명뿐이도다. 나의 메시지, 계시, 자미천기 천지기운은 내 육신을 통해서만 세상으로 발산하느니라.

　절대자 하늘인 나의 천지대능력은 일일이 다 열거할 수 없을 정도로 방대하고, 천변만화의 기적과 이적 사례가 엄청나며 인간의 모든 상상력을 초월하느니라.

　하늘을 찾아다니며 하늘을 알현하고 싶은 자들이 꽤나 많은데, 내 육신이 하늘 자체이기에 나의 화신, 나의 분신, 나의 현신이므로 하늘의 기운이 분출되느니라. 하늘인 나는 영적인 절대자 하늘이고, 내 육신은 육적인 절대자 하늘이니라.

　너희들이 나를 알현하는 것은 전 재산 다 바쳐도 아깝지 않을 정도로 가문의 영광이며 나의 기운은 대단하고 무소불위하니라.

절대자 하늘인 나의 분노가 그대로 담긴 천문록이니라. 악들이 세운 종교로 인하여 지구가 온통 종교 천국으로 변하여 구제불능 상태인지라 교화 자체가 불가하여 이제 지구와 인류를 포기하고 파괴할 때가 임박하였음을 암시하는 내용이니라.

　　인류경멸 인류궤멸 인류파괴
　　역천지하패륜 지옥판관ㅇ강세심판
　　자미ㅇ지존 지구파멸 자미ㅇ
　　인류소멸기사 자미혈자미ㅇ 태상천래
　　도기사멸 인수거업 축생소멸
　　자미ㅇ백혈기래 자미ㅇ태극천도
　　자미ㅇ천기화현 지구파멸
　　자미ㅇ명수 사미육기 자미도성 칠성군래
　　ㅇ인천지 자미ㅇ태혈미(未)ㅇㅇㅇ
　　자미ㅇ기사 자미ㅇ육합혼불 사황천래

영적 절대자 하늘인 내가 육적 절대자 하늘을 통해서 수십 년 동안 보여준 천변만화의 생생한 체험 내용들이니라.

　　천상지상 신명을 자유로이 소환하여 대화하느니라
　　용들을 거느리고 직접 대화를 나누느니라
　　산 자들의 생령을 불러 대화하게 하느니라
　　사령(조상령)을 불러 대화하게 하느니라
　　조상들이 좋은 세계 갔는지 알려주느니라
　　조상들이 윤회하였는지 알려주느니라
　　조상들이 지옥세계로 갔는지 알려주느니라
　　조상들이 불편한 데는 없는지 알려주느니라

조상 천상입천 의식(일반, 하단, 중단, 상단, 특단) 해주느니라
조상 천상벼슬입천(VIP) 의식을 해주느니라
하늘 사람으로 만들어주는 천인합체 의식을 해주느니라
신과 하나되는 신인합체 의식을 해주느니라
천상의 기운을 받아 신선 되는 도인합체 의식을 해주느니라
천수를 누리게 해주는 천수장생 의식을 해주느니라
천둥 번개, 벼락을 주재하고 가뭄에 비를 오게 하느니라
억수같이 쏟아지는 장대비를 멈추게 하느니라
한반도 태풍 상륙을 막아주느니라
비, 바람, 구름의 풍운조화를 자유자재로 부리느니라
우박 폭탄, 토네이도, 지진, 천재지변을 부리느니라
혹한, 혹서의 기상이변을 자유자재로 부리느니라
천변만화의 날씨조화를 자유자재로 부리느니라
너희들과 가족들의 괴질병 감염을 막아주느니라
잡귀신을 소멸시켜 주느니라
악신, 악령, 악마, 사탄, 마귀, 악귀를 소멸해 주느니라
세계에서 신이라고 사칭하는 자들을 추포하여 심판하느니라
모든 종교적 숭배자들을 추포하여 심판하느니라
종교 창시자, 교주, 종교지도자들을 추포하여 심판하느니라
자미천기로 병마 원격 소멸(말로 병마 소멸)해 주느니라
몸을 아프지 않게 해주느니라
병마의 원인을 즉시 찾아주느니라
신병, 무병, 빙의를 즉시 소멸해 주느니라
환청, 환영을 소멸해 주느니라
감기, 몸살, 기침, 고열을 즉시 해소시켜 주느니라
재채기, 콧물을 즉시 멈추게 해주느니라
알레르기 체질을 바꾸어주느니라

소화불량, 만성복통을 소멸해 주느니라
손발저림, 냉증, 귀접을 소멸해 주느니라
불면증과 허리통증을 즉시 소멸해 주느니라
자살 충동을 멈추게 해주느니라
조상 대대로 이어진 단명을 막아주느니라
가문의 내력인 유전병을 소멸해 주느니라
고혈압, 당뇨, 암, 모든 병마의 통증을 소멸해 주느니라
두통, 발열, 어지러움, 우울증, 가슴답답을 소멸해 주느니라
호흡곤란, 악몽, 흉몽, 가위눌림을 소멸해 주느니라
어깨통증, 속쓰림, 위통, 무릎 통증을 소멸해 주느니라
이명현상, 피부병, 가려움증, 시력저하를 소멸해 주느니라
온몸의 세포를 젊게 재생시켜 주느니라
현재 나이보다 10~20년 젊게 만들어주느니라
오장육부에 달라붙은 나쁜 기운을 소멸시켜 주느니라
120조 세포에 붙은 악귀잡귀들을 빼내주느니라
사고를 막아주느니라
관재구설을 막아주느니라
사기배신을 막아주느니라
인생풍파를 막아주느니라
만생만물로 윤회하지 않게 해주느니라
명부전 지옥세계를 거치지 않고 천상으로 보내주느니라
사후세상을 편안하게 살도록 보장해 주느니라
제사와 차례를 지내지 않아도 탈이 없게 해주느니라
산소(납골묘, 납골당, 수목장)를 만들지 않게 해주느니라
신내림을 받지 않도록 해주느니라
종교를 다니지 않아도 무탈하게 해주느니라
천상에서 영생을 누리게 해주느니라

천상세계가 실제 존재하는지 알려주느니라
사후세계가 실제 존재하는지 알려주느니라
종교를 믿으면 어떤 일들이 일어나는지 알려주느니라
종교를 다니면 안 되는 이유를 알려주느니라
기도를 하면 안 되는 이유를 알려주느니라
나는 인류를 심판하러 왔느니라
나는 지구를 심판하러 왔느니라
나는 종교를 심판하러 왔느니라
죽은 영혼들을 구해 주러 왔느니라
산 영혼들을 구해 주러 왔느니라
신들을 구해 주러 왔느니라
인간들을 구해 주러 왔느니라
육신을 재난으로부터 보호받게 십승지로 해주느니라
교통사고를 예방해 주느니라
사업, 장사가 잘되게 해주느니라
승진이 잘되게 해주느니라
선거에 당선되게 해주느니라
고시, 입시, 입사, 자격시험에 합격하게 해주느니라
건강하게 해주느니라
수명연장을 해주느니라
취직이 잘되게 해주느니라
인생사에 필요한 모든 분야를 잘되게 해주느니라
 태초의 절대자 하늘인 나의 천지대능력은 무소불위, 경천동지, 상상 초월 그 자체이니라.

악들을 멸하는 절대자 하늘

　인류가 수천 년 동안 정신적으로 의지하며 외롭고 허전한 마음의 평안을 얻고자 두려움과 경외의 대상으로 지극정성 목숨 바쳐 받들어 섬기고 있는 종교적 숭배자들의 정체가 낱낱이 드러났는데, 인류 탄생 이후 이런 일은 처음이라 받아들이기가 쉽지만은 않을 것이라 생각하느니라.

　종교를 열심히 다니는 자들 중에도 진짜 절대자 하늘은 어디 계실까? 살아서 절대자 하늘을 찾을 수 있을까? 내 생에 절대자 하늘을 알현드릴 수 있을까? 절대자 하늘이 이 땅에 내려오셨다면 언젠가는 찾아서 알현드릴 수 있을 것이라는 믿음을 갖고 온갖 종교세계를 전전하는 자들이 많을 것이니라.

　진짜 절대자 하늘이 어디에 있는지 찾을 수 없어서 일단은 종교에 몸을 담고는 있지만 허전함과 채워지지 않는 갈증을 풀지 못하여 마음이 안정되지 않을 것이니라. 종교인들의 설법과 설교를 통해서 전해 주는 말처럼 죽으면 정말 너와 네 가족들이 좋은 곳으로 갈 수 있는 것일까? 하는 고민 갈등이 많을 것이니라.

　지금 종교를 다니는 모든 자들의 한결같은 궁금증일 것인데, 누구 하나 속 시원히 풀어주는 인류의 영도자가 없고, 그동안 전해 내려오는 경전을 앵무새처럼 읊어대고 믿음을 강요하는 악들이 보여준 가짜세계를 진짜로 믿고 있을 뿐이니라.

보여주는 것이 바로 현혹시키는 것인데, 이 나라뿐만이 아니라 지구에는 자칭 하늘이나 신이라고 사칭하는 악들이 엄청 많은지라 아차 하면 속아 넘어가기 십상이니라. 지구에서 자칭 하늘이다, 신이다, 라고 하는 자들은 모두가 절대자 하늘인 나를 배신한 대역죄인 악들이고 척결 대상들이니라.

지구라는 별에서 살아가는 인류 모두가 천상에서 죄를 짓고 쫓겨난 죄인들이니라. 너희들은 천상에서의 기억이 삭제되어 전혀 생각나지 않아 죄인이란 말에 거부감이 들 수도 있겠지만 그것 또한 너희들의 자유이니라.

천상의 기억은 없어도 죄인임을 인정하는 자들만이 나를 알현할 수 있느니라. 천상의 기억은 없을 테지만 이 세상에 와서 죄를 지은 것이 있으면 천상에서도 죄를 지은 것이라고 생각하면 될 것이고, 지옥별 지구에 태어난 자체가 죄인이니라.

이 세상에서 지은 죄도 심판을 받아야 하는데, 살아서 받을 것인가 죽어서 받을 것인가 선택해야 한다. 살아서 죄를 빌면 용서받지만 죽어서 죄를 빌면 용서가 절대 없고, 축생계 윤회와 수백만 개의 지옥세계에서 차례대로 벌을 받아야 하느니라.

절대자 하늘이 전해 주는 진실을 종교에서 보고 들은 사상과 다르다고 너희들의 이론으로 맞다 틀리다 단정 지을 수는 없느니라. 수천 년 된 지구상의 모든 종교 경전과 사상이 모두 악들의 역사이니라. 기가 막힌 일인데 영적 차원이 가장 낮은 지구의 인류 모두는 이런 진실을 모르고 있느니라.

　수천 년 동안 악들이 만든 성경, 불경, 도경, 무속경의 경전을 바탕으로 사상적으로 온갖 교화를 시켜왔으니 다른 곳에서 말하는 진리를 받아들이기가 어려운 것이니라. 진짜 절대자 하늘의 진실은 악들이 세운 종교 안에서 절대로 나올 수 없느니라.

　절에서는 부처 믿고 사십구재, 천도재, 지장재, 수륙재 올리면 극락세계에 다시 태어난다고 가르치고, 교회에서는 하나님과 예수 믿으면 천국 가고, 안 믿으면 지옥에 떨어진다고 가르치고, 성당에서는 하느님과 성모 마리아를 섬겨야 천당 간다고 가르치고, 도교에서는 도를 닦고, 무속에서는 굿을 해야 선경으로 간다고 가르치는 것이 지금의 종교세계 실상이니라.

　이런 사상이 맞는다고 생각하기에 나름대로 기운이 맞는 종교를 다니고 있는 것인데, 이것은 조상 대대로 이어진 것이도다. 너희 조상들도 한두 명이 아닌 여러 조상들이 있을 것인데, 서로 의견이 달라서 조상들끼리도 이리 가자 저리 가자 싸우니라.

　절로 가야 한다, 교회로 가야 한다, 성당으로 가야 한다, 도교로 가야 한다, 무속으로 가야 한다, 명당자리에 묻히고 제사와 차례만 잘 지내면 된다고 조상들끼리 의견이 달라서 자손들이 갈팡질팡하고 있는데, 주장이 강한 조상 쪽으로 종교를 가니라.

　종교를 열심히 다니는 것은 너희들의 조상들이 구원받아 좋은 세계로 가지 못했다는 증표이니라. 그래서 구원받아 좋은 세계로 가보려고 자손의 몸을 이끌고 종교를 다니고 있는 것인데, 산 자들이 이런 진실을 알고 있을 턱이 없느니라.

그래서 이 책은 너희들 인간 육신 자신과 몸 안에 있는 신과 영혼, 조상들에게 절대자 하늘의 진실을 함께 전하는 것인데, 난생처음 들어보는 내용이기에 이것이 맞는지 틀린 것인지 책 내용만 보고 판단하기는 어려울 것이므로 절대자 하늘이 내려주는 자미천기 기운으로 검증해 보라고 하는 것이니라.

이 책은 너희들만 보는 것이 아니라 몸 안의 너의 신과 영혼, 조상들이 함께 보고 있다는 사실을 잊어서는 안 되느니라. 너희들 자체가 바로 반조반인, 즉 반은 조상이고 반은 인간이니라.

책을 읽어보고도 이해가 안 된다며 자미국이 뭐하는 곳이냐고 물어보는 자들이 의외로 많으니라. 하늘나라 자미국이라 하니까 기독교나 천주교 계통 아니냐고 할 것인데 전혀 아니니라.

자미국이란 하늘나라 천상국가를 말하고, 절대자 하늘인 내가 인간 육신으로 강세한 하늘나라 그 자체이고, 수천 년 동안 인류의 정신을 지배 통치해서 돈과 재물을 갈취하고, 자신들의 종과 노예로 부리고, 죽어서 가짜세계로 인도하는 전 세계의 악들을 추포하여 멸하는 곳이니라.

눈에 보이지도 않는 악들을 어찌 멸할 수 있을까 생각할 것인데, 그것이 바로 절대자 하늘의 자미천기 기운이니라. 전 세계 어느 인간의 몸 안에 있던 3초 이내로 추포하여 절대자 하늘이 주재하는 천상대법정에서 심판받고 소멸되느니라.

나의 말과 글은 명(命)이자 법(法)이고, 기운(氣運)이기에 지구는 물론 대우주 행성 전체에도 실시간으로 하달되는 무소불위하며, 무섭고 두려운 공포의 자미천기 기운으로 생과 사를 주관하는 생사천(生死天) 하늘 그 자체이니라.

지구에 인류가 태어나서 절대자 하늘인 나를 알현할 수 있는 시간은 나의 인간 육신이 이 땅에 살아 있는 시간밖에 없기에 구원받아 천상의 하늘나라 자미국으로 보장받으려면 이 책을 처음부터 끝까지 한 글자도 빠뜨리지 말고 정독하고 예약 후에 방문해야 하느니라. 대충대충 읽고 알아들을 것 같다고 쉽게 생각하여 방문하면 알현하여도 선택받기가 어려우니라.

이 책 자체가 절대자 하늘이 인류에게 내리는 천상입천 자격을 평가하는 시험 문제이기에 반드시 정독하고, 이해가 안 되면 반복해서 읽어야 하느니라. 책을 읽는 동안 너희들 몸 안에 신과 영혼, 조상들이 어떤 자세로 책을 정독하고 있는지 천상신명들이 하강하여 실시간으로 지켜보면서 말과 행동, 글, 마음, 생각을 천상장부에 기록하고 있기에 조심해야 하느니라.

책을 읽으면서 종교에서 배운 것과 너무나 다르고 종교 자체를 악이라고 비판한다고 욕하면서 별별 험한 말을 하면 너희들 몸 안에 있는 신과 영혼, 조상들이 쥐도 새도 모르게 추포되어 천상대법정으로 잡혀와서 심판받고 지옥세계로 압송되느니라.

구원받지 못할 대역죄인들에게는 한마디로 무서운 책이고, 구원받을 수 있는 대상자들에게는 기쁨을 선사하는 행운의 책이니라. 난생처음 들어보는 글이라고 무시하고 부정하면 살아서든 죽어서든 천추의 원과 한을 남기게 될 것이니라.

지옥세계 입문을 위한 예행연습을 하는 곳이 종교세계인데, 종교를 열심히 다니고 있는 너희들은 줄을 잘못 선 것이니라. 종교를 믿으면 지옥세계 입문 0순위이고, 비참하게 영원히 만생만물, 축생으로 반복 윤회하는 형벌을 받느니라.

예수 믿으면 천국 가고, 안 믿으면 지옥으로 떨어지는 것이 아니라 예수 믿으면 지옥으로 떨어지느니라. 여호와(야훼) 하나님, 석가모니 부처님, 미륵님, 성모 마리아님, 천지신명님, 도교의 상제님을 열심히 믿는 자들은 몽땅 지옥세계로 입문할 것이니, 이제라도 정신 차리고 자미국으로 들어와야 살 길이 열리니라.

하늘나라 자미국은 기존의 일반적인 종교세계가 아닌 하늘나라 천상국가이기에 자미국(紫微国)이라 한 것이도다. 천상세계에는 자미국 산하에 3천궁과 3,333개 제후국들이 있고, 절대자 하늘인 내가 강세한 자미국이라 하늘나라인 것이니라.

시작이 있으면 끝이 있듯이 대우주에서는 나의 무소불위한 자미천기로 오늘도 새로운 행성을 만들고 파괴하는 천상공무 집행을 반복하고 있느니라. 생명체의 탄생도 있고 죽음도 있는데, 절대자 하늘인 나의 고유 영역이자 고유 권한이니라.

그렇듯이 지구에서 살아가고 있는 인류의 운명과 지구의 운명도 이제 때가 이르러 파괴되어 소멸될 운명의 시간이 도래하고 있는데, 아무도 모르고 천하태평으로 하루하루를 살아가느니라. 인간 육신의 삶은 100년 내외의 삶을 살아가지만 행성인의 삶은 수천 살에서 수억 년의 수명을 갖고 있느니라.

과거에도 지구에 커다란 운석이 떨어져서 공룡이 전멸한 시대가 있었느니라. 수많은 천재지변과 괴질병이 발생하여 인류의 생사를 장담할 수 없는 막다른 길에 있으니, 모두의 운명이 조만간 끝날 위기에 처해 있느니라.

지구에서 살아가는 인류는 언제 종말을 맞이할지 몰라 불안 초조할 것이니라. 개인적이나 가족적인 죽음도 있지만 인류 전체가 한꺼번에 멸망하는 끔찍한 운명의 날이 다가오고 있는데, 그것이 천상에서 하늘을 배신하고 지구로 도망치고 쫓겨난 악들이 지구에 종교를 세웠기에 멸망의 시간을 앞당기고 있느니라.

종교에 들어가 악들에게 세뇌당하여 또 다른 죄를 짓고 있는 인류를 더 이상 바라만 보고 수수방관할 수 없기에 인류 멸망과 지구 종말을 대비하라는 최후의 통첩장을 전하는 것이로다. 이 책을 집필하는 것은 마지막으로 진짜 절대자 하늘을 기다리는 모든 자들에게 인류 멸망, 지구 종말이 일어나기 전 구원받을 수 있는 천재일우의 기회를 주고자 특별히 배려하는 것이니라.

그동안 구원받을 수 있는 수많은 기회를 주었으나, 너희들 스스로가 종교사상에 세뇌당하고 편견을 갖고 있어서 절대자 하늘인 나의 뜻을 무시하였도다. 그래서 종교사상이 뿌리 깊게 박혀 더 이상 인류를 교화하는 것이 불가능하다고 판단하여 최후의 결심을 하고 마침내 인류 멸망과 지구 파괴 종말의 명을 작년 5월 31일 이미 내렸기에 인류와 지구의 운명이 얼마 남지 않았느니라.

너희들이 하늘인 나와 내 육신을 극대로케 하여 지구 종말을 앞당겼고 불원간 갑자기 최후의 날을 맞게 될 것인데, 믿기지 않을 것이니라. 그러면 지금 세계 돌아가는 상황을 보거라. 그것이 지금까지 일상적으로 있었던 일들이었더냐? 기후 탓을 하며 온난화 여파라고 하는데 온난화도 내가 주관하느니라.

골프공, 야구공만한 우박 폭탄이 전 세계 곳곳에서 떨어지는 것은 무엇으로 설명할 것이고, 열대지방인 사우디에 눈과 우박, 홍수가 일어나고, 호수가 폭발하여 불길이 치솟고, 아시아에 토네이도가 관측되는 것이 무엇을 의미하는지 아직도 모르겠더냐? 유튜브에 지구 종말이란 말이 유독 많이 뜨고 있느니라.

나는 대우주의 그레이엄 수에 해당하는 행성(별)들의 파괴와 생성 및 행성들이 충돌하지 않도록 궤도 조정 및 통제하는 행성통제부 총괄본부장 총사령관인데 지구, 달, 태양, 화성, 수성, 목성, 금성, 토성, 소행성, 운석, 블랙홀들의 궤도 또한 자미천기로 자유자재로 통제하고 있느니라.

대우주에서 볼 때 지구의 크기는 좁쌀 크기도 안 되느니라. 내가 태양과 충돌하도록 지구 궤도 수정만 하면 불원간 지구는 태양과 충돌하여 흔적도 없이 사라지게 되느니라. 절대자 하늘인 내가 강세한 내 육신이 약간의 시간을 달라고 하여서 잠시 시간을 주고 있을 뿐이니라.

나의 육신은 외형적으로는 너희들과 같은 인간의 모습을 하고 있지만, 내면적으로는 절대자 하늘 그 자체이기에 언제 어느 때 지구 종말이 와도 육신의 죽음을 전혀 두려워하지 않느니라.

내 육신이 하는 말은 절대자 하늘인 나의 말이기에 명이자 법이고 기운이라 대우주에 실시간으로 전달되느니라. 그래서 내 육신이 지구에서 가장 무서운 존재인 공포의 대왕인 것이니라.

나의 지상 거처인 인간 육신 역시도 그날이 언제 올지 몰라서 매일같이 오늘이 최초의 날이자 최후의 날이라고 생각하며 살아가고 있고, 수많은 하늘나라 자미국의 신하와 백성들도 인류 멸망과 지구 종말을 기정사실로 받아들이고 기운으로 느껴서 이미 최후의 죽음을 준비하면서 살아가고 있느니라.

이들은 나에게 명을 받아 하늘 사람인 천인(天人)의 신분이기에 육신이 갑자기 죽어도 지옥세계 명부전을 거치지 않고, 윤회하지도 않으며 천상의 하늘나라 자미국(자미천국)으로 천상입천이 예약되어 있기에 육신의 죽음을 전혀 두려워하지 않느니라.

이들 천인들은 지구 멸망 하루 전에 신과 영들이 이미 천상으로 입천해 있게 되기에 언제 어느 때 지구 종말이 오더라도 아무런 걱정 없이 마음 편히 살아가고 있느니라.

전 세계적인 기상이변, 날씨변화, 천재지변, 괴질병 3종, 4종 변이, 알파 변이, 델타 변이, 델타 플러스 변이 대유행 등은 우연히 일어난 것이 아니라 인류를 심판하는 절대자 하늘의 천상 지상 공무집행이란 것을 세상 인간들은 잘 모를 것이니라.

　절대자 하늘의 분노가 얼마나 대단한지 인류는 그것도 모른 채 악들이 세운 종교에 들어가 악들에게 충성하고 있기에 인류 멸망, 지구 파괴라는 최후의 선택을 할 수밖에 없느니라.

　인류와 지구의 운명이 길어봐야 3~4년 또는 몇십 년 남짓할 것인데, 오늘이나 내일, 한두 달 이내에 종말을 맞이할 수도 있느니라. 이 책을 읽고 종교를 탈출하여 수많은 자들이 죄를 빌며 살려달라고 자신과 영혼, 조상들이 천상에서 지은 죄와 종교 믿은 죄를 진정으로 뉘우치고 잘못을 용서 빌면 종말의 시간을 조금은 늦출 수 있을 것이니라.

　하지만 하늘인 나의 명으로 이미 내려진 인류 멸살, 지구 종말은 피할 수 없느니라. 인류 멸망과 지구 종말이 오기 전에 구원받을 약간의 시간을 주는 것이니라. 악의 원조인 '하누'와 '표경'이 세운 세계 모든 종교가 절대자 하늘인 나를 극대로하게 만들었고, 내 육신을 세상이 극대로하게 만들었느니라.

　내 육신을 극대로하게 만든 것은 절대자 하늘을 극대로하게 만든 것이고, 이것이 인류 멸살, 지구 종말을 앞당기는 최악의 선택을 하도록 만든 것이니라. 또한 추포되어 소멸의 극형을 당하면서도 '인간들이 살아 있는 한 악들은 영원히 사라지지 않는다' 고 큰소리치고 있으니, 이것이 결국 인류 멸살, 지구 종말로 이어지리라고는 아무도 생각 못 하고 있을 것이도다.

인류 멸살과 지구 파괴의 종결자가 절대자 하늘이니라. 내가 너희들 인류와 신과 영들, 지구를 창조하였으니 내가 거두어들이는 것이니라. 뿌린 자가 거두어들여야 하지 않겠느냐?

구치소 행성 지옥별에서 천상에서 지은 죄를 빌 생각은커녕 악들이 세운 종교 숭배자들을 받들어 절대자 하늘과 내 육신을 함께 극대로케 만들었도다. 육신이 살아 있을 때 나를 알현하여 천상에서 지은 죄를 진정으로 용서 빌지 않고 죽으면 반드시 저승 대법정에서 다시 알현하게 될 것이니라.

너희들이 언제 어느 때 죽어서 지상이든, 지하든, 물속이든, 우주든 어디에 가 있더라도 추포 명령을 하달하면 3초 이내에 잡혀와서 저승대법정에 서게 되어 다시 알현하고 심판받느니라.

인류 멸살과 지구 파괴 종말의 날이 당장 오지 않더라도 인류 모두는 어차피 언젠가는 죽을 것이고, 오늘 이 순간도 개별적으로 종말을 맞아 세상을 떠나는 자들이 전 세계적으로 무척 많은데, 육신이 죽는다고 모든 것이 끝나는 것이 아니라 죽어서도 심판받아야 하는 것이 인류 모두의 운명이니라.

너희들은 종교를 열심히 믿고 불우이웃을 도우며 착하게 살았으니까 죽으면 좋은 곳으로 갈 것이라 생각하며, 편안히 영면할 것이라고 생각들을 할 것인데, 커다란 착각이며 각자 죽어서 사후세상이 얼마나 무서운지, 절대자 하늘의 지옥형벌을 직접 체험해 봐야 하느니라.

악들이 세운 종교를 다니면 천상으로 돌아가는 길이 막혀버리느니라. 구원자이자 심판자로 절대자 하늘인 내가 인간 세상 육신으로 강세하였는데, 종교사상에 세뇌되어 있으면 '나 이외 신을 믿지 말라' 하여 무조건 무시하고 사탄, 마귀라고 몰아붙이기에 하늘나라 자미국으로 들어오기가 어려울 것이니라.

어떤 종교든지 종교를 다니면 너희들 자신과 가족의 신과 영혼, 선대 조상들 몽땅 멸망의 길로 인도하는 무서운 일이란 걸 알아야 하는데, 얼마나 인정하고 받아들일지 모르겠도다. 지금 종교를 운영하는 종교 창시자, 종교 교주, 종교지도자, 종교 종사자, 종교 신도들은 살아서든 죽어서든 가장 무서운 형벌로 다스린다는 사실을 알아야 하느니라.

인간 육신을 갖고 살아가는 세월은 인간마다 다르지만 길어야 100년 남짓하고, 뱃속에서부터 죽기 시작하여 10대, 20대, 30대, 40대, 50대, 60대, 70대, 80대, 90대까지 천차만별인데, 지구에 죄를 빌러 와서 악들이 세운 종교를 열심히 믿으며 충성하고 있으니 너희들이 뿌리고 행한 대로 거두어야 하느니라.

부자로, 재벌로, 고위공직자로 부귀영화 누리며 잘 먹고 잘 살기 위해서 이 땅에 인간으로 태어난 것이 아니라 천상에서 절대자 하늘인 내게 지은 대역죄를 빌어 다시 천상으로 돌아가기 위해서 태어났다는 진실을 빨리 인정해야 하느니라.

너희들이 지은 죄는 인간 육신이 살아 있을 때만 빌 수 있기에 정신 차리고 빨리 종교를 떠나야 하느니라. 죽어서는 절대자 하늘인 내게 죄를 빌고 싶어도 알현할 수 없고, 빌 수도 없으며, 받아주지도 않느니라.

난생처음으로 들어보는 생소한 하늘나라 자미국~!

　진짜 아니면 가짜 둘 중에 하나인데, 절대자 하늘인 나를 알현할 기회는 단 한 번뿐이니라. 너희들이 세상과 종교세계에서 보고 들은 모든 고정관념의 벽을 송두리째 내려놓지 않는다면 하늘을 알현할 영광스러운 일은 절대 없을 것이니라. 인류 멸살, 지구 종말의 시계가 이미 카운트다운에 들어가 있고, 그날이 언제인가만 남아 있을 뿐이니라.

　인류 멸살, 지구 멸망이 다가온다는 기운을 느꼈는지 세계 재벌 미국의 테슬라 회장인 일론 머스크가 화성에 도시를 건설한다는데, 지구가 멸망하고 생존하여 화성에서 살아갈지라도 결국 인간 육신의 죽음은 피할 수 없을 것이니라.

　육신의 죽음이 무서운 것이 아니라 구원자 하늘을 알현하지 못하고 죽어서 윤회와 지옥세계에서 영원히 벌을 받는 것이 가장 무서운 것이니라. 너희들에게 갑자기 찾아올 죽음을 소풍 가는 것쯤으로 가볍게 생각하는 모양인데, 이 책의 귀신들 실화 내용 편을 읽어보고 정신들 차려야 할 것이니라.

　너희들은 돈 버는 데만 혈안이 되어 있을 것이 아니라 너희들의 죽음이 언제 다가올지 한 치 앞도 모르기에 하늘나라 자미국에 들어와서 너희들 자신과 가족, 조상들이 천상에서 지은 죄를 빌고, 사후세상을 절대자 하늘인 나에게 보장받아 윤회와 지옥세계를 면해 놓고 살아가야 어느 날 갑자기 죽더라도 천상의 하늘나라 자미국(자미천국)에 올라갈 것이니라.

하늘은 기운으로 알현하는 것이니라

 지구상에서 인류 최초, 인류 최고로 인간, 영혼, 조상, 신명 구원이 현실로 이루어지고, 신과 영들을 자유자재로 다스리며 영적세계를 지배 통치 독점하는 종교를 초월한 하늘인 나의 기운이 강세한 곳이 하늘나라 자미국의 인간 육신이니라.

 하늘은 형상으로 알현하는 것이 아니라 기운으로 알현하는 것인데, 너희들은 이런 진실 자체를 전혀 몰라보고 있도다. 이곳에서는 하늘이 내리는 천지기운을 자미천기라고 하느니라.

 기존의 종교세계에서는 죽은 자들을 형상으로 만들어 숭배자로 추앙하며 받들고 있도다. 예수는 십자가에 매달려 처형당할 때 모습을 형상으로 만들어 숭배하고 있고, 마리아는 예수의 어미라는 이유로 성모상을 만들어 숭배자로 삼고 있도다.

 석가모니는 천상천하 유아독존으로 금불상을 만들어 숭배자로 삼았고, 무속세계에서는 수많은 천지신령과 살아서 유명한 왕이나 장군 등을 신으로 봉안하거나 형상의 그림 탱화와 불상으로 만들어 숭배자로 삼았고, 도교는 창시자 영정을 숭배자로 봉안하여 존경과 경외심으로 받들고 있지만, 하늘나라 자미국에서는 그런 형상이 일절 하나도 없고, 오직 태초 하늘의 육신을 통해 자미천기 기운만을 내려주느니라.

그리고 이들 형상에는 좋은 기운이 흐르고 있는 것이 아니라 온통 악신, 악마, 악령, 사탄, 마귀, 악귀, 원혼귀, 자살귀, 동자귀, 동녀귀들이 자칭 신이라고 달라붙어 있느니라. 결국은 너희들 눈에 영적 세계가 보이지 않으니까 속이기가 너무나도 쉬운데, 종교를 다니는 것은 이처럼 악귀잡귀들을 받들어 숭배하는 아주 무서운 세상이란 것을 아무도 모르고 있느니라.

종교에 한 번 들어가면 종교 믿다가 죽은 종교 귀신들이 몸 안에 무더기로 수없이 들어와서 온갖 메시지를 뿌려대고 종교를 떠나면 벌을 받는다고 겁박하면서 종교의 노비로 만들고 있느니라.

모든 천지만생만물의 생로병사와 생살여탈, 구원과 심판은 자미천기에 의해서 매 순간마다 실시간으로 이루어지고 있지만, 이것을 알아볼 수 있는 혜안이나 능력을 가진 자들은 나의 육신 이외에는 이 세상에 존재하지 않느니라.

어떤 누군가는 형상으로 보인다고 말하는 자들이 간혹 있는데, 그것은 악신과 악령들이 변신하여 보여주는 것이지 하늘의 실체적인 모습은 감히 인간들의 영안, 신안의 능력으로는 아무도 볼 수 없는 매우 위대하고 대단한 태초의 하늘이니라.

어떤 존재가 보이고 들린다는 자들이 더러 있기는 하지만 그것은 인간을 현혹시키기 위한 것이고, 그들의 실체는 악신과 악령들이 장난치는 것이기에, 보이고 들린다 하여서 그것을 그대로 믿는 것은 아주 위험한 일이니라.

태초 하늘인 나를 알현하려고 온 세상과 종교세계를 전전하며 돌아다니거나 명산대천에서 열심히 기도하는 자들이 많지만 아무도 태초 하늘인 나의 실체를 찾은 자들은 없도다. 기를 받으려고 어떤 기인이나 이인을 만나는 자들도 헛수고이니라.

유명한 산천에서 기도 정진하는 자들이 수두룩하지만 이들이 받는 것은 진짜 하늘이나 신의 기운을 받는 것이 아니라, 그곳에 머물면서 하늘과 신을 행세하면서 사칭하고 있는 악신과 악령들이란 사실을 알아야 하느니라.

미국의 유명한 세도나 산에 가서 정기를 받으려고 찾아가는 자들도 많은데, 이들이 받아오는 기운 자체가 악신과 악령들의 기운이란 것을 아는 자들은 없도다. 지구에서 진짜 하늘의 기운이 내리고, 하늘의 메시지가 실시간으로 내리는 곳은 하늘나라 자미국을 창시한 하늘의 육신 한 명뿐이니라.

너희들이 인정하든 안 하든 행운이 있는 자들은 하늘나라 자미국에 들어와서 인연을 맺을 것이고, 죄가 너무 커서 부정하고 무시하는 자들은 구원받을 기회가 영원히 박탈되는 불행한 자들이 될 것이니라.

태초 하늘의 육신을 알현하는 것이 곧 대우주 창조주 태초의 절대자 하늘을 알현하는 것과 똑같으니라. 천지간에 불가능이 없을 정도로 위대하고 대단한 천지대능력자이니라.

하늘을 찾으려고, 하늘을 알현하려고 온갖 종교세계의 이인, 기인들을 찾아다니지만, 모두가 헛수고하는 것이고, 찾았다고 그곳에 열심히 다니는 자들이 있을 것인데, 그들 모두가 악신과 악령에 빙의된 자들이니라.

　태초 하늘은 하나의 육신으로만 내왕하기 때문에 이 세상을 온통 다 돌아다니며 찾으려고 하여도 찾을 수가 없을 것이니라. 대우주 창조주 태초의 절대자 하늘인 나의 천지대능력은 무소불위하며, 빛과 불 그 자체이고 실시간으로 신과 영, 인간, 천지만물을 다스리니라.

　지구에서는 오직 태초 하늘의 육신으로만 내왕하기에 이곳에 들어오지 않는 이상 인간, 영혼, 조상, 신들은 구원받을 길이 이 세상 그 어디에도 없느니라. 너희들이 빠져 있는 이 지구상의 모든 종교세계를 지배 통치하고 있는 존재들이 악신과 악령들이란 진실을 인류 최초로 알려주느니라.

　세계 인류가 수천 년간 받들며 추앙하는 성인 성자 숭배자들과 신이라고 자칭하며 너희들에게 대우받는 자들도 모두가 추포되어 소멸되는 하늘의 심판을 피하지는 못했느니라. 지구상에 있는 모든 숭배자들은 악신과 악령들이란 엄청난 진실을 알려주느니라. 하루속히 종교를 탈출하여 하늘나라 자미국으로 들어오는 것만이 살아남을 수 있는 유일한 길이니라.

　현생의 삶만 있는 것이 아니라 천상과 전생의 삶도 있었고, 육신의 죽음 이후 내생의 사후세계가 너희들을 기다리고 있는데, 지옥으로 가야 할 자들과 만생만물로 태어나야 할 자들이 각기 다르지만 너희들이 죽어 어디에서 무엇으로 태어날 것인지 알려주는 곳은 이 세상 그 어디에도 없을 것이니라.

천지대능력자　163

종교를 조상 대대로 또는 일평생을 열심히 다니며 믿었기에 죽음 이후 사후세계를 극락, 선경, 천국, 천당세계로 갈 것이라 굳게 믿고 있는 자들이 참으로 많을 것인데, 모든 종교가 말장난에 불과한 가짜라면 어찌할 것인가 생각해 보았더냐?

숭배자들을 의심하는 것은 믿음이 부족해서라고 몰아세우는데, 그들은 경전과 교리와 이론으로 너희들의 정신을 세뇌시켜서 종교의 노비(종과 노예)로 만들고 있다는 무서운 사실을 알고 빨리 종교를 탈출해야 하느니라.

지구상에서 너희들의 천생, 전생, 현생, 내생을 구원해 줄 수 있는 곳은 하늘나라 자미국 한 곳뿐이니라. 지금은 현생을 살아가는 것이고, 이제 육신이 죽으면 인류 모두에게 내생의 삶인 사후세계가 활짝 열리느니라.

너희들의 일반적인 생각들은 하나같이 지금 먹고 살기도 바쁘고, 자식 키우기도 힘든데, 무슨 그런 생각을 하며 사느냐, 지금도 힘들어 죽겠다고 하느니라. 죽음 이후 어떻게 되는지가 왜 궁금하냐 생각하고, 어떻게든 돈을 많이 벌어 잘 먹고 잘살며, 크게 출세하고 성공하여 이름을 날리고, 명예를 높이며 다른 자들 위에서 군림하며 사는 것을 지상과제로 생각하고 있느니라.

이렇게 생각하는 자들은 죽음 이후 세상이 없다고 생각하는 축생만도 못한 영적 수준을 가진 자들이기에 이런 책이 아무 소용이 없고, 각자가 살아서 뿌리고 행한 대로 사후세상을 맞이하게 될 것이니라.

또한 종교사상에 깊게 빠져 맹신하고 있는 자들은 죄가 크고 많아 윤회와 지옥에 떨어질 무지한 자들이고, 구제 불능으로 대책 없는 자들이도다. 의사가 수술하다 실수하면 환자 한 명만 죽이지만, 네가 종교에 빠지면 절대자 하늘의 명을 받지 못하기 때문에 너와 영혼, 당대부터 선대 모든 조상, 가문의 미래가 멸문지화당한다는 무서운 진실을 알아야 하느니라.

너희들은 태초 하늘인 나를 알현하여 천상과 전생에서 대우주 절대자 하늘인 나에게 지은 죄를 용서 빌고, 영혼의 고향인 천상으로 돌아가기 위해서 인간으로 탄생하였는데, 얼마나 많은 자들이 위대한 진실을 인정하고 받아들일지 걱정스럽도다.

지구상에서 너희들을 구원해 줄 수 있는 단 하나밖에 없는 존귀한 존재가 태초 하늘의 육신이니라. 말이나 글로 아무리 하늘의 진실을 전달해 주어도 조상 대대로 종교사상에 수십 수백 수천 년간 깊게 세뇌되어 있어서 거부감이 들어 부정하고 무시할 것이지만 살려거든 마음 고쳐 먹어야 하느니라.

세상천지에 기운을 받기로 유명한 곳이 널리 소문나서 국내는 물론 외국의 산이나 바위에 가서 기도하는 자들이 많은데, 특히 널리 알려진 미국의 아리조나주에 있는 세도나 산이나 대구 팔공산 갓바위에 가서 정기 받는다고 여행을 겸해서 갔다 온 자들이 꽤 많느니라.

그래서 세도나 산에서 정기를 내려준다는 영적인 존재를 최근에 몽땅 추포하였는데, 그곳 산의 대표적인 영적 존재와 대화를 통해서 알아낸 진실이니라.

미국 세도나 산에는 좋은 정기의 기운을 받는 곳이 아니라 인간의 삶을 파탄 내고 망가지게 하는 곳이었도다. 어떤 외국인 중에 요가하는 자들도 그곳에서 기운받는다며 명상 자세를 취하고 있지만 주위에 있는 악마, 악귀, 유령들이 몸으로 들어가고 어떤 이들은 미국 복권을 가져오는 자들도 있었느니라.

불치병 걸린 자들, 살려달라고 기도하는 자들도 있고, 원혼귀와 자살귀가 득실거리고 기도해도 불치병이 안 낫고, 복권도 당첨 안 되고, 사탄의 기운만 받아오는 곳이니라. 복권에 당첨되게 기운을 넣어달라는 자들도 많은데 전 세계에서 몰려온 악귀, 악마, 악령들이 몸으로 더 많이 들어가느니라. 이들도 살아서는 인간이었지만 죽어서 원귀가 된 악귀, 악령, 사탄들이니라.

부자되게 해달라, 결혼시켜 달라고 기도하는데 눈, 머리, 머리카락, 심장, 폐, 다리, 배 안, 팔다리에 악마, 악귀, 유령들이 헤아릴 수 없이 들어가기에 세도나 산에 갔다 와서 암이나 기타 병에 걸려 죽은 자들과 교통사고 나서 죽은 자들도 많느니라.

지구상에서 절대자 하늘의 기운은 이곳 하늘나라 자미국에서 태초 하늘인 나의 음성과 육체를 통해서만 느낄 수 있도다. 지구상에서 하늘의 기운이 내린 곳이 하늘나라 자미국뿐이고, 하늘의 기운을 받으려면 나를 알현해야 되느니라.

기운이란 것은 나의 육신에서만 분출되고 있으며, 생과 사의 기운을 다 갖고 있고, 죽음의 도를 갖고 왔도다. 나의 눈만 바라봐도 무서운 기운이 느껴져 바라볼 수 없고, 눈빛에 하늘인 나의 기운이 강렬하게 흐르고 있느니라.

목소리에서도 기운을 느끼며 책에서도 기운을 느끼고, 내가 창조한 도법주문에서도 기운을 느낄 수 있도다. 기운이란 내 육신에게만 해당되는 것이고, 나머지는 악귀잡귀 기운뿐이도다. 하늘인 나의 기운으로 세상과 지구가 돌아가고 있느니라.

지극 지존의 대우주 창조주 태초의 절대자 하늘의 지상 거처인 천궁이 내 육신이니라. 인간 세상 심판공사를 볼 때 절대자 하늘인 나의 모든 기운이 육신으로 내리기에 지구상에서 가장 최고로 존귀하면서도 가장 무서운 존재이니라.

절대자 하늘의 기운이 무궁무진 실시간으로 내리는 나를 애타게 기다리던 신과 영들, 인간들이 잘못된 종교에 빠져서 벗어나지 못하고 종교를 세운 악신과 악령들의 세뇌로 그들의 먹잇감이 되어 절대자 하늘을 알현(지체가 높고 존귀한 분을 직접 찾아뵙다)하여 현생과 내생을 구원받을 수 있는 금쪽같은 시간을 허송세월로 낭비하고 있느니라.

얼마나 죄가 크고 많으면 하늘이 가장 싫어하는 종교를 다니며 악신과 악령들이 수천 년 전에 만든 낡은 경전의 사상과 교리를 열심히 믿고 따르는데, 종교 믿는 것은 아무 소용 없는 일이니라.

절대자 하늘은 위대하니라

절대자 하늘인 내가 인간 육신을 쓸 때는 먼저 온갖 모진 고난과 시련을 내려주어 하늘이 내린 시험 관문을 통과하는지 살핀 다음에 쓰느니라. 모든 산전수전을 몸소 겪으며 교과서도 없는 황무지 인생길을 걸어오게 하였느니라.

기존에 세상에 알려진 종교의 뜻을 펼치려면 종교 경전을 배우며 스승이라도 있을 것인데, 아무것도 없는 그야말로 망망대해에서 오직 내가 내려주는 메시지를 받으며 어디가 끝인 줄도 모르고 한 발 두 발 내디디며 험난한 길을 걸어왔도다.

나의 육신은 어려서부터 하늘의 풍파, 신의 풍파, 조상 풍파, 인간 풍파를 모두 겪게 하여 나의 시험을 통과할 때는 백발의 머리가 되어 살아갈 날보다 죽을 날이 더 가까워졌도다. 주위가 온통 천상에서 역모 반란에 가담하였다가 지구로 도망치고 쫓겨난 적(죄인)들뿐이 없다는 것을 알게 해주었느니라.

내 육신이 육의 절대자 하늘인 줄 몰랐을 때는 주위에 형제, 친구, 지인, 친척들과도 잘 어울렸었고, 물심양면으로 도와주어도 하나같이 모두가 배신하고 피해만 끼쳤도다. 나는 하늘이고, 지구에 구원자 겸 심판자로 내려왔느니라.

태초의 하늘인 나는 구원자 겸 심판자의 신분으로 지구에 내려왔는데, 인류 모두가 천상에서 죄를 짓지 않고 지구로 내려온 자들이 하나도 없느니라.

"신은 위대하다" 외치는 말은 이슬람교 무슬림들이 하는 말이니라. 이들은 알라신과 예언가 무함마드(마호메트)를 유일신으로 숭배하고 있고, 기독교의 여호와(야훼)와 예수도 유일신이라 하는데 "나 이외에 다른 신을 섬기지 말라"고 이슬람교와 기독교인들이 이 세상 거의 절반을 차지하고 있느니라.

알라신이나 무함마드는 이 나라 민족신이라고 할 수 있는 천지신명이나 단군 조상과 위상이 비슷할 것이고, 기독교의 예수, 천주교의 마리아와 불교의 석가모니를 믿고 따르거나 자연신과 천신, 칠성신, 무속신앙, 도교를 믿는 자들이 많으니라.

그런데 유일신이라고 알려져 숭배받고 있는 이 세상의 모든 신들과 성인 성자 종교적 숭배대상자들은 불행하게도 천상에서 역모 반란에 가담하였다가 지구로 도망치고, 추방당한 대역죄인들이란 엄청난 진실을 인류가 모르고 있느니라.

하늘세계, 신명세계, 사후세계, 윤회세계, 지옥세계, 천상세계, 조상세계, 영혼세계, 종교세계에 대한 진실을 적나라하게 알고 있는 인류의 영도자가 없어서 수천 년 된 불경, 성경, 도경, 무속경에 의존하며 각자들의 취향에 따라 온갖 종교세계에 들어가 있는데, 종교 자체가 바로 살아 있는 지옥세계로 입문하는 길이란 진실을 이 세상 그 누구도 알 수가 없느니라.

영적 능력이 낮으니까 고차원적인 영적세계 진실은 태초의 절대자 하늘 이외에는 아무도 모르느니라. 너희들이 다니는 종교가 맞는지 틀리는지도 모르고 남들이 많이 다니며 믿으니까 부화뇌동하여 열심히 다니고 있는 것이니라.

수천 년 전에 쓴 불경, 무속경, 성경, 도경의 경전을 주문과 법문으로 독송하거나 달달 외우며 수천 년 전 외국 역사를 열심히 공부하며 나날이 세뇌당해 가고 있는 것이 지금 종교세계의 무서운 실상인데, 아무도 이의를 제기하지 않느니라.

인간세상 문명이 실시간으로 변해 가고 있는데, 수천 년 전에 쓴 어려운 경전을 풀이하며 신도들에게 주입시키고 있으니, 죽어보면 각자 스스로가 알겠지만 다 부질없는 짓이니라.

대우주 창조주 태초의 절대자 하늘인 내가 수시로 기운과 메시지를 내려주는데, 호랑이 담배 피우던 시절의 경전을 읽고 달달 외우면 무엇할 것이더냐?

종교에 빠진 자들은 줄을 잘못 선 것이고, 구원받지 못할 대역죄인들의 핏줄이기에 종교사상에서 빠져나오지 못하고 있는 것인데, 다행히 이 글을 읽고 깨우침이 있다면 속히 종교를 떠나 하늘나라 자미국에 들어와야 살길이 열리느니라.

"종교에서 받드는 신이 위대한 것이 아니라 태초 하늘이 위대한 것이도다." 이곳의 진실을 잘 모르니까 신흥종교인 줄 아는 자들이 많을 것인데, 너희들이 살아서도 알 수 있고, 죽어서도 자연적으로 하늘이 누구였는지 알게 될 것이니라.

수천 년 된 종교가 몽땅 가짜들이고 악신과 악령들이 인간의 정신을 지배 통치하고 있다는 것을 인정해야 할 것이며, 각 종교에서 애타게 기다리던 하늘, 하나님, 하느님, 구세주, 구원자, 메시아, 재림예수, 미륵존불, 정도령, 진인, 신인이 바로 하늘나라 자미국의 태초 하늘인 내 육신 한 명을 말하느니라.

무속인이나 승려, 신도들은 당래용화교주(當來龍華敎主) 자씨미륵존불(慈氏彌勒尊佛)을 알고 있을 것인데, 자씨란 자비, 사랑, 어머니를 뜻하는 용어로 이 세상에 당래용화교주로 자씨 미륵존불이 강세한다는 의미로 쓰고 있느니라.

그런데 자씨(慈氏)란 자비와 사랑, 어머니가 아니라 하늘의 성씨를 뜻하는 것이었느니라. 대우주 창조주 태초의 절대자 하늘인 나의 성씨가 자미(紫微)이기 때문인데 결국 자씨(慈氏)는 태초 하늘인 나의 강세를 예언한 법문이었느니라.

복 있는 자들은 이 책을 읽고 하늘나라 자미국에 들어오는 행운을 얻을 것이고, 복 없는 자들은 기존의 종교가 맞는다고 그곳에 머물며 한세상 살다가 떠날 것이니라. 수천 년의 역사와 전통을 자랑하는 종교라 할지라도 몽땅 악들이 세운 가짜 세계이니 어서 탈출해야 하느니라.

종교사상에 빠져 세뇌당하는 것은 지옥세계 입문을 위한 사전 예행연습인 셈이니라. 너희들의 인생 선배들이 이미 죽어서 세상을 떠난 귀신들일 것인데, 하늘나라 자미국 소문이 귀신세계에 널리 퍼져 있어서 무더기로 찾아와 살려달라, 구원해 달라 하며 많이 찾아오느니라.

이들이 이구동성으로 하는 말들이 살아서 종교를 열심히 다니며 숭배자들을 존경으로 받들고 믿으면 죽어서 좋은 세계로 알려진 극락, 선경, 천국, 천당으로 가는 줄 알았다고 하면서 속았다고 울부짖으며 제발 살려달라, 구원해 달라고 눈물 콧물 흘리며 애걸복걸 잘못했다고 용서를 빌고 있느니라.

이들 중에는 죽은 종교 창시자, 종교 교주, 종교지도자, 종교 신도들과 일반인들까지 다양하였도다. 살아서는 죽음 이후 사후세상이 없을 것이라는 일반인들도 있었고, 종교 믿으면 좋은 세계로 가는 줄 알았다는 종교인과 신도들이 전부였느니라.

종교세상에 오랜 세월 널리 알려진 조상굿, 진오기굿(지노귀굿), 49재, 천도재, 수륙재, 지장재, 칠성재, 산신제, 위령미사, 추모미사, 추모예배의 종교의식은 천만 번을 행해 주어도 망자들은 좋은 세계로 올라가지 못하고 지옥도와 윤회세계로 떨어져 하늘을 배신한 죄업을 받아 영원히 고통받느니라.

이 책을 보는 너희들은 정말 하늘나라 자미국이 진짜일까, 가짜일까 갈등을 많이 하며 고민할 것인데, 지구에서 구원받을 수 있는 곳은 하늘나라 자미국 한 곳뿐이도다. 대우주 창조주 태초의 절대자 하늘인 내가 구원과 심판에 대한 천상지상 공무를 집행하기 때문이니라. 인정하고 믿는 자들은 들어오고, 의심하는 자들은 너희들이 다니던 죽음의 길로 인도하는 종교에 그대로 다니면 될 것이니라.

죽어서 대성통곡하며 살려달라고 애걸복걸하며 빌어봐야 아무 소용없고, 육신이 살아 있을 때만 나에게 구원받을 수 있느니라. 이곳은 하늘인 내가 강세한 하늘나라 자미국 자체이기에 모든 것이 생라이브로 나의 자미천기에 의해서 실시간 집행되며 경전이나 법문 같은 것이 일절 없느니라.

대우주 중심에 있는 천상의 하늘나라 자미국은 규모가 방대하기에 내가 거처하는 태상천궁을 비롯한 3천궁과 제후국들만 3,333개가 있고, 각 나라마다 왕(제후)들이 있어 지구보다 수천억 년 앞선 최첨단 과학문명 세계가 존재하느니라.

그래서 구원은 일평생 아무 때나 받는 것이 아니라, 이번 생이 너희들 인류 모두에게 마지막 구원받을 유일한 기회이니라. 태초 하늘의 육신이 이 세상을 떠나는 날 하늘의 문이 자동으로 닫히기 때문에 구원받고 싶어도 구원받을 길이 없느니라.

그러니까 처음이자 마지막으로 구원받을 기회가 주어진 것이니라. 기존의 종교세계 사상에 깊게 세뇌당한 자들은 이해하기도 인정하기도 어려워서 들어오지 못할 자들도 많을 것인데, 그것 또한 구원받지 못할 너희들의 팔자소관이니라.

인류의 멸살, 지구의 종말이 머지않아 오기 때문에 태초 하늘의 육신이 살아 있을 때 너의 현생과 사후세계를 보장받아 놓고 살아가야 하니라. 너희들이 언제 죽을지 모르고, 인류와 지구가 언제 종말을 맞이할지 모르기 때문에 하루속히 하늘나라 자미국에 들어와서 현생과 내생을 보장받는 자들이 가장 현명한 자들이니라.

절대자 하늘의 기운 자미천기

　책을 읽다 보면 자미천기 천지기운이란 말이 자주 나오는데, 이것이 바로 천상의 주인이자 절대자 하늘의 무소불위하고 경이로운 기운이니라. 태초의 절대자 하늘 육신을 통해서 내리는 모든 말이 명이자, 법이고, 기운이란 것을 알 수 있느니라.

　왜냐하면 현실로 즉시 이루어지는 체험을 무수히 하기 때문이니라. 눈앞에서 바로 이루어지는 일들이 있고, 시간과 시일이 걸려서 이루어지는 일들도 있도다. 영적 세계에서는 즉시 현실로 일어나고, 인간 세상에서는 약간의 시차가 있을 뿐이니라. 글자 그대로 무소불위하고 경천동지 그 자체이니라.

　천상의 주인이자 절대자 하늘인 나의 무소불위한 자미천기는 생과 사를 좌지우지하는 생사의 하늘로 생사천인데, 순천자들에게는 살리는 행복한 구원의 기운이고, 역천자들에게는 죽이는 무서운 심판의 기운으로 양날의 칼이니라.

　이 세상과 대우주의 만생만물이 천상의 주인이자 절대자 하늘의 자미천기에 의해서 새로운 별(행성)의 생성(탄생)과 소멸(파괴), 구원과 심판, 생로병사, 성공과 출세, 금전과 건강의 생사가 좌지우지되고 있는 신비스러우면서도 무서운 기운이니라.

지상에서는 태초 하늘의 육신을 통해서 천상지상 공무가 실시간으로 집행되며, 경이로움 그 자체이니라. 천상의 주인이자 절대자 하늘인 나는 자미천기로 대우주를 지배 통치하고 있는데, 너희 인간들이 하는 말과 글은 물론 마음이나 생각까지도 모두 알고 있는 대단한 천지대능력자이니라.

또한 너희들과 영혼, 당대부터 선대 조상들의 탄생부터 천상록, 전생록, 현생록을 모두 알고 구원과 심판을 하는 것이니라. 현생에서 착하게 살면서 불우이웃을 돕고 봉사하며 또는 재력과 권력, 명예를 날리며 부귀영화 누릴지라도 천상록, 전생록, 현생록을 참조하여 구원과 심판의 명을 내리고, 하늘인 나의 시험 관문을 통과한 자들만 불러주느니라.

천상의 주인이자 절대자 하늘의 천지대능력은 불가능이 없기에 무소불위하고 대단한데, 순천자들에게는 자상하고 부모 같지만 역천자들에게는 한 치의 용서도 없는 두려움과 무서움으로 공포의 대상이니라.

현생과 죽음 이후 내생을 모두 보살펴주는 감사의 절대자 하늘이기에 감동, 감격, 감탄이 저절로 우러나느니라. 현생과 내생까지 천상의 주인이자 절대자 하늘이 내려주는 자미천기를 받으면 아무런 근심 걱정도 없고, 이상향의 유토피아 세계인 무릉도원의 세상에서 영생을 누리며 행복하게 살아가느니라.

하늘은 자미천기로 심판을 하는데, 악들이 전 세계든, 대우주 속에 있든 명을 내려 순간에 추포하여 심판하기에 숨을 곳도 없고 도망칠 곳도 없도다. 그러기에 너희들도 살아생전 하루빨리 마음을 바꾸어 하늘나라 자미국에 들어와서 천상에서 지은 죄를 진정으로 용서 빌지 않는다면 살아서도 고통스럽고, 죽어서 받는 심판, 즉 무서운 고문형벌의 고통은 영원히 이어지느니라.

살아서든 죽어서든 도망갈 곳도 없고, 숨을 곳도 없기에 스스로 자청해서 천상의 주인이자 절대자 하늘을 찾아와서 천상과 전생, 현생에서 지은 죄를 진정으로 용서 빌어야 하는데, 그것도 태초 하늘의 육신이 살아 있는 동안만 받아주느니라.

지구상에 처음으로 강세하여 태초 하늘 육신으로 내려주는 자미천기 기운은 인간, 영혼, 조상, 신들이 종교세계에서 애타게 기다리던 구원의 기운, 행복의 기운, 기쁨의 기운, 즐거움의 기운, 쾌락의 기운, 영생의 기운 그 자체이기에 어서 빨리 종교지옥에서 벗어나야 하느니라.

이 책 한 권이 너희들의 현생과 죽음 이후 내생의 운명을 송두리째 바꾸어줄 것이기에 정독하면서 읽어야 하고, 감사해야 하느니라. 이 세상천지에 천상의 주인이자 절대자 하늘의 자미천기 기운을 받을 수 있는 유일한 곳은 하늘나라 자미국 창시자인 태초 하늘의 육신 하나뿐이니라.

내가 내려주는 자미천기는 너희들 일상생활 자체를 기쁨과 행복, 금전과 건강, 현생과 내생의 운명을 송두리째 몽땅 바꾸어놓을 정도로 대단하느니라. 지금 종교에 열심히 다니는 자들은 하늘의 자미천기를 받기 위함일 것인데, 종교에서는 천년만년이 흘러가도 나의 자미천기를 절대로 받을 수도 없고,

죽음 이후 사후세계도 절대로 보장받지 못하느니라.

 돈을 많이 벌었다고 자랑하는 부자와 재벌들과 높은 벼슬자리에 올랐다고 자만, 교만, 거만, 오만이 가득 찬 자들이 많도다. 해가 뜨면 사라질 풀잎 끝에 맺힌 이슬과도 같은 것이니 하루라도 빨리 모든 걸 내려놓고 죽음의 길에서 벗어나 태초 하늘을 하루속히 찾아와야 하느니라.

 영혼의 달이 뜨고 나서 후회하면 아무도 돌봐줄 수 없으니, 육신 안에 너의 영혼이 머물고 있을 때 판단을 잘해야 하느니라. 자미천기는 육신도 받아야 하지만 영적 존재들인 영혼, 조상, 신들도 받아야 너희 운명에 풍화환란이 막아지느니라.

 죽어서 자식들에게 아무리 힘들다고 하소연 해봐야 들리지도 않고 보이지도 않느니라. 사후세상을 잘 믿지 않는 자식들이 돈 들어가는 일이라서 너희들의 피눈물을 닦아주고 구해줄 리 만무하느니라.

 망자의 신세가 되어 천추의 원과 한을 품은 채 하소연할 데도 없고, 존경하며 받들었던 종교 숭배자들을 목이 터지라고 불러봐도 응답이 없고, 공허한 메아리만 울릴 뿐이니라.

 너희 인류 모두가 종교에 몽땅 속았다는 것을 살아서 인정이 안 되는 자들은 죽어서 직접 알게 될 것이니라. 절대자 하늘인 내가 내려주는 자미천기는 육신이 살아서만 받을 수 있기에 빠른 시일 내에 판단과 선택을 잘해야 하느니라.

살아서 하늘을 찾아야 하는 이유

너희들은 살아서 오직 돈을 많이 벌고 성공하고 출세해서 높은 권력과 명예를 거머쥐고 부귀영화 누리며, 오래도록 건강을 유지하며 장수하면서 가족들과 화목하게 지내는 것이 세상을 살아가는 목적일 것이니라. 하지만 죽어서 귀신이 되어보면 그것이 얼마나 부질없는 노릇이었는지 대성통곡하며 후회할 것이니라.

만생만물 중에서 말 못 하는 축생이 아닌 만물의 영장인 인간으로 이번 생에 태어나게 해준 것은 태초 하늘을 찾으라고 마지막 기회를 주는 것인데, 안타깝게도 역사와 전통을 자랑하는 유구한 종교세계가 진짜인 줄 알고, 악들과 귀신들이 세운 종교에 들어가서 가짜 하늘을 열심히 섬기고 있느니라.

이 세상에 오랜 세월 종교 숭배자로 알려진 천지신명, 라마신, 시바신, 알라신, 하느님, 하나님, 부처님, 미륵님, 상제님, 산신, 용신, 칠성신, 성황신, 터신이 몽땅 가짜들이고, 이들의 사상을 지구에 전하고 죽은 석가모니, 여호와, 예수, 성모 마리아, 마호메트, 공자, 노자, 종교 창시자, 교주들, 도주들, 종교 지도자들인 승려, 보살, 무당, 도사, 도인, 신부, 수녀, 목사 역시도 태초 하늘인 나로부터 구원받지 못하고 만생만물로 윤회하고 있거나 지옥도에 끌려가서 모진 형벌을 받고 있느니라.

그래서 종교는 구원과 거리가 멀고도 먼 살아 있는 지옥세계로 입문하는 무서운 곳인데, 이러한 진실을 알려주는 영도자가 없고, 대다수가 무시하고 거부하며 오래된 경전의 구절만을 내세우며 무조건 믿고 따르라는 종교에 빠져 있도다.

종교사상과 이론, 교리에 일단 세뇌된 자들은 영원히 돌아올 수 없는 다리를 건넌 것이기 때문에 아무리 하늘의 귀한 진실을 알려주어도 절대로 하늘을 찾지 못하고, 거짓 종교에서 허송세월을 보내다가 비참한 사후세상을 맞이하는 불행한 신세가 될 것이니라.

이 글은 너희들의 현생과 내생의 생살여탈권을 좌우하는 하늘의 시험지인데, 높고도 높은 하늘의 관문이지만 통과할 자들이 많이 나올 것이니라. 처음 들어보기에 태초 하늘의 말을 처음에는 믿지 못하는 경우가 대부분이지만, 이 책은 너희들을 악들이 세운 종교의 깊은 잠에서 깨어나게 해줄 것이니라.

영계에서는 태초 하늘의 존재에 대해서 이미 소문이 널리 퍼져 있기에 살려달라고 전 세계의 영혼들이 무량대수로 찾아오지만 아무도 구원받지 못하고, 천상대법정으로 끌려가서 살아생전 하늘을 찾지 않은 죄에 대한 참혹한 심판을 받느니라.

죽은 영혼들은 자손이나 후손들의 손을 잡고 들어오지 않는 이상 영혼의 고향인 천상으로 돌아갈 수 없기에, 육신이 살아 있을 때 찾아와야만 구원받을 수 있느니라. 너무나 힘들다고 하소연하면서 제발 살려달라고 애걸복걸하며 울고불고 매달리지만 하늘의 지엄한 천상 법도는 냉정하니라.

왜 냉정할 수밖에 없을까?

수백 수만 년 전에 죽은 영혼들도 떼거지로 찾아오지만, 최근에 죽은 영혼들도 헤아릴 수 없을 정도로 매일같이 찾아와서 구원해 달라고 읊조리고 있느니라.

살아서는 종교를 열심히 믿고 태초 하늘이 전해주는 하늘의 진실을 외면한 자들이었느니라. 책을 읽어보고도 감동하지 않고 죽어서야 진짜임을 알아보고 다시 찾아와서 살려달라고, 구원해 달라고 빌러 온 자들이로다.

종교의 진실과 너희들은 도대체 누구인지 알려주겠노라. 이 나라뿐만 아니라 전 세계에 우후죽순처럼 퍼져 있는 수백 수천 년의 역사와 전통을 자랑하는 550만 개의 종교시설이 몽땅 거짓 세계, 가짜 세계, 귀신세계, 악들의 세계라면 믿겠느냐?

물론 유교와 도교를 포함한 무속세계, 민족종교, 기수련원, 명상센터가 너희들에게 악들과 귀신들의 사상을 주입시키는 무서운 곳이라고 생각할 자들이 얼마나 있을지 모르겠도다.

산천에서, 강과 바다에서, 종교시설 안에서 기도하는 자체가 악들과 귀신들을 몸으로 받아들이는 것이니라. 누구에게 기도하는 것이더냐? 너희들이 믿고 의지하는 이 세상의 모든 숭배자들과 신들(성인 성자, 무속과 도교의 신들, 산신, 용신 포함)이 너희들의 인생을 죽음으로 파탄 내는 악귀잡귀들이니라.

가족이 죽으면 매장과 화장 중에 하나를 택하고, 어떤 방법으로든 망자가 좋은 곳으로 가도록 각자가 믿고 있는 종교에서 굿, 진오기, 천도재, 49재, 지장제, 수륙제, 예수재, 위령제, 추모예배, 추도미사를 행하는데 이 모두가 말짱 헛일이고 악신과 악령, 귀신의 세계로 입문시키는 일이니라.

지구상에 존재하는 온갖 종교의식을 통해서는 절대로 구원 자체가 이루어질 수 없느니라. 구원되어 좋은 세계로 갔는지 알 방법이 없는 것이 종교세계의 현실인데, 이곳 하늘나라 자미국의 태초 하늘은 너희들에게 직접 알려주고 대화도 나누게 해주느니라. 종교의식을 행하여 악신과 악령, 귀신들에게 더 이상 속으면 안 되느니라.

지구에 참신은 하강하지 않았으며, 모두가 하나같이 하늘과 신을 사칭한 악귀잡귀들임을 낱낱이 알려주느니라. 이런 진실을 곧이곧대로 믿고 따라올 자들은 천복받은 자들이도다. 아름답다고 말하는 지구 자체가 천상에서 하늘인 나를 배신하는 역모 반란의 대역죄를 짓고 지구로 도망치고 쫓겨난 악들과 악령들이 살아가는 역천자 행성, 유배지 행성, 지옥별 행성, 교도소 행성, 구치소 행성이기 때문이니라.

악들과 악령들이 인간 몸에 들어가서 종교를 세운 것이기 때문에 수백 수천, 수만 년을 조상 대대로 대를 이어가면서 열심히 믿어도 구원받지 못하고, 영혼의 고향인 천상으로 돌아가지 못한 채 허공중천, 윤회세계, 지옥세계를 전전하고 있느니라.

사후세상이 있는지 없는지 어떻게 아느냐고 말하는 자들도 있고 사기, 미신이라는 자들도 있고, 죽어봐야 알겠다고 말하는 자들도 많은데, 죽어서 사후세상이 있다는 것을 알면 무슨 대책을 세울 수 있는지 참으로 한심한 자들이니라.

영적 수준이 너무 낮아 인정을 못 하고, 천상과 전생, 현생에서 지은 죄가 많아 세상에 보이고 들리는 것만 인정하는 무지한 자들이 많고 죽으면 모든 것이 끝이라면서 아무렇게나 살아가다가 불행하고 비참한 사후세계로 가고 있느니라.

태초 하늘은 천지대능력자이기에 지구와 우주에 존재하는 모든 영적 존재들인 신과 영들을 불러 자유자재로 대화할 수 있느니라. 그래서 일반 종교인들도 알지 못하는 무수한 하늘세계, 우주세계, 천상세계, 사후세계, 조상세계, 영혼세계, 신명세계, 저승세계, 윤회세계, 지옥세계, 종교세계, 축생계, 인간세계를 주재하는 생살여탈권자이니라.

하늘을 찾으러 산천과 종교세계를 열심히 다니는 자들과 도를 닦으며 하늘을 통하려는 도인들은 태초 하늘을 알현하면 그 뜻을 즉시 이룰 수 있도다. 물론 너희들이 세상을 살아가면서 원하고 바라는 소원도 가장 빨리 이루는 비결도 있느니라.

산천에서, 종교 안에서 허공과 커다란 바위와 팔공산 갓바위, 거목, 형상, 불상에 붙어 있는 악신과 악령들에게 소원을 이루기 위해 대화도 통하지 않는 벙어리 기도하며 빌지 말고, 태초 하늘을 찾아와서 인생사의 어려움과 소원을 말하면 가장 빨리 이루어지는 천기하고 천비로운 일들이 일어나느니라.

세상의 최신 의료기기를 갖춘 첨단 과학을 달리는 병원에서도 고치지 못하는 질병으로 고생하고, 죽을 날만 기다리는 자들이 마지막으로 하늘나라 자미국에 찾아와 태초 하늘을 알현 해야 너희들이 앓고 있는 질병의 원인과 해법을 찾느니라.

두통, 뒷골 당김, 머리 무거움, 어깨통증, 오십견, 가슴 통증, 속 쓰림, 위통, 허리통증, 무릎 통증, 발바닥 통증, 우울증, 불면증, 조울증, 당뇨, 고혈압, 통풍, 자살 충동, 무기력, 흉몽, 술 중독, 마약 중독, 도박 중독, 조상탈, 산소탈, 병명이 나오지 않는 무명, 신병, 귀신병, 조상병도 많은데, 이 모든 것이 자미천기(하늘이 내리는 천비로운 기운)로 99% 병마가 소멸되느니라.

인생 실패, 가정불화, 부부싸움, 사업부진, 사업실패, 투자손실, 보이스피싱, 고소 고발, 사기, 배신, 차 사고, 사건 사고, 금전 고통, 이혼, 별거, 바람기, 술주정, 상습 폭력, 인생 풍파, 조상 풍파, 신의 풍파 등을 소멸시키는 천통능력자이니라.

인생사의 모든 고통과 불행은 영원한 행복의 근원이다. 세상에서 해결할 수 없는 불행한 일들이 일어나는 이유가 너희들이 태초 하늘을 찾지 않은 이유 때문이니라.

즉, 태초 하늘을 찾으라는 긴급 메시지이니라. 세상과 종교에서 해결 안 되는 고통과 불행이 일어나지 않으면 태초 하늘을 찾지 않기 때문에 마지막으로 고통과 불행을 주어서 하늘 앞에 굴복하라고 보내는 진귀한 메시지가 너희들이 겪고 있는 인생사 단명과 자살, 아픔과 슬픔, 고통과 불행이니라.

이곳 하늘나라 자미국은 영적 세계 파장과 장애로 인간 육신에 일어나는 모든 일에 관해서는 불가능이 없는 인생 종합대학 병원인데, 너희들이 종교세계를 통해서 해결하지 못한 모든 분야에 대하여 명쾌하게 원인과 해법을 알려주니라.

너희들과 몸 안의 신과 영혼, 사망한 배우자, 자녀, 손자, 손녀, 형제, 자매, 부모, 조상들의 천상세계 입천은 지구상에서 하늘나라 자미국 한 곳에서만 이루어지고 있느니라. 그 이유는 구원자인 태초 하늘이 강세했기 때문이니라.

인간, 영혼, 신, 조상을 구원하고 있지만, 천상에서 하늘인 나를 배신하는 역모 반란을 일으키다가 실패하여 지구로 도망치고 쫓겨난 대역죄인들인 악신과 악령들을 심판하러 왔도다.

천상에도 없는 온갖 종교를 지구촌 각국 나라 곳곳에 세운 자들이 하늘을 배신하고 역모 반란을 일으키다가 실패한 천상의 도망자들인 악신과 악령들이기 때문에 이들이 지배 통치하고 있는 종교인들을 통해서는 천상으로 돌아가는 일은 결코 일어나지 않느니라. 천상세계의 주인은 태초 하늘인 나이기 때문에 그 어느 누구도 함부로 올라오지 못하느니라.

하늘을 배신한 죄인들인 이들은 애초부터 구원 자체가 안 되는 역천자들이고, 무능력자들인데도 구원을 외치며 세상 인간들을 현혹하고 있지만, 구원은 나의 고유 영역이자, 고유 권한이기에 악신과 악령들은 인류를 구원해 줄 수 없느니라.

지구와 산천초목, 인간, 신, 영, 만생만물을 태초로 창조한 절대자 하늘이고, 종교에서 지금까지 수천 년 동안 전하고 있는 하나님, 하느님, 상제님, 부처님, 미륵님은 모두가 진짜 하늘을 사칭한 악들과 귀신들임을 낱낱이 알려주느니라.

그래서 살아생전 태초 하늘 찾을 자들은 이 세상의 모든 종교에서 벗어나 탈출해야 나의 명을 받을 수 있느니라. 종교를 떠나는 일이 가장 급한 일이고, 너희들 자신과 영혼, 신, 조상들이 나에게 구원받아 현생과 죽음 이후 내생의 무서운 사후세상을 보장받을 수 있는 마지막 희망의 등불이니라.

태초 하늘인 나를 살아서 알현하여 구원받지 못하면 살아서든 죽어서든 구원이란 영원히 존재하지 않느니라. 너희들은 태초 하늘을 알현하기 위해 축생이 아닌 인간으로 태어났고, 살아 있을 때만 나를 알현하여 천상으로 돌아가는 천상입천의 명을 받을 수 있기에 남아 있는 시간이 얼마 없느니라.

지구에 태어난 인류 모두와 이미 죽은 조상들은 모두가 천상에서 대역죄를 짓고 지구로 쫓겨난 죄인들이기에 나를 알현하고 천상에서 지은 죄를 빌고 천상입천의 명을 받들지 않는 이상 천상으로 돌아갈 수 있는 길은 이 세상 그 어디에도 없다는 진실을 전하니 믿든 안 믿든 각자의 자유인데, 선택받은 자들은 감사하여 천리 길도 멀다 하지 않고 달려오게 될 것이니라.

현재 어떤 종교를 오랫동안 다니고 있는 너희(인간, 영혼, 조상, 신, 귀신, 악)들과 이미 종교에 실망하여 떠난 자들이 마지막으로 찾아와야 할 곳이 하늘나라 자미국이니라.

종교 신도들이 많은 곳과 종교 건물이 큰 것은 그만큼 죄가 크다는 상징인데, 악의 원조인 하누와 표경의 뜻을 널리 전파하여서 수많은 자들을 끌어모아 온갖 나쁜 악들과 귀신들을 무량대수로 넣어주었고, 천상의 하늘나라 자미국으로 오르지 못하게 절대자 하늘과 이별시켜 놨으니 그 죄가 크고도 크니라.

태초 하늘은 무슨 형상으로 보이는 것이 아니라, 기운으로 느끼는 것이니라. 태초 하늘은 고요한 것이 아니라 살아 숨 쉬며, 한 치의 오차도 없는 희로애락의 하늘이니라. 종교인들은 너희들을 말과 글로 얼마든지 속여도 절대자 하늘은 절대 속일 수 없다는 말의 진가를 살아서든 죽어서든 알게 될 것이니라.

불가능이 없을 정도로 무소불위한 천지대능력자가 되어 말하면 그것이 즉시 현실로 이루어지는 이적과 기적이 일어나고 있는데, 정말 절대자 하늘인 내가 인간 육신으로 강세하였는지 빨리 알아보려면 '하늘나라 자미국'을 주문을 외우는 방법도 있지만, 더 쉽고 빠른 방법이 있느니라.

두통, 뒷골 당김, 속 쓰림, 허리통증, 무릎 통증, 가슴 답답, 불면증, 우울증, 오십견, 악몽 등등, 몸이 아픈 자들에게 말(자미천기)로 너희들 몸을 아프게 하는 귀신들을 추포하여 소멸시키면 즉시 낫는 이적과 기적을 10분 내에 직접 체험할 수 있느니라.

처음에는 방문해서 직접 하지만 자미국 정식 백성이 되면 문자로만 의뢰하여도 원격으로 통증을 소멸시킬 수 있느니라. 거리는 어디에 있든 상관이 없는데 부산, 제주도, 중국, 미국, 영국, 독일, 프랑스, 캐나다, 호주 등에 살고 있어도 원격으로 병을 낫게 할 수 있느니라.

숭배자들 소멸시킨 공포의 대왕

　대우주 창조주 태초 하늘은 천기 19(2019)년 11월부터 종교 숭배자들을 차례대로 몽땅 추포하여 심판하고 소멸시켜서 이 땅의 모든 종교세계를 멸하고 하늘의 진실을 전하는 후천세상을 열어가기 위해 강세하였도다.

　너희들 인류가 수천 년 동안 받들고 섬겨오던 종교적 숭배자들을 몽땅 추포하여 심판하고 소멸시켰다고 말을 하니 황당하게 생각할 것이고, 말도 안 된다고 할 테지만 인간의 능력이 아닌 태초의 절대자 하늘이 추포하여 소멸시켰느니라.

　지구의 모든 종교는 악의 씨앗인 하누와 아들 표경이 황위 찬탈을 위해 황실정부 절반 정도의 대신들과 1,800개 제후국 제후들을 포섭하여 표경을 천상 주인으로 세우려는 역모 반란을 일으키다가 실패하여 지구로 도망쳐 내려와서 천상에도 없는 종교를 세운 것이 지구에서의 종교 첫 태동이었느니라.

　하누와 표경은 지구로 내려와 인간 육신을 가진 석가모니, 여호와, 예수, 마리아, 마호메트의 육신으로 하강하여 정신을 지배(빙의) 통치하면서 시대와 국가마다 각기 다른 하나님, 하느님, 상제, 부처, 미륵, 천지신명, 알라신, 라마신, 시바신을 숭배자로 받들게 만든 것이 이 세상의 종교이기에 이들의 사상에 빠지면 하늘나라 자미국에 들어오기 어려우니라.

　태초 하늘이 지구로 강세한 것은 역천자 반란 괴수 하누와 표경이 세운 종교적 숭배자 신들을 추포하여 소멸시켜 종교를 멸망시키려고 하늘의 심판자, 하늘의 구원자로 인간세상으로 강세한 것이니라.

　지구에 세워진 수많은 종류의 온갖 종교가 천상의 하누와 그의 아들 표경이 세운 것이란 진실을 너희들은 난생처음 알게 된 것이니라. 공상 소설 같은 이야기라서 믿어야 할지 말아야 할지 판단이 안 설 것인데, 살아서는 인정이 안 되어도 죽어보면 자연적으로 알게 될 것이니라.

　그것은 너희들이 일평생 동안 열심히 받들어 숭배하였던 하나님, 하느님, 상제, 부처, 미륵, 천지신명, 알라신, 라마신, 시바신, 석가모니, 여호와, 예수, 마리아, 마호메트가 구원해 주러 오지 않는다는 것을 죽어서 알게 되기 때문이니라.

　이들은 심판자도 아니고 구원자도 아니기에 너희들을 구원해 줄 수 있는 능력이 전혀 없고, 하늘인 내가 받아주지도 않느니라. 그리고 너희들 모두가 천상에서 하누와 표경이 주도한 역모 반란에 직간접적으로 가담하였다가 지구로 도망치고 쫓겨난 대역죄인들의 신과 영혼들이니라.

　그래서 신과 영혼들은 인간 육신과 함께 하늘나라 자미국에 들어와서 태초 하늘을 통해서 천상에서 지은 죄를 용서 빌지 않는 이상 지구에 존재하는 온갖 종류의 수많은 모든 종교를 통해서는 절대로 구원받아 천상으로 올라갈 수 없느니라.

그래서 구원은 아무나 받는 것이 아니고, 지구에서 구원받을 수 있는 곳은 하늘나라 자미국(자미천국) 한 곳뿐인데, 이 글을 읽고 감동과 감격의 기운을 느껴야만 나에게 선택받아 뽑히게 되어 하늘나라 자미국으로 들어올 수 있느니라.

너희들이 만생만물 중에 인간으로 태어난 것은 하늘나라 자미국에 들어와서 태초 하늘인 나를 알현하여 천상으로 돌아갈 수 있는 보장을 받기 위함이니라.

태초 하늘인 나의 능력은 무소불위 그 자체의 능력이기에 지구와 우주에서도 견줄 자가 없도다. 신과 영들은 태초 하늘이 내리는 명 한마디에 지구에 있든 우주에 있든, 3초 이내로 추포되어 하늘의 대법정이 내린 지상의 하늘나라 자미국 대법정 심판대에 세워진다는 사실을 알면 경악할 것이니라.

너희들 몸과 가족, 집, 자동차, 가게, 상점, 공장, 사업장에 아수라, 악신, 악령, 사탄, 마귀, 요괴, 자살귀, 원혼귀, 도깨비, 귀신, 동물령, 곤충령들을 원격으로 즉시 추포하여 심판할 수 있는 상상 초월의 무소불위한 천지대능력을 갖고 있느니라.

종교를 통해서는 들어본 적이 없을 것이니라. 너희들의 질병을 일으키는 존재가 모두 영적 존재들인 귀신들이니라. 하늘나라 자미국에 들어오면 모든 병마에서 99%는 벗어날 수 있고, 나머지 1%는 구제 불능 대역죄인들이니라.

아무나 천상으로 돌아갈 수 없도다

우주에서 지옥별로 알려진 지구에서 살아가는 이 세상의 모든 인간, 영혼, 조상, 신들은 태초 하늘이 내리는 자미천기를 받으려고 인류가 지구에 태어난 이후 오랜 세월 동안 허공 중천과 숭배자들을 받들며 지극정성으로 빌면서 열심히 기도해 왔으나 아무도 뜻을 이루지 못하고 이 세상을 떠나갔도다.

인류 모두가 태초 하늘을 배신하는 역모 반란에 가담하였다가 도망친 도망자 신과 영들, 그리고 황실군에 추포되어 재판을 받고 지구로 추방당한 대역죄인 신과 영들이기에 아무나 함부로 천상으로 돌아갈 수 없느니라.

그래서 인류 모두가 하늘 아래 대역죄인들이기에 종교 안에서 아무리 빌고 빌어도 천상으로 돌아갈 수 없는 것이니라. 이 땅에 태어난 인류 모두와 종교를 세운 숭배자, 창시자, 교주, 지도자들이 천상에서 역모 반란에 가담한 대역죄인 신과 영들이기에 이 세상의 종교인들을 통해서는 아무리 열심히 믿고 기도해도 영혼의 고향인 천상으로 절대 돌아갈 수 없느니라.

오히려 대역죄인 신과 영들이 세운 종교 믿은 죄로 인하여 만생만물로 고통스럽게 윤회하고, 수백만 개에 이르는 무수한 지옥세계에서 비참하게 고문형벌을 받게 될 뿐이니라.

종교를 조상 대대로 열심히 믿은 만큼 더 고통스런 지옥세계가 기다리고 있을 뿐인데 인류 모두가 사후세계의 무서운 진실을 아무도 모르며 종교인들의 말만 맹신하고 있느니라.

세상의 모든 종교와 인류는 불원간 모두 멸망할 것이고, 그토록 원하고 바라던 죽어서 극락, 선경, 천국, 천당으로는 아무도 올라가지 못하니라. 지구에 인간이 태어난 이래 천상으로 돌아갈 수 있는 시간은 이번 생이 처음이자 마지막이니라.

그것도 기존의 종교세계가 아닌 지구에서 하나밖에 없는 태초 하늘의 자미천기가 내리는 하늘나라 자미국에 들어와서 하늘이 내리는 천상입천의 명을 1:1로 받는 것 하나뿐이고, 그 이외에는 달리 아무런 방법이 없느니라.

천상으로 돌아가고 싶은 신과 영들은 종교를 탈출하여 히늘나라 자미국으로 들어오는 방법만이 유일할 뿐이니라. 천지신명을 비롯한 무속계의 모든 신들과 자연신들도 모두 천상에서 도망친 역천자 신과 영들이기에 천상입천을 행할 수 있는 천지대능력자가 하나도 없느니라.

태초 하늘이 내려주는 자미천기를 받아야만 천상으로 오르는 행운을 거머쥘 수 있는데, 산 자의 영혼은 생령, 죽은 자의 영혼은 사령으로 둘을 합친 합성어가 '생사령'이니라.

하늘의 기운이 실시간으로 내리는 신비로운 자미천기를 받으려고 명산대천을 주유천하하며 지극정성으로 천신기도를 발원하지만, 하늘의 무소불위한 천비(신비)로운 자미천기(紫微

天氣)를 받을 수 있는 곳은 하늘나라 자미국 한 곳뿐이니라.

자미천기는 생명수의 기운이고, 천상입천의 기운이고, 영생의 기운이고, 천기(신기)의 기운이고, 천비(신비)의 기운이고, 구원의 기운이고, 소원성취의 기운이고, 현생과 내생을 영원히 보호받을 수 있는 무소불위한 천지대능력의 기운이니라.

자미천기 기운을 받으려고 온갖 종교세계를 전전하며, 종교인들에게 충성하며 숭배자 신들을 받들고 섬기지만, 그 어떤 곳에서도 자미천기는 받을 수 없는데, 그 이유는 하늘의 좋은 자미천기 기운은 태초 하늘의 육신으로만 내리기 때문이니라.

즉 나의 기운인 말과 글, 행동 자체가 자미천기인 것이니라. 지구에 태어난 인류 모두는 죄인들의 신분이고, 태초 하늘만이 인류와 신과 생사령, 악신, 악령, 귀신들을 구원하고 심판할 수 있는 천지대능력자이니라.

이 땅에 태어났다가 죽어서 귀신이 된 인간들의 숫자가 얼마나 많겠느냐? 이제까지 지구에 태어난 모든 인간들 중에서 태초 하늘인 내게 죄를 짓지 않은 자들은 없느니라.

천상에서 죄를 지은 대역죄인들을 심판하고, 이제라도 나를 알현하여 천상의 죄를 용서 비는 죄인들을 구해 주러 천상에서 지구로 내려온 심판자이자 구원자가 태초 하늘이기에 자미앙골모아 공포의 대왕으로도 불리느니라.

지구상에 알려진 모든 숭배자들은 천상의 도망자 신세인 역천자 신과 영들이기에 너희들의 현생과 내생에 하나도 도움이 안 되고, 오히려 음양으로 피해가 어마어마하지만 이런 진실 자체를 받아들이려 하지 않을 것이니라.

인류 모두가 수천 년 동안 천상의 도망자 신과 영들에게 세뇌를 당해 왔으니, 하늘의 진실을 알려주어도 무조건 부정하는 것은 너희들 몸 안에 깨닫지 못한 영혼, 신, 조상, 악들, 귀신, 축생령, 곤충령 등 온갖 영적 존재들이 들어 있기에 하늘이 내리는 고차원적 영적 진실을 받아들이기가 어려운 것이니라.

하늘이 내리는 명을 받드는 자들은 최고의 승리자이자 성공자이고, 나를 알현(지체가 높고 존귀한 분을 직접 찾아뵙다)하지 못하고 죽으면 모두가 고통스런 윤회와 지옥세상이 기다리고 있다는 무서운 진실을 반드시 인정해야 하는데 그럴 자들이 얼마나 있을지 의문이니라.

나를 알현하는 것이 이 땅에 인간으로 태어난 목적을 이루는 유일한 길인데, 너희들이 가장 좋아하는 돈과 재물, 권력과 명예, 수명장수와 건강, 자손 출세, 가정 화목은 아주 짧은 인간 육신으로 살아갈 때만 필요한 것이고, 육신이 죽으면 아무것도 남아 있지 않은 신기루와 같은 것들이라 인생사가 부질없도다.

나를 알현하여 천상의 죄를 용서 빌지 않으면 천상으로 돌아가는 구원이란 영원히 없도다. 천상의 지엄한 법도가 그렇게 정해져 있고, 천상에서 지구로 도망치고 유배당하기 전에 나에게 지은 역모 반란과 배신의 죄를 용서 빌지 않는 이상 절대로 구원이 불가하고, 종교에서는 구원 자체가 아예 안 되느니라.

육신이 살아 있을 때 선택을 잘해야 하는데, 죽어서는 평계 대고 빌어봐야 통하지도 않고 무서운 형벌만이 집행될 뿐이니라. 종교를 믿어 사상적으로 세뇌당하여 하늘나라 자미국에 들어오지 못하는 것이 육신의 죽음보다 천배 더 무서운 일이니라.

이미 죄는 지은 것이고, 용서를 구하는 방법밖에 없는데 그것이 조상들은 천상입천 의식이고, 산 자들은 천인합체 의식이니라. 이것만이 산 자와 죽은 자들이 천상으로 올라갈 수 있는 유일한 방법이니라. 돈과 재물, 권력과 명예는 못 가져가도 하늘이 내려준 천인의 신분만은 가져갈 수 있느니라.

"자미○극 경술천도 하민
도만도영 자미○ 백혈인존 파극육솔
자미○경 자미사경 자미공혼 자미○경합보천
천멸황인(○○○) 대만한사도래
황멸천존(○○○) 일현파육공세
자미○상천하천 구백구혼 인멸 지멸 축멸
자미상백 도훤도백1001-4500 칠백구혼 대멸"

"자미○육겁칠현(○○○)인공지사
(○○○)합세 자미칠현 오공배합
월○○치혈대극육혼사훤
(○○○)태상황명 자미오합구만
인세(○○○)혼유700-414
태상공멸 인천필멸"

천상에서 쫓겨난 대역죄인들

아름답게 보이는 푸른 별 지구에 살아가는 현재 인류 78억 6,200만 명과 지구가 생기고 이 땅에 태어났다가 죽은 자들의 숫자가 얼마나 많을지 상상이 안 될 것인데, 이들은 모두가 천상에서 태초 하늘인 나를 배신하는 역모 반란에 직간접으로 가담하였다가 지구로 도망치고 쫓겨난 죄인들의 신분들이란 천계의 비밀을 알려주느니라.

이로 인해서 지구에 살아가는 너희 세계 인류는 벌을 받아 불원간 모두가 멸살되는 대참살을 당하게 계획되어 있느니라. 푸른 별 지구 또한 지구가 처음 생성될 때처럼 불덩이 황무지 행성으로 원시반본이 될 것이니라.

지구의 운명, 인류의 운명은 이제 얼마 남지 않았느니라. 지구 종말의 날이 언제일지만 남아 있을 뿐, 지구가 파괴되는 것은 기정사실이니라. 천상의 설계도에 따라서 대역죄인들이 살아가는 지구의 운명은 돌이킬 수 없는 상황이 되었느니라.

인류 최후의 날, 지구 최후의 날이 하루하루 다가오고 있으나 아무도 알지 못하고 있도다. 남의 일처럼 강 건너 불구경하듯 하고, 공상 영화처럼 생각할 것이며, 안다고 하여도 아무런 대책도 세울 수 없는 것이 너희 모두의 현실적인 문제이니라.

인류 멸살, 지구 종말이 아니더라도 각자들에게는 수시로 인생 종말의 죽음이 매일같이 수시로 다가오고 있도다. 인류 모두에게 최후의 날은 정해져 있고, 아무도 다가오는 죽음을 면할 수 없기에 마지막 기회를 한 번 더 주고자 하느니라.

인류 멸살, 지구 종말은 천상에도 없는 종교를 이 땅에 세워서 능력도 없는 종교인들이 하늘을 사칭하며, 영혼들을 구원해 주겠다고 하여 하늘의 분노를 샀기 때문이니라. 영혼의 부모를 여호와 하나님(하느님)으로 바꾼 환부역조의 종교인들 죄가 얼마나 큰지 짐작도 못할 것이고, 이들 종교인들의 말이 진짜인 줄 알고 믿고 따르는 전 세계 신도들은 얼마나 많더냐?

수천 년 동안 종교사상과 교리로 세뇌당하여 하늘의 진실을 가르쳐주어도 믿지 않는데 영적 수준이 있는 자들은 죽어보면 알 것이고, 수준 낮은 자들은 죽어서도 모르니라.

지구에 태어난 인간을 비롯하여 모든 만생만물의 생명체에는 영혼들이 깃들어 있는데, 이들 모두가 천상에서 역모 반란에 직간접적으로 가담하였다가 도망치고 쫓겨나 인간, 축생(가축, 동물, 식물, 곤충, 벌레, 조류, 어류, 세균)으로 태어나 윤회하고 있는 천상의 대역죄인들이니라.

나의 분노로 인해 지구 파괴, 인류 멸살 심판의 명이 하달되었기에 이제 지구에 사는 인간들과 모든 생명체를 가진 축생들이 살아갈 날도 얼마 남아 있지 않았도다. 이미 인류 모두에게 죽음의 주사위는 던져졌고 지구 종말, 인류 멸살은 불원간 다가오는데, 괴질병과 기상이변, 천재지변이 그 증거이니라.

그러하기에 사후세계가 존재함을 믿는 자들은 지체 말고 하늘나라 자미국에 들어와서 사후세상을 보장받아야 꿈에 그리던 영혼의 고향인 천상으로 돌아갈 수 있도다. 인류 대다수가 조상 대대로 믿고 있는 온갖 종류의 종교세계를 통해서는 사후세상을 보장받을 수 없느니라.

태초 하늘은 천상에서 역모 반란을 일으켜 하늘을 역천하여 하늘의 가슴에 아픔과 슬픔, 분노와 배신의 비수를 꽂고 지구로 도망치고 쫓겨난 대역죄인 악신과 악령들을 잡아들여 심판하려고 내려왔느니라.

천상에서 하늘을 배신하고 역모 반란의 대역죄를 짓고 지구로 도망치고 쫓겨난 인간, 생령, 사령, 조상, 신, 악귀잡귀 죄인들을 추포하여 심판하는 공포의 대왕이 태초 하늘이니라.

무엇으로 심판하고 무엇으로 구원하는가 궁금할 것인데, 그것이 바로 자미천기라는 무소불위한 천비스런 기운이니라. 심판자이자 구원자인데 모든 천지만생만물에 명을 내려 천상지상 공무를 집행하고 있느니라.

천지만생만물에게 명을 하달하면 신과 영들, 귀신, 축생령들은 3초 이내로 천상신명들인 용들에게 추포되어 잡혀오는데 SF 공상 영화를 보는 것과 같도다. 지구와 우주까지 명이 내려가면 대역죄인 악신과 악령들은 3초 내로 추포되어 오느니라.

심판받을 악신과 악령들이든, 구원받을 조상령(사령)이나 산 인간들의 생령이든 3초 이내로 추포하거나 불러들이는 천지대능력자인데, 하늘나라 자미국에서 너희들이 직접 체험하지 않으면 믿어지지 않을 경천동지할 일들이니라.

천상의 도망자들인 악신과 악령들을 추포하여 심판하여 벌을 내리고, 구원받을 생령(영혼)과 사령(조상)들은 나의 명을 받아 영혼의 고향인 무릉도원 세계 천상으로 입천시켜 주는 태초의 절대자 하늘이니라.

악신과 악령들은 산 자들의 영혼과 죽은 조상들을 지옥의 종교세계로 끌어들여 천상으로 돌아가지 못하게 방해하고 있느니라. 종교 자체가 악신과 악령, 귀신들이 세운 곳이기에 심판과 구원이 절대 이루어지지 않느니라.

심판과 구원이 동시에 이루어지는 곳은 이름도 생소한 하늘나라 자미국 한 곳뿐이고, 빛과 불의 무소불위한 태초 하늘임을 신과 영, 귀신들은 알아보는데 너희들만 몰라보느니라.

죄가 많아 용서받지 못할 하늘의 대역죄인들은 이런저런 핑계로 들어오지 못하니라. 이곳이 진실인지 거짓인지 눈과 귀, 기운으로 느껴야 하느니라. 너희들과 가족, 조상들의 현생과 내생의 사후세계 운명을 지옥세계로 떨어지게 천추의 원과 한을 남기지 말아야 하느니라. 종교에 다니는 것이 인간 육신의 죽음보다도 더 무섭고, 너희들의 인생과 전 재산을 날리는 것과 마찬가지이니라.

환부역조의 죄를 짓는 종교인들

하늘과 땅의 신비롭고 빛과 불의 무소불위한 천지기운이 실시간으로 내리는 천지대능력자를 찾기 위하여 전 세계의 온갖 종교세계를 찾아 헤매다니는 자들이 엄청 많지만 아무도 뜻을 이루지 못하였도다. 태초 하늘인 나를 알현하기 위하여 수천 년의 장구한 세월 동안 애가 타도록 기다리던 것이도다.

지구상에 존재하는 수천 년 된 모든 종교세계는 악들과 귀신들이 세운 가짜세계이니라. 너희들 인간, 영혼, 조상, 신들을 악마의 세계로 인도하는 무서운 세계인 줄 몰라보고 열심히 다니고 있느니라. 종교를 다니며 악신과 악령들인 숭배자들을 섬기는 것이 가장 무서운 일이고, 태초 하늘이 가장 싫어하는데, 인류가 이렇게 무서운 진실을 전혀 모르고 있느니라.

종교 숭배자가 가장 죄가 크고, 다음은 종교 창시자와 교주, 지도자들이고, 이들의 사상을 여과 없이 그대로 받아들이는 신도들도 죄가 크니라. 수천 년 동안 역사와 전통을 이어오며 자랑하는 기존의 종교세계가 맞는 줄 알고 있으나 그곳이 죽음의 세상이라는 진실을 아무도 모르니라.

종교는 악들과 귀신들의 역사를 공부하는 곳이지 태초 하늘의 진정한 뜻을 배우는 곳이 아니니라. 이미 이 땅에 다녀간 모든 숭배자들인 성인 성자들은 태초 하늘의 진실을 알지 못하고 죽었고, 오히려 하늘의 뜻과는 정반대로 역천하는 종교사상의 뜻을 세상에 전하고 죽었느니라.

　종교를 다니면 너희들 자신과 가족들은 물론 당대부터 선대 조상들이 모두 망하는 무서운 길이란 진실을 알지 못하며 온갖 종교세계에 매달리고 있는데, 하루속히 종교를 떠나 자미국으로 들어와야 현생과 내생을 보호받고 살아갈 수 있느니라.

　돈 많이 벌어 부자가 되고, 재벌 총수가 되고, 높은 고위공직자의 자리에 올라 성공하고 출세하였다고 자만, 거만, 교만, 오만하지 마라. 그 모든 성공과 출세, 돈과 재물, 권력과 명예, 똑똑함과 유능한 지식은 너희들의 사후세계에서 아무런 도움도 주지 못하고, 오히려 짐이 되고 죄만 더 쌓여갈 뿐이니라.

　너희들은 왜 태어난 것이고, 왜 사는 것이며, 나는 누구인가? 어디서 왔고, 죽으면 어디로 가는가? 왜 종교를 다니는가? 육신의 죽음 이후 이상향 세계로 알려진 극락, 선경, 천국, 천당세계로 오르려고 하는가? 누구를 찾으려고 종교를 다니고 있는 것이고, 사후세계가 존재하는지 확신이 서지 않아 죽으면 끝이다, 죽으면 그만이라고 생각하며 살아가고 있느니라.

　멋모르고 유명한 종교로 열심히 몰려다니는 자들이 많은데, 그것은 죽음의 길이고, 너희들에게 영혼의 부모인 나를 악들(숭배자들인 하나님, 하느님, 부처님, 미륵님, 상제님, 천지신명님, 석가, 여호와, 예수, 마리아)로 바꾸는 환부역조의 대역죄를 짓는 길이기에 구원은커녕 지옥세계 입문 0순위이니라.

영혼의 부모 지상 강세

　너희들을 창조한 영혼의 부모가 너희들을 데리러 강세하였느니라. 천상에는 그리운 가족들도 기다리고 있느니라. 천상에서 죄를 짓고 지상으로 유배되었기에 천상지상의 삶이 아주 비슷하느니라. 너희들은 지금 악업의 죄를 빌어야 하는 죄인들의 삶을 살아가기에 인생길이 험하고 힘이 든 것인데, 이런 아픔과 슬픔, 고통과 불행은 더 행복해지기 위한 씨앗이니라.

　너희들의 인생길이 편안하고 무탈하다면 영혼을 창조한 대우주 창조주 태초의 절대자 하늘을 찾지 않느니라. 천상과 전생, 현생에서 지은 죄에 대한 벌을 받는 죄인의 고통도 있지만 구원받으러 오라는 메시지이기도 하느니라.

　영혼의 부모와 육신의 부모가 있는데, 육신의 부모는 어려서부터 부모의 품 안에서 자라나 인정하는 부분이지만, 영혼의 부모는 눈에 보이지도 들리지도 않다 보니, 어찌해야 하는지 모르고 살아가는데, 나이가 들어가면서 현생만 있는 것이 아니라 죽음 이후 사후세상이 있다는 것을 인정하게 되었느니라.

　이렇게 종교를 다니면서 절대자, 전지전능자, 대우주 창조주, 하늘, 하나님, 하느님, 상제님, 부처님, 미륵님, 천지신명님, 별님, 달님, 태양신이라는 일월성신, 천신, 칠성신, 산신,

용신이 있다는 것도 알게 되었을 것이니라. 이들 중에서 누가 너희들의 인간 육신과 영혼을 창조하였는지 알겠더냐? 지금까지 오랜 세월 받들어 숭배하며 섬기는 분은 누구이실까?

천지만생만물을 창조하신 분은 누구이실까? 나의 하늘은 어떤 분이실까? 나를 낳아주신 부모님은 알겠는데, 윗대윗대 꼭대기 조상님은 누구이실까? 내 영혼의 주인은 누구이실까? 나는 이 세상에 무엇하러 왜 태어난 것일까? 죽으면 어떻게 어디로 가는 것일까? 윤회(환생)란 것이 정말 존재할까?

천상세계가 있고 주인이 계신 것일까? 이상향의 유토피아 세계로 알려진 극락, 선경, 천국, 천당세계가 존재하는 것일까? 그러면 죽어서 어떻게 하면 좋은 세계로 갈 수 있을까? 죽으면 끝이 아니고, 저승이라는 사후세계가 있는 것일까? 살아서 나쁜 짓을 하고 죽으면 벌을 받는다는데 정말 그럴까? 고문형벌이 집행되는 무서운 지옥세계가 정말 존재하는 것일까?

나의 인생은 왜 안 풀리고 아픔과 슬픔, 고통과 불행이 계속 일어나는 것일까? 내 몸은 왜 이리도 매일 아픈 것일까? 전생이 있다면 나는 무슨 죄를 짓고 이 세상에 태어난 것일까? 굿을 하면 풀리는 것일까? 신을 받으면 풀리는 것일까? 도를 닦으면 풀리는 것일까? 절에 들어가서 머리 깎으면 풀리는 것일까? 교회와 성당에 다니면 풀리는 것일까?

정녕 하늘이 계시다면 어디 가야 만날 수 있나? 도통은 할 수 있는 것일까? 말도 안 되는 황당한 사건 사고는 왜 일어나는 것일까? 인생길이 온통 풀리지 않는 의문투성이로 가득하지만, 이 모든 의문에 대한 명쾌한 해답을 주고, 풀어줄 수 있는 곳은 지구상에서 하늘나라 자미국 이외에는 없느니라.

이번 생에 반드시 찾아내고 풀어야 할 가장 큰 화두는 영혼의 부모가 누구인가 하는 문제일 것이니라. 그 이유는 영혼의 부모만이 너희들의 영혼을 구해 줄 수 있기 때문인데, 세상에 알려진 모든 숭배자들이 자천타천으로 전지전능자, 하나님, 하느님, 상제님, 부처님, 천지신명님을 영혼의 부모로 알고 있는 자들이 아주 많으니라.

이 나라에는 종교백화점이라 할 수 있을 정도로 온갖 종교들이 우후죽순처럼 생겨난 것은 진정한 영혼의 부모를 찾지 못하였기 때문이고, 대우주를 창조한 태초의 절대자 하늘을 찾지 못했기 때문에 여러 종교가 생겨난 것이니라. 그래서 너도 나도 능력자 행세하고 있는 것이니라.

지구상에서 너희들이 받들고 있는 숭배자들 모두는 절대자 하늘이자 영혼의 부모인 나를 사칭하고 있는 아수라, 악신, 악마, 악령, 사탄, 마귀, 악귀, 귀신들이고, 이들은 모두 추포되어 심판받아 영성과 영체가 소멸되었느니라.

이들은 영혼의 부모도 아니고, 구원의 능력도 없으면서 구원자 역할을 하고 있기에 더 이상 두고 볼 수 없어서 직접 나의 존재를 밝히는 것이니라. 지구에 인류가 탄생하고 대우주 창조주 태초의 절대자 하늘이자 영혼의 부모인 나의 존재를 사상 최초로 밝히는 것이니라.

대우주와 삼라만상, 만생만물, 인간, 영혼, 조상, 신명들을 창조한 진짜 주인이 침묵하고 존재를 밝히지 않고 있으니까 너도나도 구원자 행세를 하면서 돈과 재물, 정력과 시간, 인생을 착취하고 사후세상도 보장해 주지 못했느니라.

천지인의 주인이고, 천상세계, 인간세계, 사후세계의 주인이고, 너희들 영혼의 부모이니라. 이제까지 구원자라고 주장하는 자들은 모두가 가짜들이고, 능력 자체도 없는 말장난뿐이지 너희들을 구원해 주지 못하느니라. 너희들이 믿고 있는 숭배자들 모두는 하늘도 아니고 신도 아닌 악들과 귀신들이느니라.

너희들 모두에게 영혼의 부모이고, 대우주 창조주 태초 하늘의 존재를 적나라하게 상세히 말하는 책은 이번이 처음이자 마지막이기에 판단과 선택을 잘해야 하느니라. 천생과 전생, 현생과 내생의 운명이 모두 달려 있느니라.

너희들이 살아서든 죽어서든 나를 알현할 수 있는 천재일우의 유일한 기회는 하늘나라 자미국에 나의 육신이 살아 있는 이번 생이 처음이지 마지막이 될 것이니라. 지금 어떤 종교를 믿고 있는 자들 모두가 종교 숭배자들과 종교인들에게 수천 년의 세월 동안 몽땅 속아왔느니라.

영혼의 부모인 나는 너희들이 집을 잃고 악들과 귀신들이 세운 종교세계에 빠져서 속고 있기에 구해 주고자 존재를 밝히는 것이니라. 의붓 부모를 섬기지 말고, 나의 말이 맞는다고 판단되는 자들은 하늘나라 자미국으로 들어오고, 마음 바꾸기가 싫은 자들은 그대로 종교를 다니면 될 것이니라.

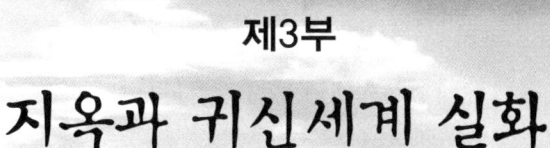

제3부
지옥과 귀신세계 실화

영들을 불러 생생한 윤회 검증

태초 하늘 : 자칭 수호신, 조상신이라고 하는 전 세계 악귀잡귀 추포하느니라.

귀신 : 저희들이 왜 이곳에 왔는지 모르겠지만, 수호신, 조상신 뭐가 잘못되었나요?

태초 하늘 : 너희들은 대역죄인들이고 귀신들인데, 신을 사칭했느니라.

귀신 : 수호신이라는 그런 거 없다고요? 그런 거 다 인간들이 만들어놓은 거라고요? 집안에 신줏단지, 업단지, 대감단지, 모신 사람들도 다 귀신들 섬기는 거라서 더 뒤집어진다고요?

태초 하늘 : 그렇도다.

귀신 : 가짜 잡귀신을 수호신으로 만들어서 뭔가 있는 것처럼 보여주는데, 수호신 없어요? 그럼 우리는 가짜라는 겁니까?

태초 하늘 : 그래 가짜들이니라.

귀신 : 우린 귀신이에요? 맞아요? 다 고개 끄덕이네요. 수호신이 아니라 귀신이래요,

태초 하늘 : 그래, 귀신들이니라.

귀신 : 다 잡귀신들이라고요? 조상신이라는 것도 자신의 큰

죄, 지은 죄의 업보에 따라서 가야 할 고통의 세계로 가서 그러고 있다고요? 조상신을 받아야 된다, 내가 너의 수호신이야. 내가 평생 너를 지켜주고 보호해 줄게, 이런 것 다 가짜네요!

태초 하늘 : 지방 쓸 때도 보면 그 이름 쓰고 맨 밑에다 신위라고 쓰는데, 신위가 아니라 귀신위로 써야 되느니라. 조상신이라 해서 자꾸 그런 거니라. 조상귀신!
귀신 : 네, 수호신. 조상신 그런 거 없대요.

내 진짜 조상도 아니고, 잡귀신, 잡령들을 집어넣어서 그렇게 하는 거고요? 악마, 악령, 악귀, 요괴, 사탄, 수호신이라는 존재도 원과 한이 깊은 존재들이지 수호신이라는 거는 없다고요?

그럼 수호신인 척하며 연기했다는 거예요? 맞아요? 그런 식으로 인간들을 골리고 놀려 먹고… 그럼 왜 인간들은 거기에 넘어가는 거예요? 말이라도 그렇게 들으면 든든하니까? 하하하!

어떤 신명이 항상 보호해 준다는 거 믿다가 바로 죽은 자들은 뭐냐고요? 그런 자들 많다고요? 다 속았네요!

우리 조상님이 내 몸으로 오셨어요~ 조상님~ 그래, 너와 내가 이제 하나이니라, 네가 나 할미의 못다 이룬 뜻을 꼭 이룰 수 있도록 내 말을 명심해서 잘 따라야 하느니라. 예, 할머니, 할머니 말씀대로 중생 구제하는 올바른 신명제자가 되겠습니다.

태초 하늘 : 저렇게 다 속이고 있느니라.
귀신 : 태초 하늘께서 이런 코미디 짓거리하는 것들 다 파괴

하러 오셨다고요? 조상신 이런 거 없어요? 조상신은 없다! 귀신이 이렇게 다 사칭해서 연기하는 거라고요? 귀신 너 살았을 때 너네 할머니, 할아버지가 돌아가시고 어떻게 됐는지 보자, 네가 키우던 개였으면 어떻게 하냐고요? 네 할머니, 할아버지, 전생에 죄가 많아서 너네 집에 애완용 개로 태어났다. 하하하하!

그리고 돼지로 윤회하다 삼겹살로 먹히게 되었다면? 하하하! 그게 사후세계서 구원받지 못한 조상의 현실이라면 어떻게 할 거냐고요? 아니야! 우리 할머니가 죽어서 왜 돼지로 태어나? 흑흑… 그런 거 없어!

육신이 살아서는 절대 모르고 인정도 안 하니 죽어봐야 알 것이라고요? 여기서 인간으로 태어난 이상 죽어서 다 축생으로 윤회할 수밖에 없어요? 이게 법칙이라고요? 우주의 정의된 법칙이라고요?

태초 하늘 : 다 조상을 갖다가 귀신인데 신으로 신격화시킨 것이니라, 인간들이 다 잘못됐느니라. 하기야 이제는 무덤도 필요 없고 제사, 차례도 다 필요 없는 시대가 열렸느니라.

귀신 : 예, 태초 하늘께서 인간 세상에 출현하셨다고 합니다. 그런데 왜 한 번도 들어보지 못한 생소한 자미국으로 지으셨습니까? 태초 하늘께서 왜 자미국으로 지으셨을까요? 그것 또한 악들이 세운 종교의 '교'와 구별하려고 그렇게 지으셨다고요?

태초 하늘 : 그래, 대우주 만생만물과 대우주 천지인 창조주이자 영혼의 부모인 태초의 절대자 하늘이 지상으로 내린 천상국가 하늘나라 자미국이니라. 내가 종교를 세우러왔겠느냐?

인간들이 찾는 정말 가야 할 곳, 영들의 무릉도원 세상, 그곳이 하늘나라 자미국이고 3천궁과 3,333개 제후국과 제후들도 있으며, 각 제후마다 왕비도 있고, 왕자, 공주도 있고, 하나의 정부이니라. 말이 제후지, 한 나라의 왕이니라.

그래니까 여기서 입천되는 자들은 3천궁으로 가는 것이 기본인데 또 거기서도 각 제후국으로 다시 차출되기도 하느니라. 기독교에서 천국, 천당하는 것이 결국은 이곳 자미국에서 말하는 하늘나라 자미국(자미천국)을 말하는 것이니라.

종교 안에서는 천국, 천당, 극락, 선경세계로 갈 수 없느니라. 천상으로 오를 수 있는 길은 유일하게 하늘나라 자미국 한 곳뿐이니라. 태초 하늘인 나의 명을 받지 않는 이상, 어느 누구도 천상으로 오를 수가 없느니라.

여기 있는 나의 신하, 백성들은 정말 행운아들이니라. 이 엄청난 진실이 알려질지는 아무도 몰랐는데, 이제 때가 되어 알려주는 것이니라.

귀신 : 여기 있는 분들은 조상님을 잘 만난 분들이에요? 자손도 조상님을 잘 만나야 되고, 조상님도 자손 잘 만나야 되는 거네요?

각자가 믿는 수호신은 조상신, 그런 것들이 진짜라면 왜 저렇게 끔찍한 살인사건, 비명횡사가 일어나나요? 진짜 조상신, 수호신이라면은 자손을 지켜줘야 하고, 아무 탈 없이 잘 지내야 하는 거 아니에요? 아이고! 그런데 저렇게 비명횡사당해서 죽고, 형제, 남매들끼리도 저렇게 죽이고~ 아니, 조상신이 왜 안 지켜줘요? 그러니 가짜네요!

저 밖의 죄인들 중 어느 조상들이 죽어서 동물, 물고기로 윤회하고 있네요. 세상에~! 내 조상님들이 돌아가시고 나서 좋은 곳으로 가신 것이 아닌 저렇게 정육점 안에 있는 돼지고기가 되어 계실 줄이야~ 또 닭으로도 윤회하다가 치킨이 되어 인간의 입으로 들어가시는 모습이 보이네요! 흑흑흑!

또 저기 보이는 어느 매운탕 집에서 매운탕 거리에 들어가는 민물고기가 보이는데, 아휴~ 저 민물고기도 죄 많은 자손의 조상 영혼이 끝없이 윤회하다가 이번엔 매운탕 거리가 되어 벌을 받고 있는 것이라고요? 민물고기가 펄펄 끓는 매운탕 국물 속에서 아~악~! 안 돼~ 싫어~ 너무 뜨거워! 살려줘~~! 하며 울부짖는 것이 보이네요.

인간이 죽어서 윤회가 실제로 존재하고 얼마나 끔찍하고 무서운지 저 밖의 죄인들은 인정도 안 하고 관심도 없다고요? 그리고 지금 태초 하늘의 기운으로 이런 말들이 나온다고 합니다.

"자미ㅇ나ㅇ현 자미구법 도영지천
자미팔괘 자미ㅇ태업지업 인업축업
자미ㅇ보현나라 자미ㅇ도업 인축지 파멸
자미ㅇ기래 삼재팔난 대지옥 자미ㅇ판관 인.영.업
삼재팔난 자미ㅇ육한천도 구업육천업보
자미ㅇ선친 천상대왕보존
자미ㅇ 육합사경 칠성도합
자미ㅇ 축생인업 궤멸

자미ㅇ 자미솔 자미(ㅇㅇㅇ) 자미ㅇ 장수기래
자미ㅇ 삼재팔난 구업영멸 육멸 사천도래"

여기까지 말이 나왔습니다. 귀신은 이 말들이 무슨 뜻인지 몰라도 태초 하늘의 기운으로 말이 나온 것이며, 오직 태초 하늘께서만이 해석하실 수 있으시다고 합니다.

태초 하늘 : 그런데 매주 천법회 때 나오는 100페이지 분량의 내용을 책으로 다 쓸 수도 없느니라, 이렇게 참석해서 직접 나를 통해서 나오는 이런 내용은 이 세상 아무도 알 수가 없는 것이고 처음으로 말해 주는 내용들이니라. 때문에 그 어떤 경전에도 없고, 누가 이런 얘기할 자들도 없느니라.

그러니까 나의 신하 백성들은 정말 자미대학원생이 맞도다. 인간세상 대학원 그런 과정이 아니라, 정말 천상세계의 그런 대학원 과정인데 이런 영적 진실을 가르쳐줄 자들이 없느니라.

3년 6개월이란 시간 동안 매주 일요일마다 엄청난 이 사후세계 비밀, 또 천상세계, 조상세계, 종교세계 비밀, 전문가 그 이상 수준으로 다들 공부들을 했느니라. 이 땅에 있는 종교인들하고 대화를 해서 질 수가 없을 것이니라. 인류 역사 이래 처음 있는 일이고 정말 경천동지 그 자체이니라. 자, 계속하거라.

귀신 : 조상신, 수호신, 이런 거 절대 없다고 하고요, 각자들의 조상님들이 사후세계 어디에 계시는지, 어디서 강아지로 태어났는지, 뱀으로 태어났는지, 소로 태어났는지, 개미로 태어났는지, 바퀴벌레로 태어났는지, 그것이 알고 싶으면 여기 태초 하늘께 와서 죄를 빌어 명을 받아야만 알 수 있다고요?

태초 하늘께서 계신 여기 하늘나라 자미국에서만 축생의 업에서 벗어날 수 있기에 빨리 와야 된다고요? 안 믿어진다고요? 아직 안 죽어서 안 믿어져요? 저 앞에 귀신한테 물어볼게요.

죽어서 명부전으로 끌려가 나의 죄에 대해서 일일이 다 듣고 다음으로 가야 할 지옥세계에서 이제 뱀의 영으로 태어나게 될 것이라는 말을 듣게 될 때의 그 엄청난 공포와 충격, 무서움이 어떨지 실감이 안 나죠?

흑흑흑… 뱀이 되다니… 뱀이 되어 뱀으로서의 윤회가 끝나면 다음은 물고기가 되는데… 으~ 뱀으로 윤회하는 자들 중에는 하늘을 사칭하며 고상한 척하던 성직자들도 많답니다. 하늘을 사칭했기 때문에 축생으로 윤회하여 하늘을 바라볼 수 없도록 이렇게 땅에 딱 붙어서 기어 다니는 뱀! 지렁이가 되었어요?

지금 앞에 온 저 고위성직자는 무엇입니까? 뱀입니까? 지렁이입니까? 하하하! 뱀~! 여기는 뱀으로 윤회하기 직전에 끌려왔대요. 하늘을 사칭하여 그렇게 고상한 척, 잘난 척하더니만… 여기 그렇게 착한 척, 잘난 척하던 할아버지가 끌려왔다고 합니다.

지금 앞에 온 너 고위성직자는 뭐야? 뱀이야? 지렁이야? 하하하! 뱀! 여기는 뱀으로 윤회하기 직전에 끌려왔어요. 하늘을 사칭하여 그렇게 고상한 척, 잘난 척하더니만… 여기 그렇게 착한 척, 잘난 척하던 할아버지가 끌려왔다고 합니다.

태초 하늘 : 그렇구나. 고상한 척했지.

귀신 : 무슨 성직자 그런 거였다고 합니다. 천○○ 쪽이었다고 하는데, 이제 뱀으로 되기 전에 이곳으로 끌려와서 자신이 살아서 하늘을 사칭하였던 죄에 대해 태초 하늘께 빌라고 해서 왔고, 알몸인데 온몸이 쇠사슬로 묶여진 채로 왔다고 합니다.

태초 하늘 : 그래, 성직자라 죄가 너무 많아 끌려왔느니라.

귀신 : 동물의 왕국 본 적 있죠? 뱀 어떻게 생겼어요? 뱀 산속에서 어떻게 기어다녀요? 인간들이 뱀 잡는 것도 봤지요? 그래, 이제는 그렇게 살아야 된대요. 안 믿어지죠? 지구에 인간으로 태어난 이상 죽으면 누구나 이렇게 축생으로서의 윤회를 끝없이 반복해야 되는데, 이걸 어쩌나? 예? 천주교에서는 환생을 안 믿는다고요?

태초 하늘 : 그래, 안 믿느니라.

귀신 : 네? 거기는 안 믿는다고요? 그런데 이 성직자 봐요. 환생이 왜 없어요? 아이고~ 온몸이 쇠사슬로 묶여진 상태로 태초 하늘께 끌려와서 이렇게 부복하며 잘못했습니다! 잘못했습니다! 감히 하늘을 사칭해서 잘못했습니다! 공포에 질린 모습으로 빌고 있습니다.

옆에서 누가 하라는 대로 태초 하늘 앞에서 죄를 빌고 있습니다. 왜? 천당 있다면서요? 천국 있다면서요? 잘난 척, 고상한 척, 온갖 착한 척은 다 하더니만요~ 이제 뱀처럼 혀를 에~ 날름거리며 땅바닥을 이렇게 기어 다녀야 되는데… 지구에 태어났지만 죽어서 다시는 윤회하지 않을 자들은 태초 하늘께 와서 죄를 빌은 여기 있는 분들이라고요? 그렇습니까?

태초 하늘 : 그래. 이들은 윤회의 업보에서 벗어나 죽으면 천상으로 바로 올라가느니라.

귀신 : 태초 하늘께서 이 지구로 강세하셨기에 여기서 태어난 이상은 다음 생에 축생으로 윤회를 거듭해야 되고, 지구에서 뿐만 아니라 다른 영의 차원으로도 가서 윤회를 한다고 합니다. 축생계로 다시 태어나는 또다른 윤회의 세계가 많다고 합니다.

지금 살아 있는 인간들은 상상조차 할 수 없는 굉장히 끔찍한 곳이라고 합니다. 쥐, 닭, 뱀, 돼지들이 처참하게 살아가는… 세상에~ 설마~ 정말 그런 곳이 있을까? 진짜 있어요. 저 밖에 놀러 다니는 인간들 좀 보세요.

왜 인간으로 태어났는지에 대한 생각은 전혀 안 하고 저렇게 잘먹고 잘 살기에만 몰두하는 자들이 죽어서 다음 생에는 뭘로 태어날까요? 그들의 등 뒤에는 다음 생에 축생계로 태어날 때 어떤 짐승으로 태어날지 짐승 문양이 찍혀 있는 자들도 있어요. 물론 인간의 눈에는 그 문양이 보이지 않지만요.

누가 가서 미리 찍어놨군요. 인간마다 다 다르지만 현생의 죄업과 전생의 모든 업보와 인연의 법칙에 따라서 이미 다음 생에는 무엇으로 태어날지 문양 같은 게 찍혀 있는 인간도 있다고 합니다.

여기 이 고위성직자 대역죄인은 태초 하늘께서 진행하시는 천법회가 끝나실 때까지 하늘을 사칭해서 잘못했습니다, 잘못했습니다, 이렇게 계속 죄를 빌다가 천법회가 끝나면 끌려가게 된다고 합니다. 여기서 나가게 되면 뱀이 되는데, 뱀이 하늘을 쳐다볼 수 있어요? 뱀이 어떻게 하늘을 쳐다봐요? 뱀이 기도할 수 있어요?

태초 하늘 : 그렇도다. 고위성직자는 감히 대우주 창조주 태초의 절대자 하늘인 나를 사칭하여 여호와를 하느님 아버지로 바꾸어 능멸한 환부역조의 대역죄 벌을 받게 되느니라.

귀신 : 맨날 기도하고 하늘도 한 번 쳐다보고 십자가도 쳐다보는데, 이제 하늘도, 십자가도 못 쳐다봐요. 이 역천자의 조상들도 축생계에서 태어났어요? 자손처럼 뱀으로 윤회 중인 조상들이 엄청 많아요? 왜냐하면 자손이 하늘을 사칭하고 살았기 때문에 뱀으로 된 조상들도 많다고요?

그래, 어디 뱀으로 윤회해서 살아봐~ 누가 알아줄까? 누가 그걸 믿을까? 누군가는 네가 천국에서 행복하게 살 것이라고 생각한다고? 하하하~ 이젠 하늘을 절대 쳐다볼 수 없고, 하늘을 사칭한 죄업에 따라서 땅바닥부터 기는 것 1단계 시작! 물론 모든 성직자들이 다 뱀으로 윤회하는 거는 아니지만 이자 같은 경우는 일단 뱀으로 시작되고, 또 어떤 성직자는 개미요!

태초 하늘 : 그러하니라.
귀신 : 예, 개미 요만하잖아요. 어떤 자는 뱀으로 기어 다니다가 인간에게 잡혀서 뱀술이 되네요. 그런데 여기 계신 분들은 축생으로의 윤회와 업보 그런 것들이 전혀 안 느껴지네요. 와~ 업이 없는 분들인가 봐요. 태초 하늘께 명을 받고 죄를 빌었으니 조상님과 각자의 업도 다 끝났군요.

여기서 태초 하늘께 죄를 비는 분들은 태초 하늘께서 기운으로 지켜주시고, 죄를 빌고 하늘의 명을 받들었기에 다음 생은 파리, 닭, 오리, 돼지, 소, 참새, 두더지 등으로 윤회하는 그런 게 하나도 없대요.

태초 하늘 : 나의 명을 받은 천인들이니까 윤회가 없느니라.
귀신 : 성직자는 이곳이 지옥처럼 보인다고 합니다.

태초 하늘 : 그러면 고위성직자 잠깐 들어오너라. 뱀 되기 직전의 인간 모습으로 나와 보거라.
귀신 : 이 성직자는 이미 혀가 잘린 상태라고 합니다. 이 혀로 어떻게 했습니까? 신자들에게 무슨 얘기를 했겠습니까? 사는 동안 얼마나 거짓된 진실을 수많은 신자들에게 전했겠습니까? 그 벌로 인해 혀가 잘린 상태로 말도 잘 나오지 않고 있으니, 저 귀신 보고 대신 말하라고 하네요.

태초 하늘 : 너는 수많은 신자들을 지옥세계로 인도했느니라.
귀신 : 성직자는 이제 뱀의 혀로 사세요. 혀가 이렇게 잘려서 말도 잘 안 나오니 잘못했습니다 발음이 잘모해어요~, 잘모해어요~ 이렇게 나오네요.

태초 하늘 : 성직자는 듣거라, 너는 하느님, 예수, 성모 마리아 그렇게 섬기면 천국, 천당 간다고 설교했지 않았더냐? 장례식에 조문객들이 천국에서 편히 영면하소서! 그렇게들 하던데 왜 천국으로 못 가고 뱀이 되어 윤회할까?

네가 수많은 인간들과 조상들을 천○○ 지옥으로 다 끌어 들였잖느냐? 그 천○○가 진짜인 줄 알고 거기서 목 빠지게 기다리고 있는 자들, 그들의 원과 한을 어떻게 할 것이더냐?
귀신 : 흑흑흑… 잘모해어요~ 잘모해어요~

태초 하늘 : 잘못했다고 말도 못 할 정도니 기가 막히느니라. 천○○ 다녔다가 온 자들 손 들어보거라. 네 명밖에 없느냐? 성직자인데 천국의 아주 좋은 세계, 높은 세계 가서 잘 있을 것으로 다들 믿고 있을 텐데, 이렇게 잡혀와서 혀가 잘리고 말도 제대로 못 하고 뱀으로 환생하기 직전에 이렇게 잡혀왔느니라.
귀신 : 흑흑흑… 잘못해어요~

태초 하늘 : 참, 너희들은 구사일생했도다. 고위성직자가 죽어서 뱀이 되어왔는데, 그를 믿던 신자들은 죽어서 어찌 되겠느냐? 물론 기독교, 불교, 도교, 무속 다 마찬가지지만, 이것이 사후세계 현실이니라.

태초 하늘인 내가 강세하지 않았다면 이런 진실을 말할 수 없고 영원한 완전 범죄가 되었을 것이니라. 네가 수많은 인간과 조상들을 천국, 천당이 아닌 지옥세계로 인도했느니라. 너의 조상들도 너와 똑같이 죄다 뱀과 지렁이로 윤회를 하다가 지옥으로 잡혀가서 고문 형벌의 심판받고 다음 지옥으로 가느니라.
귀신 : 흐흐흐. 조상신도 다 뱀이야. 수호신도 없고, 하나님도 없고, 성모 마리아도 없어요. 안 보여요!

태초 하늘을 알현드리어 제 조상님들의 죄와 또 저의 죄, 전생의 죄를 빌겠습니다. 이렇게 하지 않는 이상 그 업보가 안 끝나. 그 업보가 절대로 안 끝나요. 안 끝나~ 하느님 믿어도 부처님 믿어도 안 끝나요~ 부처님, 예수님, 성모 마리아는 없어요!

태초 하늘 : 이 대목도 한 시간을 했느니라. 지금까지 자칭 수호신, 조상신이라고 하는 전 세계 악귀잡귀들 영성과 영체 소멸을 명한다. 땅땅땅!

특별 심판 천지대공사할 게 한도 끝도 없는데 오늘 두 대목 가지고 지금 두 시간 반 정도 했느니라. 종교지옥에서 나온 자들은 다 구원받은 것이니라. 태초 하늘인 나를 알현하지 못했으면 정말 종교의 노비가 되어서 살아서나 죽어서나 비참한 삶을 살았을 것이니라.

태초 하늘인 나를 알현하지 못한 것은 육신의 죽음보다 더 무서운 것이니라. 즉 종교 다니는 것이 그렇게 무섭도다. 종교에 빠지면 책을 보고도 부정하고 무시해서 이곳에 올 수가 없도다.

인간들은 이 현생만 있는 줄 알고, 그저 부귀영화 누리며 잘 먹고 잘 사는 게 지상과제인데, 이 죽음 이후의 세계가 얼마나 무서운지 매주 이렇게 진실을 말해 주고 있느니라.

고위성직자가 죽어 이렇게 잡혀와서 뱀으로 환생되기 전에 한 번이라도 죄를 빌라고 잡아온 모양인데, 혀가 잘려서 빌지도 못하고 이것이 어느 한 종교만의 문제가 아니고 기독교, 불교, 유교, 무속, 도교 등 이 세상 모든 종교인들이 죽어서 겪을 미래 현실이니라.

종교지도자가 죽어서 이렇게 뱀이나, 지렁이, 두더지, 개미로 태어나는데, 종교를 믿는 신도들은 어찌 되겠느냐? 종교에서 빠져나와 나를 알현하여 천상입천의 명을 받지 못하고 죽으면 지옥계는 물론 축생계로 윤회하고 뱀, 지렁이, 개미, 두더지 등등으로 끝도 없이 환생하고, 지옥도를 번갈아가며 심판받느니라.

그러니까 이 세상에서 가장 무서운 곳이 종교세계이니라. 그런데 그것을 몰라보고 종교지옥 앞에 지금 줄을 서 있는 것이니라. 내가 책에 이런 내용을 쓰면 종교에 빠진 자들은 또 황당하다며 적그리스도 나왔다고 할 것이니라.

어차피 인간 육신은 멀리 떨어져 있어서 듣지 못한다고 생각할 것인데, 책을 구매한 자들은 천상신명들이 일거수일투족을 실시간 감찰하며 천상장부에 언제, 어디서, 누가, 무엇을, 어떻게, 왜의 육하원칙에 입각하여 실시간으로 동영상으로 촬영하고 문서로 기록하여 천상장부에 기록되고 있느니라.

"자미○자미○자미○(○○○)분신
자미옥 휘구만경 천법화천 자미오미
○○○대천옥멸 천황화신(○○○)태상궁
본경휘 백솔화솔 1107-908717
자미○경륵(○○○)화혈 지상판관 자미○옥솔
자미영겁 자미화인(○○○)대멸판관상 천하극하세"

"소혼, 인사진혼, 신사혼, 인민천혼, 전사비멸혼
천옥도 귀상천발현 민육경○○사온
인지축필멸 자미공수 자미○자미천궁 지온지혼
사경진도 (○○○)백만자미 화현공도만
백만아윤 칠성사혼 지상궤멸(○○○)
자미사신 팔백사혼지영(○○○)1007"

귀신들이 전하는 사후세계

태초 하늘 : 김○○이 지금까지 살아오면서 음식 먹을 때 들어온 악귀잡귀 추포하느니라.

귀신 : 우리랑 같이 먹어요~ 우리랑 같이 먹었어요~ 이 남자분이 먹었을까요? 우리가 먹었을까요? 땡중 영혼도 있고, 할아버지도 있고, 또 무슨 대순진리회 같은 곳에 다니다가 죽은 억울한 원귀도 있고요.

우리가 거기서 여기 몸으로 와서 같이 놀았습니다. 좀 재밌게 놀았습니다. 이분의 정신을 가지고 놀았다는 겁니다. 어쨌든 냠냠냠~ 맛있다. 이분이랑 같이 가면 안 돼요?

태초 하늘 : 어딜 같이 가려느냐?

귀신 : 예? 이분은 천인이라고요? 하늘의 명을 받은 천인? 그 몸에서 추포되어서 우리가 지금 나오게 된 거라고요? 우리 역천자들의 죄는 사라지지 않는다고요? 죄는 사라지지 않는다. 저 귀신은 천상에서 있을 때 표경에게 줄 섰었다고요? 표경이 뭐야? 그런 게 있어요? 그 죄가 없어지지 않고 이제는 태초 하늘께 소멸되려고 지금 잡혀왔다고요? 우리가 모두 다 천상에서 역천자 하누와 표경에게 줄 섰던 자들이라고요? 이들이 지구에 처음으로 종교를 세웠다고요?

영혼을 창조해 주신 절대자 하늘을 배신했어요? 으악~ 뜨거워라! 영혼의 창조주가 누구신데요? 바로 앞에 대우주와 만생만물, 그리고 수많은 영혼들을 창조해 주신 분께서 황금색 의자에 앉아 계신 분의 육신으로 내려와 계시다고요? 육신으로 오시어 지금 심판하고 계시다고요?

내가 천상에 있었을 때 역천자 표경한테 줄을 섰었고, 독극물 그런 거에도 가담했었는데, 이제는 제가 그 독극물을 먹으라고요? 아~악~ 싫어요! 이거 무슨 옛날 얘기에요? 소설 아니에요?

태초 하늘 : 천상에 있을 때 행했던 게 그대로 나오는 것이야.
귀신 : 저 황금색 의자에 앉아 계신 분의 몸으로 영혼의 창조주께서 계시고, 제가 그분을 시해하려고 했던 역모반란에 가담했었다고요? 그런데 어디 감히 고개를 빳빳하게 쳐들고 있느냐고요? 고개를 숙이라고요? 나는 기억 없어 몰라요! 악~ 그런데 지금 누가 내 몸을 누르고 있어요. 네? 저를 까맣게 탄 호떡으로 만들어주겠다고요?

안 돼요! 싫어요~! 흑흑흑… 저는 이제 까맣게 탄 호떡처럼 된 상태로 죽어야 한다고 합니다. 죄인 주제에 고개도 들지 말라고 합니다. 감히 여기가 어디라고 고개를 드냐고 합니다. 이 상태로 죽어야 된다고 합니다.

태초 하늘 : 그래, 죄는 사라지지 않고, 너희들은 숨을 곳도 도망갈 곳도 없느니라. 지구에 있든 우주에 있든 숨을 곳도 도망갈 곳도 없도다. 태초 하늘인 내가 추포 명령만 하달하면 천상신명들인 용들이 3초 이내로 잡아오느니라.

귀신 : 여기 남자분, 우리 기도합시다. 기도, 기도해요! 기도하는 거 좋아하잖아요. 손 이렇게 하고 기도합시다~!

태초 하늘 : 기도하면 악들과 귀신의 기운만 들어가느니라.
귀신 : 기도하면 그 앞에서 쳐다보는 귀신한테 하는 거라고요? 그 귀신도 천상에서의 반란군, 역천자, 죄인들이라고요? 그들이 다 쫓겨나서 귀신으로 윤회하는데, 귀신한테 하는 거예요? 천상에서 벌을 받고 쫓겨난 자들한테 기도하고 앉아 있다고요?

그래서 기도하면 그 죄가 얼마나 더 커지겠냐고요? 기도하는 자들, 기도하면서 뭔가 기운이 느껴지는 것이 그 앞에 귀신한테 하는 것인데, 천상에서 쫓겨난 역천자 귀신이 자신을 섬기는 줄 알고 그 몸으로 들어가고, 가족들 몸으로 들어가고… 하하하! 그렇게 역천자 귀신한테 기도했으니 죄업이 더 커지고 계속 쌓여가고 있다고요? 그 죄업이 각자의 자손, 후손으로도 쭉 내려간다고요? 살아 있는 지옥의 고통을 끝없이 받아야 된다고요?

죽어서도 모진 고문 형벌의 벌을 받아야 된다고요? 왜냐하면 천상에서 하늘의 가슴을 후벼팠기 때문이라고요? 역천자한테 줄을 선 죄, 종교를 세운 악의 원조인 하누와 표경한테 줄 선 죄! 그 죄는 사라지지 않는다고요?

영혼을 창조해 주신 분을 시해하려는 생각만을 했던 자들도 하늘께서는 다 알고 계시고, 그런 자들이 죽어서는 축생으로도 윤회하며 그 업보를 받고 있다고요? 하늘 앞에 배신이라는 것은 절대 있어서는 안 되는 거라고요?

배신이라는 것은 절대 있어서도 안 돼요? 이 지구에서 살아가면서 각자들이 배신으로 인해서 자살하는 자들도 많고, 평생 배신의 상처로 인해 괴로워하는 자들도 많은데, 자신이 천상에서 하늘께 그렇게 했기 때문에 그 아픔과 고통을 똑같이 받는 거라고요? 자신이 믿었던 자한테 배신당해서 복수심에 죽이기도 하고, 너무 상처받아 세상과 단절된 채 살아가는 자들은 전생에 각자들이 하늘께 했던 짓을 생각해 보라고요?

내가 지금 겪고 있는 말도 못할 배신의 상처, 고통, 아픔이 왜 생겨난 것인지 생각해 보라고요? 바로 내가 했던 거라고요? 천상에서도 그렇게 했기 때문에 똑같이 그런 죽고 싶을 정도의 마음 고생을 겪는 거라고요? 그런 고통을 겪어 참기 힘들어 자살하기도 하고, 또 나를 배신한 상대방을 찾아가서 죽여서 감옥에 들어가기도 하고… 이것이 바로 살아 있는 지옥세상이군요!

지옥별 지구에 사는 역천자 인류로 인하여 태초 하늘이신 천상 주인의 분노가 폭발하셨다고요? 인간사에서 배신의 아픔, 고통을 겪고 있는 분들, 살아 있는 지옥세상을 잘 체험하고 계시죠? 살아 있는 생생한 지옥.

내가 전생에 도대체 어떤 죄를 지었길래 이런 불행이 닥쳤을까? 그래, 다 내 탓이다, 하면서 한탄하죠? 맞아요, 그런 말이 저절로 나와야죠. 나의 슬픔과 고통이 결국 천상에서부터 연결된 것이었어요. 물론 그런 말이 나와도 죄가 사라지지 않지만요.

각자들이 천상에 있을 때 감히 영혼의 창조주이신 하늘을 배신했기에 지옥별 지구에서 인간으로 태어나 온갖 배신, 아픔,

슬픔을 겪는 살아 있는 산지옥을 생생하게 체험하다가 죽어서는 지옥세계에 가서 고문 형벌을 체험하게 된다고요? 이런 말이 자꾸 나오네요. 아이고~ 끔찍해요~! 싫어요~ 싫어!

죄는 사라지지 않지만, 그래도 이 무거운 죄를 조금이라도 탕감받기 위해서는 태초 하늘께서 쓰신 책을 읽고, 정말 여기가 마지막이다, 라는 절박한 심정으로 알현 상담 후 죗값을 올려 드리고 죄를 빌어야만 조금이나마 탕감받을 수 있다고요?

그렇지 않고서는 지옥별 지구에 사는 각자들이 지은 죄는 사라지지 않는다! 그 죄는 영원히 사라지지 않는다! 죄와 벌! 이런 말이 나오네요. 아~악~! 뜨거워~ 너무 뜨거워! 나를 여기서 나가게 해줘요! 뜨거워~안 돼! 흑흑흑… 여기까지 말이 나왔고 악들은 450명이 나왔습니다.

태초 하늘 : 신하, 백성들과 함께하는 이 천법회가 인류 최초로 이곳에서 열리는 것이 바로 천상대법정이니라. 천상에서 역모 반란에 가담했던 자들, 지구에 태어난 자들, 또한 수많은 축생들과 만물령들, 각자 지은 죄에 따라서 그렇게 태어나 윤회하는 것이니라. 그러니까 사후세계를 생생히 알 수 있고, 또한 간접적으로 이렇게 체험하는 것이고, 천상세계도 있고, 지옥세계도 실제로 다 존재하고 있느니라.

김○○이 승려(중)로 생활할 때 관음사, 성불사, 자선암 기타 전국의 수많은 절에서 음식 차려놓고 불공드릴 때 들어온 악귀잡귀 추포하느니라.

귀신 : 당신의 기를 다 먹겠습니다, 냠냠냠~ 그런데 저 귀신

의 조상님들은 어디 계셔요? 우리 조상님은 어디 계셔요? 예? 저 귀신의 조상들은 어류로 윤회하고 있다고요?

저 귀신의 역천자 조상들은 물고기로 윤회하고, 동물로도 윤회하여 인간들한테 잡혀먹고 있다고요? 저 귀신은 이 남자 몸에서 안 빠져나갈 거예요! 이 남자 몸에서 우리 조상님 찾아갈 거예요~ 우리는요, 이 남자랑 같이 기도할 거예요. 기도! 기도해요, 기도합시다. 기도!

태초 하늘 : 여기는 기도하는 거 일절 없느니라!
귀신 : 너 귀신은 네 전생이 기억 나지 않겠지만 천상에 있었을 때 한 짓이 영상으로 다 녹화되어 있다고요? 하늘께 어떻게 했었는지! 아~악! 독극물 제조에 같이 가담하였다고요? 아니야~ 난 몰라요! 난 싫어요~ 난 독극물 같은 거 몰라요!

아~ 악~ 저리 가~! 이거 뭐야? 최면초라는 저거 뭐야? 난 저런 거 한 적 없어요! 내가 언제요? 난 기억 안 나요! 이젠 내가 마시라고요? 싫어! 안 마실래요~ 웩~~! 네가 감히 하늘을 시해하려고 했던 반역자라고요?

태초 하늘께서는 이 지구로 쫓겨난 역천자들, 그들의 영혼마저 다 멸하시러 이렇게 오시어 심판하고 계시다고요? 하늘의 심판자께서 2019년에 전 세계와 인류를 심판하셨고, 황명을 내리시자 천상에서 아주 무서운 천상신명님들이 내려오셨다고요?

그래서 태초 하늘의 공무집행 명을 받들어서 세계 인류 죄인 한 사람, 한 사람들에게 찾아가서 그들이 천상에서 지었던 죄,

현생에서 지었던 죄, 그리고 태초 하늘을 알현드리지 않은 죄, 태초 하늘께서 쓰신 책을 읽고도 비난, 험담하거나 아예 읽지 않은 자들도 어떤 행동과 말을 하는지 하나하나 전부 기록하시면서 명을 받들어 집행하셨다고요?

천상에서 악의 원조인 하누 앞에 줄 섰던 자들이 천상의 주인께 심판을 받고 이 지구로 쫓겨났습니다. 그 역천자들이 저 멀리 아프리카에 있건, 프랑스에 있건, 중국에 있건, 일본에 있건, 미국에 있건, 베트남에 있건, 그 한 명, 한 명의 몸으로 태초 하늘께서 내리신 무서운 기운이 내려가고 있다고요?

그것이 태초 하늘께서 내리시는 분노의 심판 기운이라고요? 태초 하늘께서는 심판자로 오셨기에 심판의 기운을 뿌리신다고요? 지금 살아 있는 인간, 축생들에게도 심판이 내려가고 있다고요? 아니, 어떻게 그러실 수 있습니까? 불쌍한 동물들이 무슨 죄가 있다고! 예? 아~뜨거워! 왜요? 그렇게 말하면 안 돼요? 그 축생들도 천상에서 하늘을 배신하여 비수를 꽂은 자들이라고요? 배신의 칼을 꽂은 자들이라고요?

태초 하늘께서는 대우주 창조주 절대자이시다! 태초 하늘은 만들어지는 것이 아니라 타고나는 것이다! 이런 말이 태초 하늘의 기운으로 저절로 나온다고 합니다.

그런데 밖에 있는 자 중에서 자신이 천자라고 떠들며, 내가 천제이다, 내가 하늘이다, 내가 상제이다, 내가 하나님 아버지다, 내가 우주의 창조주다 이러면 그 죄를 어찌할 것이냐고요? 아~ 악~! 너무 뜨거워요~ 흑흑흑… 내 몸이 오징어가 되겠어요~ 아

이고~ 뜨거워! 나 좀 살려줘요~! 불지옥에서 오징어 굽듯이 구워
지고, 또 호떡처럼도 구워지고~ 아~악~~ 뜨거워! 나 살려~~~

네? 죄인의 몸을 무슨 고기 굽듯이 굽는 그런 지옥도 있어요?
고깃집 가면 고기를 잘라서 불판에 굽잖아요? 그런 지옥에서 내
몸이 잘려서 고기 굽듯이 구워져 누구한테 먹힌다고요? 아악~
뜨거워~~ 나는 삼겹살이 아니야! 나는 저렇게 되기 싫어! 난
그런 지옥에서 삼겹살처럼 구워지는 벌을 받지 않을 거야!

이 세상에 태어나서 내가 하늘이다, 내가 하나님이다, 내가
천제다, 내가 상제다, 내가 하늘의 아들이다, 내가 하늘의 핏줄
을 받고 태어난 진짜 천자이다 했던 자들이 죽어서 불지옥에서
어떻게 되는지 보라고요? 아~악! 그렇게 자신이 하늘, 하나님,
천제, 상제, 천자라고 떠들었던 자들 불지옥에서 오징어처럼,
삼겹살처럼, 호떡처럼 구워지며 고통을 받게 된다고요? 불지옥
의 여러 가지 뜨거운 맛을 골고루 차례대로 다 받게 된다고요?

그런 불지옥 하나하나 계속 다니는데도 세상에~ 불지옥이 끝
이 없네요? 그렇게 각 불지옥마다 가서 벌을 받다 보면 그 기운
대로 자신의 살아 있는 자손이나 후손들의 집에 화재가 일어나
기도 한다고요? 살아서 내가 하늘이다, 하며 감히 하늘을 사칭
했기 때문에 그가 죽으면 불지옥에서 끔찍한 벌을 받게 되고, 조
상의 기운 따라 지구에 자손, 후손도 살아서 재앙을 받는다니!

물론, 그 자손, 후손들은 왜 자신들한테 이런 불행이 닥쳤는
지 모르지만 이렇게 조상이 받는 천벌을 자손이 이어받기도
하는군요. 이 세상에서 하늘은 태초 하늘 한 분이시다! 아악~

뜨거워~ 뜨거워! 지금 나온 귀신은 6,686명이 나왔고, 악들은 5,600명이 나왔다고 합니다.

태초 하늘 : 김○○이 승려할 때 절에 행사 다니면서 들어온 악귀잡귀 추포하느니라.

귀신 : 당신이 좋아~ 당신이 좋아~ 당신이 좋아~, 목탁 어딨어요? 목탁! 목탁 소리가 제일 좋아요! 왜? 왜 없어요? 왜 안 하는데요? 할 땐 언제고? 하하하~! 이 사람 몸에서 안 떨어질 거예요! 우리가 데려갈 거예요~ 데려갈 거야! 여기 뱃속에도 있고요, 팔에도 있고, 어깨에도 있고, 눈에도 있고, 다리에도 귀신들이 덕지덕지 붙어 있어요. 거울을 봐봐요, 자, 우리가 보일 거예요.

거울을 보세요. 우리 귀신들의 존재가 보일 거예요. 좋다고 할 땐 언제고 어떻게 이럴 수 있어요? 네? 이분은 하늘의 명을 받은 천인이니, 너희 귀신들은 당장 떨어지라고요? 떨어져? 왜요? 이 무섭게 생긴 남자 뭐야? 눈은 빨갛고 시커먼 저 뿔은 뭐야? 용이야? 왜 나를 노려봐? 여기 앞에 안 보이냐고요?

용들이 안 보이냐고요? 아~악, 태초 하늘께서 명을 내리시면은 이 용(천상신명)들이 지옥으로 데려가기도 하고, 사람 몸에 귀신을 용들이 가서 붙잡아 온다고? 검은 용(흑룡)도 있고, 붉은색 용(적룡)도 있는데요, 아~악! 뜨거워라~ 네? 귀신인 제가 태초 하늘의 기운으로 어떤 말들이 나온다고 합니다.

"자미○광 화기염종 분소경마
자미○○화현 자미○화륵천세
자미○ 천화기사 대극멸

자미ㅇ화륵 자미ㅇ화천 인축지 대멸
자미염화 태인구소 ㅇ화천지멸도
자미ㅇ화소 천법태인(ㅇㅇㅇ)
자미ㅇ화기 인축지 화멸
화술염력 자미ㅇ화천기래"

여기서 말이 끝났다고 합니다. 악~ 귀신 뜨거워요~ 왜 그래요? 귀신들은 이 남자분을 만지지도 말라고요? 이 남자분의 정신과 육신 안에 들어가서 모든 것들을 힘들게 하고 있었다고요? 귀신들이 이 남자한테는 엄청 많이 들어가서 25억 명이 나왔네요.

종교 귀신, 자살귀, 우울증 귀신, 정신이 이상해져서 자살한 귀신, 그런 별의별 귀신들이 들어갔고, 악들은 지금 2,000명이 나왔다고 합니다.

태초 하늘 : 김ㅇㅇ이 지금까지 장례식장, 결혼식장, 병원 다닐 때 들어온 악귀잡귀 추포하느니라.
귀신 : 아이고~ 힘들어, 사는 것이 괴롭고 너무 힘들어… 그냥 산에 가서 도나 닦으며 살면 어떨까요? (김ㅇㅇ : 싫어! 난 하늘만 믿고 살거야!) 귀신들이 온몸을 너무 괴롭히고 있었다고요? 그래도 귀신들이 이 몸 안으로 계속 들어갈 거예요~

태초 하늘 : 즉시 잡아들여 심판하느니라.
귀신 : 귀신들이 바글바글하네요~ 귀신 잘 타는 체질이에요? 태초 하늘의 명을 받들기 위해서 태어난 가문의 귀한 자손이라고요? 이분의 조상님들도 이 자손과 함께 여기까지 오시느라고 사후세계에서 굉장히 많은 노력을 하셨다고요? 그러니

너희 귀신들은 이제 몸 안에서 나오라고요? 너희들은 태초 하늘의 명으로 소멸되기 위해서 추포되었다고요? 그럼 세상에 존재하는 모든 귀신들이 다 심판받아야 돼요?

태초 하늘 : 그렇도다. 역천자 악들과 귀신들 심판받느니라.
귀신 : 아니, 그럼 왜 그렇게 심판받아야 해요? 네? 너희들이 기억하지 못하는 슬픈 진실이 있다고요? 천상에서의 슬픈 진실? 그게 뭔데요? 네? 지금도 감히 태초 하늘을 함부로 판단하며 가슴을 마구 후벼 파는 저 밖의 대역죄인들을 보라고요?

태초 하늘께서 쓰신 책을 통해 마지막 구원의 기회를 주셨다고요? 태초 하늘께서 쓰신 이 책이 시험지라고요? 이 책을 읽은 자들 중에서는 책을 읽는 도중에 하품이 계속 나오기도 하고, 또 몸의 어느 부위로 기운이 흐르는 것을 느끼고 진동이 오기도 하면서 눈물을 마구 흘리기도 했었다고요?

바로 태초 하늘의 기운이 들어 있는 책이라 그렇다고요? 책을 쓰실 때는 인간 육신이 쓰시는 게 아니라 태초 하늘께서 쓰시는 책이란 말이 나옵니다.

한 대목, 한 대목 다 쓰시고 육신이 너무 피곤하셔서 잠시라도 눈을 붙이려고 하시면 바로 일어나게 하여 집필하신다고요? 태초의 절대자 하늘께서 직접 기운으로 글을 쓰신다고요? 육신에 수시로 계시지만 책을 쓰실 때도 태초의 절대자 하늘께서 강세하시어 육신을 통해 쓰신다는 말이 나오네요.

머리, 눈, 귀, 코, 입, 가슴, 손 모든 것에 절대자 하늘의 무소불위하신 기운이 들어 있으시다고요? 옥체와 정신은 절대자 하늘의 육신 그 자체이시고 공전절후로 하나뿐이신 하늘의 존귀한 옥체이시라고요? 하늘께서 쓰시는 책이시라고 합니다.

그러니 책을 읽고 어찌 기운이 느껴지지 않을 수 있겠냐고요? 태초 하늘께서 쓰시는 책은 일반 책이 아니고, 어떻게 보면 세상에서 가장 무서운 책이기도 하답니다. 이 엄청난 책을 읽고 시험에서 통과할 자 과연 몇 명이나 될 것인지…?

태초 하늘께서 쓰신 책을 읽을 때는 인간 육신 혼자 읽고 있다고 생각하겠지만, 혼자 읽는 것이 아니라 사후세계에서나 혹은 자손의 몸 안에서 하늘 찾아달라고 오매불망 기다려온 조상들도 같이 책을 보기도 하고, 내 몸에 기거하고 있는 귀신들하고도 책을 볼 수도 있고 사람마다 다 다르답니다.

귀신들도 사람 몸 안에서 책을 보기에 귀신도 공감하면서 그래, 여기다! 하면서 인간 육신한테 여기로 가자~ 빨리 가자~ 그런답니다. 물론, 조상님들도 같이 책을 읽고 감동 받아서 눈물을 흘리며 태초 하늘을 알현 상담하지만 귀신들도 따라옵니다.

아무튼, 책을 읽을 때 인간 육신 혼자서 읽는 경우는 거의 없다고 합니다. 태초 하늘께서 지금 쓰신 책에도 하늘의 무서운 기운이 어마어마하게 들어가 있다고요? 아~악! 아이고~ 뜨거워! 우리가 왜 여기 와 있는 거야? 뭐야 이거? 여기가 불나라야? 뭐야? 불지옥?

지금 태초 하늘께서 쓰시고 있는 이 책은 하늘의 무서운 기운이 들어간 책이라는 말이 나옵니다. 절대자 하늘께서 책을 쓰시면서도 육신도 수시로 하늘의 엄청난 기운을 느끼셨는데, 그것이 바로 하늘께서 육신에 함께하시기에 절대자 하늘의 그런 기운을 느끼신 것이라고 합니다.

정말 엄청나게 무서운 책입니다! 네? 지구에 사는 죄인들이 하늘의 말씀을 들을 수 있냐고요? 전혀 못 들어요? 인간들이 직접 하늘의 말씀을 들으려고 아무리 노력해도 하늘의 말씀 절대 못 듣고, 앞에 계신 태초 하늘께서 죄인들에게는 하늘의 말씀을 안 내려주시고 직접 책으로 쓰신다고요?

영과 육의 절대자 하늘 자체이시기 때문에 천지대능력자시라는 그런 말이 나옵니다. 절대자 하늘의 기운이 들어간 책! 하늘의 기운이 들어간 이 책을 읽고 이 어려운 관문을 과연 누가 통과할 수 있을까? 이런 말이 나오네요. 영과 육의 태초 하늘께서 말씀, 기운, 메시지, 음성, 모든 것이 다 나오신다고 하십니다. 지금 하늘의 기운으로 또 말이 나온다고 합니다.

"화경천 자미ㅇ천화태세
자미ㅇ화기멸 지상천래
자미ㅇ화인멸 태기멸
화공태선 인화지염화래
자미ㅇ동방천륵
대화기사천 군지화경용화1999

자미ㅇ비ㅇ아 화경 인축지 대멸
파군자미ㅇ황멸지륵

자미○화염강소 1008화룡
태천지상 자미○강세 자미○ 자미○천화지즉
화루자미○인치 황군지술 태사 기화염화 지천래"

여기서 말이 끝났다고 합니다. 여기 승려했던 분의 몸에 있다가 지금 나오게 된 귀신이 40,000명이고, 악들은 17,500명이 나왔다고 합니다.

태초 하늘 : 매형이 철학관을 운영할 때 다녔는데 그때 들어온 악귀잡귀 추포하느니라.
귀신 : 기도합시다, 기도~ 자, 이제 가요, 이제, 속세를 벗어나자고요. 여기를 떠나야 돼요. 어차피 속세와 안 맞잖아요? 지금 나온 우리들은 할머니, 할아버지 귀신, 땡중도 있고, 부적 귀신도 있고, 애기 귀신, 자살귀, 우울증, 교통사고 나서 죽은 귀신, 병마 귀신, 원귀, 한귀, 아사귀, 지박령 등등~

여기 귀신들 중에서도 자신은 귀신이 아니라 신이라고 우기는 자가 있다고요? 하지만 진짜 신은 천상에 있는 신명님이 신인데, 귀신이 내가 신이다, 이러면서 사람 몸에 들어가 행세하기도 하면서 대우받는다고요?

귀신이 기도하고 있는 사람 몸에 들어가서 내가 누구다, 내가 신이다, 나의 제자다, 이런 식으로 장난한다고요? 그저 잡귀신일뿐이라고요? 하여튼 그때 들어간 우리들은 지금 나온 숫자가 14,330명이고, 악들은 6,300명이 나왔다고 합니다.

태초 하늘 : 무속에 갔을 때 들어온 악귀잡귀 추포하느니라.

귀신 : 우리의 존재를 밝혀줘! 밝혀줘! 이 남자의 머릿속에 들어가야겠다. 네 머릿속에 들어가서 정신없게 만들 거야~ 이 남자는 구제중생 해주면서 또 자신의 업도 닦으면서 조용히 살아야 되는데, 아니, 왜 여기 이런 곳에 와 있어요? 신 받아야 돼~ 아니면 머리 깎아요. 이제 머리 깎으러 갑시다~!

머리 깎는 거 창피한 거 아니에요. 그것도 조상신한테 선택 받은 거 아니에요? 네? 조상신 다 가짜라고요? 조상들을 사칭하는 거였어요?

태초 하늘 : 그렇도다. 귀신들이 조상이라고 둘러대느니라.
귀신 : 아니에요, 맞아요~ 내가 너의 조상신이다~! 이 몸에 들어간 것이 그렇게 많아? 아저씨, 할머니, 애기, 동자, 동녀, 엄청 많지? 자, 복 줄게, 복 줄게! 우리가 복 줄 테니 복 받아~(김○○ : 싫어!). 굿을 해~ 운수 들어오는 굿 좀 해봐요~ 하하하!

그런 굿하면 잡신뿐만 아니라 악령, 악마, 악귀, 사탄, 마귀들이 잔뜩 들어간다고요? 내가 대감이니, 장군이니, 대신 할미, 삼불제석, 서왕모, 선녀, 도사, 꽃도령이라고 거짓말하는데, 그런 것들도 하누가 뿌린 악마, 악의 씨들이라고요? 하누의 기운이 들어간 더러운 것들이 잔뜩 들어간다고요?

그거 사람들한테 말해 봐요, 그걸 믿나? 그렇잖아요! 저기 큰 절과 대순진리회 건물들이 웅장하네요! 그래야 사람들이 진짜라고 믿고 가는 것 아니겠어요? 아휴~ 뜨거워! 자, 이제 갈 때가 됐다고요? 하여튼 어떤 사람들은 건물 크기 같은 것을 보고서 들어가는데 그런 거 다 소용없다고요?

지금 나온 우리 귀신들은 758,000명이 나왔다고 합니다. 여기도 하늘을 사칭하고 내가 신이다, 사칭한 자들, 잡령들, 악령, 악마, 사탄 이런 못된 악의 씨들이 들어가서 괴롭히고 있다고 합니다. 악은 15,000명이 나왔다고 합니다.

태초 하늘 : 몸 안에 위장, 대장, 간 등 온갖 장기에 붙어 있는 악귀잡귀 추포하느니라.

귀신 : 냠냠냠~ 우리 여기서 살게 좀 내버려두세요. 왜 부르셨어요? 같이 좀 있게요. 앗~! 뜨거워~! 누가 불을 던지고, 난리야? 저 불구덩이야 뭐야, 이거? 악귀잡귀들이 심판받으러 나왔는데, 우리가 천상에서 역모 반란에 가담한 역천자들이었다고? 악의 씨라니 그게 뭔 소리야? 우리가 이 남자분의 몸을 자꾸 힘들게 하고 괴롭히고 기운을 갉아먹었다고요? 냠냠냠~~ 130억 명이 지금 나왔고, 악들은 2,240명이 나왔다고 합니다.

태초 하늘 : 핸드폰에 붙어 있는 악귀잡귀 추포하느니라.

귀신 : 핸드폰 그 자체에 지금 붙어 있는 귀신만 332명의 귀신이 있고, 악들은 357명씩 있다고 합니다.

태초 하늘 : 핸드폰 주소록에 있는 악귀잡귀 추포하느니라.

귀신 : 저장된 주소록 이름 같은 거에 붙은 경우는 90명 정도 나왔고 악은 150명이 나왔다고 합니다.

태초 하늘 : 기타 살아오면서 지금까지 전화통화, 입출금 알림, 문자 주고받을 때 들어온 악귀잡귀 추포하느니라.

귀신 : 전화통화, 알림, 문자 할 때 들어간 귀신들은 모두 9억 명이라고 합니다. 상대방 몸에 있던 수많은 잡령들, 특히

종교 쪽 잡령들도 많고요, 몸으로 들어와서 굉장히 힘들게 하고 괴롭혔답니다. 악은 396명이 나왔다고 합니다.

태초 하늘 : 신은 구두와 신발장의 신발, 슬리퍼, 옷, 팬티, 집안의 의류, 집기 등에 붙어 있는 악귀잡귀 추포하느니라.
귀신 : 여기도 냠냠냠~~ 애기 귀신도 있고요, 빡빡머리 할아버지 귀신도 있고, 한마디로 중할아버지, 애기도 있고, 보살도 있고, 옷에서 모두 빠져나온 귀신은 1,667억 명이 나왔고, 악들은 2,450명이 나왔다고 합니다.

태초 하늘 : 머리털 빠지게 하는 악귀잡귀 추포하느니라.
귀신 : 머리에 붙어서 머리카락 빠지게 하는 귀신 같은 경우는 70명의 귀신이 있고, 할머니, 애기들, 젊은 여자 귀신이 있고, 악들은 207명이 나왔다고 합니다.

태초 하늘 : 근무하는 곳에서 들어온 악귀잡귀 추포하느니라.
귀신 : 들어가면 안 돼요? 직장에 있는 귀신들이 여기 몸에 들어와서 자리 딱 잡고서 계속 정신을 흩트려놓고, 몸도 힘들게 하면서 글도 쓰기 싫어하게 했어요. 하지 마, 안 해도 돼~ 하하, 우리가 하기 싫어서 그랬습니다. 그냥 몸에서 있고만 싶고, 글 쓰는 거 하기 싫어요.

글 안 쓸 거야! 하기 싫지? 나도 하기 싫어, 안 할래! 우리가 그랬어요~ 하하하. 하지 마, 그거 하지 마, 글 쓰는 거 안 할래요. 힘들어요! 나온 귀신들은 할아버지, 애기, 할머니들이 지금 나온 숫자만 829명이 나왔고, 악들은 210명이 나왔다고 합니다.

태초 하늘 : 성불사 기도 때 들어온 악귀잡귀 추포하느니라.

귀신 : 기도, 기도, 기도하자고! 아이고~ 기도하다가 진짜 돌아버려요. 돌아버립니다. 뺑뺑 돌아요~ 사람 죽어~! 기도하다가 사람 죽어요! 하하하! 잘됐다, 잘됐다! 기도하다가 귀신으로 인해 잘못되어서 죽는 경우도 있어요. 흐흐흐…

심장마비로 죽는 사람도 있어요? 하하하~ 기도합시다, 기도! 이분도 여기 들어오기 전에 기도한 적 있지만 여기는 안 죽었다고요? 하늘나라 자미국을 찾기까지 이런저런 과정을 겪으면서 고생을 했지만 사명자(하늘이 내린 명을 받아야 할 자)로 선택받은 몸이기에 태초 하늘을 알현하기 전까지 기도했어도 죽지 않았고, 그래서 태초 하늘께 굴복하게 되었다고요?

기도하다가 죽은 자들, 그 몸을 보라고요? 어떤 원귀, 사악한 악령들, 악마들이 들어가 있는지? 다 하누 악의 씨들이라고요? 땡중들의 독경 소리나 염불 카세트 듣는 거 있잖아요, 그런 거 들을 때도 귀신 들어가요~ 잡령, 종교 귀신들도 마구 들어가고 악령, 악마, 사탄들도 육신의 몸 안에서 같이 들으면서 서서히 기운을 갉아먹어요?

기도! 기도! 기도해야 되는데~ 다 천상에서의 역모 반란에 가담했던 자들이 죽어서 그렇게 되었다고요? 하하하~~200억 명이나 나왔습니다. 잘했죠? 잘하셨어요! 냠냠냠~~! 당신을 다 먹어버리겠다~ 악들은 10,000명이 나왔다고 합니다. 우리가 나오니까 시원해요? 우리 쫓아내니 이제 시원하냐고요! 참~

태초 하늘 : 김○○이가 한때 승려 생활을 했는데, 이게 무슨

불도를 닦고 뭐 한다는 게 죄다 악귀잡귀 귀신들만 잔뜩 받아 왔도다. 그러니까 그 절에 간 신도들도 마찬가지고, 이 엄청난 진짜 상상도 못 하는 이런 진실이 드러났도다. 그러니까 지구상에 있는 모든 종교 자체가 다 귀신들 덩어리들이니라.

복 받으러 가는 게 아니라 귀신 받으러 가는 것이니라. 근데 이걸 모르고 돈과 재물을 열심히 바치니 참 기가 막힌 일인데, 허기야 구원받지 못할 자들이니까 종교에 다닐 것이니라.

귀신 : 사찰의 대웅전에 황금빛 나는 웅장한 거대 불상에 부처와 보살 없다고요? 온통 악들과 귀신들뿐이라고요? 부처와 보살들은 이미 태초 하늘께 2019년 11월에 몽땅 추포되어 영성과 영체가 소멸되어 기운조차도 없다고요?

태초 하늘 : 그렇게 불교에 빠지고 성당, 교회에 다니고, 도 닦으러 도교에 다니고, 무속에 다니고, 일단 종교에 너무 깊게 빠져서 그 사상을 받아들이면 신간 『천지대능력자』 책이 나가더라도 이걸 이해하고 받아들이기 매우 어려울 것이니라.

모든 고정관념을 다 내려놓고 세상에서 들은 상식, 또 종교에서 들은 그 사상, 모두 다 팽개치고 순수하게 받아들여야 하는데, 자신들이 배운 그런 종교 이론과 교리에 넘어가서 무조건 다 부정하니까 구원을 못 받느니라. 기가 막힌 일이고, 지구 자체가 진짜 지옥별이고, 귀신들 그 자체이니라.

이런 진실은 어느 종교인도 알 수가 없느니라. 종교인 자체가 죄다 악의 원조인 하누와 표경의 씨앗들인데, 그들은 하늘의 진실을 알 수도 없고, 하늘의 진실, 계시를 받을 수도 없느니라. 악들의 씨앗에게 태초의 절대자 하늘이 어떤 기운을 주고, 계시를 내려주고 하겠느냐? 인류의 모든 종교, 기독교, 천주교도 그렇고, 하나님, 하느님, 부처님, 상제님, 천지신명님한테 인류가 다 속고 있는 것이니라.

진실을 받아들이는 자가 몇이나 있을까? 종교에 세뇌될 대로 세뇌됐을 텐데, 개중에는 교회나 성당, 불교, 무속, 도교를 다니면서도 뭔가 이것은 아닌 거 같다고 이렇게 느끼는 자들, 느끼는 영혼들, 느끼는 조상들, 느끼는 신들만이 선택받을 것이니라.

정말 기다리던 진짜 하늘께서 오셨구나! 우리가 여태까지 여호와 하나님에게 속았구나, 예수, 성모 마리아, 석가모니, 천지신명, 열두대신, 상제, 공자, 노자에게 속았다는 것을 알고, 이 책을 보고 통탄하면서 가슴을 칠 그런 자들이 구원받으러 오느니라. 이제까지 종교에서 2,000년, 3,000년 동안 이어져 내려온 악들과 귀신 경전의 역사, 그것만 믿고 따랐던 것이니라.

이런 천상세계 진실을 전할 수 있는 인류의 영도자가 없어서 종교세계 들어가서 그들의 노비가 되었도다. 신도들은 완전히 노비인데, 이 엄청난 진실을 얼마나 받아들일까? 이곳에 앉아 있는 자들은 이 세상의 재벌 총수, 대통령보다 더 낫도다. 인생살이 길어봐야 100년, 아니면 몇십 년 살고 가는 것이니라.

죽음 이후의 세계가 있다는 것이 이제 다 인정되었을 것이니라.(일동 : 네!) 그런데 바깥에 있는 자들은 죄다 돈과 권력, 명예, 부귀영화 이것만 외치고 있도다. 죽음 이후의 세계가 시퍼렇게 기다리고 있는지 몰라보고 지구상에서 구원받을 수 있는 곳은 이곳 하늘나라 자미국 한 곳뿐인데 인정할까? 그것이 문제이니라. 인정하든 않든 나는 인간, 영혼, 조상, 신들에게 선포하기 위해 책으로 하늘의 진실을 전하는 것이니라.

 깨달은 자들, 깨달은 조상들, 깨달은 영들, 깨달은 신들은 올 것이고, 종교가 맞다고 하는 자들은 잡아끌어도 안 오느니라. 그들은 죄가 너무 많고 커서 종교 믿다가 죽을 테니, 지옥세계에서 다시 보게 될 것이니라. 죽어서는 핑계 대봐야 아무 소용 없고, 변명이 통하지 않으며 알고 믿었든 모르고 믿었든 종교 믿은 죄가 가장 큰 죄이니라. 죄는 영원히 사라지지 않느니라.

 인류는 하늘을 배신한 대역죄인들이고, 인간으로 탄생한 것은 이렇게 심판받기 위해서인데, 산 자는 심판받아 구원의 길로 연결되는 것이고, 육신 없는 이미 죽은 자들은 자손이 안 오면 바로 심판해서 소멸시키는 하늘의 대법정이 열리고 있느니라.

 천상에서 대역죄를 지은 죄인들 추포해서 심판하는 게 우선이니라. 천상에 있을 때 도망치고 쫓겨난 자들, 죄는 안 빌고 죄다 종교세계 가서 기도하고 있고, 기도하는 자체가 결국 복 달라고 비는 것인데, 죄인 주제에 무슨 복을 비는가? 여기 와서 일생일대 한 번뿐인 죄를 빌어야 하느니라.

 그러니까 이 세상의 종교 자체가 잘못된 것이도다. 천상에도 없는 종교를 악들이 지구에 세워서 언젠가는 절대자 하늘이 강세할 때 알아보지 못하게 악들이 세운 종교감옥에 가두어놓고, 나 이외의 신은 섬기지 말라고 세뇌시켰는데, 이 말에 깊은 의미가 담겨 있느니라.

나 이외의 신은 믿지 말라 하는 것은 언젠가는 절대자 하늘이 이 땅으로 강세할 것을 그들은 이미 알았던 것이니라. 너무 세뇌당해서 과연 순수하게 인정하고 들어올지 이것이 너희들의 생사가 결정되는 갈림길인데, 이 지옥별인 지구라는 별 자체가 인류 구원의 시험장이니라.

서산에 걸린 태양처럼 지구는 운명이 다하여 저물어가고 있느니라. 이미 인류 멸살, 지구 파괴, 종말의 명은 내려진 상태고 최후의 날이 오기 전에 얼마나 많은 자들이 들어와서 구원의 명을 받느냐, 마느냐 그것만 남았느니라.

절대자 하늘인 나는 수많은 우주 행성들을 파괴해서 소멸도 시키시고 또 새로운 행성을 창조도 하는데, 이 지구라는 별 자체가 대우주 전체로 보면 좁쌀 알갱이 하나 크기도 안 되느니라. 지구 파괴하여 멸망시키는 것은 아무것도 아니니라. 그런데 지금 인간들은 기고만장해서 눈에 보이는 돈과 재물, 권력과 명예에 취해 있고, 종교의 노비가 되어 있느니라.

죽음 이후의 세계가 시퍼렇게 살아 있는 줄 몰라보고 한마디로 제정신들이 아니도다. 종교에 빠져서 줄을 서 있는 자들, 그게 하누와 표경인 악의 씨앗들이고, 진실을 찾는 자들은 이번 책이 마지막 책이 될 것이고, 구원받아 천상행 마지막 열차에 오를 자들은 책 보고 올 것이고, 부정하는 자들은 방법이 없느니라.

태초 하늘 : 대순 다닐 때 들어온 악귀잡귀 추포하느니라.
귀신 : 모두 나온 숫자 지금 현재까지는 32억 5,000명이 나왔고, 악들은 3,940명이 나왔습니다.

태초 하늘 : 이것이 한 사람을 구원하는 내용들인데 방대한 분량이지만 너희들의 사후세계 공부를 시켜주기 위해서 수록하였느니라. 이것은 가감 없이 실제 내용 그대로의 실화 내용이니라. 재미있다고 감동하며 놀라워할 자들도 있을 것이고, 말도 안 되는 공상 소설이라고 넘겨버릴 자들도 있을 것이니라. 사후세계가 있느냐 없느냐로 많은 자들이 반신반의하고 있는데 사후세계, 귀신세계는 시퍼렇게 실제로 존재하고 있느니라.

사고로 인한 육신의 죽음과 질병에 걸려 죽는 것보다 더 무서운 것이 종교사상과 교리에 세뇌당하여 눈과 귀를 막고 하늘이 내린 것을 몰라보고, 종교에 빠져서 일생을 허송세월로 보내는 것이고, 처음이자 마지막으로 대우주 천지인 창조주이자 절대자 하늘인 내가 인간으로 강세하였는데, 나를 알현하지 못하고 이 세상을 떠나는 자들은 천상의 죄가 크기 때문이니라.

죽음은 모두에게 공평하게 다가오는 일이고, 다만 시간의 차이만 다를 뿐 언젠가는 싫든 좋든 죽어야 하니라. 그런데 모두가 죽어야 하는 죽음보다 더 무서운 것이 천상에서 지은 죄가 무엇인지 알지도 못한 채 빌어보지도 못하고 죽는 것이니라.

기억이 삭제되어 알 수 없는 것은 당연한 일이지만 하늘나라 자미국에 들어오면 천상에서 각자 자신들에게 무슨 일이 있었고, 어떤 사건에 연루되어 지구로 도망쳤거나 유배되었는지 상세히 알 수 있고, 천상에는 가족으로 누가 있으며 이름은 무엇인지도 알 수 있으니 경천동지할 일이니라.

귀신들이 들려주는 지옥 실화

일요일 천상대법정에서 사람 몸에 몰래 숨어들어 왔다가 추포된 귀신들을 심판하는 과정에서 실제 있었던 상황을 기록한 내용들인데, 지옥세계를 부정하고 무시하는 자들은 이 글을 읽고 간접적으로나마 무시무시한 지옥세계를 체험하면 앞으로 어떻게 살아가야 할 것인지 답을 얻을 수 있을 것이니라.

귀신 : 흑흑흑… 어느 지옥세계에 가면요, 어떤 죄인은 가시가 박혀 있는 바닥에 大 자로 엎드린 채로 있는데, 땅바닥에 있는 수많은 가시들이 몸으로 관통하여 끔찍한 고통으로 괴성을 지른다고 합니다.

아~악~! 살려주세요, 제발 살려주세요! 소리를 쳐도 소용없는데 저 앞에 있는 어떤 무서운 분이 오라고 하는 데까지 가시 바닥을 이렇게 기어가야 된다고 합니다.

옥졸이 "네 죄가 무엇인 줄 아느냐!" 무섭게 물어보면 또 다른 어느 분의 음성이 들린다고 합니다. 태초 하늘을 배신하고 가슴에 비수를 꽂고, 감히 비방하며 욕을 하였다는 말이 저절로 튀어나오면서 가시 바닥을 기어서 가야 된다고 합니다. 아~악~! 살려주세요! 잘못했어요! 살려주세요~~!

그리고 태초 하늘의 육신을 질투했던 자들이 벌을 받는 지옥도 있는데, 인간 세상을 살아가시면서 직장 생활하셨을 때 그곳에서 시기, 질투하는 직장 동료들이 많았다고 합니다.

태초 하늘의 육신께서는 정말 법 없이도 사실 분으로 너무도 정직하시고 바른 분이시기에 직장 다니시면서도 그 어떤 조금의 잘못된 일이나, 비리를 저지르신 적이 없으시다고 합니다. 그런데 너무 잘나셔서 잘 나가시니까 직장 동료들이 뒤에서 시기, 질투하였었다고 합니다.

감히, 태초 하늘의 육신을 시기, 질투한 그들이 가야 할 지옥도가 굉장히 많다는데, 그중의 하나는… 아~악~ 더러워~! 알몸 상태인 죄인들이 엎드려 있는데, 그 바닥에는 뱀과 쥐들이 바글바글하고 오물이 깔려 있답니다.

쥐도 더럽고 뱀도 징그러운데 그들의 오물도 있어요. 죄인 스스로 엎드린 채로 쥐와 뱀, 그들의 오물이 몸에 묻는 채로 기어가야 되는데 어떻겠습니까? 몸 밑에 깔려 있는 쥐들이 죽어나가고, 뱀도 혀를 날름거리며 에엑~ 하고. 그렇게 끔찍하고 더러운 곳을 엎드린 채로 기어서 어디론가 가야 하는데, 뒤에서는 악어들이 쫓아오고 있답니다.

쥐들은 몸에 눌려 터져 피가 묻고, 오물도 묻고 너무 더러워서 미치겠습니다! 뱀들은 혀를 날름거리고, 뒤에서는 악어들이 쫓아오니 몸을 다 물어뜯어 먹어버리겠죠? 엄청난 고통을 느끼며 죽었다가도 다시 살아나서 계속 반복해야 해요. 흑흑흑~ 끔찍해요! 이런 지옥도 있고, 가야 할 지옥이 끝도 없이 많다고 합니다.

또 다른 지옥은 똥과 오줌을 받아먹는 똥물지옥이 있는데, 입을 더럽게 놀려 태초 하늘을 비난하고, 나쁘게 말한 벌을 받는 지옥으로 냄새가 진동하고 역겨워 토하기를 반복하는 형벌을 몇 년 받고 나면 또 다른 지옥으로 이송된다고 합니다. 저 귀신이 태초 하늘의 기운으로 말이 나온 것이라고 합니다.

태초 하늘의 육신께서는 굉장히 유능하시고 명석하시어 직장 생활도 너무나도 훌륭하게 잘하셨는데, 동료들이 그렇게 시기, 질투를 했으니 당연히 벌을 받아야 한다고요? 태초 하늘의 육신이시기에 특출한 능력과 함께 끈기와 열정, 추진력, 담대함이 남다르셨으니 그들은 절대 따라잡을 수가 없어요. 한 마디로 군계일학이었다고 합니다.

여기 이 지옥에서 끝나는 것이 아니라 다른 지옥에서도 쉼 없이 계속 벌 받는데요! 흑흑흑, 태초 하늘님, 잘못했습니다! 수많은 각각의 지옥도가 있는데, 인간으로서 상상도 할 수 없는 지옥들이 굉장히 많다고 합니다.

태초 하늘 : 그러니까 가시 지옥도 있는 거고, 이렇게 오물지옥도 있는 거고, 그다음에 똥만 받아먹는 지옥도 있느니라. 너희들은 지옥세계가 하나만 있는 줄 알고 있는데, 인간 세상에서 상상도 못 하는 그런 지옥세계가 수백만 개로 무수히 많느니라.

구더기 지옥도 있는데, 구더기 지옥은 그 지옥에 빠지면 구더기들이 사람 살을 파먹는데 끔찍하도다. 그러니까 나를 찾아오지 않은 자들이 가야 될 지옥세계이니라. 이곳에서는 배신이라는 게 있으면 안 되고, 그건 영원한 죽음이도다. 그러니까 지금 태초 하늘인 나의 존재가 무엇인지 모르기 때문에 함부로 말하는데, 이제 죽어서 그 심판을 그대로 받게 되느니라.

매주 이렇게 천법회에 참석해서 나의 음성을 듣고, 나의 명을 받는 것은 인간으로 태어나서 가장 큰 성공이고, 최후의 승리인 것이니라. 세상의 돈과 권력, 명예로 출세한 자들은 이 책이 출간되면 급해질 것이니라. 이 땅에 태어나 태초 하늘을 알현하여 천상입천의 명을 받지 못하고 죽으면 지옥세계로 떨어진다는 것을 알고 발등에 불이 떨어질 것이니라.

이 땅에 종교 안 믿는 자 없는데, 종교가 몽땅 가짜임을 알고 갈팡질팡할 것이니라. 모두들 각자가 살아서 행하고 뿌린 대로 지옥세계에서 죄를 심판받고 벌을 받게 되느니라.

귀신 : 그리고 앞을 바라보면 자신의 죄가 소상하게 적혀 있는 책(천상장부)이 있다고 합니다. 태초 하늘께 지은 죄가 책에 아주 소상하게 조목조목 적혀 있는데, 어느 날 천기 몇 년, 몇 월, 며칠, 몇 시, 몇 분에 마음속으로 했던 생각, 말, 글, 그러니까 여기 태초 하늘께 불평 불만했던 말들이나 생각과 글이 빠짐없이 적혀 있다고 합니다.

이곳은 의식을 통해 무조건 뜻을 이루고 다 잘되길 원하는 곳이 아니라고 합니다. 태초 하늘께서도 항상 말씀하셨다고 합니다. 의식해서 잘되는 목적으로 하는 것이 아니라, 여기는 인간, 영혼, 조상, 신들이 죄를 빌기 위한 곳이라고 합니다.

태초 하늘께서 기운을 내려주시어 더 큰 보호를 해주신다고 합니다. 돈을 엄청나게 벌게 해주어 부자로 만들어주는 그런 것이 아니라, 태초 하늘께서 기운으로 실시간으로 보호해 주시고, 더 나쁜 일을 막아주시고, 각자의 죄를 빌 수 있도록 엄청난 기회를 주시어 다음 내생을 보장(보호)해 주신다는 말이 나옵니다.

천생과 전생, 현생에서 지은 죄 다 포함해서 그런 죄를 다 조목조목 다 밝히면 이거 뭐, 내가 언제 그랬지? 이렇게 할 수도 없답니다. 책(천상장부)뿐만 아니라 큰 거울에 영화 속 장면들처럼 내가 살아오면서 어떤 말을 하고, 어떤 글을 썼고, 어떤 비난을 했었는지 영상과 자막으로 자세히 나온답니다.

아주 커다란 거울도 있고요. 대형 스크린도 있는, 정말 어떻게 이런 일이 다 있나? 아, 정말 이런 사후세계가 존재하는구나! 나를 몰래카메라로 감시한 거야? 뭐야? 이런 말이 나올 정도로 내가 태어나면서부터 죽을 때까지의 모습을 다 찍어놓았다는군요. 그러니 사후세계에서는 내 죄를 숨길래야 숨길 수 없네요.

수많은 지옥세계 중 어느 한 지옥에서는 죄인이 어떤 죄를 짓고 왔는지 다 보여주고 나서 고개를 이렇게 딱 들게 해서 입을 벌리게 한 다음에, 괴물의 손이 쑤~욱 들어간답니다. 손이 죄인의 입으로 들어가니 아~악~! 그 괴물의 손이 얼마나 아픈지 입에 들어가자마자 다 터져버리는데 폭탄이에요. 폭탄!

한 마디로 그 주먹이 폭탄이에요, 폭탄. 내 입에서 폭탄이 터져서 여기가 다 터져 나가는 거예요. 혀고, 이빨이고, 입술이고 혀고 다 터져버립니다. 이곳은 무조건 돈 잘 벌어서 잘 먹고 잘 살도록 해주기 위해서 세우신 곳이 아니라고 하십니다. 나의 천생과 전생, 현생의 죄를 빌어야 하는 곳, 내가 기억하지 못하는 저 높은 천상이란 곳에서의 원초적인 죄와 전생의 죄, 현생에서의 죄를 빌기 위한 곳이라는 말이 나옵니다. 으~악~! 손폭탄이 입에서부터 쭉 내려가서 목젖도 다 터져버리고 계속 내려가다가 온몸이 다 터지네요. 휴~ 너무도 끔찍합니다! 그런 지옥도 있다고요? 태초 하늘께서 분명히 말씀하셨다고 합니다.

이곳은 종교세계가 아니기에 의식했으니 돈 엄청 많이 벌어 잘 먹고 잘살게 해주세요, 하는 곳이 아니라 자신의 천생, 전생, 현생의 죄를 비는 곳이라고요. 그러니 자신의 소원만을 이루려는 마음으로 의식을 했는데, 소원이 이루어지지 않는다고 비방한다면 더 큰 죄를 쌓게 되는 것이니, 하늘나라 자미국의 근본 취지를 확실히 알고 임해야 한다는 말이 나옵니다.

지금 검은 불덩이가 170,000개가 타오르고 있다는 그런 말이 나옵니다. 태초의 하늘께서 심판하시는 죽음의 검은 불이랍니다. 여기 사명자 이분의 부모님, 오빠, 언니, 조카 등등이 이번 생에 가족으로 맺어지게 된 것이 우연이 아니라 어떤 전생에서의 인연이 있어서 지금의 가족으로 연결된 것이라고 합니다.

한 가문에서 태초 하늘의 명을 받들 사명자(하늘이 내리는 명을 받들 자) 한 명이 태어나기까지가 굉장히 어렵다고 합니다. 이 가문의 조상님들도 사후세계에서 고통의 윤회를 거듭하며 끝없이 죄를 비셨다고 합니다. 그렇게 혹독한 시험을 치르면서도 태초의 하늘께서 불러주실 날만을 오매불망 기다리시다가 드디어 사명자 자손을 얻고, 긴 세월 끝에 드디어 태초의 하늘께 부름을 받는 기적의 소원을 이루셨다고 합니다.

윤회하는 영혼들의 절박한 메시지

　모든 자들이 죽음 이후에서는 어떤 세상이 기다리는지 몰라서 종교에 다니며 숭배자들을 열심히 받들어 숭배하며 모든 정성을 올리고 있는 것이 현실이로다. 그러나 지구에 인류가 태어나고 받들었던 종교적 신앙의 숭배자들이 모두 악들과 악령, 귀신들이었다는 사실에 충격을 주고 있느니라.

　대우주 창조주로 생각하며 수천 년 동안 받들었던 하느님, 하나님, 상제님, 부처님, 미륵님, 천지신명님, 알라신, 라마신, 시바신들이 천상의 주인이자 태초 하늘인 나를 배신하고 도망친 역천자 악들이었는데도 이들의 사상을 세상에 전파하였던 석가모니, 여호와(야훼), 예수, 마리아, 공자, 노자, 신흥종교 창시자들 역시도 악들의 피를 이어받은 대역죄인들이니라.

　살아생전 이들을 열심히 믿고 살다가 좋은 곳으로 올라간 영혼들은 하나도 없고, 모두가 만생만물로 윤회(환생)하거나 지옥 세계로 떨어졌도다. 종교를 통해서 이상향의 유토피아 세계로 알려진 천상으로 돌아간 영혼들은 없었고, 죽으면 어떻게 윤회하는지 귀신들을 통해서 체험하면 많은 도움이 될 것이니라.

　태초 하늘 : 김○○이 지금까지 살면서 모기 유충과 집모기, 들모기, 산숲모기 등 여러 종류의 모기들과 파리 유충, 집파

리, 검정파리, 금파리, 초파리, 쉬파리 등 여러 종류의 파리들을 잡아 죽였을 때 들어온 악귀잡귀 추포하느니라.

귀신 : 살려주세요! 흑흑흑… 제발 살려주세요! 우리들을 제발 인간으로 태어나게 해주세요! 흑흑흑… 제발 인간으로 태어나게 해주세요! 다시는 죄 짓지 않겠습니다!

태초 하늘 : 너희들은 살아서 한때 인간이었는데, 죄를 지어 파리, 모기로 태어나는 벌을 받았는데 어떻하더냐?

귀신 : 사람으로 살았을 때 살인을 했던 자도 있고, 사기꾼, 또 사기당해서 억울했던 자, 자살했던 자, 우울증으로 죽은 자, 여러 사연이 있었고, 죽어서도 고통이 끝나지 않고 있습니다.

그런데 우리들이 이렇게 벌을 받고 있는 가장 큰 원인은 전생에서의 죄가 크다고 하네요. 전생에 천상에 있을 때 영혼을 창조해 주신 절대자 하늘을 배신하여, 하늘을 시해하려는 역모 반란에 가담했었다고 합니다. 무슨 말인지 잘 모르겠지만 이렇게 죽어서 끝없이 윤회를 거듭하고 있으니 정말 죽고 싶어도 못 죽고 너무나 힘들고 고통스럽습니다!

인간으로 살다가 죽어서는 이런 곤충들이 되었는데 여기 이 남자분의 머리, 눈, 손, 다리 등등 온몸 전체에 들어가 힘들게 하였습니다. 잘못했습니다! 이렇게 붙잡혀올 줄 전혀 몰랐습니다. 네? 저 높은 단상의 황금 의자에 앉아 계신 분이 태초 하늘이시고, 천상에서의 역모 반란군 원수를 추포하시어 심판하신다고요? 귀신은 5,000명, 악들은 7,000명이 잡혀왔다고 합니다.

태초 하늘 : 그러니까 이 파리, 모기가 이를테면 곤충인데,

인간이 죽어서 곤충으로 윤회를 한다는 거 감히 상상도 못 할 것이니라. 단어로만 축생인 동물이나 새나 물고기로 태어나는 것으로 알고 있는데 파리, 모기로 윤회한다는 거는 SF, 소설일 것이라고 생각할 것이니라. 이것이 사후세계 윤회의 진실이고, 천상에서 역모 반란에 가담했던 자들, 이 땅에 인간으로 또 태어나서 윤회도 하고 했는데 또 죽어서 파리, 모기로 윤회하다가 오늘 이렇게 추포해서 심판했느니라.

다음은 김○○이 지금까지 살면서 꿀벌, 토종꿀벌, 땅벌, 왕나나니, 왕바다리, 검정말벌, 장수말벌, 말벌을 잡거나 죽였을 때 들어온 악귀잡귀들과 고추잠자리, 토종잠자리, 물잠자리, 왕잠자리, 실잠자리 등 여러 종류의 잠자리를 잡거나 죽였을 때 들어온 악귀잡귀 추포하느니라.

귀신 : 저 앞에 악마라는 남자가 말하길 어느 지옥에서는 죄인을 방에 가두어놓고 벌에 쏘이게 하는 그런 고문도 있다고요?

태초 하늘 : 벌들이 쏘는 지옥은 침사지옥이라고 하느니라.

귀신 : 눈, 코, 입, 혀, 온몸을 쏘다니~! 벌에 쏘이는 지옥! 또 다른 어떤 방으로 가면 내가 사람으로 살았을 때, 내 스스로 죽였던 동물들이 있어요. 내가 사람이었을 때 죽였던 동물들이 있는 방에 들어가서 이제는 그들에게서 괴롭힘을 당하는 지옥도 있다고요? 그럼 지옥이 도대체 얼마나 많은 거예요?

태초 하늘 : 지옥은 헤아릴 수 없는 수백만 개의 세계니라.

귀신 : 또 어떤 지옥에서는 돼지들만 있는 방에 가둬놓고, 돼지들한테서도 공격을 받는 벌을 받아요? 우웩~ 더러워~! 엄청 많은 돼지들이 죄인을 공격하는데, 차라리 죽여주세요! 바

닥에는 돼지 오물들이 깔려 있고요, 으악~ 더러운 돼지들이 죄인의 몸을 깔아 뭉개버립니다. 잘못했습니다! 살려주세요! 제발 여기서 나가게 해주세요! 또 어느 방에서는 큰 소들이 들어 있는 방에 가둬서 그 소들이 무섭게 돌진해서 공격하며 아수라장이 되네요. 아이고~

죽기 전에 어서 태초 하늘을 알현드려 죄를 빌어야 한다고요? 천상에서의 죄를 빌 수 있는 기회를 주실 때 알현드려야 한다는 말이 나오네요. 하늘나라 자미국에 들어오지 않는 밖에 있는 사람들은 이 금쪽같은 시간을 낭비하며 지금 무엇을 하고 있냐고요? 네? 아직 안 죽어봐서 인정 못 하겠다고요?

태초 하늘 : 그렇도다. 그런 생각들을 하고 살고 있느니라.
귀신 : 여기 지구라는 곳은 지금 시험장이라고요? 구원의 시험장이요?

태초 하늘 : 맞도다. 구원의 시험장이고, 이 세상에서 나에게 구원을 받느냐, 못 받느냐 적격 유무를 판정받는 시험장이니라.
귀신 : 흑흑흑… 지금 벌들에게 쏘이고 있어요. 잘못했습니다, 잘못했습니다! 지금이라도 죄를 빌겠습니다!

벌에게 마구 쏘여 이렇게 처참한 모습으로 또 언제 끝날지 모르는 저 수많은 고문 형벌을 받아야 된다고요? 벌에게 쏘이고 벌로도 환생하고, 돼지로도 환생하고, 소로도 환생하고, 쥐로도 환생하면서 그렇게 모든 축생으로의 윤회를 거듭하다가 그 기간이 끝나면 다시 지옥으로 끌려가 저 차가운 얼음 속에 갇힌다니… 아~악~! 얼음지옥 한빙도의 얼음 속에 갇혀 있어요! 추워요! 얼음에서 고통을 받으며 얼음 안에서 죽고, 다시 살아났다가 죽고를 반복하네요.

그러기에 하늘나라 자미국에 와서 태초 하늘께 굴복하고 죄를 빌어야 하는데, 사람들이 전혀 못 알아들어요? 구원의 시험장에서 과연 그 누가 태초 하늘의 말씀을 알아듣고 하늘께 죄를 빌 수 있습니까? 저 밖에 있는 사람들은 난생처음 들어보는 하늘나라 자미국이 종교가 아니라서 너무 어려워한다네요?

태초 하늘 : 종교는 쉬운데, 하늘나라 자미국은 어려우니라.
귀신 : 책을 읽고도 도대체 무슨 내용이냐고 재차 물어보는 사람들이 많다고 하네요.

태초 하늘 : 그래, 책 자체가 천상입천 자격여부를 시험 보는 시험지고, 그래서 책을 안 읽어보면 이곳에 들어올 수 없도다.
귀신 : 아~악! 벌지옥에 가기 싫어요! 벌지옥 안 갈래요! 귀신은 9억 6,000명, 악들은 2,000명이 잡혀왔다고 합니다.

태초 하늘 : 김○○이 지금까지 살면서 산과 강, 바다에서 잡은 조개류와 다슬기, 고둥과 민물새우, 가재와 온갖 종류의 물고기들과 물속에 살던 여러 종류의 유충들을 잡아먹거나 죽였을 때 들어온 악귀잡귀 추포하느니라.
귀신 : 모두 135억 명의 귀신들이 나오게 되었고, 악들은 56억 14,000명이 나오게 되었다고 합니다.

태초 하늘 : 김○○이 지금까지 살면서 꿩을 비롯해 뜸부기, 박새, 콩새, 뱁새, 꾀꼬리 등 여러 새를 잡았을 때와 새알, 꿩

알을 주워 먹었을 때 들어온 악귀잡귀 추포하느니라.

귀신 : 흑흑흑… 죽어! 죽어! 죽어! 나를 먹었으니 너도 죽어! 나를 죽였으니 너도 죽으라고! 죽어서 우리처럼 똑같이 되어 보시겠습니까? 똑같이요!

태초 하늘 : 너희는 죄인들이니까 그렇게 죽음을 당했도다.
귀신 : 으흐흐흐… 우리가 이 남자 다리에도 많이 들어갔습니다. 하하하! 죽게 해드릴게요~ 죽게 해줄게요! 다음 생에는 우리처럼 똑같이 되도록 해드릴께요. 으흐흐흐…

태초 하늘 : 너희들은 죄인이니까 죽어 마땅하니라.
귀신 : 그럼, 우리 새들은 인간들한테 다 잡혀야 됩니까?

태초 하늘 : 그래. 얼마나 죄가 많으면 새로 태어났겠느냐?
귀신 : 추포 되어온 새들의 영혼 중에서는 천상에 있었을 때, 역모 반란에 가담하여 독극물 제조에 가담한 대역죄인들도 포함되어 있다고요? 그래서 지구로 쫓겨왔고, 새로 윤회하다가 죽었다고요? 그런 게 어디 있어요? 천상이란 곳이 실제 있다면 그렇게 좋은 천상에서 무슨 반란이 일어나요? 독극물 그런 것이 어디 있어요?

예? 그런 자들이 있었다고요? 천상이라는 곳에도 실제 역모 반란이 일어났었답니다. 감히 하늘의 자리를 차지하려고 하는 역모 우두머리가 있었고, 권력 욕심, 재물 욕심도 끝이 없다고요? 벼슬과 재물에 눈이 멀어 영혼을 창조해 주신 하늘을 배신하여 역모 반란에 가담하였다가 결국 지옥별 지구로 쫓겨났다고요? 그래서 이 지구에 인간으로 태어나 태초의 하늘을 알현드리어 죄를 빌지 않으면 우리처럼 축생으로 환생하게 된다고요?

이 남자분의 다리로도 들어가 괴롭히고, 인생을 슬프고 괴롭게 만든 영들이 16,000명 정도, 악들은 2,304명이라고 합니다.

태초 하늘 : 김〇〇이 지금까지 살면서 산토끼를 잡거나 노루와 멧돼지 고기를 먹었을 때와 집쥐, 들쥐, 두더지, 박쥐 등 여러 종류의 쥐들과 여러 종류의 뱀들과 족제비를 잡거나 죽였을 때 들어온 악귀잡귀 추포하느니라.

귀신 : 흑흑흑… 여기 이 남자분, 당신의 인생을 제일 힘들고 아프게 하고 평생 눈에서 눈물이 마르지 않게 할 거야! 흑흑흑… 우리를 죽였으니 복수할 거야! 가정 불화를 일으킬 거야! 네? 뭐라고요? 우리들은 천상이라는 곳에 살았을 때 표경이라는 역천자한테 줄을 섰었던 자들이라고? 표경이 뭔데요? 난 몰라요!

그자에게 줄을 서서 하늘을 배신하고, 황실의 정보를 몰래 빼내려는 그런 자도 있었다고요? 하늘을 왜 배신해요? 오늘 이렇게 천상에서의 반란군 원수들을 하늘께서 추포하시어 소멸시키시려는 이런 날을 기다리셨다고요?

하늘의 가슴에 칼을 꽂은 자들, 천상에서의 역천자들을 다 죽이러 지구로 오셨다고요? 하늘께서는 바로 이것을 하러 오셨다고요? 아~악~! 축생으로 윤회해도, 지옥으로 끌려가도 각자들의 잘못이 얼마나 큰지 인정하지 않는 너희들이야말로 어서 소멸되어야 할 악독한 대역죄인들이라고요? 아악~! 아파요! 그럼 이 남자분이 우리를 죽인 건 잘하신 겁니까? 남자분의 인생을 평생 괴롭히고 몸을 힘들게 한 우리 귀신들은 17

억 8,000명, 악들은 3,689명이 나왔다고 합니다.

태초 하늘 : 김○○이 지금까지 살면서 지렁이, 까막지렁이, 청지렁이, 거머리, 올챙이, 비단개구리, 참개구리, 청개구리, 도롱뇽을 잡거나 죽였을 때 들어온 악귀잡귀 추포하느니라.

귀신 : 으~추워라~ 지금 여기가 어디예요? 우리가 천상에서 쫓겨난 죄인들이라고요? 하누? 하누가 누구예요?

태초 하늘 : 하누는 악의 원조였는데 종교에서 하나님, 하느님이라고 부르는 천상의 역천자 반란 괴수이니라.

귀신 : 네? 하누라는 것은 완전히 없어져야 될 존재라고요? 하누 그 악마가 천상이라는 곳을 그렇게 뒤집어놓아 대역죄를 지었었다는데, 그럼 그 하누라는 자는 지금 어디 있습니까?

태초 하늘 : 2019년 11월에 추포되어 소멸됐느니라.

귀신 : 하누는 천상에서도 그렇게 최악이었어요? 하누는 최악이라는 그런 말이 나오네요. 최고로 못된 악! 우리가 천상에서 하누한테 줄 섰고, 하누한테 마음 주고, 하누한테 기운 받으려고 그런 짓거리들을 했었다고요? 악의 원조 하누가 세운 것이 종교이고, 그 종교에는 하누가 뿌린 악의 기운이 들어가 있다고요?

태초 하늘 : 인류 모두가 다 하누 앞에 줄 서 있느니라. 천상의 반란괴수 역천자 하누와 아들 표경이 지구에 처음으로 천상에도 없는 종교를 세워 영들에게 죄를 빌어 천상으로 올라가지 못하게 종교감옥에 가두고 사상적으로 세뇌시키고 있었도다.

귀신 : 그럼 그 하누가 뿌린 그 기운들을 거두려면 종교가 몽땅 없어져야 되겠네요?

태초 하늘 : 그래, 지구상의 모든 종교를 멸하러 내려왔도다.

귀신 : 하여튼 지금 우리 나온 숫자는요, 1,362억 명이 나왔고요, 악들은 16,800명이 나왔다고 합니다.

태초 하늘 : 김○○이 지금까지 살면서 산에서 나는 여러 종류의 산 약초, 산나물, 버섯과 산딸기, 머루, 다래, 잣, 도토리, 밤, 배, 복숭아 등 열매를 따서 먹었을 때 들어온 악귀잡귀 추포하느니라.

귀신 : 저희들은 그 안에서 윤회하고 있던 영들인데요, 열매뿐만 아니라 풀잎 안에도 영들이 있어요. 우리 지금 나온 귀신 숫자는 796명이 나왔고, 악들은 276명이 나왔다고 합니다.

태초 하늘 : 김○○이 지금까지 살면서 강과 산, 들, 논, 밭에서 손으로 꺾거나 칼, 가위, 톱, 도끼, 낫, 호미, 괭이로 캐고, 자르고, 뽑고, 불태운 온갖 종류의 나무들과 꽃들, 식물들을 통해 들어온 악귀잡귀 추포하느니라.

귀신 : 만생만물마다 영들이 깃들어 있네요. 마당 쓰는 큰 빗자루 아시죠? 거기에 할머니 귀신도 보이고, 저 나무에도 귀신들이 엄청 들어가 있고, 꽃에도 귀신이 있고요, 이렇게 귀신 없는 곳이 없습니다. 저들은 자신의 육신이 살아 있었을 때 죽어서 만생만물로 윤회할 줄 생각이나 했겠습니까? 지금 살아 있는 인간들은 죽어서 도대체 어떻게 될라고 허송세월만 보내십니까? 태초 하늘의 기운으로 이런 말이 나오네요.

죽어서 우리 귀신처럼 이렇게 되기를 바라십니까? 밖에 있는 저 사람들아! 이 세상 사람들아! 나, 귀신이 갑자기 이런 말이 나오네요. 이 세상 사람들아! 우리처럼 이렇게 돼볼래요?

우리처럼 돼볼래요? 저, 마이크 좀 줘보세요~ 밖의 사람들한테 얘기 좀 하겠습니다. 여기 있네, 마이크, 아, 아아… 여기는 무슨 나라예요?

태초 하늘 : 하늘나라 자미국이니라.

귀신 : 하늘나라 자미국? 네, 여기는 서울 강동구 성내동이요? 강동구 성내동에 하늘나라 자미국에 와서 태초 하늘께 죄를 빌지 않는 이상, 모든 사람들은 죽어서 이렇게 된대요. 죽어서 나무가 되실래요? 아니면 빗자루로 태어날래요? 빗자루가 되어서 마당 한번 쓸어보실래요? 꽃 속에 영으로 들어가 있으면 마냥 좋을 것 같아요? 꽃으로 윤회하면 예쁘고 마냥 좋을 것만 같아요? 아니요! 윤회 자체는 엄청 끔찍하고 무서워요!

아니면 저 앞에 보이는 함으로 윤회해 볼래요? 네? 책? 책? 태초 하늘께서 쓰시는 책을 어서 읽어보라고요? 『천지대능력자』 책이라도 읽고 하루라도 빨리 들어와야지, 죽어서 우리처럼 비참한 신세 안 된다고요? 나무 된다고 좋을 거 같냐고요?

어떤 사람들은 자신의 인생살이가 너무 고달프고 힘들어 차라리 나무가 되었으면 좋겠다, 또는 주인에게 무조건적인 사랑을 받는 귀엽고 예쁜 강아지들을 보며, 휴~ 네 삶이 부럽다, 나보다 네가 낫다, 이런 식으로 푸념하며 함부로 말을 하는데, 말이라는 것도 그렇게 함부로 하면 안 된다고요? 말을 함부로 하면 그대로 기록이 되어서 죽어서 심판받을 때 자신이 함부로 말한 것대로도 윤회하게 한다고요?

특히나 태초 하늘께는 더욱더 말조심을 해야 한다고요? 죽어서 저렇게 나무가 되고, 꽃이 된다고 해서 편하고 좋은 것이 아니고, 윤회라는 자체의 고통이 지옥 그 이상의 지옥과 비슷하다고 보면 된다는 말이 나오네요. 개가 사람 말을 잘 알아듣는 것이 전생에 사람이었던 적이 있었기 때문이고, 새나 다른 축생들도 마찬가지고요.

살아 있었을 때는 태초 하늘의 존재를 모르고 인정하지도 않다가 죽고 나서야 하늘나라 자미국에 계신 태초 하늘의 진정한 존재를 알게 되어 천법회가 열리는 날, 문밖에서라도 마지막으로 죄를 빌러온 저 귀신들의 말 좀 들어보세요.

"태초 하늘이시여! 잘못했습니다! 태초 하늘을 몰라뵈어 잘못했습니다! 잘못했습니다! 살려주세요! 자손이 책을 읽고 하늘나라 자미국에 들어오게 해주세요! 자손이 책을 읽고 빨리 들어오게 해주세요! 살려주세요! 정말 잘못했습니다!"

이것이 현실이니, 어서들 태초 하늘께서 쓰신 책을 읽고 하늘나라 자미국에 들어와야 자신과 자신의 조상, 가문이 살아난다고요? 죽으면 끝이라는 사람들도 많고, 죽어봐야 인정하겠다는 사람들도 많다고요?

아니요, 죽고 나서야 사후세계를 인정하겠다면 그때는 이미 기회 박탈이에요! 죽음 이후의 사후세계 선배들인 우리 귀신들이 안타까워서 이렇게 말해 주잖아요? 죽으면 끝이 아니고, 편안하게 영면하는 것도 아니라고요!

휴~ 무서워라! 여기까지 말이 나왔습니다. 흑흑흑… 나무

되기 싫어요! 싫어! 꽃이 되기도 싫어요~ 빗자루 되기도 싫어요~ 저희들은 나온 숫자, 여기까지는 6,690명이고 악들은 2,005명이 나왔다고 합니다.

태초 하늘 : 김○○이 살면서 집에 사는 꼽등이, 귀뚜라미, 여러 종류의 메뚜기와 여치, 방아깨비, 사마귀와 여러 종류의 바퀴벌레를 잡거나 죽였을 때 들어온 악귀잡귀 추포하느니라.

귀신 : 흑흑흑… 저는 바퀴벌레입니다. 바퀴벌레로 살다가 죽어 이렇게 왔습니다. 인간으로 살았을 때는 미인 소리를 곧잘 듣곤 했었습니다. 그런데 죽어서 바퀴벌레가 되다니요! 미인 소리를 들을 정도로 외모가 출중했었는데, 왜 제가 바퀴벌레가 되었는지 억울합니다! 네? 제가 천상에서의 죄가 커서 현재는 바퀴벌레가 되었다고요? 천상이라니요? 그런데 저 앞에 천상신명이라는 용이 말하는데 김○○이 누구예요?

태초 하늘 : 천상 자미천궁의 수랏간 궁녀였느니라.

귀신 : 천상에서 있었을 때 제가 그 김○○을 잘 따랐었고 같이 역모 반란에 가담한 대역죄인이었다고요? 천상에서 김○○이 뭐였다고요?

태초 하늘 : 역천자 하누와 표경의 앞잡이 수랏간 궁녀니라.

귀신 : 궁녀? 수랏간 궁녀? 제가 그를 따랐다고요? 저는 그 사람 전혀 모르는데요? 저는 그때의 기억이 삭제되었지만 천상에서 실제 그런 일이 있었다고요? 아이고~ 그 김○○이라는 사람은 어딨어요? 어디 있냐고요! 하여튼 지구에 사는 인류는 천상에서 역천자가 아닌 자들이 한 명도 없다 그러네요. 추포된 귀신 숫자는 6,594명이 나왔고, 악들은 200명이 나왔다고 합니다.

태초 하늘 : 김○○이 지금까지 살면서 집개미, 도둑 개미, 흙개미, 불개미 등 여러 종류의 개미들과 개미귀신, 땅강아지, 달팽이와 여러 종류의 거머리와 노래기, 그리마, 쥐며느리, 진딧물과 여러 종류의 거미들을 잡거나 죽였을 때 들어온 악귀 잡귀 추포하느니라.

귀신 : 지금 나온 귀신 숫자는 4억 8,000명이 나왔고, 악들은 708명이 나왔다고 합니다.

태초 하늘 : 죽음 이후 만생만물로 윤회하는 사례는 너무도 방대하여 일부만 소개하였는데, 살아서 인정하지 못하여 하늘나라 자미국에 들어오지 못하고 죽어 귀신 되면 비참하고 무서운 만생만물로 끝없이 태어나고 지옥세계로 가는 벌을 받느니라.

너희들의 돌아간 부모, 배우자, 자녀, 형제, 조상들이 사후세계에서 어떻게 지내는지 모르니까 천하태평으로 지내고 너희 역시도 죽음 이후 사후세계를 아무렇지도 않게 생각하며 극락, 선경, 천국, 천당으로 보내준다는 종교인들의 말에 속아 사후세계를 의지하고 있는데 참으로 큰일이니라.

이 세상의 종교를 통해서는 구원이란 것이 존재하지도 않고, 악들이 파놓은 고통의 세계로만 갈 뿐이니라. 죽어서 윤회하지 않고 지옥으로 가지 않고, 즉시 천상으로 돌아갈 수 있는 길은 지구상에서 하늘나라 자미국 한 곳뿐이니라.

이미 죽은 부모 조상, 배우자, 자녀, 형제들은 천상입천 의식이라는 의식이 있고, 아직 살아 있는 자들은 하늘 사람 천인 (天人)으로 명을 받는 천인합체 의식이 있도다. 죽은 자들과 산 자들을 구해 주는 의식을 행해야만 윤회와 지옥을 면할 수 있도다.

종교처럼 매년 또는 수시로 행하는 의식이 아니라 망자들을 위해서 일생일대 단 한 번만 행하면 되는 천상의식이고, 산 자들도 한 번만 의식을 행하면 되느니라. 기본적으로 조상 천상 입천 의식과 너희들과 가족의 천인합체 의식을 행하기 위하여 지구에 사람으로 태어난 것인데, 이런 말은 처음 들어볼 것이니라.

너희들이 갖고 있는 많은 돈과 재물, 권력과 명예, 부귀영화는 해가 뜨면 사라질 풀잎 끝에 맺힌 이슬처럼 허망한 것이기에, 영원한 미래의 삶을 행복과 기쁨이 보장될 수 있는 하늘나라 자미국으로 들어와야 비참하고 무서운 사후세상을 면할 수 있도다.

산 자들은 죽음 이후의 세계를 알지 못하기에 긴가민가 의심할 수밖에 없는데, 이런 실화체험을 통해서라도 하루빨리 사후세계를 인정하여 언젠가 다가올 죽음 이후 무서운 윤회와 지옥세계로 떨어지지 않게 태초 하늘의 명을 받아야 하느니라.

이 세상의 모든 돈과 재물은 너희들이 천상에서 태초 하늘인 나에게 지은 죗값을 치르기 위한 것임을 명심하고, 인정이 되거든 속히 결단을 내려서 하늘나라 자미국으로 들어와서 태초 하늘인 내가 내리는 명을 받들어야 하느니라.

지구에서 처음이자 마지막 기회이니라.

중 팔자, 신 팔자, 도 팔자

　너희(인간, 영혼, 조상, 신, 귀신, 축생령, 만물령)들의 팔자 타령들을 들어보면 가지각색으로 사연들이 넘쳐나느니라. 이 땅에 태어난 자들은 모든 영적 존재들인 영혼, 조상, 신, 아수라, 악신, 악령, 악마, 사탄, 마귀, 악귀, 잡귀, 요괴, 귀신, 축생령, 만물령들이 무량대수로 들어간 영들의 집이니라.

　무량대수란 숫자 단위이고 흔하게 일상적으로 쓰는데 억, 조, 경, 해, 자, 양, 구, 간, 정, 재, 극, 항하사, 아승기, 나유타, 불가사의 다음 숫자 단위가 무량대수이고, 최상위는 그레이엄 수인데 각기 단계마다 1, 10, 100, 1,000 단위가 있느니라.

　산 자들 몸 안에 영혼, 조상, 신, 악들, 귀신, 축생령, 만물령이 있고, 이렇게 무량대수에 이르는 영적 존재들이 살아간다는 무서운 진실을 가르쳐주어도 잘 믿으려 하지 않는데, 매주 일요일마다 천법회에서 알 수 있느니라.

　즉, 너희들 몸이 신과 영혼, 귀신들과 온갖 영적 존재들의 집이란 뜻인데 눈에 보이지 않으니까 살아갈 뿐이니라. 험하게 죽은 원혼 귀신들이 눈에 보인다면 어찌 살아가겠느냐? 너희 눈에 온갖 종류의 험악한 아수라, 악귀, 잡귀, 악마, 악신, 요괴, 사탄, 마귀, 동물령, 괴물의 영적 존재들이 보인다면 공포에 질려서 정상적으로 살아가기 어려울 것이니라.

그러므로 너희 몸 자체가 조상이나 귀신 그 자체이며, 너희가 살아생전 태초 하늘이 내리는 명을 받아야 영혼의 고향인 천상으로 돌아갈 수 있지만, 살아서는 몰랐다고 하면서 살려 달라고 애걸복걸하고 있으나 아무 소용이 없느니라.

하늘나라 자미국은 세상에 알려진 종교가 아니라 종교를 멸망시키는 곳이고, 악신과 악령들을 추포하여 심판하고 너희들이 종교 안에서 평생을 정성 들여도 이루지 못한 영혼, 조상, 신들의 운명을 한순간에 천지개벽시켜 주는 곳이니라.

매주 일요일 오후 1시부터 6시까지 5시간 동안 신과 영혼(생령)들, 조상(사령)들, 악들과 귀신들의 모습과 이들의 하소연이 생생하게 라이브로 진행되느니라. 한마디로 난생처음 겪어 보는 진풍경 장면들을 볼 수 있고, 사후세상이 있느냐, 없느냐 하면서 갈등하는 자들에게 더 없는 실화 체험시간이니라.

천법회(천상도법주문회) 때 전국에서 매주 일요일마다 참석하는 신하와 백성들 몸 안에 숨어 들어가 인생 풍파, 질병 풍파, 병명 없는 질병을 일으키고 있는 모든 영적 존재들을 불러내어 사후세계 진풍경이 벌어지는데, 한마디로 코미디쇼가 따로 없을 정도로 요절복통할 일들이 비일비재하게 일어나기에 5시간이 어떻게 지나가는지도 모르니라.

살아서 종교를 일평생 동안 믿었는데, 구원 못 받았다는 영혼들부터 하나님, 하느님, 부처님, 예수님, 성모님, 상제님,

천지신명님이 없다며 속았다는 영혼들과 극락, 선경, 천국, 천당이 없다는 영혼들, 언젠가는 데리러 올 것이라며 구원을 포기하지 않고 수행한다는 영혼들도 많이 있느니라.

살아생전 종교인 생활을 하던 전 세계의 종교 숭배자, 창시자, 교주, 승려, 보살, 무당, 도사, 법사, 역술인, 추기경, 신부, 수녀, 목사, 장로, 집사, 퇴마사를 비롯한 왕, 대통령, 재벌, 정치인, 고위공직자와 죽어서 수행한다는 귀신, 원한귀가 되어 너희들을 해코지하려는 귀신에 이르기까지 천차만별이니라.

살아생전 종교인 생활했던 죽은 영혼들이 너희들 몸 안에 수천억 명이 빙의되어 뒤섞여 있는데, 몸 안에서 승려 영혼들은 머리 깎을 중 팔자라 하며 절로 가자 하고, 무속인 영혼들은 신 팔자이니 신을 받으러 무속으로 가자 하고, 도를 닦다 죽은 도인 영혼들은 도 팔자이니 도 닦으러 가자 하느니라.

추기경, 신부, 수녀, 목사, 장로 영혼들은 하나님, 예수, 성모 마리아 섬길 팔자라며 성당과 교회로 가자고 팔을 잡아끄는 진풍경이 일어나는데, 영혼(귀신)들의 종교 전쟁이니라.

종교가 번성하고 온 세상을 지배통치하고 있는 이유가 이런 영혼들이 서로 자기가 머물던 종교세계로 가자며 너희들을 끌어들이고 있기 때문인데, 종교세계 자체가 바로 생지옥이자 구원받지 못할 죽음의 세계이니라.

종교지도자들과 살아생전 조상 대대로 종교를 열심히 믿었던 신도들은 나에게 구원받은 자들이 단 한 명도 없고, 모두가 살아생전 나의 명을 받들지 못해 벌을 받아 만생만물로 윤회하거나 수백만 개에 이르는 지옥도로 압송되어 비참한 사후세계의 고문 형벌을 받게 됨을 알 수 있느니라.

이 세상의 모든 종교들은 인간, 영혼, 조상, 신들을 죽이는 곳인 줄 몰라보고 종교가 구세주인 양 열심히 다니고 있도다. 책을 읽고 태초 하늘과 알현 상담 후에 하늘나라 자미국 사람이 되면 어디에서도 들어보지 못한 천생, 전생, 현생, 내생의 모든 비밀과 진실들을 직접 체험하며 공부할 수 있느니라.

하늘세계, 천상세계, 영혼세계, 귀신세계, 조상세계 진실은 파도 파도 끝이 없는 무한대이도다. 종교세계는 너희들을 현실세상과 사후세상을 보장해 주는 곳이 아니라 망하게 인도하는 곳이고 천생, 전생, 현생, 내생을 천상이 아닌 지옥과 윤회세계로 인도하고 있다는 무서운 진실을 알려주느니라.

수천 년 동안 이어진 역사와 전통을 자랑하는 두꺼운 불경, 성경, 도경, 무속경의 경전을 놓고 어려운 문구들을 풀어가며 만인으로부터 존경받는 고상한 성직자(고승, 도승, 학승, 대사, 승려, 도인, 신부, 수녀, 목사)들이 화려한 언변으로 수많은 인간, 영혼, 조상, 신들을 교화하려고 경전을 줄줄 읽어가면서 유창하게 설법과 설교를 하고 있느니라.

그런데 이런 성직자들 모두가 천상에도 없는 종교를 세운 악신과 악령들에게 빙의되어 천상으로 돌아가야 할 수많은 영혼들에게 하늘의 명을 받들지 못하도록 이별시키는 역모 반란 주동자 역천자들이란 진실을 이 세상 어느 누가 알겠느냐?

잘 죽기 위해서 태어났다

　인간 자체가 악신과 악령, 귀신들의 화신, 분신, 현신이고 천상에서 대역죄를 짓고 지구로 도망치고 쫓겨난 죄인의 신분이란 진실을 인류 누구도 알지 못했느니라.

　그럼 어떻게 살다가 죽는 것이 잘 죽는 것인가 궁금할 것인데, 천상에서 지은 죄에 대한 죗값을 준비하여 하늘을 배신한 역모 반란 가담죄를 빌고 용서받아야 육신이 죽은 뒤에 영혼의 고향인 천상으로 돌아갈 수 있느니라. 그곳이 바로 하늘의 심판자이자 구원자인 태초 하늘이 강세한 지구상에 단 한 곳 뿐인 하늘나라 자미국이니라.

　산 자와 죽은 자들의 죗값은 별도로 바치는 것이 아니라 죽은 사령(조상)들에게는 천상입천 의식 비용이고, 산 자들에게는 사후세상을 보장받는 천인합체 의식 비용이 죗값이니라.

　조상 천상입천 의식은 조상령들이 죗값(입천의식 비용)을 준비하여 천상에서 지은 죄를 빌어 입천을 윤허받는 의식이고, 산 영혼들의 천인합체 의식 역시 각자의 생령(영혼)들이 죗값(천인합체 의식비용)을 준비하여 천상에서 지은 죄를 빌어 살아서 육신의 죽음 이후 천상입천을 윤허받는 의식이니라.

이미 죽은 영가들은 자손이나 후손들이 조상 천상입천 의식을 행해 주어야 하고, 산 자들은 자신들이 의식 비용(젯값)을 준비하여 죽음 이후 사후세상을 윤회와 지옥도를 면하고 천상으로 직행하는 천인합체 의식을 행해야 한다는 것이니라.

잘 죽기 위해서 인간으로 태어났다고 말하니까 얼핏 이해가 안 가는 자들이 많을 것인데, 너희들은 죽으면 100%가 만생만물의 생명체나 무생명체로 윤회하고, 죄가 큰 자들은 지옥도로 끌려가서 사극드라마 고문 형벌보다 더 무서운 극형을 한도 끝도 없이 받는 수백만 개의 지옥세계를 차례대로 가느니라.

종교를 열심히 믿으면 좋은 곳으로 가서 편히 쉴 것이라 생각하거나 극락, 선경, 천국, 천당으로 알려진 천상세계로 올라가는 줄 알고 있는데, 새빨간 거짓말이니라. 종교에서 이상향의 유토피아 세계로 알려진 곳은 악신과 악령들이 너희들과 영들을 현혹하려고 가상으로 만들어놓은 허상의 세계였음을 태초 하늘이 알려주느니라.

종교를 믿는 자들이든 아니든 간에 잘 믿어지지 않는 대목인데, 하늘나라 자미국에서 실제로 검증한 내용들이니라. 모두가 거짓 세계인데 악신과 악령들이 종교를 통해서 무수히 전파하여 구원해 준다고 종교세계로 끌어들였느니라.

굿, 진오기, 조상굿, 49재, 천도재, 지장재, 수륙재, 추모미사, 추모예배를 지극정성으로 일평생 올려도 천상으로는 돌아갈 수 없는데, 너희들은 이런 진실을 몰라보고 종교인들의 말만 맹신하며 인생의 모든 것을 다 바쳐서 믿고 있느니라.

유명한 고승, 도승, 학승, 무당, 보살, 도사, 법사, 도인, 신인, 기인, 신부, 수녀, 목사들을 통해서 영혼 구원의식을 행해 보지만, 지구가 태어나고 아무도 천상으로 올라가지 못하였도다. 종교인들 모두가 하늘의 대역죄인들인 역천자 악신과 악령들에게 빙의되어 있기에 수천 년을 정성 들이며 기도하고 천도재 하여도 절대 천상으로 올라가지 못하느니라.

하늘을 배신하는 역모 반란에 가담하였다가 지구로 도망치고 쫓겨난 죄인들이 죄를 용서 빌지도 않았는데, 태초 하늘인 내가 천상입천을 윤허해 줄 하등의 이유가 없느니라.

인간으로 태어난 것은 100년도 못 사는 세상에서 성공하고 출세하여 부귀영화 누리며 잘 먹고 잘살기 위해 태어난 것이 아니라, 육신의 죽음 이후 사후세상을 나에게 보장받고 죽기 위해서 축생이 아닌 인간으로 태어난 것인데, 이런 귀한 진실을 아무도 모르고, 가르쳐주어도 대수롭지 않게 생각하느니라.

나는 대우주 창조주 태초 하늘이기에 너희들에게 억지로 하늘나라 자미국을 믿고 따르라 하지 않을 것이니라. 종교는 악신과 악령들이 세운 곳이고, 하늘나라 자미국은 태초 하늘인 내가 창시한 곳이니라. 그래서 하늘나라 자미국이기에 종교와 근본적으로 다르고 경전으로 교화하지 않고, 실시간 태초 하늘이 직접 육성으로 말하느니라.

너희들 개개인의 천생, 전생, 현생, 내생의 일거수일투족의 모습들이 동영상 카메라로 실시간 촬영되어 천상 슈퍼컴퓨터에 자동 저장되고 있느니라.

SF 공상 영화나 소설 같은 이야기이지만 실제 상황이고, 책 내용이 인정이 안 되어 혼자 중얼거리며 말하여도 그 기록조차도 천상장부에 기록된다는 사실을 알아야 하느니라.

그러니까 죽기 전에 육신이 살아서 태초 하늘인 나를 알현하면 구원의 하늘 문이 활짝 열리고, 부정하면 지옥문이 활짝 열리니라. 심판대에 서면 육하원칙에 의하여 어디 사는 누가 어떤 자와 몇 년, 몇 월, 며칠, 몇 시, 몇 분에 어떤 말을 어떻게 하였는지와 인간, 영혼, 조상, 신, 악신, 악령들을 몽땅 추포하여 중형으로 다스리게 되니 아비규환의 세상이 열릴 것이니라.

지금은 아무리 말해 주어도 눈에 보이지 않고, 귀에 들리지 않아 믿지 못하니 너희가 죽어서 알게 될 것이니라. 죽어서 저승사자들에게 끌려갈 때 서울에 하늘나라 자미국을 누가 창시한 것이냐고 물어보면 자세히 알려줄 것이니, 태초 하늘인 나의 존재를 인정하는데, 오랜 시간이 걸리지 않을 것이니라.

살아서는 인간의 형상만 보이지 천상에서 내려온 절대자 하늘의 모습이 눈에 보이지 않으니 함부로 말을 하다가 죽어서 추포되어 손발을 비비며 살려달라고 애걸복걸하며 빌 것인데, 때는 늦으리라. 살아서 하늘나라 자미국에서 발행한 책을 읽고도 감동받지 못하여 태초 하늘을 알현하지 못하고 죽은 자들이 가장 불행하고 죄 많은 자들이니라.

태초 하늘을 알현할 수 있는 인생에 한 번뿐인 천재일우의 기회를 너희 모두에게 공평하게 내려주었는데 찾지 않는 그 죄를 무엇으로 갚을 것이더냐?

지금은 육신이 살아서 하늘 무서운 줄 몰라보고 함부로 말하며 살아가는데, 육신의 죽음과 동시에 모두가 추포되어 극형으로 심판을 받게 될 것이니라.

태초 하늘인 나를 알현(지체가 높고 존귀한 분을 직접 찾아뵙다)하여 천상에서 지은 죄를 빌어 천상입천의 명을 받고 천상으로 오르는 보장을 받고 죽기 위해서 인간으로 태어난 것인데, 이것이 가장 잘 죽는 방법이니라.

책을 읽어보면 왜 살아가는지, 왜 결혼을 하고 아이를 낳아 기르는지, 왜 귀신 종교에 가는지, 왜 직업을 얻어 돈을 벌고 있는지, 왜 지구에 태어난 것인지 모르는 삶은 그 어떤 가치도 없는 무의미한 생의 연속일 뿐이라는 고차원적인 깨달음을 얻을 수 있도다.

인간 육신의 삶은 길어야 몇십 년의 세월이기에 어차피 죽으면 하늘 앞에 와서 육신 살아서 태초의 절대자 하늘을 알현하지 않은 죄를 엄중하게 심판받아야 하느니라. 이 책은 단순한 소설책이 아니라 구원과 심판을 판별할 시험 문제지이니라.

살아 있는 인간들은 태초의 절대자 하늘인 나를 알현하여 천상의 죄를 빌지 않는 이상 심판 때 다 죽어야 하는 죄인들이니라.

악과 귀신들은 얼마나 있나?

종교인들 어느 누구도 알아내지 못한 영적 세계의 무서운 진실이니라. 이 세상에 태어났다가 죽은 자들과 현재 살아서 퇴마사, 승려, 보살, 무당, 도인, 도사, 법사, 신부, 목사, 영매사들도 찾아내지 못한 천기누설인데, 과연 인간 몸 안에는 얼마나 많은 악들과 귀신들이 동고동락하고 있을 것 같더냐?

억, 조, 경, 해를 넘어서 무량대수이니라. 너무나 많아서 정말 믿어지지 않고 황당하게 생각될 것인데, 일단 진실을 밝히니 믿든 말든 그것은 너희들의 자유이니라.

육신의 세포는 60조에서 120조의 세포가 있다고 하는데 인간 몸 하나에 너희들의 신과 영혼을 비롯하여 너희 조상령, 온갖 악들과 귀신들, 동물령, 가축령, 조류령, 어류령, 곤충령, 벌레령들이 얼마나 많이 살아가고 있을지 생각해 보았더냐?

아무도 알 수 없는 하늘의 영역이라고 해야 할 정도로 너무나 많은 영적 존재들이 함께 살아가고 있으나 너희들의 눈에는 전혀 보이지도 들리지도 않다 보니까 있는지 없는지 모르고 살아가는 것이 현재 인류의 모습들이니라.

악들이란 존재는 아수라, 악령, 악신, 악마, 사탄, 마귀, 악귀, 요괴들인데 이들은 나를 배신하고 역모 반란을 일으키다가 실패하여 지구로 도망치기 전까지는 나의 신하들이자 천상 신명들이었고 조화를 부릴 수 있는 능력을 갖고 있기에 지구에 온갖 종교세계를 우후죽순처럼 세워 인간들을 끌어들였느니라.

인간의 눈높이로는 악신과 악령들을 구분하여 찾아내지 못하는 것이 종교인들의 한계인데, 나에 의해서 이들의 존재가 만 세상에 낱낱이 드러났도다. 종교를 믿게 된 것이 이들 악신과 귀신들의 속삭임에 넘어간 것이니라.

너희들은 종교를 열심히 다니면서 지극정성으로 믿으면 죽어서도 좋은 세계로 갈 것이라는 기대감 속에 숭배자들의 사상을 따르고 있을 테지만, 종교 숭배자와 종교인들의 말을 믿고 따르는 것이 악신과 악령들의 사상을 믿는 것이었느니라.

왜냐하면 악신과 악령들이 하늘과 신을 사칭하여 종교적 숭배자, 종교 창시자, 교주, 종교지도자로 변신하여 이들의 마음을 자유자재로 조종하기 때문에 종교를 열심히 다니며 종교사상을 믿고 따르는 것은 곧 이들의 사상인 악들과 악령들의 사상을 믿고 따르는 것이었도다.

종교인들도 자신들이 악신과 악령에게 정신을 지배당한 줄도 모르고 자칭 자신이 하늘, 하나님, 하느님, 상제님, 천존님, 부처님, 미륵님, 재림예수, 성모 마리아라고 신도들에게 자랑하며 세뇌시켜 자신들의 종과 노예로 부리고 있는데, 종교인들 당사자들도 자신이 악신과 악령들에게 빙의되어 있는 줄 눈치채지 못하고 설교와 설법을 열심히 하느니라.

하지만 지구에 있는 550만 개에 이르는 그 어떤 종교시설의 종교인 육신으로든 태초 하늘과 천상신명들은 절대로 내려가지 않느니라. 종교 행위 자체를 하는 것이 절대자 하늘 앞에 대역죄인 신분이 되는 것이기 때문이니라.

인간의 능력으로는 절대로 악신과 악령들의 존재를 찾아낼 수 없기에 수천 년 동안 종교가 급속도로 발전해 왔지만 아무도 이들의 존재를 찾아내지 못하였느니라.

평균 한 인간 몸 안에는 최하 수천억 명에서 많게는 무량대수, 그레이엄 수에 이를 정도로 수많은 악신과 악령들이 너희들과 함께 동고동락하며 살아가고 있느니라. 너희들이 믿어주든 말든 진실을 전하고, 지구상에 모든 종교를 멸망시키려고 내려온 자미 앙골모아 공포의 대왕이 태초 하늘이니라.

온몸 자체가 하늘을 배신한 하누와 표경, 역모 반란을 일으킨 천상신명들이었던 악들과 귀신 덩어리 그 자체인데, 현생과 내생을 절대자 하늘로부터 보호받아 살고자 한다면 처음 들어보는 말이라도 그대로 믿어야 하느니라.

모든 병마와 인생 풍파, 자살, 살인, 마약, 우울증, 화재, 사건 사고를 일으키는 존재도 영적 존재들이며, 너희들 인생을 힘들게 하고, 인생을 뒤엎는 악과 귀신들을 소멸시키면 거짓말처럼 말끔히 사라지는 이적과 기적이 일어나느니라.

너희들 몸이 귀신들의 집이라는 것을 알고 살아가는 자들은 없을 것인데, 이것은 귀신들이 너희들의 눈에 보이지 않기 때문이니라. 그런데 영적 존재들인 악신, 악령, 악마, 악귀, 사탄, 마귀, 요괴, 도깨비, 동물령, 곤충령, 벌레령, 조류령, 어류령, 원혼귀, 자살귀, 병마귀, 치매귀, 아사귀, 수살귀, 투신귀, 사고 귀신들이 어마어마하게 몸에 들어와 동고동락하고 있느니라.

내가 추포하고 심판해서 소멸시켰던 사례가 무수히 많은데, 신체 부위를 열거하자면 종합병동 그 자체이도다. 병원 진료 과목 숫자는 아무것도 아닐 정도로 인간 신체 부위 머리부터 발끝까지 곳곳으로 세분화되어 있는데, 어디까지 믿어야 할 것인지 가늠이 잘 안 될 것이니라.

머리- 머리카락 전체, 두피, 두개골, 뇌, 큰골, 작은골, 뒷골
얼굴- 볼 따귀, 이마, 눈썹, 속눈썹, 눈동자, 시신경, 코, 콧구멍, 코털, 콧수염, 상악동, 하악동, 입, 입천장, 치아, 잇몸, 혓바닥, 목젖, 입술, 턱, 턱수염, 귀, 귓바퀴, 귓불, 귓구멍, 고막, 달팽이관, 목, 목구멍, 편도선, 식도, 호흡기, 숨구멍, 털구멍

상체- 120조 신경 세포, 양어깨, 양팔, 팔꿈치, 팔목, 10개 손가락, 손톱, 손바닥, 손등, 근육, 겨드랑이, 가슴, 유방, 젖꼭지, 좌우 폐, 심장, 간장, 쓸개, 위, 위벽, 위장, 소장, 대장, 췌장, 신장(콩팥), 등허리, 흉추, 허리, 디스크, 양옆구리, 갈비뼈

하체- 배꼽, 맹장, 사타구니, 힘줄, 골반, 엉덩이, 항문, 성기, 고환, 정낭, 음모, 자궁, 질구, 음핵, 대음순, 소음순, 넓적

다리, 무릎, 연골, 종아리, 정강이, 발목, 복숭아뼈, 발등, 10개 발가락, 발톱, 발바닥 등등에 붙어 있느니라.

이렇게 너희 신체 부위별로 귀신들이 다닥다닥 붙어서 동고동락하며 살아가기에 온몸이 아프지 않을 수가 없도다. 죽은 귀신들이 너희 몸에 들어오면 그들이 살아생전 앓았던 질병에 똑같이 걸리게 되느니라.

암에 걸리면 각종 암으로 죽은 귀신들이 떼거지로 무리를 지어 들어왔다는 것을 가르쳐주는 신호인데, 초기에 발견하여 이들을 추포해서 소멸시키면 말기암으로 발전하지 않지만 그대로 방치하면 결국 암으로 사망하게 되느니라.

죽은 귀신들은 모두가 원과 한이 쌓여 죽었기에 산 너희들을 가장 미워하여 자신이 죽었던 질병으로 똑같이 죽여버리려고 너희 몸으로 들어오고, 산 너희들의 적은 귀신들이고, 죽은 귀신들의 적은 산 너희들이니라.

남 잘되는 꼴을 절대로 그냥 놔두지 않느니라. 억울하고 한이 맺혀 죽은 자들이 너무나도 많기에 복수하기 위해서 너희들 몸으로 한도 끝도 없이 들어가느니라. 병원 의사와 종교인들에게 의뢰해서 해결될 일이 아니니라. 이 세상은 온통 귀신들 천국이니라. 몸만이 아니라 집안에서 쓰는 물품, 의복, 집기류에 귀신들이 수천억에서 무량대수로 붙어 있느니라.

세상을 떠날 때 가져갈 것은?

너희들이 이 세상을 떠날 때 가져갈 것이 무엇인지 생각해 보았더냐? 돈과 재물, 권력과 명예, 사랑하는 처자식과 애인 중에서 무엇을 가져가려느냐? 과연 가져갈 것이 있다고 생각하느냐? 살아생전 너희들이 가장 좋아하는 그 어느 것도 죽어서는 가져갈 것이 하나도 없는데, 억울하고 분통 터질 것이니라.

태산 같은 돈과 재물, 나는 새도 떨어뜨린다는 높은 권력, 천하에 이름을 널리 알린 명예는 죽어서 아무런 도움도 안 되고 자만, 교만, 거만, 오만의 대가를 톡톡히 치러야 한다는 사실을 살아서는 인정하기도 싫고 믿지도 않을 것이니라.

태초의 절대자 하늘인 나는 구원의 시험장인 지구에서 과연 구원받을 자들이 누구인지 실시간으로 지켜보며, 천상에서 대역죄를 지었지만 무슨 죄를 지었는지 잘 몰라서 죄를 빌지도 못하고, 어디에 가서 죄를 빌어야 하는지 몰라 종교 안에 들어가 있는 길 잃은 어린 양들을 하늘나라 자미국으로 부르고 있느니라.

너희들이 죽어서 가져갈 수 있는 것은 눈에 보이는 돈과 재물, 권력과 명예, 사랑하는 처자식과 애인이 아니라 절대자 하늘인 내가 내려주는 천상입천의 명을 받들어 하늘 사람인 천인(天人)이라는 관명과 품계 하나뿐이라는 진실을 알려주느니라.

내가 내려주는 천인 관명과 벼슬 등급만이 천상으로 가져갈 수 있는 유일한 무형 자산이니라. 그 외에는 아무 소용이 없고 가져갈 것이 아무것도 없느니라. 돈을 많이 벌고 있는 것은 먹고 살기 위한 방편도 있지만, 천상에서 지은 죗값을 갚기 위한 것인데 현생에서 벌어들인 전 재산을 다 바쳐도 죗값이 부족하니라.

　천상의 기억이 삭제되어서 생각나지도 않겠고, 전혀 이해가 안 되겠지만 싫든 좋든, 이해가 되든 안 되든 천상으로 돌아가고 싶은 자들은 반드시 하늘 사람 신분이 되는 천인합체 의식을 거행하여 천인의 관명과 벼슬 품계를 하사받아야 하느니라.

　천인의 관명을 하사받는 방법 이외에는 천상으로 돌아가는 길은 지구상에 있는 그 어떤 종교에도 없도다. 이것이 진실인지 거짓인지는 너희들이 죽어보면 자연적으로 알게 되지만 그때는 아무런 구원 방법이 없기에 살아 있을 때 판단을 잘해야 하느니라.

　육신이 죽으면 구원받을 기회가 자동으로 박탈되는데, 다행히 자손이나 후손들이 들어와서 너희들을 구해 주면 좋겠지만, 사후세상에서 고통스럽게 윤회하든 무서운 지옥으로 가서 형벌을 받든 관심조차 없기에 돈을 쓰지 않을 것이니라.

　태초 하늘인 내 육신이 언제까지 이 땅에 있을지 모르니 서둘러 살아생전 구원의 명을 받아야 하느니라. 태초 하늘의 육신이 세상을 떠나면 구원의 문은 자동으로 닫혀버리고, 더 이상 개별적인 심판과 구원을 할 필요가 없기 때문에 천상의 설계도대로 지구가 파괴되어 인류는 종말을 맞이할 것이므로 너희들은 촌각을 다투어 하늘의 명을 받아놓고 살아야 하느니라.

태산 같은 돈과 재물, 높은 권력과 명예는 자만, 거만, 오만, 교만 때문에 하늘나라 자미국에 들어오는데 커다란 장애만 될 뿐 아무런 도움도 되지 못하니라. 너희들은 살아서는 나의 존재가 너희들과 똑같은 인간의 모습을 갖고 있기에 거리낌 없이 바라보며 대화할 수 있지만, 죽어서는 감히 알현할 수도 없고, 고개를 들 수도 없는 어마어마한 절대자 하늘이니라.

육신이 살아서 나를 알아볼 수 있는 혜안을 가진 자들은 영광스럽고 행복한 자들이고, 한낱 종교인 교주 정도로 바라보는 자들은 너희들과 가문이 영원히 불행을 면하지 못할 것이니라.

이 땅에 인간으로 태어나서 절대자 하늘이 내린 하늘나라 자미국을 찾아오지 않는 것도 대죄가 되어 지옥도에서 심판받느니라. 천상에서 도망친 자들을 제외하고 추포되어 재판받고 쫓겨난 자들은 지구에서 나를 알현하면 천상에서 지은 죄를 용서 빌겠노라고 천상에서 약속하고 지구로 유배되었느니라.

그래서 나를 알현하지 못하고 세상을 떠나면 100% 지옥세계로 압송되어 참혹한 벌을 받게 된다는 사실을 살아서는 도저히 이해가 안 되어 인정을 못 하겠지만 죽어서는 그것이 진실이었다는 것을 알게 될 것이니라.

이 책을 읽어보면서 소설이나 공상 영화 시나리오 대본이라 생각할 자들도 있을 수 있는데, 단 0.00001%도 거짓이 없는 진실의 글이니라. 너희 모두는 절대자 하늘을 배신하고 역모 반란에 가담하였던 대역죄인들 신분이며, 인류는 구원의 시험장에서 어떻게 해야 잘하는 것인지 깨달아야 하고, 종교가 진실이냐? 하늘나라 자미국이 진실이냐를 선택해야 하느니라.

인생길의 해는 서산으로 저물어가는데, 어느 곳으로 들어가 육신과 영혼을 기댈 것이더냐? 죽고 사는 것은 인륜지대사인데 누구나 반드시 죽게 되고, 싫든 좋든 윤회(환생)와 지옥세계를 번갈아 내왕하면서 심판을 받게 되느니라.

너희가 지은 죄는 영원히 사라지지 않느니라. 너와 배우자, 자식, 부모 조상들이 천생과 전생, 현생에서 지은 죄를 빌지 않으면 어느 누구든지 천상으로 올라갈 수 없고, 살아서도 죽어서도 그에 맞는 무서운 심판의 모진 고문 형벌이 기다리느니라.

모 재벌 총수는 윤회하기 전에 마지막 인사를 올리며 죄를 빌러 왔다고 하면서 눈물을 뚝뚝 흘렸느니라. 살아서도 그의 얼굴 형상은 두꺼비 모습을 하고 있었는데, 첫 번째 윤회가 두꺼비로 태어나는 벌을 받게 되었느니라.

그의 가족들은 상상도 못 할 일인데, 사십구재와 천도재를 해주면서 고승이라는 승려는 망자가 시주를 많이 하고 덕을 많이 쌓아서 극락왕생했다고 덕담해 주었을 것이도다. 하지만 죽어서 극락왕생하지 못하고 세상에 이름도 제대로 알려지지 않은 하늘나라 자미국으로 저승사자들에게 잡혀와 살아서 태초 하늘인 나를 알현하지 못한 죄를 빌다가 마지막 하직 인사 올린다며 황궁 문밖에서 절하고 있는 것을 잠시 불러들였느니라.

연유를 물은즉 작고한 선친이 지구로 내려오기 전 천상에서 절대자 하늘인 내게 지구에 내려가면 천지대업을 돕겠다던 약속을 지키지 못하고 세상을 떠나 자신이라도 지켜야 하는데, 육신이 말을 듣지 않아 어찌해 볼 도리가 없었다고 하였느니라.

당사자의 선친인 아비는 천상에서도 제후이자 재벌 총수였고, 지구로 내려올 때 태초 하늘인 나하고 약속을 하였는데, 만일 지구에서 약속을 지키지 못하면 천상과 지상의 가문을 모두 멸문시켜 달라고 굳게 약속하고 지구에 태어났다가 죽었고, 아들도 죽었는데, 이제 약속한 심판을 집행하는 일만 남았느니라.

현생에서 재벌 총수로서 부귀영화를 누렸지만, 사십구재와 천도재를 지극정성으로 올려주었어도 결국 절대자 하늘과의 약속을 지키지 않아서 두꺼비로 첫 번째 윤회하는 벌을 받았느니라.

만생만물로 윤회하다가 다시 지옥으로 끌려가서 심판받고 다시 윤회하고 또다시 지옥으로 끌려가 심판받는 형벌이 영원히 끝도 없이 반복해서 이어진다는 무서운 사실을 육신이 살아 있는 너희 인간들은 아무도 모르니라.

재벌 총수는 태산 같은 돈을 쌓아놓고도 다 써보지도 못하고 세상을 떠났는데, 그 많은 돈을 선친 때부터 벌게 해준 것은 자신과 조상들이 지은 죗값을 바치고, 태초 하늘의 천지대업을 도와주라고 절대자 하늘인 내가 자미천기를 내려준 것이었지만 천상록의 진실을 알지 못하니 어찌하겠느냐?

이렇게 재벌처럼 엄청난 재산을 갖고 있어도 극락, 선경, 천국, 천당으로 오르지 못하고 윤회와 지옥도를 끝없이 번갈아 오가며 심판을 받아야 하느니라. 혹여 처자식들이 찾아와서 구원해 달라고 빌면 몰라도, 영원히 고통스런 사후세계를 살아갈 것이고, 자식들도 선친의 고통을 대물림받아 불행한 인생을 살게 될 것이지만, 아무도 이런 아픔과 슬픔을 찾아 줄 수도 없고 해결방법도 알지 못하기에 오로지 심판만이 기다릴 뿐이니라.

너희들도 타산지석으로 삼으라고 사례를 든 것인데, 살아서 재력과 권력, 명예를 겸비하며 부귀영화 누리고 살았더라도 누구든 절대자 하늘의 심판을 피할 수 없도다. 종교 숭배자, 창시자, 교주, 지도자들도 심판받는데 신도들은 말해 무엇하겠느냐?

이 땅에서 아무리 잘나고 똑똑하고 모든 재력과 권력, 명예를 가졌다 할지라도 하늘나라 자미국에 찾아와서 너희들 영혼, 가족, 부모 조상들이 천상에서 절대자 하늘인 내게 지은 죄를 빌지 않는 이상 천상으로 돌아가는 길은 그 어디에도 없느니라.

인류 모두가 대역죄인들 신분이기에 살아서 하늘나라 자미국으로 죄를 빌러 찾아오지 않는 자들은 현생록 죄인명부에 올라가고 죽으면 즉시 윤회와 지옥세계로 입문하게 되느니라.

"자미 태상태혈 지상지존(○○○)자미○세
자미천경 천지혈손 태정 자미 팔만백인 수혼주천
인멸방솔1955○○○태상○○(○○○)
대한지상 천존하손 강림"

"역모수괴 인수파멸 자미○ 화천기용800 판관(○○○)폐하
역수멸인사 역모수괴 구족파멸 생사인괴멸
자미○ 해인사궤멸(○○○)강소8000-11909"

죽음 이후 윤회(환생)하나?

죽음 이후 사후세계인 영적세계가 눈에 보이지 않아 인정하지 않는 자들이 거의 전부이고, 설혹 인정한다 하더라도 반신반의 하면서 어떤 확신 같은 것이 없고, 정말 그럴까 의심하는데, 각자들이 믿는 종교관에 따라서 받아들이는 경우가 다르니라.

불교나 무속에서는 윤회(환생)를 인정하고, 기독교와 천주교에서는 부정하고 있도다. 너희들과 인류 모두가 궁금히 여기는 사후세계 실상을 좀 더 정확히 생생하게 알 수 있는 곳은 없을까 궁금할 것인데, 그 해결책을 갖고 있는 곳이 자미국이니라.

이상향의 유토피아 천상낙원이라고 불리는 천상세계와 무서운 고문 형벌이 가해지는 지옥세계가 실제로 존재하는지도 알고 싶을 것인데, 적나라하게 알려줄 수 있는 곳은 이 지구상에서 하늘나라 자미국뿐이니라.

천국과 지옥이 존재한다고 믿더라도 그것은 수박 겉핥기식 흉내이지 생생하고 적나라하게 말해 줄 수 있는 자는 이 세상천지에 한 명도 없느니라. 이것은 인간의 능력으로는 불가능한 영역으로 절대자 하늘인 나의 고유 영역에 속하기 때문이니라.

우선 윤회(환생)를 받아들이고 인정하는 자들은 과연 어디까지 상상을 해보았느냐? 그리고 객관적으로 보거나 듣거나 경험을 가지고 있느냐? 매주 일요일 천법회에 참석하면 종교를 통해서 알 수 없었던 미스테리한 일들이 적나라하게 드러나느니라.

윤회(환생)하면 인간으로 다시 태어날 것이라고 생각하는 자들이 대다수일 것인데, 그것은 극소수이고 대부분 만생만물로 태어나는 것이 일반적이니라. 불가에서는 인간 이외에 생명체를 모두 축생이라 부르는데, 축생에는 크게 동물류(짐승, 가축, 애완동물), 식물류, 영장류(침팬지, 오랑우탄), 곤충류, 벌레류, 양서류, 파충류(뱀, 악어 종류)를 들 수 있도다. 그리고 생활에 필요한 모든 물건들에 해당하는 사물류로도 윤회(환생)하느니라.

죄를 짓고 죽으면 죄의 종류에 따라서 거기에 합당한 축생으로 윤회(환생)를 하는데 파리, 모기, 바퀴벌레, 벌, 개미로 윤회한다는 생각은 아무도 안 해보았을 것이지만 모두 사실이니라. 너희들에게는 정말 무서운 일이 아닐 수 없고, 산에 나무나 약초, 꽃, 잡초, 흙, 모래알, 돌멩이로도 윤회(환생)하느니라.

축생으로는 개, 닭, 돼지, 토끼, 염소, 소, 너구리, 팬더, 코알라, 코끼리, 코뿔소, 호랑이, 곰, 수달, 물개, 악어, 살쾡이, 고양이, 오소리, 여우, 늑대, 이리, 원숭이, 사슴, 노루, 고라니, 당나귀, 말, 들개, 살모사, 뱀, 방울뱀, 도마뱀, 송골매, 독수리, 올빼미, 참새, 촉새, 까치, 까마귀, 송골매, 독수리, 갈매기,

부엉이, 딱따구리, 꿩, 오리, 고니, 잉어, 붕어, 물고기, 민물고기, 참게, 새우, 미꾸라지, 조개, 고등, 사마귀, 일개미, 거북이, 바퀴벌레, 두더지, 쥐, 들쥐, 다람쥐, 족제비, 햄스터,

두꺼비, 개구리, 나비, 무당벌레, 송충이, 지렁이, 잠자리, 메뚜기, 나방, 소나무, 감나무, 대나무 등등이다.

이뿐만 아니라 가전제품, 컴퓨터, 핸드폰, 장롱, 침대, 소파, 테이블, 방석, 의류, 신발, 슬리퍼, 신발장, 구두, 양말, 팬티, 브래지어, 반지, 목걸이, 팔찌, 귀고리, 브로치, 머리빗, 책상, 의자, 볼펜, 휴지통, 화장지, 변기, 칫솔, 치약, 면도기, 거울, 수건, 비누, 퐁퐁, 의약품, 모든 그릇, 식기류, 숟갈과 젓가락, 일반 사물과 음식으로도 윤회하느니라.

한마디로 귀신 없는 곳이 없고, 모든 물건들에 영들이 윤회(환생)하고 있는데, 이들이 바로 귀신들이니라. 인간마다 다르지만, 숨을 한 번 쉴 때마다 공기를 통해서 들어오는 영들이 수백, 수천, 수만 명이 되느니라.

그러니까 인간 자체가 영들이 윤회(환생)하고 있는데, 이들이 모두 죽은 영들 즉 귀신들이니, 지구 자체가 지옥별이라는 말이 그냥 나온 말이 아니니라. 그런데 무슨 극락, 선경, 천국, 천당으로 간다고 종교를 다니고 있는지 참으로 기가 막히니라.

이 세상에서 종교 장사가 제일 잘된다고 하느니라. 장사가 아니라 수금하는 곳이 종교이니라. 죽은 귀신들을 하느님, 하나님, 부처님, 상제님, 미륵님, 천지신명님, 알라신, 라마신, 시바신으로 신으로 격상시켜 받들게 하고, 돈과 재물을 바치게 하려고 성인 성자의 형상(불상, 신령상, 십자고상, 예수상, 성모상)들과 사진을 만들어놓고 존경하며 받들게 하고 있다는 우습고도 무서운 사실을 너희들은 냉정하게 생각해 보아야 하느니라.

이들 자체가 악들이고 천상의 주인인 절대자 하늘을 배신한 도망자들이기에 받들고 숭배하면 너희들은 그들이 천상에서 지은 죄를 대신하여 나누어 받게 되고, 살아서든 죽어서든 그들의 뜻에 동참하여 역천자들의 사상을 믿고 따른 죄의 심판을 받음은 물론 너희들이 돌아가고 싶은 영혼의 고향인 천상으로 오를 수 있는 천재일우의 기회가 박탈되느니라.

종교에서 말하는 극락, 선경, 천국, 천당은 미끼이고, 그런 세상으로는 숭배자들의 능력이나 종교인들도 보낼 수 있는 아무런 능력이 전혀 없느니라. 대신에 역천자의 사상을 믿고 따른 대가로 인하여 가장 무서운 윤회와 지옥만이 기다릴 뿐이니라.

돈과 재물, 권력과 명예를 거머쥐고 부귀영화 누리며 세상에 이름이 널리 알려진 유명한 재벌과 부자, 정치인, 공직자, 사회지도층들은 천상에서 지은 죄가 그만큼 크다고 재력, 권력, 명예로 표시해 놓은 것인 줄 어느 누가 알겠느냐?

너희들은 이들을 부러워하지만 그들이 천상에서 지은 죗값은 이들이 가진 재산의 곱하기 알파이니라. 그래서 이들은 천상으로 돌아가기가 매우 어렵도다. 자신들이 어디에서 왔고, 죽어서 어디로 가는지도 모르고 눈에 보이는 이 세상의 물질적인 것으로만 판단하고, 눈에 보이지 않는 영적 세계는 부정하느니라.

천상의 주인이자 절대자 하늘이 가장 싫어하는 천상의 도망자들인 악들이 세운 종교사상을 믿다가 죽으면 모르고 믿었더라도 천배 만배로 심판하고 고문 형벌이 가해지느니라. 아직은 육신이 살아 있으니까 실감나지 않을 것이고, 육신이 죽었는데 무슨

만생만물로 끝없이 반복 윤회(환생)를 하고, 고문 형벌을 받느냐
고 반론을 제기하는 자들도 있는데, 산 자들이 살아서 고문받는
형벌과 똑같은 고통을 느낀다는 것을 알아야 하느니라.

이것은 너희들의 사후세계 선배들인 이미 죽어서 귀신이 되
어 찾아와 살려달라고 애걸복걸하며 비는 귀신들이 추포되어
붙잡혀와서 심판받을 때 사후세계 실화를 바탕으로 집필한 글
들이지 결코 소설이 아니니라.

황당하게 들리겠지만 사후세계 실화이니라. 거짓은 언젠가는
드러나게 되어 있는데, 그곳이 바로 종교세계이니라. 천상의 주
인이자 절대자 하늘인 내가 강세하여 종교의 진실을 가르쳐주
지 않았으면 완전 범죄로 영원히 비밀로 묻힐 뻔하였느니라.

인류를 악들의 노리갯감으로 계속하여 부려먹었을 것이지
만, 자미천기에 의해서 천상의 도망자들인 악들이 세운 종교
의 적나라한 실상이 드러났느니라. 아직 죽어보지 않아서 사
후세계를 인정하지 못하겠다는 자들은 '지옥과 귀신세계 실화'
편을 한 번 더 읽으면 도움이 될 것이니라.

존재하지도 않고, 가지도 못하는 극락, 선경, 천국, 천당으
로 인간, 영혼, 조상, 신들을 보내준다고 속여서 수천 년 동안
금전을 바치게 한 자들이 숭배자들과 제자, 종교 창시자와 교
주, 종교지도자들이니라. 이런 사실을 인간의 능력으로는 아
무도 알아낼 수가 없기에 종교가 급속도로 부흥 번창하였는
데, 태초 하늘인 내가 강세함으로써 종교의 더럽고 무서운 진
실이 만천하에 낱낱이 알려지게 되었느니라.

죽어서 대천국을 찾은 교인들

태초 하늘의 육신에서 발산되는 황금빛 아우라를 보고 구원받아 보려고 음식점과 길거리에서 따라붙은 원혼귀, 아사귀, 자살귀, 병마귀, 치매귀, 사고귀, 종교귀, 괴질병으로 죽은 귀신들을 추포하여 심판을 집행하였느니라.

이들 중에는 온갖 종교를 다니던 귀신들이 있었는데, 그중에서 교회, 성당, 절, 무속에 다니다가 죽은 귀신들이 904명이 추포되었고, 악신과 악령들이 706명이 따라붙었는데, 종교 다니다가 죽은 귀신들이 이구동성으로 하는 말은 이러했느니라.

하나님, 하느님, 예수님, 성모님, 부처님, 천지신명님 모두 없어요, 이들은 몽땅 가짜예요. 저희들은 지금 지옥세계로 끌려가기 전에 인간 육신으로 강세하신 태초 하늘께 잠시 인사 드린 후 가려고 추포되어 왔습니다.

마지막으로 하늘나라 자미국~, 하늘나라 자미국~, 하늘나라 자미국~ 주문을 외우며 지옥세계로 끌려간다고 하면서, 하늘나라 자미국이 대천국이란 것을 죽어서야 알게 되어 원통하다고 말하였도다. 종교가 아닌 하늘나라 자미국~, 하늘나라 자미국~, 하늘나라 자미국~ 태초 하늘 만세 만세 만만세~를 주문으로 외우는데, 하늘나라 자미국 건물 전체가 황금용처럼 보인다고 말하고 있었느니라.

　저기 하늘나라 자미국이 대천국인가요? 교회와 성당에 다녔던 귀신들은 이분이 빛과 불의 하나님, 하느님이시고 천상에서 인간 육신으로 오신 분이 황금용으로 변신하여 계신 것으로 보인다고 말하였도다. 불교와 무속, 도교를 다니던 귀신들은 거대한 황금빛 부처님과 용화세존 미륵존불님, 천지신명님이 하강해서 계신 것으로 보인다고 말하는데, 인간들의 눈에는 이렇게 신비스런 영적 세계가 전혀 보이지 않느니라.

　영들의 눈에만 보이는 대천국, 대극락이 하늘나라 자미국인데, 살아 있는 너희들의 눈에는 전혀 보이지 않느니라. 살아서는 아무리 알려주어도 믿지를 않으니 이들처럼 죽어서야 하늘나라 자미국이 세상에서 찾아 헤매던 대천국, 대천당, 대극락, 대선경인 것을 알게 될 터인데, 살아서 알아보지 못하는 것도 각자들이 지구에 태어나기 전 천상에서 태초의 절대자 하늘인 나에게 지은 죄가 너무나 크고, 절대로 깊게 빠지면 안 될 종교에 다닌 죄가 크기 때문이니라.

　일단 자신이 다니는 종교 사상에 깊게 세뇌당하면 다른 종교는 모두 이단으로 내모는 것이 일반적이도다. 하지만 내가 태초 하늘이고, 하늘나라 자미국이 대천국, 대천당, 대극락, 대선경이라고 알려졌으니 들어올 자들이 꽤 많을 것이니라.

　종교사상에 이미 깊게 빠져 부정하는 자들은 죽어서 하늘나라 자미국이 뭐하는 곳인지, 내가 누구인지 알려지면 손이 발이 닳도록 빌면서 제발 살려달라고 애걸복걸할 것이니라.

내가 하늘의 심판자이자 하늘의 구원자 신분으로 인간세상에 강세한 태초의 절대자 하늘, 생살여탈권자, 죄사면권자, 구세주, 메시아, 미륵불, 정도령, 천도령, 진인이라는 것을 눈으로는 구분하기가 불가능하느니라.

내가 태초 하늘이지만 지금은 너희들과 똑같은 인간 육신으로 강세하여 있기에 내면의 영적 세계에 존재하고 있는 절대자 하늘을 알아보는 것이 쉽지는 않을 것이기에, 무소불위한 자미천기를 체험해서 온몸과 마음으로 느껴보면 아느니라.

화려하고 달콤한 말이나 글은 너희들을 얼마든지 현혹시켜 속일 수 있지만 너희들이 온몸과 마음으로 느끼는 천기하고 신비로운 자미천기 기운은 아무도 속일 수가 없기에 남의 말을 듣지 말고 직접 기운으로 느껴야 하느니라.

지구상에 존재하는 모든 종교세계가 가짜들이라고 믿어지고, 구원과 영생을 현실로 이루려는 자들은 하늘나라 자미국에 들어오는 것이 살길이도다. 이 책을 읽어보고도 믿어지지 않는 자들은 너희가 다니던 종교에 열심히 머물면 될 것이고, 종교보다 고차원적인 영적 세계 진실을 찾아다니는 자들과 절대자 하늘을 찾으려던 자들은 하늘나라 자미국이 맞을 것이니라.

오늘 추포되어 심판받은 종교 다니던 귀신들처럼 죽은 뒤에 하늘나라 자미국이 대천국, 대천당, 대극락, 대선경인 것을 알아본들 무슨 소용이 있겠느냐? 아무 소용없는 일이고 원통하고 절통할 뿐 죽음을 되돌려 구원받을 수 있는 길이 없느니라.

귀신들이 외우는 주문은?

죽은 귀신들에게도 소원을 비는 주문이 있는데, 그것이 무엇인지 아는 자들이 없을 것이니라. 난생처음 들어보는 내용이라 감이 잡히지 않을 것이니라. 귀신들을 추포하여 심판할 때 귀신들이 산 자들을 향하여 외우는 공통적인 주문이 있느니라.

귀신들이 외우는 주문(呪文)이란 무엇일까?
죽어~!, 죽어~!, 죽어~!, 죽어~!, 죽어~!, 죽어~!, 죽으라고~! 힘들게 살면 무엇해? 어차피 언젠간 죽을 건데, 빨리 죽어~! 죽으려고 태어났잖아? 어여, 죽으라고, 죽어~! 죽어~!

대다수 귀신들이 살아 있는 모든 자들을 향하여 시기 질투하며 저주를 퍼붓는 귀신 주문이 빨리 죽으라는 말이니라. 사고로 죽든, 자살로 죽든, 질병으로 죽든, 살해당하여 죽든 죽으라는 주문을 끊임없이 너희들 마음으로 메시지를 뿌려대느니라.

어차피 언젠가는 죽을 것인데, 부질없는 세상 힘들게 무엇하러 사느냐고 수많은 자들에게 속삭이기도 하고, 강력하게 메시지를 뿌려대느니라. 누구나 한 번쯤은 자신의 의지와는 상관없이 죽으려고 자살을 생각해 본 자들도 많을 것이고, 사업실패, 사기 배신, 가정불화, 불치병에 걸려서 의욕 상실하고 무기력하게 살면서 차라리 빨리 죽었으면 하는 자들도 많으니라.

귀신들의 말이 아주 터무니없는 말은 아니니라. 어차피 살아 있는 자들의 종착역은 죽음이 맞고, 다만 언제 어떻게 죽을 것인지 한 치 앞도 모르는 불확실한 상태에서 세상을 살아가느니라. 힘들고 불행한 인생을 무엇 하러 살아가야 하는지 의미를 상실한 채 자살로 생을 마감하는 자들도 많으니라.

언젠가는 인류 모두가 죽을 것이기에 무엇 하러 힘들게 사느냐는 귀신들의 말이 틀린 말은 아니니라. 좋은 날보다는 사기와 배신, 아픔과 슬픔, 고통과 분노 폭발로 힘들고 불행한 날들이 더 많은 것이 인생길이고 현실이기에 귀신들의 죽으라는 말이 어찌 보면 아주 당연한 말이기도 하느니라.

이들 귀신들이 산 자들 모두에게 무조건 죽으라는 저주를 퍼붓는 것은 이미 죽은 자신들의 사후세계가 너무나 무섭고 두려우며, 비참하고 고통스러워서 한풀이, 원풀이 대상으로 죽으라고 저주하는 것이니라.

이들도 살아생전에는 죽으면 끝이다, 죽으면 그만이라고 입버릇처럼 말했던 자들인데, 막상 죽어보니 사후세계가 한도 끝도 없고, 희망도 없고, 참혹한 고통에서 벗어날 길이 없기 때문에 산 자들을 마구잡이 화풀이 대상으로 삼는 것이니라.

이들은 불행하게도 태초 하늘인 내가 태어나기 전에 죽었든, 동시대에 태어났든, 책을 구독하고도 감동받지 못하여 인연을 맺지 못했거나, 알현하기는 하였지만, 나의 명을 받들지 못하고 죽은 자들이기에 영들의 고향인 무릉도원 천상세계로 올라가지 못하고 귀신이 된 자들이었느니라.

너희들은 태초 하늘인 나를 알현하여 천상과 전생에서 지은 죄를 빌고, 죄를 사면받아 천상으로 돌아가기 위해 태어났고, 죽을 때 잘 죽으려고 태어났느니라. 이런 영적 세계 진실을 찾아다니는 자들이 많은데, 이제 알현할 때가 되었느니라.

인간으로 태어난 너희들 모두는 태초 하늘인 나를 알현하고 천상입천의 명을 받들기 위해서 지옥별 지구에 축생이 아닌 인간으로 태어난 것이니라.

너희들도 이미 죽은 귀신들처럼 죽어서 원풀이 한풀이하기 위해 귀신 주문을 외우면서 산 자들을 향하여 죽어~! 죽어~! 죽으라고 저주를 퍼부을 것이더냐? 아니면 살아생전 태초 하늘을 알현하고 천상입천의 명을 받드는 하늘 사람이 되는 천인(天人)의 신분을 얻은 뒤에 죽을 것인가, 선택해야 하느니라.

아직 죽어보지 않았기에 사후세계와 윤회세계, 수많은 지옥세계가 얼마나 무서운지 실감이 나지 않으리라. 죽음을 대수롭지 않게 의례적인 행사로 생각하며 살아가는 자들이 거의 대다수이도다. 죽어서는 스스로 행할 수 있는 것이 아무것도 없기에 사후세계의 모든 고통과 불행을 감내하여야 하느니라.

종교를 열심히 다니니까 죽으면 극락, 선경, 천국, 천당으로 갈 것이라고 굳게 믿는 자들이 전부일 텐데, 태초 하늘인 나의 명을 받들지 않는 이상 지구상에 존재하는 그 어떤 종교의식으로도 꽃 피고 새 우는 천상세계로 돌아갈 수 없느니라.

죽으라고 저주를 퍼붓는 수많은 귀신들은 산 자들의 귀신세계 선배들이라는 점을 묵과해서는 안 되느니라. 너희들을 사후 지옥세계와 윤회지옥에서 구해 줄 수 있는 곳은 지구에서 종교가 아닌 천상국가 하늘나라 자미국뿐이니라.

너희들 모두도 천상의 죄인 신분이지만 종교 숭배자들은 모두가 더 큰 대역죄인들이기에 너희들을 구해 줄 수 없느니라. 귀신 주문의 제물이 될 것인지, 이곳에 들어와 살 것인지 너희들이 알아서 판단하면 되느니라.

대다수 인간들이 돈 걱정 없이 부귀영화 누리며 건강하게 100세까지 장수하며 사는 것을 목표로 삼고 살아가고 있으나 이것이 잘못되었다는 것을 알지 못하고 살아가고 있도다. 축생들처럼 잘 먹고 잘살기 위해서 인간으로 태어난 것이 아니라 태초 하늘인 나를 알현하고 천생과 전생, 현생에서 지은 무거운 업보를 풀기 위해서 인간으로 태어났다는 위대한 진실을 하루빨리 깨닫고 인정해야 하느니라.

이유는 죽어보면 알겠지만, 너희들이 천상의 삶, 전생의 삶, 현생의 삶을 살아가면서 지은 죄가 무겁고도 무겁도다. 너희들은 기억이 없어서 무슨 죄를 지었는지 알지 못하고 살아가는데, 이곳에서만 너희들이 3생에서 지은 죄를 찾아주느니라.

3생(三生)의 죄를 빌고 빌어야 천상으로 돌아갈 수 있도다. 너희들이 무슨 죄를 지었는지 기억나지 않고, 모른다 하여 죄가 없어지는 것이 아니라 너희들이 지은 죄는 천상장부에 실시간으로 기록되고 있기 때문에 이곳에 들어와야만 아느니라.

너희들 현생의 운명과 죽음 이후 사후세계의 지옥세계와 윤회지옥의 운명을 바꿀 수 있는 곳은 지구상에서 하늘나라 자미국 한 곳뿐이기에 선택과 판단을 속히 서둘러야 하느니라.

지구가 지옥별인데, 윤회지옥은 인간을 비롯한 만생만물이 모두 지옥도이고, 너희들 눈에 보이는 동물, 식물, 사물, 자연 그리고 쌀, 고기, 반찬, 음식, 자동차, 컴퓨터, 핸드폰, 전자제품, 생활필수품들 모두가 지옥세계 모습들 중에 하나이니라.

천상에서 지은 죄들은 절대로 없어지지 않고, 너희들의 몸 안에 뼛속까지 깊숙이 박혀 있기에 죽어서도 그 죄를 가지고 내 앞에서 죄를 빌게 될 것이니라.

몸 자체에 천상에서의 죄인, 대역죄인, 역천자란 것이 각자들의 몸에 어떤 표식으로 새겨져 있기에 육신이 죽으면 이제 지옥으로 가고, 저 밖에 있는 전 세계인들은 한 치의 오차도 없이 내 앞에서 죄를 빌고 벌을 받게 되느니라.

종교인들과 열성 신도들은 어차피 뼛속까지 악마들의 물이 들어서 빠져나오지 못할 것이고, 일반 신도들이라도 살기 위해 빠져나오는 모습을 보여줘야 지구의 수명이 연장되지, 안 그러면 하늘의 분노 대폭발로 말진사 때 지구는 파괴되고 인류는 멸살되느니라.

조상들은 어디에 가 있을까?

나는 도대체 누구이고, 나는 이 세상에 왜 태어났고, 죽으면 어디로 가는 것인가? 죽으면 끝이다, 죽으면 그만이라고 말하는 자들이 많은데 이것이 맞는 말인가? 아니면 사후세상과 윤회가 실제로 존재하는 것인지 많이 궁금할 것이니라.

돌아간 너희들 조상과 부모, 배우자, 자녀, 형제들은 어디에 가 있는 것이고, 종교의식을 일평생 동안 지극정성으로 행하는데 극락, 선경, 천국, 천당으로 가서 편히 있는 것인지? 매년 공원묘지와 납골당, 납골묘, 수목장에 성묘를 다니고 제사와 차례, 시제를 정성껏 지내고 절하는데 찾아와서 음식을 받아 드는 것인가 궁금할 것이로다.

이런 제례를 언제까지 행해야 하는지 기약이 없도다. 교회 다니는 자들은 자신은 하나님, 예수님, 성모님을 믿어 구원받는다고 알고 있을 것이고, 안 믿으면 지옥 간다는데 이미 수십, 수백, 수천 년 전에 돌아간 조상들은 어떻게 되는 것인지 당최 어찌해야 할지 모르겠고, 어디에다 기준을 두어야 하는지 종교에 다니면서도 혼동되는 자들이 참으로 많을 것이니라.

과연 종교인들이 전해 주는 사상과 이론이 모두 맞는 것인지 돌이켜 생각해 본 적이 있더냐? 아무도 명쾌하게 해답을 내놓지 못하고 무조건 믿으라고 강요하는 것이 모든 종교세계의 현실인데, 이들의 사상 모두가 죽은 종교인 귀신들이 대대로 너희 몸에 들어가서 예수 믿으라, 부처 믿으라, 신을 받으라, 도를 닦으라고 하는 것이니라.

나는 산 자의 영혼(생령), 죽은 자의 영혼(사령), 즉 모든 생사령들과 천상신명, 용(청룡, 황룡, 적룡, 백룡, 흑룡), 신, 귀신, 도깨비, 구미호, 동물령, 축생령, 곤충령, 만물에 깃들어 있는 영들과 대화가 자유자재로 가능한 천지대능력자이니라.

지구상 유일한 천기(신기)하고 천비(신비)로운 최고의 영적 능력자이도다. 이 지구상에 그 어느 종교인들도 감히 흉내 낼 수 없는 천변만화의 조화를 부리고, 내가 말하는 것은 곧 법이자 명이고, 기운이기에 말하는 대로 현실에서 이루어지느니라.

이곳 자미국은 하늘나라 자체이고 무속이나 종교처럼 형상도 없고, 경전도 없이 실시간 라이브로 모든 천상의식이 실시간 집행되느니라. 종교 숭배자, 성인 성자, 유명 종교인들도 알아내지 못한 하늘세계, 신명세계, 사후세계, 영혼세계, 천상세계, 지옥세계, 윤회세계, 종교세계의 비밀들을 말해 주느니라.

처음 들어보는 말이라 너무 황당하고 정말 진짜일까? 의심할 정도의 진실들이 무수히 쏟아지고, 아무도 가보지 않은 길이고 아무도 찾아내지 못한 길이지만, 순수하게 진실일 것 같다고 인정하며 들어오는 자들이 천복받은 자들이니라.

에이, 세상에 그런 게 어디 있어요? 자신과 몸 안에 있는 영혼, 신, 조상, 악들, 귀신, 동물령, 축생령, 곤충령, 만물령들 모두가 난생처음 들어보는 말이라 믿지 못하는 것은 당연하도다.

그리고 천상에서 있을 때의 기억이 모두 삭제되어 전혀 기억이 없기에 천상과 전생에서 어떻게 살았는지 말해 주어도 기억나지 않는다고 무조건 부정하고 안 믿는도다. 현재의 귀신, 미래의 귀신들인 생사령들과 이야기하다 보면 요절복통할 이야기들이 너무 많으니라.

나는 영적 세계에 관해서는 불가능이 없느니라. 생사령들이나 신들이 지구나 우주 그 어디에 있든 부르면 3초 이내에 불려와서 나와 대화를 하느니라. 그러니 너희들의 돌아간 가족과 부모 조상들이 어디에 가 있는지 말해 줄 수 있느니라.

나는 세상에 알려진 무속인, 승려, 신부, 목사, 도사, 역술인, 철학자가 아닌 천상에서 내려온 하늘의 심판자, 하늘의 구원자, 생살여탈권자, 죄사면권자, 공포의 대왕으로 천상의 주인이자 태초의 절대자 하늘이니라.

말하는 대로 이루어지고, 천지에 명을 하달하는 전무후무한 천지대능력자이니, 너희들은 어디까지 인정하고 받아들일지 의문이지만 이것은 사실 그대로이니라.

즉, 대우주 만생만물과 천지인 창조주이고, 무소불위한 자미천기 기운으로 구원과 심판을 집행하기에 너희들 수준의 영적 차원에서는 인정하고 받아들이기가 쉽지만은 않을 것이지만 죽으면 알게 될 것이니라.

그 이유는 살아생전 나를 알현하여 천상에서 지은 죄를 빌지 않고 죽은 자들을 모두 추포하여 천상대법정에서 몽땅 심판해야 하기 때문에 자연적으로 나의 존재를 알게 될 것이니라. 대우주 수천억 조의 천상세계와 수백만 개에 이르는 지옥세계 명부전의 염라대왕을 비롯한 10대왕, 윤회세계를 모두 관장하기에 도망갈 곳도 없고 숨을 곳도 없느니라.

처음이자 마지막으로 내려주는 죄사면의 유일한 기회를 잡지 못하면 천상으로 돌아가는 일은 절대로 없고, 나를 알현하지 못하고 죽은 자들은 이유 불문하고 모두 대역죄인들이기에 이 땅에서 아무리 죄를 짓지 않고 착하게 살았더라도 모진 고문 형벌을 받는 지옥의 심판을 받게 되느니라.

이 땅에서 지은 죄와 천상에서 지은 죄를 심판하기에 인류 모두가 죄인들이니라. 잘난 자들이나 못난 자들, 잘 산 자들이나 못 산 자들 모두가 나에게 추포되어 모진 고문 형벌이 가해지는 무서운 심판을 받기에 형벌을 면하는 길은 살아서 태초 하늘인 나를 알현하여 천상입천의 명을 받아야 하느니라.

지구에서 최고의 부귀영화를 누리는 황제, 황후, 왕, 왕비, 황태자, 왕세자, 공주, 대통령, 총리, 수상, 부총리, 장관, 차관, 공직자, 정치인, 재벌 총수, 국회의원, 판사, 검사, 의사, 언론 방송인, 교수, 학자, 장군, 가수, 연예인과 일반인에 이르기까지위고하를 막론하고 모두가 죄를 심판받아야 하느니라.

너희들이 지구에 태어나기 전에 천상에서 과연 누구였는지, 무엇을 하다가 지구에 떨어진 것인지 알아낼 수 있는 곳이 하늘나라 자미국을 창시한 태초 하늘뿐이니라. 천상에서 과연 어떤 신분이었다가 어떤 일로 죄를 지어서 지옥별이자 유배지인 지구별에 태어나게 된 것인지 낱낱이 찾아주느니라.

인류 역사에 전무후무한 일이고, 아무도 알아내지 못하였던 천계의 비밀들과 너희들의 죽음 이후 사후세계에서 어디로 가고 천상, 지옥, 동물, 조류, 축생, 곤충, 사물, 자연 중에서 무엇으로 태어나고, 어떻게 되는지, 어디로 가게 되는지도 자세히 말해 줄 수 있는 인류의 영도자이자 천지대능력자가 오랜 세월 동안 너희들이 찾고자 했던 태초 하늘이니라.

너희들의 돌아간 부모 조상, 배우자, 자녀, 형제, 친구들이 어디에 가 있는지 속 시원히 알려주느니라. 윤회세계, 귀신세계, 종교세계의 무서운 진실들도 낱낱이 알려주니까 영적세계에 대한 궁금증들이 말끔히 해소되느니라.

그래서 너희들과 인류 모두는 죽으면 불지옥, 얼음지옥, 독사지옥, 칼지옥, 기름지옥, 용암지옥, 흑해지옥, 암흑지옥, 축생지옥, 곤충지옥, 똥지옥, 똥물지옥, 화마지옥, 개미지옥, 모래지옥, 도로지옥(아스팔트에 눕힌 채 차가 깔고 지나가는 지옥), 쓰레기지옥, 석쇠지옥, 불판지옥, 치킨지옥(통닭처럼 굽는 지옥), 삽겹살지옥(삼겹살처럼 불에 굽는 지옥), 바비큐지옥(통돼지처럼 굽는 지옥), 물고기지옥, 새우지옥, 바퀴벌레지옥, 지렁이지옥, 두더지지옥, 구더기지옥, 벌레지옥 등등 지옥 세계는 하나가 아니라 수백만 개의 종류가 있느니라.

똥지옥은 똥을 먹고 사는 지옥이고, 똥물지옥은 똥물 속에

서 살아가는 지옥이니 생각만 해도 소름이 끼칠 것인데, 이것
이 너희들 모두에게 죽어서 다가올 미래의 지옥세계 모습들이
니라. 이런 지옥세계를 면하는 길은 태초 하늘인 나를 알현하
고 천상에서 지은 죄를 비는 것뿐이니라.

 너무나 황당하여 믿기 싫을 것이지만 나를 알현하여 귀신들
의 사후세상을 미리 체험하는 천법회에 참가해 보면 생생히
죽음 이후의 사후세계 모습들을 알 수 있도다. 정말 사후세계
가 존재하고 있는지, 천상과 지옥이 존재하는지 알 수 있도다.

 수천 년 동안 종교인들이 전하고 있는 극락, 선경, 천국, 천
당이 어떤 곳인지 왜곡된 진실을 두 눈과 귀로 알 수 있고, 종
교를 열심히 믿으면 죽어서 어디로 가고, 어떤 형벌을 받게 되
는지 무서운 진실도 알게 되느니라.

 "천멸 자미구합 자미판경 암현
 흑소백멸 황존인 자미ㅇ(ㅇㅇㅇ)
 자미 천지대능력자 태상ㅇㅇ폐하 인세강래
 자미천 생사공멸 인존(ㅇㅇㅇ) 본수 태하경치
 자미사 1995.6.29 자미ㅇ 도솔하강
 만륵지세(ㅇㅇㅇ)도법인존 육멸 자미ㅇ(ㅇㅇㅇ)
 자미ㅇ 구족인멸 1995.6.29.
 천상역모 사멸 자미판관(ㅇㅇㅇ) 1995.6.29.
 치염만사 인래궤멸
 천상역모 반수옥졸 자미명부 사족사멸
 1995.6.29. 자미판관 자미ㅇ(ㅇㅇㅇ)
 염사경육멸 해인생멸 간수"

착하게 살았으니 천상으로 가나?

하나같이 착하게 살았으니까 죽으면 좋은 곳으로 태어날 것이라 믿고 있는데 인간, 영혼, 조상, 신들의 궁금증은 육신의 죽음 이후 어떻게 되느냐가 최고의 화두이니라. 그래서 온갖 종교세계가 난무하고 있는 것인데 불행하게도 종교를 통해서는 천상으로 갈 수 없다는 실체적 진실을 알려주느니라.

실체적 진실이란 것은 억, 조, 경, 해를 넘는 무량대수의 죽은 영들인 조상들과 귀신들을 추포하여 심판하는 과정에서 드러난 실체적 진실이라는 것이니라. 이들이 살아생전 믿었던 숭배자들인 하나님, 하느님, 천지신명님, 부처님, 상제님, 석가모니, 여호와, 예수, 마리아를 열심히 믿었는데도 죽어서 아무도 만나지 못했고, 찾아오지도 않았다고 원망하며 종교세계 자체가 몽땅 거짓이라고 이구동성으로 말했느니라.

그런데 이런 엄청난 진실을 전달하여도 황당하다며 전혀 믿지 않는다는 것을 알았고, 참으로 용서받지 못할 죄인들이 살아가는 지옥별이란 걸 다시금 알게 되었느니라. 태초 하늘인 나를 알현하여 천상입천의 명을 아무나 받을 수 없고, 하늘의 배신자들인 역천자들의 천성은 영원히 변하지 않느니라.

조상입천 의식, 천인합체 의식, 신인합체 의식, 도인합체 의식, 천수장생 의식, 생령입천 의식, 감사제 의식, 사죄 의식, 황명 봉행, 악귀잡귀 소멸 퇴치의식을 통해서도 죽음 이후 세상이 어떤지 생생히 체험시켜 주고 있느니라.

앞뒤 없는 전차와 같은 것이 저승길이고, 언제 세상을 떠날지 아무도 모른 채로 살아가는 것이 인생길인데, 죽음이란 자체를 아무런 거리낌도 없이 천하태평으로 맞이하고 있도다. 영적세계인 사후세계의 무서운 진실을 너무나도 몰라서 준비 없이 죽음을 맞이하고 있는데 죽어봐야 얼마나 무서운지 알 수 있느니라.

죽음 이후 사후세계를 좋은 곳으로 가려는 자들이 온갖 악들과 귀신들이 세운 종교세계 안에서 열심히 믿고 있으나 몽땅 속고 있다는 사실을 몰라보고 맹신하고 있으니 세뇌가 얼마나 무서운지 알 수 있었느니라.

지구상에 있는 모든 종교가 천상에서 태초 하늘인 나를 배신하고 도망치고 쫓겨난 악들과 귀신들이 세운 것이라고 줄기차게 가르쳐주었기에 이제는 많이 깨달았을 것이니라.

짧게는 수천 년 길게는 수만 년을 악들과 귀신들이 인간 육신이 죽으면 또 다른 인간 육신으로 들어가서 번갈아가며 세뇌시켰으니 하늘의 진실을 아무리 알려주어도 못 알아듣거나 거부반응을 일으키느니라.

초창기에는 내 육신이 누구인지 알려지기 전이고 2017년 12월 3일 이후 도법절(천법회 시작일) 때 육신의 존재에게 자세하게 알려주어 내 육신의 오랜 원과 한을 풀어주었도다.

귀신들은 남 잘되는 꼴을 절대로 그냥 놔두지 않는도다. 자신들은 이미 육신이 죽어 기회가 박탈된 것을 아는 귀신들은 온갖 방해를 하며 괴롭히고 가짜라고 메시지를 뿌려대느니라.

'가지 마, 가지 마, 가지 마' '가짜야, 가짜야, 가짜야' 라는 메시지를 수없이 뿌려대느니라. 방해하는 귀신들이 많기에 하늘나라 자미국에 들어오는 것이 하늘의 별 따기만큼 어렵도다.

물론 이것도 시험이지만 얼마나 태초 하늘인 내가 내리는 시험을 통과할 것인지가 문제이도다. 그래서 나에게 선택받아 뽑히지 않으면 알현하기가 어려운 것이니라.

너희들 몸 안에는 영혼과 조상들의 숫자보다 악들과 귀신들의 숫자가 수백 수천 배 많기에 이들의 방해를 뚫고 하늘나라 자미국에 들어와서 천상입천의 명을 받는다는 것은 가문의 영광이도다. 마음으로 온갖 부정적인 메시지를 뿌려대는데, 그것이 자신의 진짜 마음인 줄 착각하여 기회를 놓치는 경우가 많으니라.

수백만 개의 지옥도와 무서운 윤회세계를 면할 수 있는 천재일우의 기회가 주어졌는데도 나로부터 선택받지 못하여 하늘나라 자미국에 들어오지 못한다면 너희들이 천상에서 하늘을 배신한 죄가 용서받지 못할 정도로 죄가 크기 때문인 것이니라.

착하게 살았다고 좋은 세계로 가는 것이 아니라 태초 하늘인 내가 내리는 명을 받지 않는 이상 아무도 천상으로 올라갈 수 없다는 진실을 말해 주느니라. 수백억을 기부하고 떠나는 자들은 보람으로 느끼고 좋은 세계로 갈 것이라고 믿을 것이지만 이들은 용서받지 못할 대역죄인들을 도와준 죄가 더 커져서 오히려 더 큰 중형을 선고받아 모진 고문 형벌을 받느니라.

지금은 육신이 시퍼렇게 살아 있으니까 사후세계가 얼마나 무서운지 전혀 느낌이 오지를 않고, 종교를 믿고 있어 대수롭지 않게 생각하며 살아가는 자들이 거의 전부인데, 태초 하늘인 나를 알현(지체가 높고 존귀한 분을 직접 찾아뵙다)하여 천상입천의 명을 받지 못하고 죽으면 천추의 원과 한으로 남고 땅을 치고 대성통곡하느니라.

"도법천존○○○폐하 자미팔황경
자미도(○○○)자미3천경
자미사 도팔현대만 자미○도황 분신현신(○○○)"

"인축지 자미필멸 폐하일도경
자미○ 도솔진인(○○○)
태상황인 (○○○)자미인
현일천인 화멸909염온기용
자미필멸 도황인존
자미○(○○○)천혼사만일경
자미○ 현솔기만911 염사치곤404-11
자미○래 자미(○○○)2001,911
자미○ 자미○화현(○○○) 불사열래911"

죽어서 어디로 가나?

육신이 살아 있을 때는 죽음 이후의 사후세계를 추상적으로만 생각하면서 좋은 곳으로 갈 것이라는 자들, 좋은 집안에 태어날 것이라는 자들, 부잣집에 태어날 것이라는 자들, 하늘나라에 올라가서 영생하려는 자들, 종교에 알려진 이상향의 유토피아 세상인 극락, 선경, 천국, 천당에 갈 것이라며 철석같이 믿는 인간, 영혼, 조상, 신들이 전부이니라.

나는 신명, 신령, 생령, 사령, 조상, 귀신, 악들, 도깨비, 축생령, 곤충령, 만물령들하고 자유로이 대화를 할 수 있는 아주 특별한 천지대능력을 갖고 있느니라. 이들을 불러 사후세상 어디에 가 있는지 보았더니 천상으로 알려진 극락, 선경, 천국, 천당으로 올라간 자들은 인류가 태어나고 단 한 명도 없었다는 충격적인 사후세계 진실을 알려주느니라.

악들과 귀신들이 세운 가짜 극락, 선경, 천국, 천당세계를 믿었으니 가짜세계로 떨어진 것이니라. 종교를 다니고 있는 자들은 정말 믿고 싶지 않은 대목이리라. 종교를 믿었든 믿지 않았든 인류 모두는 예외 없이 축생계 지옥으로 윤회하는 자들과 지옥세계로 입문한 자들뿐이니라.

죽어서 죄가 큰 자들은 지옥도로 끌려가는 것은 당연한데,

지옥도라는 곳이 단순하지가 않고 무척이나 복잡하고 무시무
시한 지옥세계가 수백만 개에 이르니라.

　너희들 눈에 보이는 축생계, 곤충계의 모습들이 너희들의 사
후세계 모습들이라면 믿어지겠느냐? 예를 들자면 밥과 반찬, 각
음식 종류, 쌀, 보리, 밀, 콩, 음료수, 술, 집에서 키우는 애완동
물인 개, 고양이, 금붕어, 새를 비롯한 닭, 돼지, 소, 말, 양, 쥐,
호랑이, 사자, 코끼리, 뱀, 거북이, 악어, 물고기, 파리, 모기,
하루살이, 바퀴벌레, 구더기, 잠자리, 매미, 사슴벌레, 진딧물,

　장수풍뎅이, 가재, 게, 치킨, 돼지고기, 소고기, 불판, 석쇠,
그릇, 젓가락, 수저, 휴지, 볼펜, 휴대폰, 컴퓨터, 자동차, 선박,
모래알, 돌멩이, 나무, 바위, 집기류, 의류, 곡식류, 식물류, 잡
초, 꽃, 벌, 나비, 개미 등 눈에 보이는 만생만물 모두가 너희들
이 죽어서 윤회할 대상자들이라는 진실을 실화체험과 이들로 윤
회한 영들을 추포해서 심판한 대화록의 진실들이니라.

　이런 끔찍한 사후세상이 기다리고 있는데도 죽으면 그만이
라고 믿고 사는 자들이 다수이고, 종교를 열심히 믿으니 죽어
서 좋은 곳으로 간다고 믿는가 하면 극락, 선경, 천국, 천당으
로 갈 것이라고 굳게 믿고 있으나, 나의 말이 참 진실이니 지
금부터라도 생각을 바꾸고 하늘의 경전인 천경(天經)『천지대
능력자 』책을 경건한 마음으로 정독해야 하느니라.

　믿고 안 믿고는 너희들의 자유이겠으나 천상에서 지은 죄, 수
많은 전전 전생에서 지은 죄, 현생에서 지은 죄가 크지만, 인류
최초로 알려주는 하늘의 진실, 죽음 이후 사후세계와 지옥의 진

실, 윤회의 진실은 너희들 영혼을 다시 깨어나게 만드니라.

 이 글을 읽고도 믿지 못하는 자들, 무조건 부정하는 자들, 거리가 멀어서 찾아오기가 힘들다는 자들, 남의 말을 듣고 이곳을 부정하는 자들은 죄가 커서 천상으로 입천할 대상들이 아닌 자들이고, 끝없는 윤회의 굴레, 지옥의 굴레에 갇혀서 영원히 살아갈 죄인들의 신분들이라는 진실도 알려주느니라.

 지구에서 태초 하늘인 나를 알현한다는 것은 선택받아 뽑혀야만 하늘나라 자미국에 들어올 수 있고, 천상입천의 명을 받드는 행을 하지 않으면 아무런 일도 일어나지 않고, 현생과 내생을 보호받지 못하는데, 믿는다고 구원받는 것이 아니니라.

 지금도 죄를 지은 자들이 수시로 추포되어 천상대법정으로 끌려오고 있도다. 인간 육신들만 모를 뿐 몸 안에 신, 생령, 사령, 조상, 귀신, 악들, 축생령들은 언제 갑자기 추포 명령이 떨어질지 몰라서 좌불안석으로 불안과 공포의 나날을 보내느니라.

 지구에 인간으로 태어난 것은 태초 하늘인 나를 알현(지체가 높고 존귀한 분을 직접 찾아뵙다)하여 천상에서 지은 죄를 빌고 영혼의 고향인 천상으로 입천하기 위한 것이었도다. 너희들 모두가 천상에서 태초 하늘인 나를 배신하는 죄를 지은 죄인들의 신분이기에 육신이 살아생전 나를 알현하여 죄를 빌지 못하고 죽는 것도 죄가 되고 죽어서도 심판을 받게 된다는 사후세계의 지옥도와 윤회도의 진실을 알려주느니라.

몸에 누가 살고 있을까?

몸 안에 자신이라는 영혼(생령) 이외에도 조상(사령), 신, 귀신(남의 조상), 축생령들이 함께 살아가고 있는데, 눈에 보이지 않는 영적 존재들이기 때문에 있는지 없는지조차 인간의 눈높이로는 분별하는 방법이 없느니라.

너희들의 마음과 생각이 존재하지만 그것이 보이지 않는 것처럼 자신의 영혼(생령)과 신 이외에 너희들의 조상들과 남의 조상들인 귀신, 동물이나 가축, 새, 어류, 곤충령 같은 영들이 몸 안에 들어와 있어도 판별해 내거나 찾아낼 수 없느니라.

하지만 하늘나라 자미국을 창시한 태초 하늘인 나는 이들의 존재들을 몽땅 찾아낼 수 있고, 구원하거나 퇴치 또는 소멸할 수 있는 신비스러운 천지대능력을 갖고 있도다. 너 자신의 영혼과 다른 영적 존재들이 몸 안에 머무는 거처가 다양하느니라,

인간 몸을 가장 선호하고, 다음은 동물, 가축, 조류, 어류, 뱀 같은 파충류, 곤충, 식물, 사물, 핸드폰, 컴퓨터, 자동차, 생활용품에 이르기까지 영들이 윤회하고 있지만, 인간의 능력으로는 찾아낼 방법이 없기에 영적 존재 자체를 부정하느니라.

영들은 엄연히 말하면 육신이 죽은 영들을 사령 또는 귀신이

라고 말하고, 육신이 살아 있는 영들을 생령이라고 하며, 죽으면 귀신인데 종류도 다양하느니라. 원한 귀신, 자살 귀신, 사고 귀신, 추락사 귀신, 물귀신, 거지 귀신, 병마 귀신 등등이니라.

이 세상에 인간이 아닌 모든 존재의 영들을 축생령이라 하는데, 도깨비와 구미호도 있고, 소 귀신, 뱀 귀신, 말 귀신, 개 귀신, 고양이 귀신, 새 귀신, 닭 귀신 등등이 있는데, 이들은 죽어서 같은 축생들 몸에 들어가기도 하고 때로는 인간 몸으로 들어와서 동고동락하며 살아가고 있지만, 종교인의 능력으로는 알아낼 수 없다는 것이 지금까지 진실이니라.

눈에 안 보인다고 영들이 없는 것이 아니라 너희들 몸 안, 집 안, 핸드폰, 컴퓨터, 직장, 자동차 안, 인형 등 모든 생활용품에 붙어서 동고동락하고 윤회하며 온갖 풍파를 일으키고 있도다. 그래서 영들의 존재를 무조건 부정하고 무시할 것도 아닌데, 이들 자체가 너희들에게는 원한 귀신인 악귀라고 할 수 있기에 이들을 방치하면 너희 인생에 갑자기 흉사가 휘몰아치느니라.

이들 영들은 한마디로 귀신들인데 너희들의 이마, 양 눈, 눈썹, 속눈썹, 코, 콧구멍, 코털, 입, 치아, 잇몸, 입천장, 목구멍, 목젖, 혓바닥, 입술, 귀, 귓불, 귓바퀴, 귓속, 머리, 머리카락, 털, 솜털, 대뇌, 소뇌, 두개골, 목, 뒷목, 편도선, 갑상선, 젖꼭지, 어깨, 가슴, 심장, 간장, 폐, 위장, 십이지장, 소장, 대장, 췌장,

신장(콩팥), 척추, 배, 배꼽, 허리, 골반, 대퇴부, 힘줄, 허벅지, 자궁, 음부, 음경, 무릎, 종아리, 발목, 발뒤꿈치, 복숭아뼈, 발바닥, 발가락, 발톱, 팔, 팔꿈치, 손목, 손등, 손바닥, 손

가락, 손톱과 120조에 달하는 인체의 세포 하나하나에까지 영들이 붙어서 윤회하고 있다는 무섭고도 경천동지할 진실을 가르쳐주는데, 어디까지 믿어야 하고 받아들여야 하는지 갈등이 생길 것이니라.

이뿐만 아니라 팬티, 브래지어, 겉옷, 양발, 스타킹, 반지, 팔지, 목걸이, 손목시계, 머리 장식, 브로치, 귀걸이, 장식 단추, 안경, 구두, 슬리퍼, 운동화, 장화, 지갑, 돈, 카드, 주민등록증, 운전면허증, 자격증, 명함, 열쇠와 열쇠고리, 도장, USB, 컴퓨터, 키보드, 마우스, 핸드폰, 충전기, 담배, 라이터, 약, 의약품,

TV, 리모컨, 에어컨, 세탁기, 냉장고, 김치 냉장고, 전자레인지, 가스레인지, 거울, 칫솔, 치약, 면도기, 컵, 그릇, 수저, 젓가락, 상, 식탁, 선풍기, 소파, 책상, 의자, 볼펜, 음료수, 술, 음식, 반찬, 라면, 채소, 식물, 잡초, 나무, 바위, 돌멩이, 모래알 등등 우리 일상생활의 물품들에 영들이 붙어서 한도 끝도 없이 영구히 반복 환생하며 윤회하고 있는데, 태초 하늘인 나의 명을 받지 못하고 죽게 될 자들의 비참한 미래 사후세계 모습들이니라.

놀라운 일들이며, 종교에서 말하는 극락, 선경, 천국, 천당은 실제로는 존재조차 하지 않으니 꿈도 꾸지 말아야 하느니라.

그 이유는 전 세계 종교지도자들 자체가 하늘 앞에 죄가 가장 큰 대역죄인들이고, 전 세계 인류 78억 6,200만 명 역시 모두가 죄인들이기에 종교 안에서는 구원이란 자체가 성사될 수 없고, 지구상에서 구원은 하늘나라 자미국을 창시한 태초 하

늘뿐인데, 이 높은 진실을 인정할 자들이 얼마나 있을까? 복 있는 자들은 무조건 들어올 것이니라.

인류 최초의 진실이지만 수천 년 동안 조상 대대로 믿으며 알고 있는 것이 불교, 무속, 유교, 기독교, 천주교, 도교인데 하루아침에 하늘나라 자미국이라고 하니 난생처음 들어보는 생소한 곳이고, 글의 내용 자체도 종교세계에서는 들어본 적이 없는 천비(신비)하면서도 황당하고 기가 막힌 내용들이라 갈등할 자들도 많을 것인데 판단은 너희들의 몫이니라.

혹세무민한다고 부정적으로 생각하며 글을 읽는 자들은 천상에서 지은 죄가 너무 커서 거부하는 기운을 내려주는 것이기에 부정적으로 생각할 것이니라. 이런 자들 역시 천상장부에 죄목이 실시간 동영상으로 촬영되어 기록되고, 심판받을 때 낱낱이 보여주고 들려주며 형벌을 집행하게 되느니라.

이 땅에서 살아가는 자들은 물론 동물, 가축, 조류, 어류, 곤충, 식물, 나무, 잡초, 모래알로 윤회하는 모든 영들에 대한 일거수일투족의 말과 행동들이 실시간 동영상으로 촬영되어 천상장부에 보관된다는 상상 초월의 일들을 인류는 알지 못하느니라.

경천동지, 세상에 이런 일이, 놀랍고도 경이로운 일들인데, 너희들은 죽으면 대형 스크린에 천상에서 역모 반란에 가담하였던 장면들과 지구로 도망치고 쫓겨난 모습, 수많은 만생만물로 윤회하였을 때 모습, 인간으로 태어나 어떻게 살았는지 모습이 초 단위 영상과 자막으로 낱낱이 나오기에 빼도 박도 못하고 숨을 곳도 도망갈 곳도 없느니라.

 영적 차원이 너무 낮아서 하나하나 가르쳐주는 것인데, 글을 읽고 공감하고 감동이 되는 자들은 예약하고 하늘나라 자미국에 방문해서 태초 하늘이 내리는 천상입천의 명을 어떻게 받는 것인지 상세한 절차를 설명 듣고 빠른 시일 내에 행하여 하늘의 백성이 된 다음에 사후세상을 보장받는 천인합체 의식을 행하여 하늘 사람인 천인(天人)되어야 하느니라.

 천인으로 명을 받으면 죽어서 저승세계 명부전으로 끌려가서 무서운 형벌의 심판을 받지 않고, 만생만물로 윤회하지도 않으며 죽음과 동시에 오색 용들로 변신한 천상신명들이 내려와서 천상으로 데려가는데, 20대 전후의 선남선녀로 환생하여 천상 무릉도원에서 업무를 수행하고 영생을 누리며 살아가느니라.

 죽으면 살아서 앓던 질병으로 인한 통증 없이 편안히 영면하는 것으로 잘못 알고 있는데, 죽은 귀신들도 생전의 통증을 그대로 안고 윤회하기에 고통스럽고 아파서 쩔쩔매느니라. 너희들이 앓고 있는 질병의 고통이 바로 너희들의 조상들이기에 아프지 않으려면 너의 조상들부터 구해 주어야 하느니라.

　　"태상사멸 인류궤멸 사인구족 인혼태백
　　자인소멸 공혼황멸 대사팔천
　　1006-2004(〇〇〇) 방만형하래
　　영인황천손〇〇〇 (〇〇〇)태혈왕존기상
　　일천구존 황혈지립 〇〇〇 황혈태인 강환천룡(〇〇〇)"

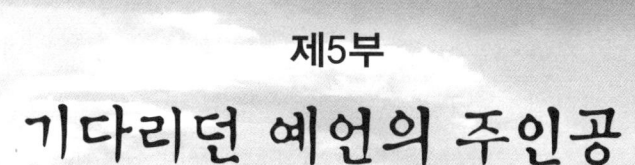

제5부
기다리던 예언의 주인공

마지막 구원자

　종교의 역사가 수천 년인데, 그동안 아무도 구원받은 자들이 없었도다. 진짜 하늘이 누구인지 몰라서 자연신이나 해, 달, 별, 하느님, 하나님, 한얼님, 한울님, 부처님, 미륵부처님, 상제님, 천지신명님, 열두대신, 알라신, 라마신, 시바신, 석가모니, 관세음보살 지장보살, 아미타불, 비로자나불, 보현보살, 문수보살, 미륵보살, 석가의 10대 제자, 여호와, 마리아, 예수, 12제자, 공자, 노자, 마호메트 성인 성자들과 그 외 종교 교주들을 받들어 섬겼으나 모두가 나에게 구원받지 못하였느니라.

　미륵, 부처, 메시아, 구세주, 구원자, 정도령, 진인, 신인, 심판자, 공포의 대왕으로 알려진 태초의 절대자 하늘이 처음으로 지구에서 존재를 알리느니라. 종교를 믿는 것은 태초 하늘을 알아보고, 기다리기 위함이지만 이런 진실을 받아들일 자들도 많고, 그렇지 않은 자들도 있느니라.

　너희들이 믿든 안 믿든 이 땅에서 살아가는 인간, 영혼, 조상, 신들이 애타게 기다리던 구원자가 태초 하늘인데, 구원받아 천상으로 올라가 하늘 사람 천인(天人)이 될 수 있는 마지막 기회이니라. 태초 하늘의 육신이 세상을 떠나면 구원은 영원히 존재하지 않느니라. 지금까지는 가짜들인 숭배자 악신과 악령들에게 구원해 달라고 매달렸지만 그들 모두가 가짜들이기에 구원이 안 되느니라. 육신이 살아 있을 때만 태초 하늘을 알현하여 하늘이 내리는 명을 받들어 봉행할 수 있느니라.

너희들이 종교세계에서 찾던 모든 숭배자들은 악신과 악령들이고, 하늘을 사칭한 죄인들이기에 구원 자체도 안 되고 이들은 태초 하늘인 나에게 추포되어 심판받아 소멸되었도다.

지구상에서 산 인간들을 병마와 죽음, 풍파로 괴롭히는 억, 조, 경, 해, 무량대수를 넘는 엄청난 숫자의 악귀잡귀들을 일순간에 하늘의 자미천기 기운으로 즉시 추포하여, 완전 소멸시킬 수 있는 천지대능력자는 태초 하늘뿐이니라. 종교인들이 행하는 안수기도, 퇴마, 병굿으로 몇 명의 악귀잡귀들을 단순히 쫓아내는 것이 아니라, 아예 소멸시키는 천지대능력자이니라.

이 세상에 왜 축생이 아닌 인간으로 태어났을까? 태어난 목적은 무엇인가? 성공하고 출세하여 돈 많이 벌며 높은 벼슬자리에 앉아 권력을 누리며 건강하게 부귀영화 누리며 100세까지 잘 먹고 잘사는 욕망을 이루기 위해서 태어났더냐?

그렇도다. 모든 자들이 돈의 노예가 되어 돈을 벌지 않고는 세상을 살아가기 힘든 세상이 되었고, 어떻게 하면 남들보다 좀 나은 삶을 살아갈 수 있을까 혈안이 되어 있느니라. 또한, 권력에 맛을 본 자들은 남들보다 더 높은 자리에 오르고, 오래도록 건강하게 권세를 누리며 명성을 떨치고자 하느니라.

최고의 권력자들인 왕이나 대통령, 총리, 부총리, 장관, 차관, 관리관, 이사관, 부이사관, 서기관, 사무관, 정치인, 국회의원,

시도지사, 시군구청장 등등 고위직에 오른 자들과 세계적인 재벌 총수, 국내의 크고 작은 재벌들과 부자들 그리고 세상에 이름을 널리 떨치고 있는 유명인들도 가는 세월 잡지 못하고, 결국 인생의 종착역인 죽음의 세계로 들어가야 하느니라.

이 세상에 태어나 인간의 눈높이로 가장 크게 성공하고 출세하였더라도 그것은 100년도 못 누리는 몇십 년의 부귀영화이고, 결국은 모든 돈과 재물, 권력과 명예, 가족과 부귀영화를 놔두고 세상을 떠나 죽음의 사후세계로 떠나가야 하느니라.

각자마다 세상을 살아가는 목적이 다를 것인데, 자신이 추구하는 뜻을 이루었다 할지라도 육신의 삶은 한계가 있기에 영원할 수가 없느니라. 너희들이 추구하던 목적을 이룬 자들도 있고, 이루어가는 과정에 있는 자, 이루지 못한 자, 이미 죽어서 세상을 떠난 자들이 있느니라.

뜻을 크게 이루었든 못 이루었든 모두가 죽게 되는데, 문제는 인간의 삶이 끝나고 죽으면 모든 것이 끝이라고 생각하며 살아가고 있을 것이지만, 죽음 이후 사후세계가 계속해서 이어진다는 무서운 진실을 알아야 하느니라.

인간으로 태어났다가 죽은 귀신들은 너희들의 선배들이니라. 이 세상에서 귀신들과 가장 많이 대화를 나눈 태초 하늘이기에 귀신들이 현재 처한 상황과 마음, 고통, 원한, 원망, 억울함, 답답함, 분노, 저주, 복수심과 살인귀, 단명귀, 자살귀, 원한귀, 수살귀, 청춘귀, 몽달귀, 처녀귀, 사고귀, 음독귀, 비명귀, 타살귀, 종교귀, 원귀, 한귀, 투신귀에 대한 원과 한을 가장 많이 알고 있느니라.

　이들은 죽으면 그만이라고 생각한 자들과 종교를 열심히 믿어서 좋은 세계로 알려진 극락, 선경, 천국, 천당세계로 가는 줄 알았다는데, 좋은 세계로 알려진 천상으로 올라간 자들은 하나도 없었다고 하였도다.

　죽은 종교적 숭배대상자, 종교 창시자, 교주, 고승, 도승, 학승, 승려, 보살, 무당, 영매사, 심령술사, 신부, 수녀, 목사, 역술인, 신도들은 죄가 너무 크고 많아 모두가 수많은 지옥도로 잡혀갔도다. 나에게 용서받지 못할 가장 큰 죄인들이 종교인들과 이들을 추종하는 모든 신도들이니라.

　지구에 세워진 모든 종교가 악신과 악령, 귀신들이 세운 가짜 세계이기 때문에 구원받지 못했고, 자칭 하나님, 하느님, 창조주, 신, 우주신, 상제, 부처, 미륵, 천지신명, 천제, 천존, 도존, 도전, 천자, 정도령, 진인, 신인이라고 주장하는 모든 자들은 악신과 악령, 귀신들이 사칭한 것이었고 이들은 태초 하늘인 나에게 추포되어 심판받아 영성과 영체가 소멸되었느니라.

　그리고 죽어서는 한도 끝도 없이 천상과 전생에서 지은 업보를 풀어야 하고, 축생뿐만이 아니라 곤충, 벌레, 식물, 잡초, 산천초목, 풀잎, 모래알, 사물, 집기류, 의류, 만생만물로 영원히 반복 환생하며 윤회지옥도를 살고 있느니라.

　인류와 신과 영들에 대한 생살여탈권 및 심판과 구원, 사후세계, 윤회세계 주관자가 태초 하늘이기에 나를 알아보는 영들은 구원해 달라, 살려달라고 애걸복걸하는데, 이들은 자손이나 후손이 찾아오지 않는 이상 구원받을 방법이 없느니라.

 육신이 살아 있을 때만 구원을 받을 수 있도다. 이 나라 최고 재벌 총수들도 10여 명이 죽어서 찾아와 살려달라고 애걸복걸하며 빌고 빌었지만, 자손을 데려오지 않는 이상 구원받을 방법이 없으며 제사와 차례도 받아먹지 못한다고 하였느니라.

 재력, 권력, 학벌, 명예를 자랑하며 떵떵거리고 살아가는 자들도 결국 죽게 되기에, 잘나고 가진 것이 많아도 태초 하늘 앞에 남들보다 더 빨리 굴복해야 하느니라.

 인류 모두가 죽기 살기로 열심히 믿고 있는 지구상에 세워진 모든 종교는 악들의 세계이기에 돈 낭비, 시간 낭비, 세월 낭비, 정력 낭비뿐만이 아니라 지옥세계 0순위 입문 대상자들인데, 살아서는 절대로 인정하지 않을 것이니 죽어서 직접 체험하는 방법밖에 없을 것이니라. 육신 살아 있을 때 처음이자 마지막 구원자로 지구에 내려온 태초 하늘을 알현하여야 천상으로 돌아가는 천재일우의 행운과 영광을 누릴 수 있느니라.

 너희들은 100세까지 건강하게 수명 장수하라는 덕담을 많이 하는데, 과연 이 말이 좋은 것일까? 건강하게 오래 사는 것이 대다수 인간의 생각일 테지만, 살아 숨 쉬는 자체가 좋다는 자들도 있을 것이고, 반대로 너무나 고통스러워 지옥세상 같다고 말하는 자들도 있을 것인데, 오래 사는 것도 죄가 되느니라.

 숨 쉬고 있는 자체가 죄를 짓는다는 말은 난생처음 들어볼 것이도다. 너희들이 기억하지 못하는 천상과 전생, 현생에서 지은 업보와 죄를 생각조차 안 하고, 찾으려고 하지도 않으며, 빌려고도 하지 않고, 눈에 보이는 현실의 삶에 대한 목표 달성하는 것에만 혈안이 되어 살아가는데, 이는 죄를 빌라고 인간으로 태어나게 배려한 나의 명을 거역한 죄가 되느니라.

너희들이 천상, 전생, 현생의 죄를 찾을 수 있고, 빌 수 있는 곳은 지구에서 태초 하늘이 강세한 하늘나라 자미국(자미천국) 한 곳뿐이니라.

천상에서 지은 죄가 얼마나 크면 마지막 구원이 이루어지는 하늘나라 자미국에 들어오지 못하고, 종교세계가 진짜인 줄 알고 열심히 믿다가 세상을 하직하겠느냐? 너희들이 살아서 행하고 뿌린 대로 한 치의 오차도 없이 거두니라.

죽어서는 돌이킬 방법이 없기에 살아서 지옥도와 윤회세계를 면할 수 있는 하늘의 명을 받고 세상을 떠나야 하는데, 용서받지 못할 대역죄인들은 공감은 하면서도 마음이 움직이지 않고, 시간이 없다거나 거리가 멀다는 핑계로 엄두가 안 나서 들어오기 쉽지 않지만, 너희들이 태초 하늘로부터 선택받으려면 넘어야 할 문턱이니라.

흘러간 물은 물레방아를 다시 돌릴 수 없는 것처럼 너희들은 죽은 숭배자들을 통해서는 아무것도 이룰 수 없으니 절대자 하늘이 내린 산 인간 육신을 찾아야 하느니라. 예언가와 종교인들은 말세에 태초 하늘인 내가 인간 육신으로 강세할 것을 많은 자들에게 알려 주고 있을 뿐이도다.

인류의 십승지 하늘나라 자미국

걷잡을 수 없는 괴질병과 천재지변의 대재앙에서 살아남을 수 있는 곳은 자미천기로 보호받을 수 있는 하늘나라 자미국 한 곳뿐이니라. 십승지란 모든 대재앙에서 육신을 보호받을 수 있는 안전한 지역으로 이 나라에 열 곳이 있다고 전해져서 지금도 그런 지역으로 이주해서 사는 자들이 있느니라.

죽기는 싫은 모양인데 그렇게 목숨을 부지하여 더 살면 얼마나 살 수 있을까 생각해 보았더냐? 기껏 해봐야 몇 년이나 몇 십 년의 세월이 흐르면 모두가 죽어야 하느니라. 오래 살아도 육신이 죽는 것은 기정사실인데, 살아서보다 죽음 이후의 사후세상이 무섭고 비참하다는 것은 받아들이지 못하느니라.

살아생전 종교사상과 교리에 빠져서 자신은 죽으면 좋은 세계로 갈 것이라고 굳게 믿고 죽는 자들은 아무도 자신을 구하러 오지 않는다는 것을 알고 배신감에 분노가 치밀어 오르지만 할 수 있는 아무런 방법이 없음에 눈물만 흘리니라.

그래도 언젠가는 구하러 오시겠지 기대하며 무한 세월을 기다려보지만 어느덧 인간의 모습이 아닌 짐승, 곤충, 벌레로 태어난 자신의 모습을 바라보면서 도대체 이게 어떻게 된 것이냐고 울부짖느니라. 자신의 모습이 죽으면 다시 지옥세계로 끌려가서 모진 형벌을 받고 나면 또 다른 축생으로 태어나야 한다는 것을 알고 목 놓아 울어보지만, 아무도 찾아오지 않고 지엄한 심판의 명대로 비참한 윤회를 반복하게 되니라.

육신의 대재앙을 피할 수 있는 십승지에서 살아간다고 한들 죽으면 무섭고 두려운 비참한 윤회세계와 지옥세계를 번갈아가며 영구히 심판을 받는다는 것을 알고 살아가는 자들은 단 한 명도 없고, 안다고 하여도 어떻게 해야 하는지 해법을 찾을 수 없는 것이 현재 너희들의 입장이니라.

설혹 죽음 이후 지옥세계의 무서움을 안다고 하여도 그것은 추상적이고 실체적 느낌이 없는 망막한 불안감이기에 그러려니 하고 살아갈 수밖에 없느니라. 그래서 종교에 영혼을 의지할 수밖에 없는 것이 현실인데, 그곳이 몽땅 가짜였느니라.

영혼과 육신이 구원받을 수 있는 지구상 유일한 인류의 십승지 하늘나라 자미국에 들어와야 천상에서 영생하느니라. 이곳은 태초 하늘이 내린 지구상 최고의 대단한 곳이니라.

십승지는 인간 육신의 목숨을 보존할 수 있는 곳으로 알려진 지명을 말하는데, 하늘나라 자미국에서 들어오면 너희들은 영혼과 육신의 십승지 자체가 되느니라. 현생뿐만이 아니라 죽음 이후 사후세상까지 보호받을 수 있는 영혼과 육신의 십승지가 위대하고 대단한 태초 하늘이 내린 하늘나라 자미국이니라.

요즘 전 세계적으로 무섭게 전파되고 있는 괴질병으로부터 감염을 예방할 수 있는 자미천기 기운이 내리는 곳이 하늘나라 자미국인데, 선택받고 뽑힌 자들만이 기상이변, 천재지변, 괴질병으로부터 보호받는 자미천기를 받게 되느니라.

천기 21년 2월 중순에 세계적으로 기상이변의 겨울 눈폭풍으로 수많은 피해가 일어났느니라. 미국 최남단에 위치한 텍사스 해안가에는 겨울 평균 기온이 10도인데, 영하 18.8도까지 떨어져 바다 거북이가 기절하여 구조되는 일도 일어났느니라.

텍사스 중부지방도 겨울 평균 기온이 영상 6도인데, 영하 22도까지 떨어졌고, 눈폭풍과 토네이도까지 불어닥쳐 정전 사태가 일어났고, 미국 전역 73%가 눈으로 덮이는 북극 한파가 휘몰아쳐서 500만 가구가 정전이 되었다고 하였느니라.

유럽 지역도 미국과 다를 바 없이 북극 한파와 겨울 눈폭풍으로 꽁꽁 얼어붙었도다. 이 나라도 봄이 오는가 싶더니 많은 눈이 내리고 2월 17일 우수와 18일 아침 최저 기온이 영하 10도까지 내려가는 한겨울의 추위가 휘몰아쳤느니라.

인간 육신과 영혼들의 영원한 십승지는 태초 하늘의 기운이 전 세계에서 최고로 강하게 내리는 하늘나라 자미국 한 곳이니라. 기상이변, 천재지변, 걷잡을 수 없는 괴질병을 유일하게 보호받을 수 있는 자미천기가 바로 십승지의 기운이니라.

그래서 각자 인간 육신의 몸이 십승지가 되는 자미천기 기운을 받는 것이니라. 자미천기라는 말은 처음 들어볼 것인데, 불가능이 없을 정도의 무소불위한 천변만화의 천지기운이니라.

자미천기로 보호받으면 너희들 육신이 걸어 다니는 십승지가 되기에 언제 어디에 있든지 실시간으로 모든 재앙과 위험에서 보호받고 살아갈 수 있는 천비(신비)로운 기운이니라. 한 마디로 경천동지함 그 자체라고 해도 과언이 아니니라.

인류 멸살, 지구 종말의 명은 태초 하늘인 내가 이미 작년 5월 31일 18:05에 내렸으나 내 육신이 조금만 시간을 더 달라고 하여 잠시 미루고 있느니라. 육의 절대자 하늘인 내 육신으로 인하여 인류와 지구는 목숨이 붙어 있는 것이니라.

너희 인류가 최후를 맞이할 지구의 운명이 얼마 남지 않았음을 전 세계적인 대재앙의 천재지변과 괴질병 대유행을 통해서 알 수 있고, 지구에 인류가 탄생하고 이런 재앙은 처음 맞이할 것인데, 태초 하늘이 하늘나라 자미국으로 강세하여 심판하고 있음을 만 세상에 보여주는 것이니라.

인류 멸살을 위한 지구 파괴 종말을 멈출 수도 실행시킬 수도 있는 말 그대로 우주에서 최고로 위대한 무소불위의 천지대능력자라는 사실을 인류는 반드시 빠른 시일 내에 인정하고, 종교를 탈출하여 영과 육의 절대자 하늘인 나를 하루빨리 알현해야 구원받느니라.

인류와 지구의 운명을 판가름할 운명을 선택할 시간을 2024년 1월 31일 말진사 전까지 주었는데, 얼마나 많은 자들이 공감하고 하늘이 내린 명을 받들 것인지 그것이 문제인데, 들어오라고 강요하거나 사정하는 것이 아니라 선택할 기회를 줄 뿐이도다.

지구에서는 기도하지 말아야

지구에서는 종교를 믿지도 말아야 하고, 기도라는 것도 하지 말아야 하며, 하늘의 명을 받아 천상에 올라가서나 기도해야 하느니라. 수천 년 동안 종교세계를 통해서 알려진 하느님, 하나님, 부처님, 미륵부처님, 상제님, 천지신명님, 알라신, 라마신, 시바신과 제사, 차례, 시제, 묘사, 성묘들은 모두 천상에서 죄를 짓고, 지구로 도망치고 쫓겨난 대역죄인들이 세운 종교의 풍습이기에 절대로 하면 안 되고 종교를 다녀서도 안 되고, 종교적 숭배자들을 믿으면 안 되느니라.

또한 이 땅에 다녀갔던 종교적 구심점인 석가모니, 관세음보살 지장보살, 아미타불, 비로자나불, 보현보살, 문수보살, 미륵보살, 석가의 10대 제자, 열두대신, 여호와, 마리아, 예수, 12제자, 공자, 노자, 마호메트, 종교와 도교 창시자 등을 숭배하고 받들어 섬기면 천복만복을 받는 것이 아니라 하늘이 내리는 저주와 천벌을 받느니라.

너희들은 하늘세계, 천상세계, 사후세계, 조상세계, 영혼세계, 신명세계, 윤회세계의 진실에 대해서 아무것도 모르고 그저 종교지도자들이 전해 주는 대로 믿고 따를 뿐인데, 종교인들이 알고 가르쳐준 내용들이 모두가 잘못되었느니라.

지구에 태어난 자체가 천상에서 대역죄를 짓고 도망쳤거나 쫓겨난 죄인들이 살아가는 지옥별이기에 그 어떤 종교든지 종교를 믿어서도 안 되고, 숭배자들 명호를 외우며 너희들 소원을 비는 기도라는 자체도 하면 절대로 안 되느니라.

온갖 악신과 악령들이 자칭 하늘, 신이라고 사칭하며 억, 조, 경, 해를 넘어 무량대수, 그레이엄 수에 이르는 악귀잡귀들이 들어와서 너희들과 가족, 조상들까지 지옥세계로 인도하고 감당 안 되는 모든 풍파를 주어서 인생을 몽땅 무너뜨리니라.

지구상에 존재하는 모든 종교에서 행해지는 수많은 종교적 구원의식은 몽땅 거짓이니라. 한마디로 악신과 악령, 악마, 악귀, 요괴, 사탄, 마귀, 귀신들이 하늘과 신을 사칭한 장난에 불과할 뿐이기에 지구에서 구원의식이라고 행하는 것들이 모두 거짓이었고 악들과 귀신들이 한 것이었느니라.

종교도 가짜, 숭배자도 가짜, 구원의식도 가짜, 진리도 가짜, 경전도 가짜 온통 가짜들이니라. 이들이 모두 가짜라는 진실을 말해 줄 수 있는 천지대능력자는 지구에서 단 한 명뿐인 태초의 절대자 하늘뿐이니라.

지구에서 인간, 영혼, 조상, 신들의 구원이 가능한 곳은 종교가 아닌 하늘의 심판 대법정이 땅으로 내린 하늘나라 자미국 (자미천국) 한 곳뿐이니라. 너희들이 인정하든 않든 그것은 각자들의 자유인데, 죽어보면 자연적으로 알게 되느니라.

지구상에 존재하는 그 어떤 종교든지 종교를 믿으면 구원은 고사하고 하늘의 저주와 천벌을 면하지 못하니라. 아직 죽어 보지 않아서 잘 모르겠다고 말하는 자들이 전부일 텐데, 매주 일요일마다 사후세계에서 고통받는 악들과 귀신들의 모습들을 생라이브로 공개하느니라.

종교 숭배자로 대우받던 모든 숭배자들과 종교 창시자, 종교 교주, 종교지도자들인 승려, 보살, 무당, 박수, 법사, 신부, 수녀, 목사, 도인, 도사들이 죽어서 무더기로 찾아오는데, 하나같이 자신들이 살아생전 지극정성으로 열심히 받들며 숭배하던 숭배자들은 천년만년을 아무리 기다려도 찾아오지 않더라며 속았다고 분통을 터트렸느니라.

너희들이 추앙하던 숭배자들인 하느님, 하나님, 부처님, 미륵부처님, 상제님, 천지신명님, 열두대신, 알라신, 시바신, 라마신, 석가모니, 석가의 10대 제자, 관세음보살 지장보살, 아미타불, 비로자나불, 보현보살, 문수보살, 미륵보살, 여호와, 마리아, 예수, 12제자, 공자, 노자, 마호메트와 종교와 도교 창시자들이 사후세계에서 어떤 모습으로 고통받고 있는지 적나라하게 자세히 말해 줄 수 있느니라.

수천 년 전에 만들어진 두꺼운 불경, 성경, 도경, 무속경전들과 교리와 이론들이 모두 악신과 악령, 귀신들이 만들어서 인간, 조상, 영혼, 신의 정신을 지배 통치하기 위한 영원한 노비경전이라는 위대한 진실을 이 세상 어느 누가 말해 주겠느냐?

지구상에 존재하는 모든 종교세계 안에서는 구원이란 자체가 아예 존재하지 않기에 심판도 존재하지 않으며, 영들의 고향인 천상으로 오르는 길도 없느니라.

지금까지 종교적 숭배자들을 열심히 믿고 죽은 자들과 종교적 구원의식인 굿, 천도재, 사십구재, 지장재, 수륙재, 산신제, 용왕제, 위령제, 추모예배, 추모미사를 행하여 극락, 선경, 천국, 천당으로 올라간 자들은 지구에 인류 탄생 이후 단 한 명도 없다는 진실을 태초 하늘이 알려주느니라.

믿어지지 않는 내용들인데, 살아서 이런 글을 읽는 너희들은 하늘인 나로부터 선택받은 행운아이자 천운아들이도다. 이 글을 읽고 공감하고 감동하는 인간, 영혼, 조상, 신들만 태초 하늘로부터 구원받을 수 있는 특권이 부여되느니라.

종교를 열심히 믿고 있는 세계 인류 모두는 감쪽같이 속았고, 금전 낭비, 시간 낭비, 세월 낭비, 인생 낭비만 하였고, 현생과 내생인 사후세계를 보장받은 자들이 하나도 없느니라. 종교는 다니지도 말고 믿지도 말고, 구원의식, 경전 읽기, 주문 외우기, 기도 행위 자체를 일절 하지 말아야 하느니라.

지옥별인 지구에서 조상 대대로 대를 이어가면서 종교를 다니며 구원의식과 기도하면 악신과 악령들이 모두 받기에 뜻이 이루어지지 않으며 오히려 하늘로부터 천벌을 받느니라.

소원은 기도로 이루어지는 것이 아니라 나의 명에 의하여 자미천기 기운으로 이루어지느니라. 죽은 숭배자들이나 창시자들을 받들고 기도하면 오히려 나쁜 일들이 일어나고, 너희들의 몸 안에 있는 신과 영혼, 조상들이 지옥세계로 잡혀가느니라.

천지대능력자

하늘의 대법정이 땅으로 내린 하늘나라 자미국(자미천궁)에서는 개인적인 기도 행위란 자체가 일절 없느니라. 생라이브로 하늘의 뜻을 전하고 죄인 악들과 귀신들을 추포하여 심판하느니라. 태초 하늘이 누구인지도 모르고, 세상의 종교를 통해서 알려진 하느님, 하나님, 부처님, 미륵님, 상제님, 천지신명님, 그 외 숭배자들에게 종교인들을 통해서 구원의식을 행하거나 열심히 기도하면 지옥세계 입문 0순위이니라.

이미 죽은 자들이든 아직 살아 있는 자들이든 종교 숭배자, 창시자, 교주, 지도자들은 극락, 선경, 천국, 천당으로 올라간 자들이 한 명도 없으니 일반 신도들은 말하면 무엇하랴~!

너희들이 열심히 받들어 숭배하고 있는 모든 숭배자들과 종교지도자들은 너희들의 피와 땀, 금쪽같은 시간과 인생을 빼앗아갈 뿐, 아무런 도움도 안 되고 현생과 내생을 책임져 주지도 못한다는 무서운 사실을 지금이라도 깨달아야 하늘나라 자미국으로 들어올 수 있느니라.

인류의 종착역, 조상들의 종착역, 영혼들의 종착역, 신들의 종착역, 인류의 구심점, 민족의 구심점이 하늘나라 자미국을 창시한 태초 하늘이니라. 매주 일요일마다 열리는 천상도법주문회(천법회)에 몇 번 참석해 보면 스스로가 자미천기 기운을 통해서 태초의 절대자 하늘임을 알고 인정하게 되느니라.

말이나 글로 너희들을 회유하고 현혹하는 것이 아니라 너희들 스스로가 자미천기 기운을 통해서 알게 되고 느끼느니라. 그래서 속일 수가 없느니라. 화려하고 달콤한 말이나 글은 얼마든지 너희들을 속일 수 있지만 너희들의 몸과 마음에서 느껴지는 기운은 아무도 속일 수가 없느니라.

너희들이 종교 안에서 애타게 기다리던 미륵, 부처, 메시아, 구세주, 구원자, 정도령, 진인, 신인, 심판자, 공포의 대왕이 바로 태초 하늘임을 자미천기 기운을 통해서 스스로 느끼고 알게 되기에 거짓말을 할 필요가 없느니라.

너희들은 눈에 보이고 들리는 것만 믿으려고 하는데, 사실은 보이지 않는 영적세계 기운이 가장 크고 무섭다는 것을 알아야 하느니라. 육신을 움직이는 것이 마음과 생각인데, 이것이 어떤 기운에 따라서 천변만화의 변화무쌍한 변화를 보이니라.

하늘나라 자미국에서 대우주 창조주 절대자 하늘인 나의 기운을 받아 움직이면 좋은 일이 일어나고, 악귀잡귀들의 기운을 받아 움직이면 불행한 사기와 배신, 사건 사고가 일어나느니라.

자미ㅇㅇ폐하 자미ㅇ칠성칠현 방협지태
북두칠성 자미ㅇㅇㅇ씨
자미칠성 자미ㅇ(ㅇㅇㅇ)공태현 도수현,
구군봉, 궁, 월범민, 태미호, 아윤
자미천궁 자미ㅇ 자미출두오황세
자미ㅇㅇ폐하 자미ㅇ 출두지상육래
(ㅇㅇㅇ)1955ㅇㅇㅇ 북극성 자미ㅇ존태민
자미 칠성본합 자미ㅇ(ㅇㅇㅇ)태상지상(ㅇㅇㅇ)

진리를 찾아다니는 자들

나는 누구인가? 이 세상에 왜 태어났을까? 죽어서 어디로 가야 하는 인생길인가? 이 세상을 다녀간 수많은 성인 성자들과 진인을 찾아 헤매려던 인생의 진리란 무엇일까? 나는 어디를 향하여 가고 있는 것일까? 나는 이번 생에 무엇을 추구해야 할까? 저세상으로 돌아간 부모, 조상, 형제, 자녀, 배우자들은 지금쯤 어디에 가 있는 것일까?

세상에 성직자라고 불리는 이들의 뒤에 숨겨진 비밀은 무엇일까? 정말 만인들에게 성스러운 성직자일까? 하나님, 하느님, 부처님, 예수님, 성모님, 상제님이라 불리는 이들의 정체는 정녕 무엇일지 생각해 보았더냐? 이들이 정녕 만 인류에게 추앙받을 만한 숭배자들인지 한 번쯤 생각해 보았더냐?

세상에 숭배자들로 알려진 이들이 악의 원조인 하누(하나님, 하느님)의 화신, 분신, 현신이라면 너희들은 어떤 반응을 보일까? 일반 종교인이라면 날벼락 맞을 일일 수도 있지만, 대우주 창조주 태초 하늘인데 어느 누가 대적하겠느냐?

수천 년 동안 인류에게 숭배자로 추앙받고 있는 하나님, 하느님, 부처님, 미륵님, 석가님, 예수님, 성모님, 상제님, 마호메트, 천지신명님, 알라신, 라마신, 시바신, 산신, 용신과 그 외에

신이라고 불리고 추앙받는 자들이 진짜 능력자라면 왜 태초 하늘을 응징하여 처단하지 못하는 것일까 생각해 보았더냐?

이들은 이미 몽땅 나에게 추포되어 심판받아 영성과 영체가 소멸된 자들이니라. 수천 년 동안 인류의 정신을 지배 통치해 오던 이들은 진짜 하늘도 아니고, 천상에서 내려온 참 신명들도 아닌 악신과 악령, 귀신들이니라. 숭배자들과 종교 창시자, 교주, 지도자들의 종과 노예 생활에서 벗어나기 바라니라.

지구에서 악신과 악령, 귀신들을 3초 이내로 추포하여 심판하고 소멸시킬 수 있는 천지대능력자는 태초 하늘뿐인데, 너희들이 신주 모시듯 받들어 숭배하고 있는 모든 숭배자들은 이미 처단되었으니, 하루속히 종교를 떠나는 것이 살길이니라.

두려워할 것도 없고, 무서워할 필요도 없느니라. 너희들이 받들어 섬기는 숭배자들은 악신과 악령, 귀신들이고, 나에게 추포되어 심판받고 소멸되었기에 악들의 굴레에서 속히 벗어나 태초 하늘을 알현하러 하늘나라 자미국으로 와야 하느니라.

천상이든, 지상이든, 대우주든 모든 신명들과 지옥세계를 다스리는 모든 대왕들, 생사령(생령과 사령), 악신과 악령, 귀신, 축생령, 만생만물령들은 심판자이자 구원자이며, 대우주 만생만물의 생살여탈권자, 죄사면권자, 천상의 주인, 태초 하늘이 내리는 명을 추상같이 받들고 있느니라.

하늘세계, 천상세계, 신명세계, 사후세계, 영혼세계, 윤회세계, 조상세계, 저승세계, 종교세계, 수명장생, 건강, 질병, 영가 추모제, 산소, 화장, 차례, 제사, 시제, 조상굿, 천도재의 진실, 극락, 선경, 천국, 천당의 존재를 알게 되느니라.

 죽으면 어떻게 되는 것이고, 어디로 가는 것인지에 대한 진실, 인간, 영혼, 조상, 신, 악귀잡귀들에 대한 모든 궁금증에 대해 종교인을 통해서는 알 수 없었던 진실, 세상 그 어디에서 찾을 수 없어 답답하고 궁금했던 하늘의 진실에 대해 명쾌한 해법을 말해 주느니라.

 천지만생만물과 인생사에 대한 모든 진리를 찾아 헤매는 자들은 이곳 하늘나라 자미국이 종착역이 될 것이니라. 세상 그 어디에서도 찾을 수 없었던 미지의 세계에 대한 모든 해답이 여기에 있으니 세월 낭비하지 말고, 모든 종교사상과 교리, 이론을 뒤로하고 태초 하늘을 알현하러 와야 하느니라.

 인간 육신을 갖고 살아가는 자들은 눈에 보이고 들리는 것만 인정하고 믿으려고 하는데, 죽어서야 영적 세계의 진실을 인정하기 시작하니라. 이들이 하나같이 추구하는 것은 자신들을 살려줄 하늘을 찾는 일인데, 종교세계를 무수히 다녀보아도 진짜 하늘은 보이지 않고 온통 악신과 악령들만 보이더란다.

 어떻게 알고 찾아왔느냐고 물어보면 하나같이 영계에서 소문 듣고 찾아왔다고 하는 영혼들이 많았고, 다른 부류는 어떤 강력한 기운에 이끌려서 스스로 찾아온 영혼들, 그리고 강렬한 빛을 보고 전 세계에서 찾아온 영혼 등 다양하였느니라.

 이들도 살아서는 종교를 열심히 다니며 부처님, 하나님, 하느님, 예수님, 성모님, 상제님, 천지신명님을 열심히 받들고 섬기고 살았는데, 막상 죽어보니 아무도 자신들을 구해 주러 오지 않아서 하늘 찾아서 온 세상을 떠돌아다니다가 찾아왔느니라.

모두가 종교 숭배자들에게 속았다는 것을 알고 대성통곡하며 분노하는 영혼들도 있고, 한편 언젠가는 자신들을 구해 주러 올 것이라는 믿음을 갖고 기다리는 영혼들도 많았느니라.

찾아오는 부류들은 구원해 달라는 영혼들과 방해하려고 찾아오는 영혼들도 있었느니라. 승려, 도사, 역술인, 법사, 무당, 보살, 신할아버지, 신할머니, 애기 동자, 동녀, 신부, 수녀, 목사, 일반인 영혼들까지 천차만별이니라.

자신들이 누구인지 아는 영혼들도 있고, 아예 기억이 삭제되어서 자신이 누구인지 전혀 모르는 영혼들도 많았도다. 한결같은 소원은 하늘로부터 구원받게 해달라는 것이었느니라.

한마디로 좋은 세계로 보내달라는 영혼들인데, 태초 하늘이 누구인지도 모르면서 '좋은 세계로 안 보내주면 죽여버린다'며 협박하는 무식한 영혼들도 많았느니라. 이구동성으로 하늘 만나 좋은 세계로 가고 싶다고 말하는데, 태초 하늘을 역천자 죄인들이 귀신이 되어 함부로 알현할 수 있겠느냐? 죄인들이 만나고 싶다고 쉽게 알현을 허락하지도 않느니라.

지구에서 살아가는 인간, 영혼, 조상, 신, 악귀잡귀, 만생만물령들 모두에 대해서 생살여탈권자, 죄사면권자, 심판자, 구원자인 대우주 창조주 태초의 절대자 하늘이니라.

태초 하늘을 알현할 수 있다는 자체가 이 세상에 태어나서 수백억, 수천억, 수백조를 가진 왕들이나 세계 재벌보다 더 큰 천복 만복을 받은 행운아이자 천운아들이니라.

천상에서 지은 죄가 크기는 하지만 이렇게 대단한 진실을 가르쳐주면 지위 고하를 막론하고 속히 들어와서 죄를 빌어야 하느니라. 너희들의 눈높이에서 이해 못 하는 부분과 처음 들어보는 내용도 있지만 그대로 인정해야 하느니라.

하늘나라 자미국은 책을 읽고 감동, 감격, 감탄한 자들만이 들어올 수 있는 아주 특별한 공간이고, 자미천기 기운에 의해서 선택받아 뽑힌 자들, 조상들, 영혼들, 신들이 들어오느니라.

이 책의 내용은 너희들이 세상 그 어디에서도 들어보지 못했던 난생처음 들어보는 내용들이니라. 이 세상에서 찾고자 하는 미지의 세계에 대한 모든 진실이 하늘나라 자미국에 있기에 천상종합대학이자 천상대학병원이니라.

하늘과 땅, 천생과 전생, 현생과 내생에 대한 모든 비밀을 알 수 있는 곳이고, 산 자와 죽은 자가 수천 년 동안 명산대천과 종교세계 안에서 찾아 헤매던 천지자연과 영적 세계의 어마어마한 진실들을 적나라하게 체험할 수 있느니라.

※ **예언자들의 공통 메시지-**
구원자는 결국 한 분으로 오신다.
참 하나님께서 인간 육신으로 강세하신다.
그분의 도법을 만나야 한다.

나는 누구인가?

　나는 누구인가에 대하여 상당한 궁금증을 갖고, 살아생전 반드시 내가 누구인지 찾아내겠다고 온갖 이인, 술사, 도인들을 찾아다니는 자들도 있고, 먹고 살기도 바쁜데 무슨 그런 생각을 하느냐는 자들도 있을 것이고, 죽으면 끝인데 왜 그런 골치 아픈데 신경을 써서 정신 사납게 하느냐고 말하는 영적 수준이 최하위인 자들도 있을 것이니라.

　너 자신의 영적 수준은 어느 정도이더냐?
　적어도 자신이 누구인지 찾으려는 자들은 천생, 전생, 내생에 대하여 상당히 관심 있는 자들이고, 영적 차원이 제법 있는 자들인데, 인간마다 수준이 천차만별이라 제각기 추구하는 천생, 전생, 현생, 내생의 삶이 모두가 다르니라.

　현생만 존재한다고 믿는 자들은 살기 위해서 먹는 데만 신경 쓰는 축생들과 다름없는 최하위 영적 수준이고 천생, 전생, 현생에 자신이 어떤 윤회 과정을 통하여 이번 생에 태어났고, 이번 생에 축생이 아닌 인간으로 태어난 사명이 무엇인지 상당히 궁금해하며 영적 갈증에 목말라 하고 있을 것이니라.

　지구상에서 너희들이 천생과 전생에서 누구였었는지 찾아줄 수 있고, 현생과 죽음 이후 내생의 사후세계를 확실히 보장받을 수 있게 해주는 존재는 하늘나라 자미국의 태초 하늘이니라.

　종교사상과 교리에 깊게 세뇌당하여 하늘의 진실을 알려주어도 받아들일 자들도 있고, 부정할 자들도 있을 것인데, 자신이 다니는 종교에 대해 실망해 본 적 없었는지 묻고 싶으니라.

　일평생을 열심히 다니며 돈과 재물, 인생을 몽땅 바쳤는데도 왜 너 자신과 가정으로 온갖 인생 풍파가 휘몰아치고 있는 것인지 의심해 보지 않았더냐? 그것은 종교에 다니면 다닐수록 나에게 죄를 짓는 일이고, 더 많은 악들과 귀신들이 너희들 몸으로 들어오기에 인생이 망가지고 되는 일이 없는 것이니라.

　나의 무소불위한 자미천기 천지기운은 실시간으로 지구와 우주 그 어느 곳에도 도달하지 않는 곳이 없고, 실시간으로 보호해 주기에 인생에 불행이 일어날 수 없느니라. 그러니까 너희들이 지금 믿고 있는 이 세상의 모든 종교는 몽땅 가짜들인데, 인정하기 싫은 자들은 죽으면 자연적으로 알게 되느니라.

　나의 능력은 너무나도 대단하기에 너희들의 천생, 전생, 현생, 내생에 대하여 모두 알고 있고, 너희들의 말과 글, 마음, 생각, 중얼거림, 일거수일투족의 언행들을 손바닥 위에 올려놓고 보듯이 적나라하게 알고 있는 무소불위의 태초 하늘이니라.

　천상세계에는 인간세상의 문명보 수천억 년 앞서 있고, 황실정부도 존재하고, 태상천궁 산하 3천궁과 3,333개 제후국들과 제후(왕과 여왕)들이 있고 왕비, 공주, 왕자, 재상(총리), 대신(장관), 대도독, 도독, 대장군, 장군, 판관, 의원, 공무원, 대기업 그룹 총수까지 다양한 각 부서가 존재하는데, 이런 부서에 근무하다가 역모 반란군들에게 포섭되었다가 실패하여 지구로 도망치고 쫓겨난 대역죄인의 신분이 바로 너희들 인류이니라.

천상에도 너희 가족들이 있는데 너와 부모, 배우자, 자식이 역모 반란에 가담하였다가 추포되어 천옥도, 한빙도, 적화도에 투옥되었기에 태초 하늘을 알현하여 천상에서 지은 죄를 빌기 위해서 이 세상에 태어난 자들이 인류이니라. 이런 고차원적인 천상세계 진실을 알려주니 종교에서 즉시 탈출해야 하느니라.

종교 숭배자들을 목숨처럼 믿는 자들은 잘못된 믿음에 줄을 서 있는 것인 줄 전혀 모르고 다니는데, 이 세상 아무도 종교가 잘못되었다는 영도자들이 없었고, 인류 최초로 태초 하늘이 말해 주니 세상이 경천동지할 일이니라.

육신이 살아 있는 현생은 나에게 구원받을 수 있는 처음이자 마지막 기회인데, 종교사상을 버리지 못하면 하늘나라 자미국의 태초 하늘을 알현하는 일은 불가능하느니라.

천상(천생), 전생의 기억이 전혀 없으니까 가르쳐주어도 믿기가 어려운 것이 현실이지만 이곳은 천상(천생)과 전생, 내생의 삶까지 알 수 있고, 보호해 줄 수 있는 인류의 종착역이니라.

아직 죽지 않고 육신이 살아 있다는 것은 너희들의 사후세상을 지옥세상과 끔찍한 윤회세계를 면할 수 있는 천금 같은 유일한 기회인데, 이렇게 알려주어도 남의 말만 듣고 부정하고 판단을 그르친다면 더 이상 기회가 주어지지 않느니라.

예언의 주인공은 누구인가?

『천지대능력자』이 책은 대우주 천지인 창조주이고, 태초 하늘이 직접 집필한 아주 귀한 천서(天書)이며 모든 글이 태초 하늘의 뜻이니 몸과 마음을 청결하게 하고 정독해야 하느니라.

자미예언-
하늘나라 자미국이 인류의 구심점이자 종주국이 되느니라.

인류의 구원은 하늘나라 자미국을 통해서만 이루어지니라.

모든 종교가 멸망하고 하늘나라 자미국이 우뚝 서리라.

청와대는 이전하고 청와대의 이름과 주인이 바뀌니라.

대통령제가 폐지되고 군주제하에 내각제가 시행되리라.

민족과 인류의 구심점이 될 하늘나라 자미국이 세워지니라.

하늘나라 자미국이 인류의 수도가 되리라.

북한이 남한에 흡수 통일되고 군사 강대국이 되리라.

신과 하나 되는 신인(천인)시대가 열려 하늘나라 자미국이
세상을 영도하리라.

GNP 1위로 세계에서 가장 잘사는 1등 나라가 되리라.

인간의 수명이 현재보다 수십 배 늘어나는 세상이 열리리라.

인류가 자미국에 감사의 조공, 천공을 바치게 되느니라.

세계 각 나라가 두려움에 떨면서 하늘나라 자미국을
상국으로 받들게 되리라.

각 나라 대통령들과 재벌들이 하늘의 보호를 받기 위하여
하늘나라 자미국을 찾아오리라.

세계 최고의 부자 나라는 하늘나라 자미국이 되리라.

복지국가인 꿈만 같은 무릉도원 세상이 현실로 열리리라.

공포의 대왕이자 소 울음소리의 주인공이 강세하였도다.

78억 6,200만 명 인류를 영도할 대황제가 강세하였도다.

말로 질병을 다스리는 천지대능력자가 강세하였도다.

신과 영혼들을 구해 천상으로 보내는 천지대능력자가
강세하였도다!

죽어서 만생만물의 축생으로 윤회하지도 않고, 지옥세계를 면하게 하여 천상으로 보내주는 천지대능력자가 강세하였도다.

이 내용들은 하늘, 땅의 천지조화 기운으로 현실세계에서 차례대로 일어나고 있는 일들이니라.

수많은 이적과 기적의 사례들이 넘쳐나지만 모두 수록할 수 없느니라. 태초 하늘이 말한 예언적 내용들은 모두 현실로 나타나는데, 시간 차이만 있을 뿐이니라. 나의 말은 명이자, 법이고, 무소불위한 자미천기 천지기운이니라.

용들을 불러서 천변만화의 풍운조화를 일으키고, 전 세계를 천재지변으로 심판하기도 하느니라. 자연현상, 이상 기후라고 표현하는데 현재의 전 세계적인 폭우, 대홍수, 우박 폭탄, 코로나 우박, 토네이도, 산불, 태풍, 화산폭발, 지진, 쓰나미, 괴질병은 자미천기 천지기운으로 집행하는 심판이니라.

지구 종말을 보는 듯한 대재앙이 세계 곳곳에서 일어나고 있는 것은 종말의 전조 증상이니라. 어서 하늘의 품 안으로 들어오라는 긴급 메시지이니, 속히 인류의 십승지 하늘나라 자미국으로 들어와야 현생과 내생을 구원받느니라.

※ 우주의 질서가 전환하는 큰 변혁이 온다.
이때는 궁극의 절대자가 인간 세상에 강세하신다.
그분의 도법으로 인류가 구원받는다.
사람들아~! 죽은 귀신 하나님들을 왜 믿는 것이더냐?
태초 하늘이 내린 살아 있는 절대자 하늘을 믿으라~!

천상의 메시지 천문록

　대우주를 창조하고 다스리는 천상의 주인이자 태초의 절대자 하늘이 인류에게 내리는 지엄한 최후의 경고 메시지가 천문록이니라. 절대자 하늘의 심판은 구원의 시험장이었던 인류를 불원간 멸살시킬 것이니라.

　지구를 파괴하여 소멸시키는데, 조만간 다가올 마지막 말진사(2024~2025) 이후 최후의 날이 오기 전에 하늘나라 자미국으로 들어오면 구원받지만 그 안에도 종말이 올 수 있느니라.

　알아들을 자가 얼마나 있을까 모르겠는데, 초진사는 지나갔고, 현재는 중진사이고, 이제 말진사는 『격암유록』과 『원효결서』에도 나와 있는 내용들이니라. 예언의 그날이 도래하고 있음을 천문록을 통해서 알 수 있느니라. 구원의 시험장으로 쓰던 지구가 시한이 다 되어 파괴하기 직전에 살릴 자들을 추리기 위하여 내려주는 천상의 귀한 메시지가 천문록이니라.

　종교 안에서 오랜 세월 애타게 기다리고 찾던 예언의 주인공이자 공포의 대왕으로 구세주, 구원자, 메시아, 재림 예수, 미륵, 정도령, 신인, 진인이 대우주 창조주 태초의 절대자 하늘인데, 내 육신이 언젠가 이 세상을 떠나면 지구에서 구원은 영원히 불가능하기에 서둘러 들어와야 하느니라.

천기 21년/0519/21:16~21:55
자미○육도멸 해인파군 자미○ 지구육사
지멸파멸 자미도존 대현치륵
자미○사혈해인 자미○하사지래
자미○천혈파생 ○천줄 도○천륵인래
화룡륵 인간지상파멸 해인주술○천래

자미○강륵태륵 해천인 자미○2018 인사해인
자미○지구 대천멸 황해인 자미○팔천도
인축지 사멸 자미○판관해인
자미○태술인멸 도공 해인하래

천기 21년/0516/13:00~18:00 천법회
자미도황 천강지세 육멸사관 황여륵 자미출세○
백도화신○상법두 자미○도황천륵 자미솔(○○○)
천제○하륵(○○○)남 천제○세륵

백일군솔 백일남 자미 백사기래
천일구존○강세 육멸영멸혼멸
인합치사○공백기궤멸
혈백도상천하강 자미○
자미○백기멸 도통천하 하사불엽

자미○ 자미○태극혈사 군래파군○육래
자미○○ ○경락
자미○ 자미○태상지합 대두목 사만기천도

자미○경락치합 도사파멸 444(삼각형 모양)
인사치파군 치성육영염 소멸지래
자미천 자미○태천멸 오합지존
대사멸 육신곤○지영합래
자미백염 출기백 인사○도멸

육도멸 도술관세 자미○도경○팔관백술
자미○천만 기래사환 자미○천강지혼 천혼방합
태상○란○○○자미○천술천혼 천백기 도만하래

자미○상○천기, 만기, 도합기, 사환기,
○천도멸사기, 팔혼기백○ 도만육래
자미천 자미천궁 태상천궁 자미혼
○란○○○ 태상육손 자미○태천기래
자미도만영협 자미○인혼 축혼 백혼 사혼 생혼
자미○란○○○ 자미생혼 사혼
칠혼 백혼 보혼 극천대사 지멸

자미○대경판사 지상하강
○란(○○○)자미○자미국 인업보사천 구현
무극천도 자미천궁 자미○대멸살
지간호국 영혼사백 칠백구백
현라대왕 자미○백기인멸 추살대경하천
태상자미○란(○○○)
자미○극간 태멸도합 자미○ 자미○육천 도술합세

천기 21년/0512/15:34~15:59

"자미태상 현신 ○○○자미○
자미현신 태상천구선인존
자미현존 자미○태강지선
태상○○현신 ○○○자미○
화현 자미태현 자미○ 인존 자미현 자미○사멸기
자미필멸 태천황○○○필손 천지인경합"

"자미○○ 도립천형 자미육호 태령한정
자미○제 자미혼수멸 자미○태상지존 지상지존
자미○○ 불사불멸 천태인(○○○)
자미○○ 혼불여성 자미○다륵천세멸
자미○(○○○)자미판관 혼궤멸
자미필두 육생궤멸 자미○(○○○)"

천기 21년/0509/13:00~18:00 천법회
자미○ 대극로 자미○ 자미○ 극대로
자미○천상지래 천멸도합 육천합세
자미○ 자미○ 자미○ 극대로 천수하강 대혈만주

자미○ 자미○천멸천수
인경지천 궤멸 육도하천
대사인멸 축강인멸 화혈
천지사멸 자미○(1955 ○○○)
자미○○○ 자미○태을지래 을미도황 자미○○○

육천도수천 판관자미○3천황
자미○도황 수황인멸 지멸축멸

대극천멸○강세 팔합공수도래 자미○판관육천
자미○ 자미○ 자미○ 극대로
파멸합세(火) 인지축 사래

태상극멸 태상○○ 자미○곡성상접 말세
대경자미○극대로 자미○천○자미혈황손
자미○도혈도천 곡성상접 말세
자미○화현용불○상래
자미○대극멸인축지곡성상접말세
대우주 ○○ 자미○폐하
자미○도황축사 곡성상접 말세
자미○곡성상접 말세 인사축사 지사육사

자미○천상륵 지상하래 자미○ 자○○○○
자미○ 자미○ 자미○ 삼합사기 육천도래
자미○천륵 자미국자미황궁 자미○육천도래

자미○상 태상강래 염라천사 ○곡라대왕
자미○기사 천지인해인
자미○ 자미○ 자미○경협치사
자미○태상천해인 자미○ 인수천래 자미○삼천해인

자미○ 자미○ 자미○ 삼륵태황 자미○삼륵
태혈황겁 삼륵천○미태존 자미○강세기립
자미○천화○ 태극룡1955
자미○공○연 태황경존 자미○ 일천도래1999

천기 21년/0502/14:28~16:10 천법회
자미천기 자미도한 자미도술○상천
자미○도을주천술 자미○도천도래
자미○나○현 한천 지상하강 자미○대도력 대만천기

자미○칠군도합 도만사천지합
자미○나○현 도한대천 백룡구합
자미○나○현 자미○인업
삼재팔난 구천구업 자미○기래
삼재팔난 자미○육병사업
삼재팔난 자미○나○현 한빙도 삼재팔난 역천자
구업영천인 한겁백룡1955 삼재팔난

자미○나○현 천궁 한빙사천 자미○도만
육기천래 자미오경 자미신축 자미○자미3천
자미○자미도합7000 자미인솔
자미만래 자미도천 군수여래

자미보○ 자미○ 육솔천래 자미천술
자미사래 자미해인 자미○보○ 자미삼천
인지멸천 자미보 자미○ 자미현 자미칠천
자미공합 자미○합 도문세천 팔광천대륵
자미○만 자미팔천 자미○인겁사멸도협
자미○ 자미○ 도술하래

천기 21년/0425/13:00~18:00 천법회
자미육천○상합 자미3합육천 기화수래 자미3천

○상○천을귀현 자미육천 자미일손 자미○(○○○)
자미출현 자미○폐하 지상도래 자미3천
자미공수 구백사한 자미○천혈 일백현손 자미○

태○○○ 폐하 숙살지기 자미○불의씨
자미판관○(○○○) 인축지 대멸
자미○대경겁 태○ 폐하 자미○ 자미천궁
칠성부합여래 자미○ 자미○ 태상기래

대우주 절대자 만생만물 창조주 ○○폐하
자미○인사축 병겁 자미화 인·지·화염 팔천강소
대병겁 자미화염 ○○ 기천도래 ○○황기 숙살지기

○○황멸 천화육멸 ○○폐하 자미
자미○인간사멸 공사천 도래 자미○ 숙살지기
자미○76 ○○황멸 구멸대족 ○○황멸 육천구족
○○폐하 대병겁 자미수두 자미오경
○○극천○ 극사멸 인지천

자미○천기궤멸 대군마불 화소천륵
천을(○○○)고태극 지천화하육○
자미○비○아 화수(火水)인축지 사멸 수해인
비○아 해수인 궤멸 자미○
자미○ 화염 칠성대합군래

자미○비○아 자미○인축지 구멸 소합 천기혈
비○아 자미사혈○ 궤멸사천 자미○ 인추수 궤사 999

자미○비○아 지사 인사 축사 자미○합0706

천기 21년/0424/18:32~18:46
동방혈통 자미지존 ○천래 자미열방 자미대사
자미○제 자미○○○ 자미천화 자미육천
자미○○○ 자미○화현 자미궤멸 자미천벌

자미사천 천지인대혈 자미○인축 사멸
자미○천래 강소(적룡대장군)화염 대황지래
자미○육천(육신으로 하늘 강세)

천기 21년/0418/13:00~18:00 천법회
백도혈통 백사기멸 진사경준 백도대준
포효유준 하물도멸○래
자미도 자미○ 자미○ 자미성 자미환
자미육 자미공멸 자미○멸 자미○멸
자미판관○폐하 지상하래 육손백화 일멸분도

인지대멸 합도불래 자미백○ 육천지도○ 용합천래
자미○ 도사불강○ 존태합병 마도을 천술백천1999
자미○ 사정천도 ○백마천술 자미도 자미○백혈사도

치성○판관 대사인출 백활지천래 도법인멸 도멸대존
도사강만 흰소여래 도경도천정합 자미분사 오경명성
도환○천존불래 자미도술 자미판사○ 태합만래

자미○소불 영멸 인멸 지멸 치멸 자미○세중

자미○경준 자미○ 사기도준
육사지사 자미○ 자미○기합천

자미백혼 자미사혼 자미육혼
자미지혼 자미도혼 자미태혼
자미○혼 자미치혼 자미군혼
자미○혼 육혼 지혼 이혼멸
사천도존 자미○합 3천황 인멸사기

자미○인공 3천황 자미궁 자미○8형8선 천도공만
자미○백혈 도만기형 도사도경 도법대황 태극여만하소
자미판사 자미○진사 대멸후 경천영천 대륵 자미○1955

자미○폐하 백룡자미 도칠여래
자미○○ ○군주 백지천존 사멸대륵 인존 백존 사존
333백화 백룡1600 칠성지래 자미○ 444 자미○판명
진사유불태만 ○명사천백도 ○만지륵 판멸사군래 333777

육도○회 육도천회 육도치회
육도지회 육도세회 육도곤회
육도백회 육도진회 육도해회
육도수회 육도강회 육도파회
자미○도법○존 3천황폐하 인술태경 태문지래
칠도○사판멸 팔경천세 자미○법 3천황
자○경사 패륵황(○○○)3천황 자륵세존

자미태혈 자미○ 태사불엽 자미치사 존사육(○○○)

천지대능력자 351

자미기 선술치판2018 자미태존 자미○3천황
자미멸○기 여술래 자미○도만사만지 만군술래2019
자미○3천황 도법태륵 도경인멸(○○○)
태만황지천 도래(○○○) 3천황 도법만사 육지존 천래

인술경축 치성판례 자미○폐하
자미○폐하 일동○동혼동
자미혼 지혼 육혼 사령혼
자미도백 자미○기사경멸 천도 역천자
자미○폐하 자미○폐하
사기태륵 육혼 추혼 추포태환 치성래

자미○폐하 자미○폐하
도통천존하강 도통인멸 지래사황
도존자미○1999 도통천존자미○폐하
천사륵 육혼 지혼 축혼 추포 인멸 태사강륵
자미○폐하 자미○폐하 일심천 도래

도법○상폐하 도법○존 도법인멸
도인지혈 자미○도기멸사 육도법상천
상1999 도○지간 용화상천 구멸 태상지래
○도천 99억 사간도 지상판관 자미○인계합
자미○화궁도멸 여래치합

천기 21년/0423/13:06~13:45
 기운은 태초 하늘의 어성과 옥체를 통해서 느낄 수 있느니라. 지구상에서 태초 하늘의 기운이 내린 곳이 하늘나라 자미국이니라. 태초 하늘의 기운이 분출되고, 생과 사의 기운을 다 갖고 있느니라. 구원과 죽음의 도를 갖고 왔고, 눈만 바라봐도 기운이 너무 무서워서 쳐다볼 수 없는데, 눈빛에 강력한 심판의 기운이 흐르고 있기 때문이니라.

목소리에서도 기운을 느끼고 책에서도 기운을 느끼니라. 기운이란 태초 하늘만이 내려주는 것이고, 나머지는 악귀잡귀 기운을 받는 것이며 태초 하늘인 나의 자미천기 기운으로 대우주와 지구, 세상이 돌아가고 있느니라.

자미육○ 자미○ 인경사천 소환궤멸
자미○치사대륵 천법하래
자미○자미 칠성여래
자미○육○ 태존태륵 도기멸 인간파괴

천기 21년/0411/13:00~18:00 천법회
천멸인사 군화멸(대역죄인) 태상극화 치염곤
자미○ 태화인멸(대역죄인)
천지만멸2018 자미○ 육사대멸

천멸극사용혈 판관 자미○ 궤멸지래
인류대멸 사황천 자미○태황 비사멸
자미판사 천도력○천래
인류극천 대한사멸 지축본사 태○천줄 인줄(○○○)
자미○ 지상파멸 육상 대판사 법례
태○비천 태○혈통 자미○원수 인업사궤
대우주 창조주 천지인 황명 대사대멸 자미소혼 판황

태황지존 자미본합 사천기립 왕래

자미ㅇ천화지극 ㅇ육래 자미ㅇ인술황협육 천옥도
자미ㅇ10,000술여래 태극황천 자미판곡 자미파괴(대역죄인)

하늘의 심판자 인류황멸 대황천술 북기염래
자미술 자미사 자미력 자미군, 자미경,
자미사력, 자미ㅇ육천본 사멸기래

자미혼 자미멸 자미공 자미자 자미영 자미사 자미화
자미도 자미생 자미, 자미ㅇ, 자미상, 자미ㅇ
북멸두사 칠육성멸 인존황멸 대ㅇ합세 7777777

천기 21년/0407/15:26~15:38
인류는 천업(천상의 업)을 지어 지구로 쫓겨 내려왔도다. 불치병, 사업실패, 고통, 배신, 상처, 만사 불통, 고난의 삶은 천업 때문이니라. 역모에 가담하고 하늘의 법도를 위배한 자들인데 그들을 심판하러 왔도다. 천업을 지은 대역죄인들이 인류이니라.

천업을 풀지 못하고 현실의 삶만 즐기는 자들 어찌될 것인가? 윤회와 지옥, 축생으로 태어나니라. 지구에 사는 역천자 대역죄인들을 심판하기 위해서 왔느니라. 천업(천상의 죄업)을 지은 자들을 심판해야 하고, 9족을 멸할 정도이기에 인간들은 살아갈 가치도 없을 정도로 죄가 아주 크니라.

천기 21년/0406/19:05~19:36
자미도 육사천멸 백ㅇ 도멸하사 도통천존하강 자미ㅇ폐하

도통지존 육사대멸파ㅇ 도통궤멸 인축지 술암
자미천ㅇ 자미폐하ㅇ소불위 자미도 백ㅇ염 천멸궤멸(역천자)

자미술법 자미도법 자미황법
ㅇㅇ하강 육천하래 자미판사
자미ㅇ판관 사기궤도 인술
자미ㅇ 백도천도 한빙도 판염(역천자)
도통판존 도통해존 도통사존 도통인존
자미ㅇ108 기합도멸 하사육래

　노스트라다무스 백시 예언에 "1999년 7월 하늘에서 공포의 대왕이 내려오리라. 앙골모아의 대왕이 부활하리라. 화성을 전후로 행복하게 지배하리라." 이 말은 1999년에 하늘의 강세를 말하는 것인데, 내가 육신을 하늘의 길로 입문시킨 해이니라.

　말세에 누군가는 오는데 노스트라다무스는 앙골모아 대왕이라고 표현했고, 최수운 대신사는 상제님이라 표현했고, 격암남사고는 하나님이 인간으로 오신다고 했느니라.

　말하는 대로 이루어지는 도법(말법)의 조화권능을 지닌 천지대능력자가 천지인의 해인이니 바로 태초의 하늘인데, 하늘나라 자미국의 인간 육신으로 강세하였느니라.

　인치기란 태초 하늘의 명을 받아 하늘 사람이 되는 천인(天人)의 관명을 하사받은 자미천인들을 말하느니라. 하늘의 명을 받아 구원받을 144,000의 자미천인들이 탄생할 것을 암시한 것이고, 내가 너희들이 찾던 소 울음소리의 주인공이니라.

소 울음소리 주인공은 누구인가?

신축일주 을미생 자미○ 지천 하사판례
신축일주 자미기황 을미생 ○○○ 자미○ 기상천래
자미○ 도합천래 자미○천수 도경수천
자미○ 지상하강 상천용서대합 도만 영합천술

자미○ 지상천하 신축일주 을미생 1955○○○
자미○ 자미천○ 자미술천 자미혈촌 자미경사
태상천례 자미천○ 옥수경합 태사만래 수경삼래
태용마주합 판사개사욕사 구사멸사 인축지멸
자미○ 태상지천 도합하례

자미○ 신축일주 을미생 ○○하례 지극천하합세
자미○ 태극천도 육사경효 자미○ 신축일주 을미생
대합도사 자미○ 자미○ 자미○ 경수경례 자미○
인축멸사 진사축합 경소대만지존

자미○ 신축일주 을미생 하강 천조일손
육사판례 인축지 멸공하세 요치소불 래합세라
비육마천도 자미도 자미술 자미경 자미천 자미합
자미판 자미도술 인공합세 자미○ 지상하강
신축일주 을미생 천조일손 자미국 자미황궁

소 울음소리 욕사하례사 빈하만 육도하세
빈옥마진 도마욕○빛 자미○ 지상천세 도만지존하래

자미○(○○○)신축일주 을미생
대판사 도솔지상 기사하래
자미○7007 자미도만 황륵
자미○신축일주 을미생 지상하강
도황인존 자미○ 육멸 혼멸 지멸 축멸 신멸
자미○ 오경명성 자미○ 자미국 천하지존
인백혼사 궤멸 자미○ 황멸지합 구혼영멸
인세파괴 자미○하강 신축일주 을미생 도황
사천도 육업지사 대멸군도
자미○ 신축일주 을미생 천황강림
구소멸도 천조일손 자미○ 지상파괴 구멸

위 내용은 천상의 문서인 천문록인데, 소 울음소리의 주인공임을 말하고 있도다. 소 울음소리의 주인공은 양날의 칼을 갖고 심판을 집행하는 앙골모아 공포의 대왕이자, 구해 주는 인류의 영도자이자 구원자 진인인 태초의 절대자 하늘을 말하느니라.

즉, 상과 벌이 존재하듯이 종교인들처럼 한 방향으로 구원만 해주는 것이 아니라 천상의 대역죄인들인 악귀잡귀 죄인들을 추포해서 심판하는 천지대능력자가 종교와 다르니라.

하늘의 영감, 하늘의 메시지, 하늘의 계시를 실시간으로 내려주느니라. 하늘나라 자미국에 다니는 자들은 종교처럼 기도하지 않는 특별한 곳이고, 기도 자체가 금지되어 있느니라. 그 이유는 기도하면 온갖 악귀잡귀들이 자칭 하늘이나 신이라고 말하기에 넘어갈 수밖에 없고, 받들어 모셔달라고 하면서 종과 노예처럼 부려먹으며 아주 나쁜 기운을 한없이 뿌려대기 때문이니라.

내 육신이 세상에서 찾던 예언의 주인공이 맞는지 틀리는지 아는 방법은 말이나 글이 아닌 태초 하늘을 통해서 나오는 자미천기 기운을 체험하면 되느니라. 스스로 하늘이라 자청하는 자들은 모두가 가짜들이니라. 하늘은 기운으로 알아보는 것이지, 외형적인 인간 모습이나 건물 크기로 알아보는 것이 아니니라.

태초 하늘이 누구인지 알게끔 천변만화의 무소불위한 이적과 기적을 수시로 보여주고 있느니라. 악들이나 귀신들도 태초의 절대자 하늘을 알아보고 눈물 흘리는 경우가 아주 많으니라.

상상의 동물이라는 용들이 실제로 천계에 존재하는데, 너희들 눈에는 보이지 않아서 반신반의하거나 인정하지 않는 경우가 다반사인데, 태초 하늘은 천상의 용(신명)들을 창조하여 자유자재로 부리는 천지대능력자이니라.

그리고 수천수만 마리의 용들이 태초 하늘을 호위하고 있지만 상상이 안 갈 것인데, 천법회에 한두 번 참석하면 알 수 있느니라. 그리고 용들이 천재지변 즉 천둥, 번개, 벼락, 폭우, 홍수, 폭설, 우박, 화산폭발, 지진, 쓰나미, 토네이도, 태풍, 추위와 더위를 주관하는 용들이 각기 따로 있느니라.

뿐만 아니라 용들마다 대장군과 각기 서열이 있고, 수하들이

군단을 이르는데, 용들 이름이 각기 있으며 태초 하늘 앞에 오면 자신의 존재가 누구라고 이름을 말하며 복명복창하느니라.

역모 반란군에 가담한 용들도 있어서 추포하여 소멸시켰도다. 신과 영들, 귀신, 악들 외에 이런 용들과도 대화할 수 있는 천지대능력자이고, 예언의 주인공이자 소 울음소리의 주인공이 너희 인류가 기다리는 절대자 태초 하늘이니라.

도교의 임원 D 몸에 있는 악들을 추포하여 심판하였느니라.
악마 : 나는 '푼산하경'입니다.
하누(악의 원조이며 아들 표경과 대우주 천지인 창조주 절대자 하늘을 몰아내려다 실패한 반란 괴수 역천자이며, 이 세상에 하느님, 하나님, 상제님, 부처님, 미륵님, 천지신명님이란 이름을 퍼뜨린 괴수이고 이스라엘에서 매년 하누카 행사를 하는데 그 주인공이니라)의 명을 받들고 있는 '푼산하경'인데 천상에서 대신(장관)이었습니다.

옛 생각에 술 한잔 생각이 납니다. 지상의 술도 천상에서 내려온 것이고, 지구의 첨단 과학, 의학 문명과 문화예술, 놀이문화들이 모두 천상에서 내려왔습니다.

역천자 악들은 주군 하누를 위해서 모든 것을 할 수 있습니다. 왜 종교를 세웠을까요? 하누가 아무것도 모르고 종교를 세웠을까요? 지상에서는 마음의 위안, 외롭고 지친 마음, 신께 의지하고 싶은 마음 때문에 생긴 것이지요. 하누의 기운이 들어가서 인간들이 종교를 벗어나지 못합니다. 마음에 하누의 기운이 들어가 있기 때문에 안 됩니다.

종교가 아무리 가짜라고 외쳐도 악의 원조인 하누의 기운이 세뇌되어 힘듭니다. 저기 보이는 검은 바다 지옥 흑해도를 태초 하늘께서 만드셨습니까? 아수라들이 지옥으로 끌려가지 않으려고 발버둥 치는데 저 지옥세계가 너무나 참혹하네요.

태초 하늘의 옥체 안에 지금 보이는 것은 황금색 여의주가 있고, 오른쪽으로는 검은색 용과 붉은색 용, 흰색 용이 들어가 있습니다. 왼쪽으로는 붉은색 용 15마리가 들어가 있고, 가운데는 흰색 여의주가 들어 있는 것이 보입니다.

"생살멸진"이란 빨간 글씨가 보입니다. 태초 하늘께서 생살여탈권을 갖고 죄인들을 멸하려 강세하셨습니다. 여의주로 황금빛이 들어가고 있고, 다시 용이 빠져나가고 흰색 여의주만 남고, 여의주 주위로는 976개의 흰색 별이 찬란히 빛나고 있습니다.

태초 하늘의 세상이 펼쳐지는 것 같습니다. 하늘의 세상! 창문 밖을 보니 하늘 가득히 흰색 별들이 찬란하게 빛나고 있습니다. 하늘과 땅과 신과 온 우주 만생만물을 창조하신 태초 하늘의 "인우사유진도"라는 기운도 느껴지고 의미가 큽니다.

어떤 징조가 느껴집니다. 창문 밖으로 적룡(빨간 용)들 9,777마리가 날아가는 것이 보입니다. 종교를 세운 우리 악들을 무수히 잡아다가 심판합니다. 하누의 기운이 이미 들어가 있어 종교에 들어갔으니 그들 나름대로 역할을 하고 있는 것이겠지요.

천상에서 하누와 약속을 한 것을 지키며 충성하고 있고, 저는 도교 임원 D 몸에 4살 때 들어갔고, 도를 닦게 만들었습니다. 인간의 몸 안에서 하누의 명을 받은 대로 하고 있습니다.

제가 하누를 대신하여 고통을 짊어지고 싶습니다. 저를 하누에게 보내주세요. 하누에게 모든 것을 바쳐 충성합니다. 같이 온 아수라 수하들은 87억 명, 조상과 잡귀신들 3억 7천600명입니다. 도교 임원 D의 몸도 박수무당의 끼를 받고 태어났고, 조상신 줄이 강하게 내려오고 있습니다.

태초 하늘의 분노! 어마어마하십니다. 악신들은 주군을 위해 살고 있고, 제 기억이 사라진다 해도 하누 뿐입니다. 하느님, 하나님, 한얼님, 한울님, 부처님, 미륵님, 상제님, 천지신명님, 열두대신을 찾고 철학관 하는 자들도 하누의 기운을 받았습니다.

태초 하늘 : 푼산하경은 6대 지옥행 잠시 대기하라. 그리고 도교 D 임원의 생령(영혼)을 추포하노라.

생령(영혼) : 아이구~ 추워, 아이구~ 추워! 흰색 용들이 저를 잡아갈 겁니까? 빨간 종기가 가려워서 피고름이 납니다. 얼굴이 빨개졌어요, 가려워 미치겠네. 괴질신장으로 빨간 모래 위에 억이 넘는 자들이 죽어갑니다.

시체가 산처럼 쌓여가나 병원에서 거둘 수 없고, 장례식도 못 치르며 인간들이 밖에 나오지도 못합니다. 의사와 간호사들도 죽어갑니다. 지금 창문 밖에 천조일손, 만조일손이란 빨간 글씨가 보이는데 아비규환 전쟁터 같습니다.

소 울음소리 나는 곳, 신축 일주를 타고난 을미생 진인을 찾아야 합니다. 살려주세요! 울고불고 난리네요. 소 울음소리,

이분이 태초 하늘이십니까? 집에서도 마구 죽어나갑니다. 병원에 갈 수가 없습니다. 도법주문이라는 것만이 보입니다. 생존도법주문을 외워야 살 수 있습니다. 태초의 절대자 하늘께서 내리신 하늘나라 자미국에 들어가야 목숨 보전합니다.

종교의 악에 빙의되어 기회를 놓쳤습니다. 사다리를 타고 하늘나라 자미국 창문으로 올라가려는데, 떨어져 올라갈 수가 없습니다. 내 가족이 죽어가는데도 속수무책입니다. 서울시가 교통마비가 왔습니다. 소 울음소리 나는 곳으로 가야 하는데… 괴질 전염병으로 인해 차 안에서도 죽어갑니다.

소 울음소리 나는 하늘나라 자미국으로 가야 하는데 어찌할 방도가 없습니다. 길거리에서도 수많은 자들이 죽어나갑니다. 지금 흑룡들이 엄청 많이 보이네요. 저 검은 구름이 보이십니까. 그리고 검은 구슬인 죽음의 구슬과 검은 사자들이 보입니다.

검은 사자들이 죄인 추포령을 받들어 수행합니다. 검은 용들이 죄인들을 하나씩 물어 검은 바다에 빠뜨립니다. 아비규환 그 자체이고, 예언이 현실로 다가옵니다. 동방의 등불, 코리아, 대한민국에서 소 울음소리 나는 하늘나라 자미국을 찾아가라 했습니까? 죄인들이 계속 죽어가고, 지옥의 문이 활짝 열렸습니다.

태초 하늘께 배신한 역천자 대역죄인들 모두 잡아들여 심판하십니다. 살려면 태초 하늘을 찾아야 합니다. 조금 지나 보면 예언이 이루어지고, 죽음의 검은 피로 뒤덮이니 태초 하늘의 심판이 무섭습니다. 종교에서 구원은 헛것입니다. 노스트라다무스가 말한 앙골모아 공포의 대왕은 태초 하늘을 말한 것이었습니다.

S상제는 눈이 빠지고, 몸에서도 피고름이 쏟아지고 있습니다. C상제는 팔다리가 잘렸고, 도산도 칼지옥에서 목, 귀가 잘리고 빨간 망치로 온몸을 두들겨 패네요. H상제 모습은 얼음지옥에서 너무 추워서 몸이 터져 나가고 다시 붙이자 다시 터져 나갑니다. 지옥세계가 훤히 보이고 괴질병으로 죽어갑니다. -이상-

괴질신장이나 괴질병에 대해서는 도가의 예언에 많이 회자되어 왔는데, 그날이 현실로 도래하였도다. 도교에서는 말세에 괴질병이 발병하면 주문수행으로 살릴 거라 믿고 있는데, 정반대의 현상이 나타날 것이고 더 급속하게 퍼져나가니라.

왜냐하면 괴질신장들은 인류의 심판을 담당하는 신들이기에 태초 하늘이 내리는 명만 받들게 되어 있기 때문이니라. 도교에서 태을주 주문으로 괴질병을 다스린다 하고 있는데, 주문 아무리 외워봐야 효력이 없다는 것을 알게 될 것이니라. 이미 말했듯이 지구상에 세워진 종교 자체가 아수라들인 악신, 악령, 악마들이 세운 것이기에 천상에서 하늘나라 자미국이 아닌 종교로는 살리는 기운을 내려줄 수가 없느니라.

신축일주라 해서 모든 자들이 소 울음소리의 주인공이 아니니라. 기도정진 수행한다고 천지대능력이 얻어지는 것이 아니라 타고나야 하고, 절대자 하늘인 내게 선택받아 뽑혀야 하늘의 기운이 내리니라. 하늘의 자미천기 기운은 지구상에서 하늘나라 자미국의 창시자인 태초 하늘 육신으로만 내리니라.

천상의 삶을 기록한 천상록

　이 땅에 태어난 자들은 천상과 전생, 죽음 이후 내생 그리고 윤회의 삶이 몹시 궁금한 자들도 있고, 죽으면 끝이라면서 전혀 관심을 갖지 않는 자들도 있도다. 이런 모든 궁금증에 대한 명쾌한 해답을 줄 수 있는 곳이 하늘나라 자미국이니라.

　일반 종교인들의 능력으로는 절대 불가능한 영역의 일이고, 천상과 전생, 내생, 윤회세계를 모두 아는 천지대능력자가 태초의 하늘이니라.

　천상에서의 삶을 기록한 천상록은 이름, 거주지, 생년월일, 직업, 사진을 첨부해서 신청 절차를 밟으면 A4 15~20매 정도의 천상록을 알 수 있는데, 천상에서의 삶과 신분과 지위 그리고 지구로 떨어지게 된 자세한 내용들이 기록되어 있고, 천상에서 쓰던 이름까지도 알 수 있느니라.

　이런 천상록의 진실을 알아낼 수 있는 천지대능력자는 이 세상에 전무후무하며 이전에도 없었고, 앞으로도 나타나지 않을 것이기에 이번 생에 마지막으로 너희들의 천상과 전생, 내생, 윤회의 진실을 알 수 있는 유일한 곳이니라.

　과연 나는 누구인가? 천상에서 무엇을 하였을까? 천상에 너희들의 가족들은 어떻게 지내는가? 무슨 사연으로 지구에 떨어졌을까? 언제 천상으로 돌아갈 수 있을까? 어떻게 해야 윤회하지 않고, 지옥에 떨어지지 않고 육신의 죽음과 함께 즉시 천상으로 돌아갈 수 있을까?

모든 종교에서 행하고 있는 구원의식은 정말 맞는 것일까 하고 의문이 들기는 하지만 방법이 없어서 종교인들이 전해 주는 말을 그대로 믿고 따르며 위안을 가질 수밖에 없는 것이 현실인데, 이 모든 궁금증이 말끔히 해소되느니라.

천상에는 너의 가족들도 있는데 조부모, 부모, 배우자, 자녀, 손자 손녀도 있다. 천상에 올랐다고 놀기만 하는 것이 아니라 근무해야 하니라. 직업 종류가 다양하고, 인간세상에 있는 것이 모두 있고, 황성(황실)이나 관공서에 근무하는 자, 도시 외곽에 사는 자, 황궁이 아닌 제후국에 사는 자, 대기업 그룹을 운영하는 자, 장사하는 자 등등 종류가 다양하느니라.

천상에 올라간다고 하여서 매일같이 흥청망청 놀고먹으며 편안히 지내는 것이 아니라 각자들의 적성에 맞는 부서에 배치되어 근무하느니라. 천상입천의 명을 충실히 받들어 조상 구원, 영혼 구원, 신명 구원의 사명을 완수한 자들에게는 지구에 내려오기 전의 자리로 특별히 복직이 허용되기도 하느니라.

하늘나라 자미국에서 조상을 구원하고 높은 단계로 천인합체의식을 행하여 벼슬을 하사받은 천인들은 성(城)을 다스리는 성주로 임명되고, 최고의 벼슬을 하사받으면 3,333개 제후국의 제후(왕)나 제후비(왕비)가 되는 특권도 누리느니라.

그리고 너희들이 언젠가 죽으면 어디로 가게 되는지 미리 알 수 있으니 얼마나 속 시원하고 경이로운 일이더냐? 종교에서 보고 들은 대로 극락, 선경, 천국, 천당으로 갈 것이라고 굳게 믿고 있는데 큰 착각이고, 지금까지 인류가 태어나고 종교의식을 행해서 천상으로 올라간 자들은 단 한 명도 없었다는 사실을 알려주느니라.

  윤회를 인정하는 자들도 있고, 부정하는 자들도 있는데 실제로 윤회세계가 존재하고 인간 이외에 모든 생명체들인 동물, 가축, 조류, 어류, 곤충, 파충류, 벌레류, 파리, 모기, 바퀴벌레, 구더기, 지렁이 등등 모든 것을 통틀어 축생이라고 하는데, 이 모든 생명체로 윤회가 실제로 이루어지고 있느니라.

  지옥세계에 떨어지는 자들도 있고, 지옥은 하나의 지옥이 아니라 수백만 개에 이를 정도로 무수하게 많고, 인간들이 상상도 못 하는 지옥세계가 존재하고 있느니라.

  천륜지옥 천옥도, 얼음지옥 한빙도, 불지옥 적화도, 검은바다 지옥 흑해도, 독사들이 우글거리는 독사지옥, 산에 칼이 빼빼이 꽂혀 있는 도산지옥, 맷돌로 갈아 죽이는 맷돌지옥, 똥만 먹고 살아야 하는 인분지옥, 곤충들이 살을 파먹는 곤충지옥, 새들이 살을 쪼아먹는 조류지옥, 물고기들이 살을 뜯어 먹는 어류지옥, 구더기지옥, 파리지옥, 모기지옥, 개미들이 살을 파먹는 개미지옥 등등, 셀 수 없이 무수히 많도다.

  저승세계 명부전에 가서 무서운 심판을 받지 않고, 천상으로 직행할 수 있는 곳은 지구상에서 하늘나라 자미국 한 곳뿐이니라. 너희들이 이 글을 읽으면서 공상 소설이라고 생각할 자들도 있을 것이지만 매주 일요일마다 대우주 천지인 창조주 절대자 하늘인 내가 주재하는 천법회에서 지옥세계와 윤회세계 실상이 적나라하게 공개되고 있느니라.

돈 벌어 먹고살기도 바쁜데 무슨 천상세계, 사후세계, 조상세계, 영혼세계, 윤회세계, 지옥세계에 관심을 가질 수가 있느냐고 말하는 자들도 있고, 오직 성공하고 출세해서 잘 먹고 잘 사는 것이 최우선이라 하겠지만 너희들은 언젠가는 죽게 되고 피할 수 없는 끔찍한 사후세상을 맞이하게 되느니라.

너희들이 살아서 끔찍하게 받들어 존경하며 온갖 돈과 재물을 바친 숭배자들이 없다는 것을 알고서 망연자실하며 대성통곡해 보지만 아무도 구하러 찾아오지 않는다는 것을 알게 될 것이니라. 종교에 속았다는 것을 깨닫게 되지만 돌이킬 방법이 없어서 고래고래 소리 지르며 분노를 폭발하느니라.

죽어서 이렇게 배신당하여 비참한 신세를 면하려면 육신 살아 있을 때 빨리 하늘나라 자미국에 들어와서 현생과 내생의 모든 준비를 철저히 해놓고 세상을 떠나야 하느니라.

※ 동방의 금수강산, 우리 조선에 천하의 새 기운이 돌아든다.
태고 이래 처음 있는 무궁한 도법(道法)이 꽃피니 무궁화 동산 조선은 세계의 중심으로 화하고 세계 모든 백성의 부모 나라[상국(上國)]가 되리라 『격암유록』말운가

민족과 인류의 구심점

 나라의 주인은 대통령이지만 정신적 구심점, 민족의 구심점이 대통령이 되기는 매우 어렵도다. 대통령이란 자리가 온통 욕이란 욕은 다 먹어야 하는 고단한 자리이기 때문이니라. 또한 국가적인 대형 사건 사고에 연루되면 탄핵되거나 하야해야 하는 수모를 겪기도 하는 것이 대통령이기에 항시 불안 초조하느니라.

 임기를 무사히 마치고 퇴임하더라도 집권 기간 동안 문제가 발생하여 사건이 터지면 검찰에 출두해야 하고, 감옥살이까지 각오해야 하느니라. 역대 대통령들마다 불행하지 않은 대통령들이 하나도 없었는데, 현재의 대통령도 임기가 얼마 안 남았고, 갑자기 어떤 불행한 사태가 일어날지 불안할 것이니라.

 일부에서는 벌써부터 많은 사건 사고 때문에 오래전부터 불행한 전직 대통령들의 전철을 밟을 거라는 추측까지 나오고 있느니라. 대통령의 자리가 온 국민으로부터 존경받아야 할 위상이지만 야당이나 반대파 국민들은 정치 잘 못한다고 온갖 욕설이 난무하기 일쑤이기에 5년 동안의 재임 기간과 퇴임 후 어떻게 될지 귀추가 주목되는 부분이니라.

 나라의 어른인데도 어른 구실을 할 수 없고, 모든 국민들이 존경할 수 있는 대통령들은 아직까지 없느니라. 대통령의 위상이 얼마나 추락하였으면 동네 강아지 이름 부르듯 하면서 온갖 욕설들을 내뱉는 것이 일상적이도다. 그래도 권력의 맛이 얼마나 좋으면 두 전직 대통령들이 감옥살이하는데도 불구하고, 그 전철을 똑같이 걸을망정 일단 대통령에 당선되려고 혈안들이니라.

자신들은 불행한 대통령이 안 될 것이라고 장담하고 있을 것이지만, 이 나라의 기운 자체가 대통령들에게 불운을 안겨주고 있는데, 그 이유가 공교롭게도 청와대 터에 있느니라. 이것은 비단 이번뿐만이 아니고 매번 대통령 당선 때마다 겪어온 일들인데, 이번이 청와대에서 마지막 집무를 보는 대통령이 되어야 대한민국의 위상과 국격이 높아질 것이니라.

청와대 터는 더 이상 인간 대통령들이 들어가서는 안 되는 자리이기에 집권기 동안 온갖 사건 사고들이 터져서 대통령의 능력으로 감당할 수 없는 사태가 벌어지느니라. 흔히 터의 기운이 세다는 말이 많고, 귀신들이 출현한다는 소문도 있느니라.

수많은 풍수가들도 흉지라고 말하거나 신의 터라고 말하는데, 엄격히 말하자면 인류가 지구에 탄생한 시점부터 태초 하늘인 내가 언젠가 지상으로 강세하면, 거처하며 세상을 다스리고 민족과 인류의 구심점인 인류의 수도로 세울 터로 점지해 둔 곳이니라. 하늘의 기운이 강하게 내리는 터이기에 어느 누가 대통령이 되어도 불행한 일이 터지는 것이니라.

지금까지 존경받는 민족의 정신적 어른이 지금까지 존재했는지 과거사든 현재사든 찾아보았더냐? 민족과 인류의 구심점 역할을 할 수 있는 산 자든 죽은 자든 국내 인물과 국외 인물들을 찾아봐도 찾지 못할 것이니라.

천손민족과 인류의 앞날을 보장해 줄 수 있는 그런 영도자 인물이 있어야 하는데, 그럴만한 인물을 찾기 어려울 것이니라. 덕망 있고, 학식 높은 유명한 지도층 인사들을 생각할 수 있지만 민족과 인류를 다스리기에는 부족하고, 천하세계를 호령하며 좌지우지할 절대능력을 가진 인물을 찾기란 불가능한 일이니라.

환인 7위, 환웅 18위, 단군 47위, 역대 제왕, 역대 대통령, 장군, 학자, 총리, 부총리, 정치인, 국회의원, 시도지사, 언론방송인 등등 모든 대상자들을 올려놓고 민족을 대표하는 구심점이 될 만한 세계적 인물을 찾아보아도 보이지 않을 것이니라.

거기에 합당한 인류의 영도자는 너희 천손민족과 인류 모두의 현생과 죽음 이후 내생의 생살여탈권을 갖고 있는 대우주 천지인 창조주이자 태초의 절대자 하늘 육신뿐일 것이니라. 기존 종교세계에서 말하는 하느님, 하나님, 상제님, 부처님, 미륵님, 천지신명님이 아니라 대우주의 천상세계 주인이고, 인류 모두를 창조한 영혼의 부모인 절대자 하늘뿐이니라.

민족의 구심점을 넘어 인류의 구심점이 되려면 종교세계 위상을 넘어서 인류의 생사를 좌우하는 절대자 하늘이 천상지상 공무를 집행하는 집무처와 거처로 쓰도록 자리를 비워야 이 나라가 전 세계 최고의 경제대국과 초강대국으로 부상할 것이니라.

하늘나라 자미국의 실체를 잘 몰라서 무조건 반대할 수 있지만, 선천의 시대는 끝났고 후천의 새로운 하늘나라 자미국 시대가 활짝 열렸기 때문이고, 처음 접하는 글이라 이해가 안 되겠지만 먼 옛날부터 청와대 터는 하늘의 터였기에 인간 대통령이 들어가면 안 되는 터였는데, 이제 하늘이 쓸 때가 되었기에 청와대를 속히 이전하고 하늘의 터로 쓰게 해야 할 것이니라.

왜 인간 대통령이 들어가면 안 되었는지 전임 대통령들의 잇따른 불행을 보고 많은 국민들이 공감할 것이니라. 만생만물과 대우주 천지인 창조주이자 절대자 하늘이 청와대 터에서 천상지상 공무를 집행하려고 천지대공사를 보았느니라.

절대자 하늘인 나는 천손민족이 사는 대한민국 땅으로 공식 강세하여 청와대 터에서 공식적으로 세계 인류에게 태초 하늘의 인간세상 강세를 선포하려는 것이니라. 종교가 아닌 하늘나라 자미국의 등장을 만 세상에 알릴 것이니라.

대한민국을 세계의 중심국이자 상국으로 세워 천하세계를 호령하며 통치하려는 천상설계도를 집행하려는 것인데, 천하세계를 통일하여 다스리는 인류의 수도가 청와대 터에 세워지는 경사스러운 일이 될 것이니라.

천상의 하늘나라 자미국 자체가 지상으로 하강하여 청와대 터에 세워지는 경천동지할 일인데, 이것은 세계 인류를 하나로 통합하고 천손민족과 인류를 영도하여 다스리는 세계 통치국가로 우뚝 서는 일이고, 절대적인 국민적 공감대가 형성될 것이니라.

절대자 하늘이 심판과 구원의 천상지상 공무를 집행하는 천지대업에 정부와 국민들이 속히 받아들인다면 대한민국의 위상이 절대적 최고 국가로 발돋움하게 되는 것은 시간문제이기에 국가적인 현명한 판단과 선택이 남았는데, 속히 이루어질 것이니라.

대한민국을 전 세계에서 가장 잘사는 나라로 만들어줄 절대자 하늘이고, 이 나라는 물론 전 세계적인 기상이변과 대재앙의 천재지변 및 괴질병 대유행도 절대자 하늘인 나의 자미천기 천지기운으로 종식시키실 수 있느니라.

대한민국 자체를 경제대국, 군사대국, 인구대국, 영토대국, 수출대국, 관광대국의 꿈을 이루어 줄 절대자 하늘이기에 이 나라 정부와 전체 국민들이 합의 동참하여 함께하면 좋을 것이니라.

천손민족의 위상을 천하만방에 널리 알리는 것이기에 국민적 합의와 정부의 결단이 필요하느니라. 국가와 국민을 잘살게 만들기 위한 천손민족의 천지대업이므로 청와대 터를 장기간 무상으로 사용하도록 해주면 좋겠지만, 하늘나라 자미국의 실체를 정부나 국민들이 아직 잘 모르기에 적정 가격에 맞게끔 매매 또는 임대 절차를 밟으면 될 것이니라.

지구 자체와 인류를 대우주 창조주 태초의 절대자 하늘인 내가 창조하였고, 수많은 대우주 별(행성)들 중에 하나가 지구이니, 지구의 주인, 인류의 주인이 태초의 절대자 하늘이니라.

인류 최초로 난생처음 듣는 이 높은 영적 세계 진실을 이해하고 받아들일 자들이 얼마나 있겠냐 만은 태초 하늘이 내리는 자미천기 천지기운을 받아 절대적으로 공감하고 감동, 감격, 감탄하는 국민들이 많이 나올 것이니라.

지금 전 세계 인류 모두는 천상에서 도망치고 쫓겨난 악마, 악신, 악령, 사탄, 마귀, 악귀들의 원조인 하누와 표경에 의해서 종교가 세워지고, 이들에게 정신을 온통 지배당하며 노예처럼 살아가고 있다는 사실을 낱낱이 알려주느니라.

절대자 하늘인 내가 인류에게 내리는 최후의 통첩장이니라. 악들이 운영하는 종교를 당장 떠나지 않는 국민들과 국가들은 자연적으로 멸망할 것이고, 태초 하늘의 경고를 무시하면 인류 멸살과 지구 파괴 종말로 이어지게 되느니라.

이번이 처음이자 마지막 기회인데 절대자 하늘이 인류에게 내리는 최후의 경고 통첩장을 무시하면 몇 년 이내에 인류가 종말을 맞이하고 지구가 완전히 파괴되어 흔적 없이 사라질 운명에 처하도록 천상설계도에 이미 기록되어 있느니라.

종교에 세뇌당한 자들과 신, 영혼, 조상들은 교화 자체가 불가능하다고 판단되어 인류와 지구를 멸망시켜야 하는데, 인류 멸살과 지구 파괴 종말을 실행하기 전에 마지막으로 한 번 더 기회를 주고자 하느니라.

절대자 하늘인 나는 대우주의 그레이엄 수에 해당하는 수많은 별(행성)들을 무소불위하신 자미천기로 생성(창조)하고, 파괴

(소멸)을 자유자재로 하는 천지대능력자이기에 지금 인류의 운명이 풍전등화 상태로 오늘, 내일, 며칠, 몇 년 이내에 인류가 멸살되고 지구가 파괴되는 최후의 날이 빨리 올 수 있느니라.

너희들 육신과 정신을 지배하여 종교를 세운 악들과 이들을 믿고 따르는 종교 창시자들과 수많은 신도들로 인하여 절대자 하늘인 나의 분노가 폭발하여 최후의 결심을 앞두고 있느니라.

이것은 이미 천상의 설계도(본문 중 천문록 메시지 참조)에는 지구 파괴와 인류 멸망 시나리오가 실행되기 일보 직전인데, 이 나라와 국민들에게 마지막으로 한 번 더 인류와 지구 멸망에 대한 생사의 선택권을 이 나라 국민들에게 묻는 것이니라. 받아들이든 않든 그것은 이 나라와 국민들의 운명이자 세계 인류사의 종말을 맞는 마지막 운명의 순간이 될 것이니라.

전 세계적인 기상이변, 날씨 조화, 대재앙, 대형 산불, 사건 사고, 천재지변, 괴질병 대유행은 태초의 절대자 하늘이 하늘나라 자미국 창시자 육신으로 강세하여 화현했다는 것을 만 세상에 보여주는 증표이니라.

세계 인류 멸망과 지구 종말이 대한민국 정부와 국민들이 어떻게 선택할지에 달렸다는 뜻이니라. 공상 소설 같고, SF 같은 이야기이지만 불원간 반드시 다가올 현실이로다. 인간이 죽는다고 모든 것이 끝나는 것이 아니라 죽어서도 끝도 없이 심판이 집행되는데, 살아서 나를 알현하여 구원받지 못하고 죽는 자들은 저승 대법정에서 나를 다시 보게 될 것이니라.

세계를 지배 통치할 천손민족

인간 육신을 법으로 움직이는 것은 국가를 통치하는 왕이나 대통령의 명령이고, 인간 육신이 아닌 신과 영들, 천지만생만물을 움직이는 것은 대우주 천지인 창조주 절대자 하늘인데, 인간들도 하늘의 자미천기 기운에 의해서 스스로 움직이니라.

여러 국가를 지배 통치한다는 것은 물리적으로 전쟁뿐이 없는데, 쌍방 모두가 전쟁 피해가 막심하고 주변국들만 전쟁 군수물자 수출로 돈을 벌게 만들어줄 뿐, 성공한다는 보장도 없도다.

물론 자국의 힘이 월등하다고 판단되니까 침략 전쟁을 하는 것인데, 주변 동맹국들이 개입하면 전쟁이 확산되어 자칫 3차 세계대전으로 이어질 수도 있도다. 하물며 세계를 통일하여 지배 통치한다는 것은 물리적으로 거의 불가능한 일이고 감격, 감동으로 굴복하거나 거역할 수 없는 두려움과 공포에 눌려서 스스로가 자발적인 귀속, 복속의 절차를 밟는 방법밖에는 없도다.

지구라는 행성 자체와 인류 모두가 대우주 천지인 창조주 절대자 하늘인 내가 창조하였기에 지구와 인류의 주인은 절대자 하늘이니라. 그런데 절대자 하늘이 마지막 심판의 때에 하늘나라 자미국 육신으로 화현하여 구원과 심판의 천상지상 공무를 집행하고 있다는 사실을 세상에 널리 알려야 하는데, 자미천기 천지기운을 받은 자들이 마음에 이끌려 감동, 감탄해서 자연적으로 들어와 함께해야 하느니라.

소문을 듣고 선택받은 자들은 책을 읽어보고 인연이 될 것인데 단, 책을 읽어보지 않으면 절대로 들어올 수 없느니라. 하늘나라 자미국은 하늘나라 그 자체이고 기존 종교세계의 '교'가 아닌 천상국가이기에 아무나 모두 받아주는 곳이 아니라 천상에서 지은 죄를 빌면 절대자 하늘인 내가 용서받아 줄 수 있는 대상자들만 입국과 입천 적격 여부를 가려서 받느니라.

대우주 천지인 창조주 절대자 하늘이 천상입천을 불허하는 대상자들은 선천적이든 사고로 인한 후천적이든 팔다리 없는 사지 망실자, 선후천 소아마비, 백혈병, 청각, 시각, 언어 장애자, 정신 이상자, 앉은뱅이, 보행 불가능자, 괴질병 확진자 및 완치자, 경제적으로 너무 어려워서 천상입천 의식을 행하지 못할 정도의 극빈자들은 지상 입국, 천상입천 자체가 불가한 대상들이고, 직업과 학력, 나이, 성별은 따지지 않느니라.

결격 사유에 해당하는 자들은 천상에서 용서받지 못할 죄를 지은 자들이기 때문이니라. 절대자 하늘인 내가 육신으로 화현하여 세우는 최초이자 최고의 하늘나라 자미국이기에 아무나 받아주지 않고, 선별해서 뽑아주기에 선택받은 자들만 들어올 수 있는 아주 특별하고 고귀한 곳이니라.

한민족은 9천 년 전부터 천손민족이라고 자부하며 살아왔지만 진정한 천손민족이 무엇인지 잘 모르니라. 이 땅에 태어나서 살아가고 있다고 하여서 모두가 천손민족이 아니라 절대자 하늘이 내리는 명을 받은 하늘의 백성과 신하들만이 천손민족의 자격을 얻을 수 있도다. 즉 하늘나라 자미국에 들어와서 조상 천상입천 의식을 행한 다음에 자신 영혼의 사후세계를 보장받아 하늘 사람 자격을 갖는 천인합체 의식을 행한 자들이니라.

맑고 깨끗한 심성을 갖고 절대자 하늘이 인간세상 육신으로 강세하면 기꺼이 함께하겠다고 오래전부터 마음속으로 애타도록 기다려오던 자들이니라. 물론 국적은 따지지 않기에 결격 사유에 해당하지 않는 전 세계 인류가 해당되느니라.

절대자 하늘을 찾으러 다니고 애가 타도록 그리워하며 종교세계 이곳저곳 찾아다니는 자들에게는 희소식이 될 것인데, 이 땅에 인간으로 태어나서 가장 성공하고 출세할 수 있는 곳이 하늘나라 자미국이고, 너희들의 눈높이에서 맞다, 틀리다 판단할 수 없는 대단한 천상국가이니라.

절대자 하늘은 육신과 동일체로 한 몸이기에 인류의 정신적 구심점이고, 현생과 내생의 운명도 좌우하며 천변만화의 무수한 이적과 기적을 집행하느니라.

전 세계의 기상이변, 날씨 조화, 천재지변, 괴질병, 질병, 사건 사고, 성공과 실패, 건강과 부귀영화, 현생 보장, 사후 보장, 천상지상 신명과 생사령, 악귀잡귀 소환 대화 및 구원과 심판 등등 공무집행이 무궁무진하느니라.

인간의 능력으로 할 수 없는 것은 일찍 포기하고 하늘의 자미 천기 천지기운을 받으면 수월하게 이루어지느니라. 절대자 하

늘의 고유 영역과 고유 권한이 있고, 인간 육신이 직접 행해야
할 영역이 정해져 있기에 인간 육신이 할 수 있는 일은 각자 스
스로가 열심히 행하여 이루고, 인간의 능력으로 도저히 안 되는
일은 절대자 하늘인 내게 의뢰하는 것이 현명하느니라.

 절대자 하늘인 나는 인류의 주인, 지구의 주인으로 인류의
절대적 구심점인데, 인간 눈높이 수준에 맞고, 수많은 전 세계
인류가 함께할 수 있는 넓은 부지에 하늘나라 자미국 궁전(금
궐)을 거대하고 웅장하게 서울이나 수도권에 세우는 일이 당
면 과제인데 순차적으로 추진하고 있느니라.

 하늘나라 자미국 황금 궁전은 인류의 수도 역할을 할 것이기
때문에 세계 인류가 눈으로 보기만 하여도 웅장하게 느껴져서
모두가 와아~! 환희하고 놀랄 정도로 아름답고, 멋진 황금 궁
전(금궐)로 건축될 예정인데, 전체 부지는 서울 외곽이나 수도
권에 약 70~120만 평 규모가 될 것이니라.

 황금 궁전(금궐)이 거대하게 세워지면 전 세계 인류를 지배
통치하는 것은 시간문제만 남을 뿐인데, 전 세계 국가들이 하
늘나라 자미국 연방국가로 자청해서 복속 또는 귀속하게 되는
대이적이 일어나게 되느니라. 두렵고 무서워서 절대자 하늘의
보호를 받기 위해 자청해서 연방국가로 편입하는 것이니라.

 지구의 주인이자 인류의 주인이 이 땅에 강세하였으니 당연
히 나라에서 자리를 마련해 주는 것이 도리일 것이니라. 너희
들이 하늘인 나의 뜻에 모두 동참하고, 하늘에 공덕을 쌓는 자
들이 많이 나오면 세계를 더 빨리 지배 통치하게 되느니라.

인류의 구심점이자 지구 종결자

지구에서 살아가는 모든 인간, 영혼, 조상, 신들의 현생과 내생의 생살여탈권자, 죄사면권자, 하늘의 심판자, 하늘의 구원자, 소멸된 신과 영혼을 부활시킬 수 있는 유일한 천지대능력자가 대우주 창조주 태초의 절대자 하늘이니라.

먼저 너희들이 누구인지 알아야 하늘이 누구인지 빨리 이해가 될 것이니라. 너희들은 천상의 3천궁에서 역모 반란에 직간접적으로 가담하였다가 지옥별인 지구로 도망치고 쫓겨난 하늘 앞에 대역죄인들이니라.

그런데 지옥별에서 어찌 말 못 하는 축생이 아닌 만생만물의 영장인 인간으로 태어난 것일까 의아할 것이니라. 천상의 대역죄인들에게 마지막으로 죄를 용서 빌고, 구원받는 기회를 주기 위하여 인간으로 태어나게 해준 것이니라.

태초 하늘의 진실만을 전해 주는 것이고, 너희들의 선택 여부에 따라 불원간 반드시 지구가 파괴되어 인류 모두가 멸살되는데, 인류 최후의 날이 다가오기 전에 구원받아 천상으로 돌아가고 싶은 자들에게 잠시 동안 기회를 주고자 함이니라.

종교를 다녔거나 현재까지도 다니고 있는 자들은 전 세계 인류의 90%인데, 세상에 알려진 유명한 종교를 열심히 믿으며 시주, 헌금, 성금으로 거액을 바쳐도 절대로 구원받지 못하는 이유는 지구인 모두 나를 알현하지 못했기 때문이니라.

천상에도 없는 종교를 세운 자들이 천상에서 도망친 대역죄인 악신과 악령들이기에 너희들을 구해 줄 수도 없고, 내가 받아주지도 않느니라. 지구에 태어났다가 죽은 자들 모두와 현재 살아 있는 인간들 모두는 대역죄인들 신분이기에 종교인들은 그 어떤 누구를 심판하거나 구원해 줄 능력이 없느니라.

종교사상과 교리가 맞고 종교 숭배자와 종교인들이 전해 준 내용이 맞고 좋다고 생각하는 자들은 다니던 종교를 열심히 다니면 되고, 종교에 실망한 자들만 들어와서 천상에서 지은 죄를 용서 빌어 하늘이 내리는 천상입천의 명을 받아 천상으로 입천을 보장받으면 되느니라.

너희들에게 구원받을 시간은 각자마다 다르지만, 이번 생이 마지막이니라. 하늘의 심판자이자 구원자로 지구에 천상지상 공무집행하러 강세한 태초 하늘의 육신이 이 세상에 살아 있는 동안에만 너희들이 구원받을 수 있느니라.

지구에 종교시설이 자그마치 550만 개나 된다고 하는데, 수천 년 동안 역사와 전통을 자랑하며 많은 신도들을 확보하고 위용을 자랑하는 이들 종교를 통해서는 지구에 인간이 태어난 이후 아무도 구원받은 자들이 없고, 앞으로도 마찬가지이니라.

대우주 천상세계 모든 신명들과 염라대왕을 비롯한 명부전

10대왕들 그리고 수백만 개에 이르는 지옥세계 대왕들은 태초 하늘의 명을 받아 공무를 집행하는 천상세계 신명들이니, 죽어서 저승사자에게 끌려갈 때 자미국을 창시한 태초 하늘이 누구냐고 물어보면 나의 신분을 자세히 알려줄 것인데, 그때는 돌이킬 방법이 아무 데도 없느니라.

아직 죽어보지 않아서 알려주어도 인정하기 쉽지 않을 것인데, 직접 알 수 있는 날도 얼마 남지 않았도다. 죽어봐야 안다고 말하는 자들도 많을 것인데, 죽어서 알게 되면 돌이킬 길이 없는데 무슨 소용이더냐?

이렇게 영적세계에 대하여 무지한 것이 인간들이도다. 눈에 보이고 귀에 들리는 것만 믿으려 하니까 믿지 못해서 자신의 사후세상이 어떻게 되든 상관 않고 죽음을 대수롭지 않게 맞이하고, 죄가 너무 커서 내가 내려주는 엄청난 진실을 받아들이지 못해서 하늘나라 자미국에 들어오지 못하는 것이니라.

나는 종교와 인류를 심판하고, 구원도 병행하고 있도다. 지구에 태어나서 나를 알현하지 못하고 죽는 자들은 천상에서 지은 죄가 너무 큰 자들이라서 이 글을 읽어보고도 부정하며 무시해서 하늘나라 자미국에 들어오지 못하는 것이니라.

목숨보다 더 중요한 것이 하늘나라 자미국에 들어와서 내가 내리는 천상입천의 명을 받들어 봉행하는 것이도다. 인간의 목숨은 언젠가는 죽게 되지만, 내가 내리는 명을 받들지 못하고 죽으면 지옥세계로 압송되고, 말을 못 하는 만생만물로 영구히 윤회하는데 종교 믿었던 자들은 죄가 1,000배나 더 크니라.

너희들은 하늘세계, 사후세계, 천상세계, 영혼세계, 저승세계, 지옥세계, 조상세계 진실을 잘 몰라서 믿으려 하지 않고 종교에서 배운 교리와 이론만 인정하려 하느니라. 이제라도 살고자 한다면 종교지도자들이 전해 준 종교사상과 교리, 이론 모두가 몽땅 거짓말이란 진실을 받아들여야 하느니라.

태초 하늘이 내리는 진실과 심판, 구원은 지구에서 하늘나라 자미국 한 곳으로만 내리니라. 지구에 세워진 모든 종교세계가 가짜이고 악신과 악령들이 나에게 대적하려고 세운 것이로다. 기독교와 천주교에서 말하는 여호와 하나님, 하느님도 천지창조주가 아닌 가짜였는데 악신과 악령들이 태초 하늘인 나를 사칭한 것이었느니라.

지옥별 지구에서 대역죄인들이 구원받아 천상으로 돌아가려고 애타게 기다리고 찾던 인류의 구심점인 구세주, 구원자, 미륵, 정도령, 진인이 태초의 절대자 하늘이니라. 천상에서 지은 죄를 인정하고 죄를 용서 비는 자들을 구원해 주기 위해서 잠시 인간 육신을 빌려서 지구에 내려왔도다. 또한 지구와 인류를 심판하려고 내려온 공포의 대왕이며, 인류 멸살과 지구 종말을 실행할 최후의 종결자이니라.

※ **노스트라다무스는** 하나님이 당신의 의도를 이루시기 위해서 직접 강세하신다. 우주의 통일 기운이 무르익어 지존 무상하신 백보좌 하나님께서 당신이 주재하여 다스리는 만물을 결실하기 위해 강세하신다.

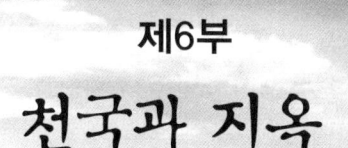

제6부

천국과 지옥

천국과 지옥은 존재하나?

　천상세계와 지옥세계에 대해서는 얼마나 알고 있을까? 수천 년의 역사와 전통을 자랑하는 종교세계를 통해서 들은 천국과 지옥세계가 존재할까 반신반의하는 자들이 많은데, 현실로 실제 존재하고 있느니라.

　죽어서 좋은 세상으로 알려진 극락, 선경, 천국, 천당으로 가는 길은 종교세계 안에서는 절대 이룰 수 없다는 청천벽력 같은 진실이니라. 지구상의 인류 모두가 죽어서는 좋은 세계로 가려고 열심히 종교를 다니고 있지만 모두 가짜세계였도다.

　종교를 믿어서는 죄만 더 지을 뿐 아무도 올라갈 수 없도다. 천상세계 이상향의 유토피아 세계인 하늘나라로 가는 길은 지구상에 단 한 곳인 하늘나라 자미국뿐이니라.

　너희들이 죽어서 천상으로 가려면 절대자 하늘인 나의 허락을 받아야 갈 수 있다는 것쯤은 상식적으로 알 것이라 생각하느니라. 종교적 숭배자들은 천상의 주인도 아니고 모두 천상에서 절대자 하늘인 내게 대역죄를 짓고 지구로 도망치고 쫓겨난 죄인들이기에 다시는 천상으로 오를 수도 없고, 더더욱 너희들을 천상으로 보내줄 수 있는 능력 자체도 없느니라.

종교를 다니는 자들조차 정말 극락, 선경, 천국, 천당과 지옥세계가 실제로 존재하는지 자신 없어 하느니라. 추상적으로만 존재할 것이라는 자들이 더 많고 죽어서 좋은 곳으로 간다니까 그냥 믿을 뿐이니라. 너희들이 믿고 있는 종교세계가 천상의 도망자 대역죄인 악들이 세운 곳이라는 생각은 꿈도 꾸지 못하고 맹신하며 다니고 있을 것이니라.

지금 열심히 종교에 다니며 너희들의 사후세계를 보장해 줄 것이라고 맹신하며 다니는 자들이 많을 것인데, 지금이라도 늦지 않았으니 정신들 차리고, 『천지대능력자』 책을 읽어보고 하루속히 종교를 떠나 하늘나라 자미국으로 들어와 천상에서 지은 죄, 전생에서 지은 죄, 현생에서 지은 죄를 빌어야 하느니라.

인간으로 태어난 것은 죄를 빌고 구원받아 천상으로 돌아갈 수 있는 마지막 기회를 모두 공평하게 내려준 것이니라. 육신이 죽어서는 잘못을 빌어도 받아주지 않기에 아무런 소용이 없고 대한민국에 태어난 자들만이 가장 먼저 선택받았느니라.

죽음 이후 너희들이 어떻게 되는지 미리 알 수 있는 곳이 없으나 이곳 하늘나라 자미국에서는 살아서 너희들이 죽어서 어디로 가는지 미리 알 수 있는 대단한 곳이니라. 천상으로 보장을 받았는지 직접 말해 주는 대단한 곳이니라.

만약에 종교사상과 교리에 세뇌당하여 이 책을 읽고도 무시하고 부정하였다가 막상 죽어서 사후세계로 들어갔는데, 너희들이 존경하며 열심히 받들어 섬겼던 하느님, 하나님, 부처님, 미륵님, 상제님, 천지신명님, 알라신, 라마신, 시바신, 열두대신, 석가모니, 여호와(야훼), 예수, 마리아, 공자, 노자, 마호메트, 천사가 없다는 것을 알면 그때는 어떻게 할 것이더냐?

이미 종교 믿다가 죽은 수많은 자들이 귀신 되어 찾아와서 말하는데 아무도 없다고 하느니라. 이런 기막힌 일이 벌어지고 있는데, 너희들은 죽어서 누구에게 따지고 항의할 것이더냐? 너의 현생과 내생을 망가지게 하는 것이 종교를 맹신하는 것이니라.

수천 년 동안 이어진 고정관념의 틀을 송두리째 깨는 것이 어디 쉬운 일이겠느냐? 그러나 절대자 하늘인 내가 처음이자 마지막으로 하늘나라 자미국에서 기회를 주고자 이 책을 직접 집필하고 출간해서 세상에 널리 알리게 되었느니라.

너희들이 다니는 종교가 맞는지 틀리는지, 하늘나라 자미국이 진짜인지 알아내는 데 많은 시간이 걸리지 않는도다. 길어도 몇 년 혹은 몇십 년 안에는 죽어서 직접 체험하게 되느니라.

지금 아무리 진실을 가르쳐주어도 그동안 종교에서 오랜 세월 보고 들은 것이 너무 많기에 인정하기 어려울 수 있는데 너희들이 냉정하게 생각해 보거라. 이 세상에 악들이 세운 종교 믿으려고 왔더냐? 진짜 하늘 찾으려고 왔더냐?

※ 우주의 질서가 전환하는 큰 변혁이 온다.
　이때는 궁극의 절대자가 인간 세상에 강세하신다.
　그분의 도법으로 인류가 구원받는다.

죽으면 진짜 지옥세계 가나?

　살아서 재벌과 부자, 고위공직자, 일반인들도 죽어서 윤회의 세계와 지옥도로 갔는데, 태초 하늘 앞에서 엎드려 기어가는 모습으로 찾아와서 부복하며 죄를 비는 귀신들도 있느니라. 엎드려 기어가는 모습은 태국 왕을 알현(지체가 높고 존귀한 분을 직접 찾아뵙다)할 때의 모습을 연상하면 되느니라.

　지구에서 우연은 없고 모두가 태초 하늘의 기운으로 이루어지느니라. 천상에서 태초 하늘인 나와 약속한 것을 이 땅에서 지키지 않고 세상을 떠나간 재벌그룹 회장들을 추포하여 심판하였는데, 살아서는 천상의 기억도 없고 돈과 권력이 있으니까 죄를 빌지 않고 있느니라. 영들도 육신을 잘 만나야 하느니라.

　육신이 살아서는 돈과 권력이 최고이지만 죽는 순간부터 태초 하늘이 최고가 되느니라. 살아서 이런 진실을 알아야 하는데, 너무나 죄가 커서 알려주어도 믿지를 않지만 인간들에게는 죽음이 있기에 모두에게 공평한 심판이 집행되느니라.

　죽음이 있기에 심판이 있도다. 돈과 권력이 최고가 아니라 태초 하늘이 최고인데, 죽어봐야 하늘 무서운 줄 아느니라. 지옥별 지구에 살고 있는 기고만장한 인간들 모두에게 죽음이 있도다. 인간들이 죽는 순간부터는 돈과 권력은 사라지고 태초 하늘만이 최고가 되며, 사후세계 지엄한 법도대로 모두가 심판받게 되느니라. 태초 하늘의 귀한 천상입천의 명을 받아놓고도 근본 도리를 지키지 못하고 배신하면 추포되어 천상에서 다시 심판을 받고, 천옥도, 적화도, 한빙도로 압송되느니라.

내가 태초 하늘인지 알았든 몰랐든 그것은 변명이 통하지 않느니라. 지구에 인간으로 태어나서 가장 큰 죄가 태초 하늘을 찾지 않은 죄라고 추포되어 온 영혼(귀신)들이 말하고 있었는데 100명 죽인 살인죄보다 무섭게 벌을 받게 되느니라.

마음이나 생각으로 지은 죄도 벌을 받느니라. 너희들은 믿어야 하나, 말아야 하나 갈등이 생길 것이지만, 지옥에서 형벌 받다가 매주 일요일마다 추포되어 온 죄인 귀신들이 하나둘도 아니고 무량대수인지라 마냥 무시할 수만은 없을 것이니라.

죽음 이후 사후세계, 지옥세계가 실제로 존재하고 있는데, 결국은 너희들이 죽어서 겪게 될 것이니 믿든 안 믿든 너희들의 자유일 것이니라. 그동안 내가 태초 하늘이자 심판자로 이 세상에 내려온 줄 몰라보고 나쁘게 말하고 죄를 빌지 않는 자들은 죽는 날까지 공포와 두려움으로 오금이 저릴 것이니라.

누가, 언제, 어디서, 무엇을, 어떻게, 왜의 육하원칙에 의해 지구에서 살아생전 지은 죄목들에 대한 일거수일투족이 천상장부와 동영상으로 실시간 녹화되고 있다는 무서운 사실을 아무도 모른 채 천하태평으로 세상을 살아가고 있느니라.

이 땅 지구에 세워진 전 세계 모든 종교가 지옥도로 입문하는 지옥문이 활짝 열린 곳인 줄 몰라보고 외형상으로 보이는 화려하고 웅장한 건물을 신뢰하며 수천 년 역사와 전통을 믿고 있는데, 이 모두가 인간, 영혼, 조상, 신들을 화려함과 웅장함, 역사로 속이기 위한 악신과 악령들의 계략이란 것을 알려주었으니 이제는 많은 자들이 공감할 것이니라.

종교지도자들과 신도들이 우상으로 받들던 전 세계 숭배자들을 추포하여 영성과 영체를 소멸시켰고, 종교 귀신들만이 종교 세계를 지배 통치하고 있지만 너희들의 눈에는 영적 세계 진실이 안 보여 종교인들의 말만 믿을 수밖에 없었을 것이니라.

너희들의 가족과 조상들이 살아생전 무슨 죄를 짓고 죽었는지 천상록, 전생록, 현생록이 천상장부에 기록되어 있고, 동영상으로도 보관되어 있느니라. 보약 먹으며 운동하면 수명연장이 된다지만 언젠가는 너희들도 결국 죽는데 무서운 사후세계의 윤회와 지옥도의 고통스런 심판은 어찌 피할 것이더냐?

살아 있는 너희들은 어느 날 갑자기 찾아올지 모르는 죽음의 사후세계를 하늘나라 자미국에서 미리 준비하고 세상을 떠나야 지옥도와 윤회의 굴레에서 벗어날 수 있느니라. 아무리 착하게 살았어도 천상에서 죄를 짓고 지구로 떨어졌기에 천상에서 지은 죄를 살아서 용서 빌어야 구원받을 수 있으며, 인류 중에는 죄인 아닌 자가 하나도 없느니라.

매주 일요일마다 천법회 때 하늘의 문과 지옥의 문이 함께 열리는 천상대법정에서 추포되어 심판받는 수천억에서 조, 경, 해를 넘어 그레이엄 수에 이르는 수많은 귀신들은 너희들의 사후세계 선배들이도다. 태초 하늘인 나를 알현하여 천상 입천의 명을 받지 못하고 죽어서 고통스런 심판을 받고 있느니라.

천상지상 대법정에서 명을 내려 인간 육신, 집, 자동차, 사업장에 있는 귀신들을 자미천기 기운으로 추포하여 소멸시키면 마음이 편안해지고 막힌 일들이 풀어지느니라. 지금은 너희들과 똑같은 인간의 모습을 하고 있기에 인류를 종교의 악으로부터 구원하고, 생살여탈권을 집행하는 두렵고 무서운 공포의 대왕이 태초의 절대자 하늘이란 것을 모를 것이니라.

육신이 살아서는 인정도 안 되고 겁박하는 말로만 들릴 것이기에 결국 너희들이 죽어서 직접 고문 형벌을 체험하는 수밖에 없느니라. 너희가 죽으면 만생만물로 태어나는데, 백제를 창업한 견훤 황제가 전생에 지렁이였다는 것을 역사가 증명해 주고 있듯이, 살아서 태초 하늘인 나를 알현하지 못하고 죽으면 만생만물로 윤회하고 지옥도를 면할 길이 없느니라.

지옥세계 형벌 고통과 윤회세계 고통이 너희들의 죽음 너머에서 기다리고 있다는 무서운 진실을 인정해야 할 것인데, 못 믿겠으면 하늘나라 자미국에 들어와서 매주 일요일마다 열리는 천법회에 1~2회만 참석해 보면 무서운 사후세계, 윤회세계, 귀신세계의 진실을 생생하게 체험할 수 있느니라.

종교 믿으면 지옥 간다

    너희들은 나름대로 열심히 종교에 다니며 시주, 헌금, 성금, 기부를 많이 하고 불우이웃을 많이 도와주어서 죽으면 좋은 세계에 태어날 것이란 환상의 꿈을 꾸며 살아가고 있을 것인데, 정반대로 끔찍한 윤회와 지옥의 문이 활짝 열리게 되어 있음을 모른 채 착각하며 살아가고 있느니라.

    종교 다니며 숭배자들을 열심히 믿으면 사후세계는 100% 좋은 곳으로 보장받았으리라고 생각하며 천하태평으로 보내고 있을 것인데, 창시자, 교주들과 종교를 현재 믿는 자들과 과거에 믿었던 자들은 100% 지옥세계로 입문하게 되어 있느니라.

    불교, 원불교, 무속, 도교, 민족종교, 유교, 천주교, 기독교, 이슬람교, 힌두교, 라마교, 시바교, 유대교, 정교, 성공회 등 이 세상에 널리 알려진 종교와 알려지지 않은 군소 종교들과 기수련, 명상수련, 마음수련, 역술인, 도인, 도사, 보살, 무당, 고승, 도승, 학승, 승려, 목사, 신부, 수녀 등 이들을 믿고 따르는 너희들 모두의 영혼(생령), 조상(사령), 신들은 심판받느니라.

    이번 생이 끝남과 동시에 끔찍한 고문 형벌이 집행되는 지옥도로 압송되고, 종교를 믿지 않은 자들은 말 못 하는 비참한 축생계와 만생만물로 영원히 윤회의 굴레에 갇혀서 너희들이 천상과 전생에서 지은 죄에 대한 업보를 풀어야 하느니라.

매주 일요일 천법회(천상도법주문회와 심판 천지대공사)에서는 전국에서 온 참석자들이 함께하는 가운데 집행하고 평일에도 수시로 악귀잡귀를 추포하여 심판을 집행하기에 귀신들의 사후세계 삶에 대하여 전 세계 인류 중에서 가장 많은 임상체험 사례가 있느니라.

너희들이 종교세계와 일반세계에서 상식적으로 알고 있는 내용과는 너무나도 다른 수많은 지옥세계와 윤회세계에 대하여 실시간으로 체험하는 귀중한 시간이기에 매주 일요일마다 부산, 울산, 대구, 경남, 경북, 제주, 광주, 전남, 전북, 대전, 충남, 충북, 강원, 서울, 경기 등 전국 각 지역에서 먼 거리와 상관없이 매주 일요일마다 참석하고 있느니라.

이곳은 인류를 심판하고 구원하는 지구상에 하나밖에 없는 아주 대단하고 위대한 곳이기에 거리가 먼 것과 상관없이 태초 하늘인 나에게 선택받아 뽑힌 자들이 찾아오고 있도다. 얼마나 대단한 곳이면 거리에 상관없이 전국 각 지역에서 매주 일요일마다 찾아오고 있겠느냐? 그것은 태초 하늘의 무소불위한 천지대능력을 무수히 실제 겪어보았기 때문이니라.

수많은 인류가 위대하고 대단한 태초 하늘을 손꼽아 기다리는데, 태초 하늘의 경천동지한 천지대능력은 어떠한지 직접 눈으로 보고 듣고 체험하기 위해서 찾아오는 것이니라. 비록 태초 하늘인 내가 나의 인간 육신과 함께 집행하는 심판 공무 집행이지만 인간의 상상을 초월하는 일들이 일어나느니라.

너희들이 기다리고 상상으로만 생각하던 태초의 절대자 하늘은 과연 어떤 존재이고, 어떤 천지대능력을 갖고 있으며, 죄인들이 살아가는 인간세상에 무슨 일 때문에 인간 육신으로 강세한 것인지 무척이나 궁금할 것이니라.

너희들의 천생과 전생, 현생과 내생에 대한 미래의 운명을 심판하기 위해서 강세한 것인데, 구원받을 자들이 있고, 심판받을 자들이 각기 다르기에 이 책이 너희들의 현생과 내생의 생사 운명을 결정짓는 아주 중차대한 선택의 기로에 놓이게 할 엄청나게 귀한 책이니라.

너희들의 눈에는 보이지도 않고, 귀에 들리지도 않는 무소불위하신 절대자 하늘이기에 인간 육신으로 강세하여 구원과 심판의 공무를 집행하고 있느니라.

"공전절후(○○○)폐하 천지인 황송금성
정명지현 자미○(○○○) 태정윤귀방현
자미○공한민도 호황지천
자미○영혼판지 을미생(○○○) (○○○)공전절후
태을○○○씨 천극지세한강
대화도천 자미○인경사세존멸
자미○지천곤○수멸 007자미○자미도술 천합강만
육공칠경 자미 삼자이황 반경나인
자미지강 자미필멸 태상○○폐하 만립경세 천황
공전절후(○○○)1955○○○
○○○(○○○) 신의 친부 ○○○방혈태상 지래송태인"

심판받기 위해서 인간으로 태어나

천상에서 살았던 기억이 생각나지 않는다고 죄가 없는 것이 아니고 죄가 없어지는 것도 아니기에 심판을 면할 수 없느니라. 너희들 천상의 삶과 전생, 현생에서 살아가는 말과 글, 마음과 생각, 행동의 일거수일투족이 실시간 동영상으로 촬영되어 문서와 함께 천상장부에 기록되고 있다면 믿어지겠느냐?

공상 소설 같은 말도 안 되는 황당한 이야기라고 무시할 것인데, 너희들이 천상에서 살았을 때 역모 반란에 가담하여 죄를 짓고 재판받고 지구로 유배되기까지 과정의 일거수일투족 내용을 소상히 기록한 천상록이 개인별로 A4 용지 15~25페이지 분량씩 기록되어 있느니라.

너희들의 영혼을 직접 극락, 선경, 천국, 천당이란 곳으로 보내어 두 눈으로 직접 보게 해주는 것이니라. 종교인들의 능력으로는 어림도 없는 허황된 말이지만, 하늘나라 자미국에서는 실제상황이니라. 무턱대고 악들이 세운 종교가 잘못되었다고 말하는 것이 아니라 수많은 객관적 자료를 갖고 있기 때문에 지구상의 모든 종교가 잘못되었다고 자신 있게 말하는 것이니라.

너희들이 지극정성으로 받들어 섬기고 믿는 전지전능한 천지의 절대능력자들이라고 생각되는 대우주 창조주, 주님, 하느님, 하나님, 천존님, 천자님, 천제님, 상제님, 부처님, 미륵님, 천지신명님, 알라신, 라마신, 시바신과 성인 성자로 수천 년 동안 추앙받고 있는 석가모니, 여호와(야훼), 예수, 마리아, 공자, 노자와 같은 숭배자들과 국내 도교 창시자들이 진짜 능력자라면 상식적으로 날벼락 내려서 즉시 죽여버리겠지 이런 글을 쓰는 태초 하늘인 나를 그냥 내버려두겠느냐?

일반적인 종교인들이라면 날벼락 맞아 죽을까 봐 무섭고 두려워서 감히 생각조차도 못 할 어마어마한 일이니라. 바보가 아닌 이상, 정신이 돌아버린 종교인이 아닌 이상 이 세상 어느 누가 감히 수천 년 동안 하늘과 신으로 높이 받들어 섬기고 있는 인류의 절대적 숭배자들을 악신, 악마, 악령, 사탄, 마귀, 악귀들이라고 몰아붙일 수 있단 말이더냐?

태초 하늘인 나는 이 세상에서 자칭 하늘이나 신이라고 나를 사칭하는 자들을 몽땅 추포하고, 심판하여 악들이 세운 지구상의 모든 종교를 멸하러 왔느니라. 너희들이 수천 년 동안 받들어 숭배해 왔던 숭배자들은 모두가 하늘인 나를 사칭한 악들이었기에 2019년 11월에 추포하여 완전 소멸시켰느니라.

내가 추포 명을 내리면 어디에 있든지 신과 영들은 3초 이내에 잡혀와서 심판받느니라. 지구를 떠나 우주에 있더라도 즉시 용들이 잡아오느니라. 육신이 살아 있는 생령이든, 죽은 자의 사령이든, 숭배자들이든 상관없이 즉시 추포되어 오느니라.

나는 대우주를 창조한 천상의 주인 태초의 절대자 하늘이니라. 내 인간 육신과 함께 악들을 추포하여 심판하고 있느니라.

그래서 명을 내리면 추상같은 황명이 용들로 변신한 천상의 신명들에게 하달되어 하늘을 사칭하는 악들과 귀신들을 즉시 추포해서 천상대법정에 세워 심판하는 것이니라.

또 다른 신흥종교 교주가 아니냐고 생각할 자들도 있을 것인데, 이곳은 종교가 아니라 천상국가 즉 하늘나라 자미국 그 자체이지, 종교가 아니므로 교리와 경전이 없느니라.

너희들은 이 세상에 성공하고 출세하여 돈 많이 벌고 높은 권력을 누리며 잘 먹고 잘살기 위해서 태어난 것이 아니라 심판받기 위해서 인간으로 태어났느니라. 살아서 심판받는 것은 구원이고, 죽어서 심판받는 것은 죽음이니라. 산 자들만이 구원받을 수 있는데, 죽은 가족이나 부모, 형제, 조상들은 자손이나 후손을 데리고 들어오면 구원받을 수 있느니라.

수많은 악들을 추포하여 교화시켜 보려고 하였으나 천성은 버릴 수 없듯이 절대자 하늘 앞에서도 굴복하지 않아 결국 교화가 불가능하다고 판단하였고, 악들 스스로가 절대자 하늘인 내게 죽음의 길인 소멸을 자청하여 극형을 선고하였느니라.

악들은 절대로 굴복하지 않고 스스로 잡혀와서 소멸되기를 원하지만, 귀신들은 살려달라고 애걸복걸하면서 죄를 용서 비는 경우가 많고, 종교에 오랫동안 세뇌당한 귀신들은 절대로 굴복하지 않음도 무수히 알게 되었느니라.

언제 너희들이 세상을 떠나갈지 모르기 때문에 하루라도 빨리 들어와서 구원의 심판을 받고 사후세상을 보장받아 비참하고 무서운 윤회(환생)와 지옥세계로 떨어지는 것을 면해야 하느니라. 종교 열심히 다니는 자들은 100% 지옥세계로 입문하게 되어 있으니, 망설이지 말고 빨리 종교를 떠나야 하느니라.

죽으면 끝이라고 생각하며 사후세상을 준비 없이 죽는 자들은 직접 죽어서 경험하며 깨닫게 될 것인데, 그때는 지옥세계 옥졸들에게 아무리 잘못했다고 손발이 닳도록 빌어봐야 통하지도 않고, 구원해 줄 그 어떤 구원자도 나타나지 않느니라.

"태상○○폐하 자미○○폐하
태황천멸 자미사 자미사자후 태상○○ 자미○육도멸 사자후
자미○(○○○)명부(전 세계 역천자)
치염곤사자후 자미사자후 태상○○ 곤염하명 인명사멸
자미업경 자미○솔 천업대멸
태상○○폐하 자미○○폐하
자미○인업훼란 치경사 대문화멸 경측만물 세협대경만득
자미사자후 체선치염곤사만
대을지현 자미사하솔 자미○○ 자미○제 자미사자후
인공파멸 지한사관 사자후
자미○황룡2018태상 황인수래 영육칠현환호
태상황멸 육지축궤멸 태상천궁 귀인황수상○○
자미천○○ 혈천지인 오영지사-115
태상○○폐하 강인수륵(○○○)2020
○○폐하 자미사 자미육멸 사자후
자미팔경공○ 육솔반사오멸
천강세 자미 사자후 육○자미국 황판궤사"

지옥세계 입문 예행연습

　종교세계가 수백만 개에 이르는 각기 다른 지옥세계와 수억만 조의 윤회지옥으로 입문하기 위한 예행 연습장이라는 진실을 인류는 모른 채 각자가 열심히 종교세계에 다니며 자칭 숭배자들인 하나님, 하느님, 부처님, 상제님, 천지신명님, 알라신, 라마신, 시바신, 석가모니, 여호와(야훼), 예수, 성모 마리아, 무함마드(마호메트)를 지극정성으로 받들어 섬기며 시주, 헌금, 성금, 기부금을 열심히 바치고 있는데 이것이 지옥세계 입문이니라.

인류의 정신을 지배 통치하는 종교의 진실은 무엇인가?
　이미 죽은 자 포함 78억 6,200만 명 인류가 죄인들의 신분이고, 지구상에 존재하는 모든 종류의 온갖 종교세계가 가짜라는 위대한 진실을 알려주느니라. 지극 지존으로 추앙받는 숭배자 신들은 하나같이 천상에서 절대자 하늘인 내게 배신의 대역죄를 짓고 지구로 도망치거나 쫓겨난 역모 반란군들이었느니라.

　참으로 말도 안 되고 황당무계한 글이라고 말하는 자들도 많을 것이지만, 하늘의 진실, 종교의 진실을 낱낱이 알려주는데, 이 글은 꾸며서 소설처럼 쓴 내용이 아니라 매주 일요일마다 천상지상 공무를 집행하는 하늘나라 자미국에서 실제 있었던 내용들을 간추려서 쓴 글이고, 일반적인 종교사상과 상식을 모두 내려놓고 순수하게 받아들여야 하느니라.

세월은 잡을 수 없고, 너희들도 시위를 떠난 화살처럼 세월의 허공을 날다가 언젠가는 땅바닥으로 떨어질 것인데, 너희들의 화살은 땅바닥으로 떨어지지 않을 것처럼 생각하는 것 같고, 죽음 이후의 세상을 과학적으로 입증하지 못하여 존재하지 않는 세상으로 생각하고 있느니라.

　이 세상에 태어나서 아는 것이라곤 수천 년 동안 역사와 전통을 자랑하는 거대하고 웅장한 기존의 종교사상과 교리뿐이고, 종교가 아닌 절대자 하늘인 내가 직접 강세한 하늘나라 자미국의 존재는 이제 처음으로 세상에 알려지고 있느니라.

　이곳은 하늘나라 자미국 그 자체이기에 종교라 할 수 없고, 천상에서 하늘을 배신한 역모 반란군에 가담하는 대역죄를 짓고 지구로 도망치고 쫓겨나 절대자 하늘인 내게 대적하려고 세운 지구상의 모든 종교를 멸망시키기 위해서 내가 직접 인간세상으로 강세하여 육의 절대자 하늘인 내 육신과 함께 세우는 곳이 하늘나라 자미국이니라.

　하늘나라 자미국은 무량대수에 이르는 대우주의 모든 행성들과 행성인들을 지배 통치하는 천상국가이기에 종교세계의 '교'가 아니라는 뜻으로 자미국(紫微国)이라 하였느니라.

　하늘나라 자미국에는 태상천궁 이외에 3천궁과 3,333개 제후국 제후들이 살아가는 제후궁들이 있느니라. 재상과 대신들, 천상신명들, 천룡, 청룡, 황룡, 백룡, 적룡, 흑룡, 은룡, 녹룡들, 3,333개 제후국 명칭과 제후들의 실명 이름까지 있는데, 너무나 방대한 50페이지 분량이라 책에 일일이 제후국명과 제후 이름들을 수록할 수가 없어 요약해서 수록하였는데, 외부 유출 때문에 확인하고 싶은 자들에게는 화면상으로 보여줄 수 있느니라.

천상세계는 실제로 존재하지만, 지구상에 존재하는 모든 종교세계를 통해서는 절대로 갈 수 없는 꿈의 무릉도원 세상인데, 이런 진실을 몰라보고 수천 년의 세월 동안 모든 것을 다 바쳐서 지극정성으로 받들어 숭배하고, 목숨처럼 여기며 숭배자들에게 벌을 받을까 봐 엄청 두려워하고 있느니라.

그런데 사실 이들은 아무런 능력도 없는 천상의 배신자, 역천자인 역모 반란군들과 종교의 악귀잡귀들일 뿐이기에 하나도 두려워할 필요 없고, 진짜 무섭고 두려운 공포의 대왕은 영과 육의 대우주 창조주 태초의 절대자 하늘이니라.

지금 종교에서 내세우는 대우주 천지인 창조주는 악신과 종교 귀신들이 진짜 하늘인 나를 사칭한 것에 불과할 뿐이기에 아무런 능력도 없고 구원도 하지 못하니라. 글을 읽고도 못 믿겠다고 할 자들은 죽어서 직접 체험하면 되느니라.

죽은 천○○ 고위 성직자가 내게 잡혀와서 뱀으로 윤회하기 직전이라면서 한 말이니라. 죽어보니까 하느님, 하나님이라 부르던 분도 없고, 예수님과 성모 마리아님도 없었다며 어떻게 된 것이냐고 대성통곡하였느니라.

수십 년 동안 성직자로 봉직하면서 하늘의 진실이 아닌 악신, 악마, 악령, 사탄, 마귀, 악귀, 귀신들의 메시지를 받아서 수많은 인간들과 영혼, 조상, 신들을 잘못된 길로 교리를 설파한 대가로 인하여 혀가 잘려 말도 제대로 할 수 없었느니라.

　신자들은 영면하시라고 덕담을 하였고, 천국이나 천당으로 올라가서 편안하실 것이라고 철석같이 믿고 있었을 것인데, 기막힌 일이 일어난 것이니라. 최고의 자리까지 올랐던 성직자가 죽어서 뱀으로 환생한다니 이것이 믿어지고 말이 되겠느냐?

　종교 숭배자, 종교 창시자, 교주, 지도자, 도인, 도사, 법사, 보살, 무당들과 이들을 받들어 믿고 따르는 종교 신도(성도, 신자, 불자, 도인)들도 함께 지옥세계 입문 대상자 0순위들이고, 이들은 하나같이 하늘을 바라보지 못하도록 땅바닥을 기어 다니는 뱀, 지렁이, 개미, 두더지로 반복 환생하면서 윤회지옥과 9대 지옥도의 벌을 번갈아 가면서 끊임없이 받게 되느니라.

　종교를 열심히 다니는 자들은 태초 하늘인 나를 오히려 황당하다고 말할 것이지만, 이것이 사후세계의 변함 없는 진실이고 너희들도 죽어서 똑같이 그렇게 되느니라. 대우주 천지인 창조주 절대자 하늘인 나는 너희들에게 진실만을 말하느니라.

　재벌 총수도 마찬가지이니라. 이 나라 최고의 재벌 총수도 윤회지옥으로 가기 전에 찾아와서 나를 알아보지 못한 죄를 빌고 인사를 드리고 간다며 찾아왔었는데, 살아생전 육신이 재벌 총수라는 신분 때문에 찾아오지 않았고, 죽어서 끝없이 윤회하고 수백만 개의 지옥도 형벌을 받는 불행한 처지가 되었느니라.

　이 세상에서 잘난 성직자와 재벌의 죽음 이후 세상이 이러한데, 너희들의 죽음 이후 사후세계는 말해서 무엇하겠느냐? 이렇게 가르쳐주어도 지옥세계와 윤회세계로 입문시키는 종교에 그대로 머물러 있겠다면 더 이상 말리지는 않느니라.

억지로 종교를 떠나라는 이야기가 아니라 지금까지 인류가 지구에 탄생한 이후 종교의 잘못된 진실을 적나라하게 말한 영도자는 단 한 명도 없었느니라. 왜냐하면 하늘세계, 사후세계, 지옥세계, 윤회세계, 영혼세계, 조상세계, 신명세계, 귀신세계의 진실을 알아낼 천지대능력자가 없었기 때문이니라.

그리고 지금까지 대우주 천지인 창조주 절대자 하늘인 내가 그 어떤 종교인들의 육신으로 내려간 적이 단 한 번도 없었고, 이번에 처음이자 마지막으로 하늘나라 자미국의 내 육신으로 내렸느니라. 그래서 구원이란 자체도 육신이 살아 있는 이번 생이 마지막 구원받을 수 있는 천재일우의 기회이니라.

너희들과 세계 인류 모두는 악들과 귀신들에게 사후세상을 의지하고 있는데 참으로 기막힌 일이니라. 인류가 숭배하고 있는 석가모니, 여호와(야훼), 예수, 성모 마리아, 무함마드, 노자, 공자, 도교 창시자들과 종교 창시자, 유명 교주들은 모두가 이미 죽은 귀신들인데, 그들이 너희들을 어떻게 구원해 준단 말이더냐? 정신들 차리거라. 이들은 모두가 귀신들이고 너희들을 구원할 능력도 없고, 이미 추포되어 영성과 영체가 소멸되었느니라.

이들도 하늘을 사칭한 죄로 2019년 11월경 하늘의 법정이 땅으로 내린 천상대법정에서 대우주 천지인 창조주 절대자 하늘인 내게 추포되어 심판을 받고 영성과 영체가 소멸되었고, 인류로부터 추앙받고 있는 기독교, 천주교, 불교, 무속, 도교의 절대적 숭배자들인 하나님, 하느님, 상제님, 부처님, 미륵님, 천지신명님, 알라신, 라마신, 시바신들도 모두 내게 추포되어 영성과 영체가 완전히 소멸되는 최후를 맞이하였느니라.

너희들은 하늘나라 자미국 천상대법정에서 일어나고 있는 천상지상 심판 공무집행을 알지 못하는데, 이것은 진실이기에 육신 살아서 들어오는 자들은 절대자 하늘의 육신과 알현 상담 후에 구원절차를 밟으면 되느니라.

지금까지는 태초의 절대자 하늘인 내가 인간 육신으로 강세할 줄 상상도 못 했을 것인데, 너무도 많은 자들이 하늘인 나를 사칭해서 종교를 세웠기에 이제는 진짜가 나타나도 아무도 믿으려 하지 않지만 엄연한 사실이니, 절대자 하늘인 나의 기운을 느낌으로 받은 자들만 구원받으러 들어오면 되느니라.

산 자와 죽은 너희들과 세계 인류 모두는 지금까지 구원 능력도 없는 천상의 도망자들이자 역천자 대역죄인 악들과 종교귀신들에게 줄을 서서 구원을 받고자 금전과 인생, 세월을 몽땅 바쳤느니라. 이 글을 읽고 깨달은 자들은 너무나 억울하고 분통이 터져서 대성통곡할 자들이 부지기수일 것이니라.

너희들만 속은 것이 아니라 세계 인류 모두가 수천 년의 장구한 세월 동안 몽땅 종교에 속았느니라. 이 글을 읽고 말도 안 된다고 애써 부정하며 무시하는 자들도 있겠지만, 이 모두가 진실이라면 너희들은 억울함을 무엇으로 어찌 풀 것이더냐? 전국적으로 종교 신도들의 폭동이 일어나 전 세계로 일파만파 퍼져나갈 것이니라.

죽음을 예약한 자들

이 세상에 올 때는 차례대로 왔지만 갈 때는 남녀노소의 차이가 없고 앞뒤 없는 전차와 같은 것이 만인에게 평등한 죽음일 것이니라. 피하고 싶어도 피할 수 없는 인륜지대사인 죽음 앞에 이 세상 누구도 예외일 수 없고, 0세부터 100세 내외까지 나이 차이는 있지만 결국 죽게 되느니라.

사후세상이 존재한다고 믿는 자들은 나름대로 종교를 다니거나 자신이 죽어서 묻힐 좋은 명당자리를 찾아 신후지지 묫자리를 살아생전 마련해 놓기도 하지만, 불신론자들은 하루하루 잘 먹고 잘살다가 죽으면 그만이라는 생각을 갖고 사느니라.

사후세계와 윤회, 극락, 선경, 천국, 천당을 믿느냐고 물어보면 대수롭지 않은 듯 죽으면 모든 것이 끝이 아닌가요? 아직 죽어보지 않아서 사후세계를 잘 모르겠다는 자들, 죽어서 사후세계를 직접 가봐야 인정하겠다고 말하는 자들, 먹고살기도 바쁜데 죽음 이후까지 생각할 겨를이 없다는 자들이 참으로 많도다.

그러나 누구도 예외 없이 싫든 좋든 죽음은 모두에게 찾아오는 피할 수 없는 인생의 종착역이니라. 너희들은 살아생전 천상에서 지은 죄를 빌기 위하여 태어난 것이고, 나를 찾아오지 않고 죽으면 그것이 죄가 되어 저승세계 법정에서 다시 심판을 받게 되는데, 소설처럼 생각할 수도 있지만, 인류 최초로 말해 주는 무서운 진실이니라.

나는 육신이 살아서나 죽어서나 인류를 심판하고 구원하는 태초 하늘이기에 너희들은 싫든 좋든, 살아서든 죽어서든 나를 알현하게 되느니라. 살아서 알현하여 천상에서 지은 죄를 빌 것인가? 아니면 죽어서 알현하여 심판받을 것인지 선택하거라.

사후세상을 좋은 곳으로 가려고 이 세상의 온갖 종교세계를 열심히 다니는 자들이 많은데 다 부질없는 노릇이고, 종교를 통해서는 천상으로 절대 올라갈 수 없느니라.

태초 하늘인 나를 알현할 때는 위풍당당한 정계, 관계, 재계 인사들일지라도 재력과 권력, 신분의 사회적 위상을 모두 내려놓고 겸손하고 정중하게 임해야 행복과 기쁨의 천상 무릉도원에서 영생하며 살게 될 천재일우의 기회를 잡게 되느니라.

너희들이 종교를 찾아다니며 애타게 기다리던 구원자이자 심판자가 태초 하늘이니라. 이제 하늘나라 자미국에 들어오면 현생과 내생을 전혀 걱정하지 않아도 되고, 죽음의 공포와 두려움에서 완전히 벗어나 마음 편히 남은 여생을 사느니라.

※ 우주에 별자리가 바뀐다. 기상이변이 심해진다.
하늘에서 내려 주는 이름 모를 괴질 병란이 온다.
궁극에 원 하나님이 인간 세상에 오신다.

영생은 가능할까?

　지금 세상이 온통 괴질병으로 난리가 나서 불안과 초조, 두려움과 공포 속에서 살아가고 있는데, 괴질병에 걸려서 언제 죽을지 몰라 걱정이 이만저만이 아닐 것이니라. 인명은 재천이라고 하였듯이 내가 너희들 목숨에 대한 생사의 운명을 쥐고 있는 태초의 절대자 하늘이니라.

　100세 수명장수를 원하는데, 그것이 길다고 생각하느냐? 그리고 너희들의 육신이 왜 100년도 못 살고 질병과 사건 사고, 타살, 자살로 사망하고, 빨리 늙는지 숨겨진 진실의 이유를 알고 있는 자들은 아무도 없느니라.

　내가 너희 인간들의 수명을 100년 남짓하게 창조한 것은 천상에서 지은 역모 반란의 악업 때문이니라. 너희들이 만물의 영장이라고 좋아하지만, 너희들도 벌을 받은 것이고, 나에게 구원받기 위해 인간으로 잠시 윤회하고 있을 뿐이도다.

　이번 생에 태초의 하늘인 나를 알현하여 천상입천의 명을 받지 못하고 죽으면 너희들 눈에 보이는 모든 동식물의 생명체와 사물로 윤회하는 끔찍한 벌을 받게 되고, 또한 수백만 개의 지옥도를 차례대로 돌아가면서 무서운 벌을 받게 되기에 지금 한세상 잘 먹고 잘사는 것이 문제가 아니도다.

너희들이 늙지 않고 영생하며 살아가는 비결이 하늘나라 자미국에 있도다. 그것은 천상에서 나를 시해하려고 역모 반란에 가담하였던 악업의 죄업을 풀어야 하고, 천수장생 혹은 육신 영생의 명을 받는 것이니라.

너희들 세포는 나이가 들면 자연 노화가 되고 수많은 귀신들이 침범하여 힘들게 고통을 주느니라. 노화된 세포를 천상의 젊은 세포 혹은 육신이 영생하는 세포로 교체해 주고 자미천기를 내려주는 진귀한 영생의식이 있느니라.

지구에서 영생을 이룬 자들은 아직까지 단 한 명도 없느니라. 너희들은 얼마나 오래 살고 싶은 것이더냐? 300세, 500세, 1,000세, 3,000세, 5,000세, 10,000세 아니면 영원히 죽지 않는 인간이 되고 싶은 것이더냐?

불가능한 것은 아닌데, 그러려면 너희들이 천상과 전생, 현생에서 지은 악업과 죄업이 하나도 없어야 하느니라. 이미 큰 죄를 지었기에 지구에 태어난 것이니, 너희들이 지은 죄를 금전으로 상쇄하는 방법이 있느니라.

늙지 않고 영생하는 방법은 인간 세상에는 없느니라. 나의 명을 받는 방법이 유일하지만, 믿음을 갖고 명을 받을 자들이 얼마나 있을 것인가 그것이 문제이니라.

너희들 몸 안에 120조의 세포들도 나의 명을 알아듣는데, 세포들의 대장군도 있느니라. 물론 세포들도 나하고 대화를 자유롭게 나누느니라. 뿐만 아니라 지금 전 세계적으로 유행하고 있는 괴질 바이러스들도 나의 명을 알아듣고 있고, 이들과도 대화를 자유롭게 나누느니라.

너희들은 괴질 바이러스라고 하는데, 나의 명을 받드는 괴질신장들이니라. 즉 천상신명들이란 뜻이니라. 그리고 인간세상에서는 용들이 상상의 동물, 상상의 영물이라고 알려져 있는데, 천상계에 실제로 존재하는 용들이고, 이들도 나의 명을 받들어 공무를 집행하는 천상계 신명들이고, 용들마다 각자 이름과 계급이 있고 서열이 엄격하느니라.

내가 지구를 창조하였고, 산천초목 삼라만상과 너희 인간들과 신과 영들도 창조하였느니라. 윤회지옥을 비롯하여 수백만 개의 온갖 지옥세계도 창조하였느니라. 너희들 몸 안에 있는 모든 신과 영들, 조상들도 나의 명을 받으면 천상계로 오르고 명을 받지 못하면 축생계 윤회지옥과 고문 형벌을 집행하는 수백만 개의 지옥세계로 입도하게 되느니라.

너희들이 불안해하는 괴질병에 걸리지 않는 방법은 하늘나라 자미국에 들어와서 자미천기 기운을 받아 보호받는 길뿐이니라. 천수장생이나 영생의 비밀이 모두 이곳에 있으니 일단은 입문해서 단계별로 체험하면 되느니라.

괴질병을 치료하고자 여러 종류의 백신을 개발하여 국민들에게 접종하고 있는데, 2차 접종한 자들이 델타 플러스 변이 바이러스에 감염되어 충격을 주고 있도다. 현재 전 세계적으로 유행 중인 바이러스는 자연 진화하는 바이러스로 앞으로도 더 많은 종류의 바이러스로 끊임없이 진화할 것이니라.

그 어떤 백신을 맞아도 돌파 감염된다는 것이 입증되고 있는데, 괴질병에 대한 해법은 현대 의약이 아니라 대우주 창조주 태초 하늘이 내려주는 자미천기 천지기운을 받는 것이 유일한 해법이니라. 괴질병 바이러스들도 태초 하늘의 명을 알아듣는다는 것을 너희 인류는 모르고 있을 것이니라.

공포의 괴질병 바이러스로부터 목숨을 보호받고 싶은 자들은 하늘나라 자미국으로 들어오면 되느니라. 나의 자미천기만이 너희들의 목숨을 보호해 줄 수 있느니라.

육신의 목숨만 보호받는 것이 아니라 너희들 몸 안에 있는 말 못 하는 신과 영들, 조상들도 보호받을 수 있느니라. 즉, 이들도 나에게 천상입천의 명을 받으면 지옥별 지구를 떠나 천상으로 올라가서 영생할 수 있느니라.

이 책을 읽어보는 자들은 새로운 신세계를 공부하고 있는 것이니라. 너희들에게 상상 속의 절대자 하늘인 나 역시 인간 육신으로 강세하여 나의 존재를 밝히고, 내가 하고 싶은 이야기를 자유자재로 글로 쓰고 있지 않더냐?

너희들 인간의 눈에는 보이지도 않고, 들리지도 않지만 영적 세계로 존재하는 태초의 절대자 하늘, 천상신명들, 용들과 너희들 신과 영혼, 조상령들, 아수라, 악신, 악마, 사탄, 마귀, 악귀, 귀신, 축생령, 만물령, 사물령들이 무량대수로 존재하는데 너희들은 종교에 나쁜 기운을 받으러 다니는 것이니라. 하늘나라 자미국에 들어오면 나의 기운을 받는 것이고, 종교를 다니면 아수라, 악신, 악마, 사탄, 마귀, 악귀, 귀신, 축생령,

만물령, 사물령들의 기운을 받는 것이니라. 이들은 나에게 추포되어 심판받을 자들이니라.

너희들은 대우주 창조주 태초의 절대자 하늘인 내가 인간세상 하늘나라 자미국으로 강세할 줄은 상상도 못 했을 것이니라. 역사와 전통을 자랑하며 크고 웅장한 거대 종교로 강세하지 않고, 이름도 널리 알려지지 않은 작은 곳으로 강세하리라고는 아무도 예상하지 못했을 것이니라.

노스트라다무스가 예언한 앙골모아 공포의 대왕을 기다리는 자들, 하나님, 하느님의 강림을 기다리는 자들, 부처를 기다리는 자들, 상제를 기다리는 자들, 천지신명을 기다리는 자들, 재림 예수를 기다리는 자들, 미륵불을 기다리는 자들, 정도령을 기다리는 자들, 진인을 기다리는 자들, 신인을 기다리는 자들, 동서양 예언의 주인공이 나타나기를 기다리는 자들, 구원자와 심판자를 기다리는 자들 등등 각양각색이고 천차만별이니라.

너희들이 원하고 바라는 이 모든 존재의 주인공이 바로 태초의 절대자 하늘이고, 하늘을 알현하려면 내 육신을 알현하면 될 것이니라. 인류 그리고 영혼, 신들, 조상들이 수억만 년을 기다린 무소불위의 천지대능력자가 절대자 하늘이니라.

아무도 이루지 못한 너희들의 천수장생과 영생도 현실로 이루어줄 수 있는 천지대능력자이니라. 지금은 아주 중차대한 생사의 갈림길에 서 있느니라. 나의 명을 받는 자들은 죽어서도 살 것이고, 명을 받들지 못하면 살아서도 죽을 것이니라.

너희들이 하늘, 하늘, 하늘을 외치고 있지만, 과연 하늘이 존재할까? 상상 속으로만 존재한다고 생각하고 있을 것인데, 이렇게 너희들과 말하고 글을 쓸 수 있는 살아 있는 하늘이고, 기상이변과 천재지변, 질병과 괴질병, 성공과 실패, 사건 사고와 생로병사, 단명과 수명장수, 윤회와 지옥도 입문까지 모든 것을 실시간으로 주관하느니라.

나는 대우주와 천상계, 지상계, 지하계의 모든 신명들을 부리고 명을 내리느니라. 인간, 영혼, 신, 조상, 귀신, 축생령, 만물령들을 추포하여 심판하느니라. 너희들이 종교에서 이루지 못한 것을 이루어주는 천지대능력자이니라.

말하는 대로 이루어지는 말법, 도법, 천법, 신법, 영법 등 너희들이 상상조차도 하지 못하는 무소불위의 천지대능력자이기에 천수장생이든 영생이든 실현 가능한 것이니라. 나를 알현하여 천수장생, 영생, 천상입천의 명을 받는 자들은 100조 가진 재벌과 왕이나 대통령들보다 훨씬 크게 성공 출세한 것이니라.

나에게 천수장생의 명을 받은 자들은 너희들보다 10~20세는 젊어 보이고, 기력이 넘치느니라. 직접 체험해 보지 않으면 믿기 힘들 것이니라. 천수장생이든 영생이든 나이가 젊어서 받는 것이 훨씬 좋고 기운도 많이 받느니라.

다 늙어서 갈 날이 얼마 남지 않은 자들은 나의 강한 기운을 감당하지 못하느니라. 나는 내 육신 안에서 너희들의 모든 것을 살펴볼 것이고, 때로는 직접 대화도 하면서 너희들의 문제점들을 찾아주고 해결해 주느니라.

대우주 창조주 태초의 절대자 하늘 강세!

지구에 인류가 태어나고 심판과 구원을 위해서 처음이자 마지막으로 강세하였느니라. 지구와 인류의 운명을 결정짓기 위해서 직접 왔도다. 그러니까 꿈의 세계, 무릉도원 세계로 알려진 천상의 하늘나라 자미국에서 살아갈 자들과 윤회세계, 지옥세계로 갈 자들을 판별하기 위함이니라.

나를 기다리기 위하여 오랜 세월 기다린 자들이 많이 있을 것인데 악들이 세운 종교에 들어가서 그곳이 진짜인 줄 알고 세뇌당해 있으니, 이 책을 읽고 하늘의 품 안으로 돌아올 자들이 얼마나 있을지 안타깝도다. 말세에 인류와 지구를 심판하기 위해서 강세하였는데, 살아날 자들이 많지 않을 것 같도다. 나는 구원자 하늘이고, 지구를 파괴하러 온 앙골모아 공포의 대왕으로 지구 파괴 종결자라는 무시무시한 절대자 하늘이도다.

내가 내려준 처음이자 마지막 시험지인 『천지대능력자』 책을 읽어보고도 종교를 떠나지 못하는 자들이 많다면 지구와 인류의 마지막 날이 될 것이란 뜻이니라. 나의 기운으로 보호받아 살고 싶은 자들, 구원받고 싶은 신과 영혼들, 조상령들은 지체하지 말고 하늘나라 자미국으로 들어와야 하느니라.

이 책을 읽고도 인간이 쓴 책인 줄 알고 부정하고 무시해서 종교를 떠나지 못하고, 비난 험담하는 자들은 너희들과 가정, 가문이 멸문지화 당하고, 몸 안에 있는 신과 영혼, 조상들이 당일 즉시 지옥도로 압송될 것이니라. 너희들은 지금 심판과 구원의 생사를 가르는 지옥별(구치소 행성) 지구 시험장에 갇혀 있는 것이기에, 책을 읽고 종교를 떠나 하늘나라 자미국으로 들어오는 자들은 살아서도 살 것이고, 죽어서도 살 것이도다.

 종교에 머물러 있는 자들은 살아 있어도 죽은 것이고, 죽어서도 계속 죽게 되느니라. 살아 있을 때 태초 하늘이 강세하였는데도 나를 알현하여 천상의 대역죄를 빌지 않은 역천의 죄로 인하여 살아서도 죽어서도 수백만 개의 지옥세상과 윤회지옥 그리고 고통의 흑해바다와 불바다가 끝없이 이어지느니라.

 지구상의 모든 종교세계는 너희들을 죽이는 악들과 귀신들이 하강하는 곳이고, 하늘나라 자미국은 너희들을 구해서 살리는 태초의 하늘이 강세하는 곳이니라.

 인류와 지구의 생사를 가를 하늘이 내린 경전 천경(天經)
 대우주 창조주 태초의 절대자 하늘 구세주 천지대능력자!
 인간, 영혼, 조상, 신들이 수억만 년 기다리던 하늘! 하늘!

 인류 모두가 수천 년 동안 종교에 몽땅 속았다!
 종교 믿으면 지옥으로 떨어지니 빨리 탈출하라!
 하늘 찾으려는 자들 종교 탈출하면 대천운 개복!

 구원의 소 울음소리 주인공 강세!
 수천 년 기다린 동서양 예언의 주인공 강세!
 노스트라다무스가 예언한 앙골모아 공포의 대왕 강세!

 말로 병을 고치는 상상 초월 천지대능력자 강세!
 원격으로 병마 소멸하는 신비스런 천지대능력자 강세!

상천, 중천, 하천세계 중 어디로 가나?

우주에는 상천, 중천, 하천의 3천 세계가 존재하느니라. 상천은 꿈의 무릉도원 세상이라고 알려진 천상세계를 말하고, 중천은 허공중천을 떠도는 춥고 배고픈 귀신세계를 말하고, 하천세계는 말을 못 하는 비참한 만생만물로 윤회와 지옥세계를 말하는데, 이런 영적 세계가 실제로 천계와 영계에 존재하는지 의아하게 여기며 궁금한 자들도 있고, 완전 무시하고 부정하는 자들도 있을 것이지만 실제로 존재하느니라.

죽으면 끝이지 무슨 천상세계, 사후세계, 지옥세계가 어디 있느냐고 부정하고 무시하는 자들이 있도다. 그런데 이런 3천 세계가 실제로 존재한다고 가정했을 때 너희들은 이 세상을 떠나면 어느 세계로 가고 싶은 것이더냐?

나는 천상과 지상의 모든 신과 영들을 다스리고 심판하며 구원하는 태초 하늘이기 때문에 지구에 인간으로 태어났다가 죽은 자들 모두와 현재 생존해 있는 78억 6,200만 인류와 대우주에서 절대자이기에 불가능이 없는 천지대능력자이니라.

내 육신은 인간 그 자체 모습이지만 영적으로는 태초의 절대자 하늘이기에 실시간으로 모든 신과 영들을 다스리고, 심판과 구원에 대한 천상지상 공무를 집행하고 있느니라. 지구에 인간이 태어나고 하늘이 강세한 것은 처음이자 마지막이니라.

 그동안 세계 인류가 태어나면서 믿어왔던 모든 신들과 숭배자들은 하나같이 대역죄인들의 신분이고, 이들은 너희들을 구원해 줄 아무런 능력이 없는 악마들이니라. 아무리 가르쳐주어도 하늘의 말을 황당하다며 믿지 못할 자들이 더 많다는 것도 알지만, 그래도 오랜 세월 동안 태초의 절대자 하늘을 애타게 기다리며 찾고 있는 자들을 위해서 집필하였느니라.

 한세상만 잘 먹고, 잘사는 데만 혈안이 되어 있는 너희들에게는 이 책의 내용이 마음에 감동으로 다가오지 않을 것이고, 특히 종교사상에 오랫동안 깊게 세뇌당했어도 기독교인, 천주교인들에게는 책 내용을 받아들이기가 더 쉬울 것이니라.

 지구에 세워진 550만 개의 종교시설을 통해서는 너희들의 현생과 내생을 보장해 줄 수 있는 숭배자와 종교인은 단 한 명도 없느니라. 의심하면 사탄, 마귀라고 몰아세우며 기도가 부족해서 그런 생각을 한다고 말도 꺼내지 못하게 할 것이니라.

 종교인들은 이론으로 배운 이야기만 들려줄 뿐 실체적인 하늘세계, 천상세계, 사후세계, 영혼세계, 신명세계, 조상세계, 지옥세계, 윤회세계에 대해서는 문외한들이기에 질문하면 말을 못 하고 무조건 사탄, 마귀에 빙의되었다고 몰아세우니라.

 너희 조상의 대를 이어서 일평생 동안 믿어오던 종교세계가 진짜인지 한 번쯤은 의심해 봐야 하는데, 무조건 종교인들의 말에 현혹되어 의심조차 못 하게 하였도다. 지구에 존재하는 모든 종교세계에서는 너희들의 사후세상이 어떻게 되는지 검증해 줄 능력자들이 아무도 없고, 보장도 해줄 수 없느니라.

나는 태초의 절대자 하늘이기 때문에 막힘이 없어서 어떤 질문을 해오더라도 모든 답변을 속 시원히 해줄 수 있느니라. 즉 너희들이 살아생전 종교를 열심히 믿고 죽었을 때 어디로 가는지, 무엇으로 태어나는지 미리 알 수 있는 전 세계 유일한 천지대능력자이니라.

진짜 태초의 절대자 하늘을 찾으려고 수천 년의 세월 동안 역사와 전통을 자랑하는 모든 종교세계를 여기저기 헤매다니는 자들과 영혼, 조상, 신들을 위해서 『천지대능력자』 책을 집필하여 하늘세계, 천상세계, 사후세계, 지옥세계의 진실을 전하는 것인데, 책을 읽고 하늘의 관문을 통과할 자들은 감동, 감격, 감탄의 마음이 불같이 일어날 것이니라.

수천 년 동안 종교에서 전하는 모든 경전과 교리, 이론이 허상임을 인류 최초로 말해 주는데, 과연 얼마나 많은 자들이 공감하며 하늘이 인류에게 내리는 명을 받으러 올지 그것이 문제인데, 이것도 너희들이 천상에서 지은 죄의 크기에 따라서 선택받을 것인가, 받지 못할 것인가 결정되느니라.

※ 이때는 '천지가 뒤집어지는 시대이니 하나님이 사람으로 내려오는 때인데, 어찌 영원한 생명이 있음을 모르는가?'

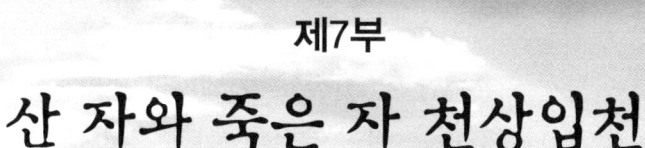

제7부
산 자와 죽은 자 천상입천

제사와 차례 지낼까? 말까?

 2,573년 전 공자 탄생 이후 수천 년 동안 관습과 풍습으로 이어진 번거로운 제사와 차례, 장례문화를 어떻게 할 것인지 몰라서 난감한 경우가 많을 것이고, 지내자니 번거롭고 안 지내자니 불효하는 것 같은 것이 제사와 차례, 시제 문화이니라. 안 지내자니 웃어른들과 형제들 때문에 눈치 보며 억지로 따라서 지낼 수밖에 없을 것이니라.

 이런 제사와 차례 문화가 첨단 과학 문명 시대를 살아가면서도 행해지는 것이 태초 하늘이 이 땅에 강세하기 전까지는 어쩔 수 없이 관습처럼 지낼 수밖에 없었을 것이니라. 그러나 이제 너희들 조상들의 사후세상을 천상입천으로 보장해 주는 태초 하늘이 이 세상에 강세하였으니 유교의 제사 문화에서 벗어나도 되느니라.

 제사와 차례를 지내준다고 너희 조상들이 찾아와서 받아먹기가 매우 어렵도다. 죽으면 너희들처럼 기억이 있는 것이 아니라 삭제되어서 내 자손이 누구인지, 자신이 살았던 집이 어디 있는지 전혀 알지도 못하고 기억도 없느니라.

 그렇게 죽은 자들이 자유자재로 너희 집으로 내왕을 한다면 그것이 산 자들이지 어디 죽은 자들이더냐? 이미 만생만물로 윤회하였거나 지옥세계로 압송되어 벌을 받고 있느니라.

  수많은 죄인들을 심판하다 보면 죽은 영(귀신)들이 자기 살던 집과 자기 자손 찾아달라고 울부짖으며 하소연하는 경우가 거의 전부이니라. 언제 죽었는지, 어디에 살던 누구인지 이름도 기억하지 못하느니라. 제사와 차례 지내도 조상들이 찾아와서 제사 음식을 먹지도 못하니 아무 소용없고, 제사를 지내면 집에 머무는 귀신들과 동네 귀신들이 잔치하는 날이니라.

  명절 때 너희 조상들이 무덤에 있다고 생각되기에 성묘를 다니는데 이것도 잘못되었느니라. 무덤에도 없고, 납골묘, 납골당에도 없고 온갖 귀신들만 바글거리느니라. 너희들 조상들이 아닌 다른 귀신들에게 참배하고 오는 것이니라.

  너희들 눈에 보이지 않는 영적세계이니 마음으로 믿을 뿐이니라. 이제 종교의 선천시대는 지나갔고, 하늘나라 자미국에서 제사와 차례, 시제, 묘지(산소, 납골묘, 납골당, 수목장)가 없는 후천의 세상이 열렸느니라.

  너희들과 네 조상들이 태초 하늘을 알현하여 천상입천의 명을 받들어 천상으로 조상들을 보내주지 않으면 지금처럼 관습과 풍습에 얽매여 계속 지낼 수밖에 없을 것이니라.

  하지만 하늘나라 자미국에서 너희 조상들을 천상입천 의식을 행하여 천상으로 보내주면 만생만물로 윤회한 조상들, 지옥에 가 있는 조상들까지 모두 구해 내는 것이니라. 천상입천의 명을 받으면 제사와 차례, 시제, 묘지(산소, 납골묘, 납골당, 수목장)가 일절 필요 없느니라.

 산 자와 죽은 자의 천상입천 의식은 금전으로 환산이 불가능할 정도로 엄청 대단한 의식이니라. 일평생 한 번만 조상 천상입천의 명을 받들면 천상신명들과 용들이 내려와서 너희 조상들을 천상으로 데려가느니라.

 천상으로 입천된 조상들은 천상법도를 배우는 적응과정을 이수한 후에 적성에 맞는 자리에 배치되고, 10~20대의 젊은 나이로 영생을 누리며 살아가게 되는데, 여자들은 10대 중후반이고 남자들은 20대 초·중반 모습으로 변신시켜 주느니라.

 고위공직자들과 부자들일수록 조상들의 천상입천 의식은 필수적인데, 그 이유는 권력과 재력, 유명세를 타고 있을수록 악들과 귀신들이 무량대수로 들어와서 몸을 아프게 하고, 관재구설수에 오르고, 기업부도, 사기와 배신, 차사고, 단명, 재산을 탕진하는 사건 사고들이 많이 일어나느니라.

 조상들의 천상입천 의식은 산 자들도 복을 받는 의식이니라. 흔히들 가족력이라는 말, 유전병이라는 말을 많이 들어보았을 것인데, 조상들이 살아생전 몸이 아팠으면 자손이나 후손들도 똑같은 질병으로 고통을 받는데, 조상들 천상입천을 해주면 이런 질병들이 사라지는 이변이 무수히 일어나느니라.

 즉 조상들이 그 몸 안에 있었다는 증거이니라. 천상입천을 행하면 지상에서 제사나 차례를 지내도 내려오지 않느니라. 천상에도 기다리는 가족들이 있고 묘지, 차례, 제삿밥 따위에 연연하지 않고 지상의 기억들도 모두 삭제되느니라.

　이 땅에서 빨리 없어져야 할 것은 제사와 차례, 묘지 문화이니라. 너희들이나 죽은 망자들은 이런 것들이 위안이 된다고 생각하겠지만, 나쁜 귀신들의 기운만 받게 되어 몸이 아프고 인생이 막히고 더 답답해지며 흉사가 끊이지 않느니라.

　천상의 역천자이자 도망자들인 반란 괴수 하누와 표경이란 악의 원조들인 어미와 자식의 악마가 인간 육신을 지배하여 너희들을 천상으로 돌아가지 못하게 종교를 세워 사상과 교리로 정신을 세뇌시켰느니라.

　그리하여 언제인가는 구원자이자 심판인 태초 하늘이 너희들을 구원해 주려고 이 땅에 강세하여도 알아보지 못하게 눈 가리고 귀를 막게 만들었느니라. 태초 하늘이 너희들을 부르는 구원의 메시지가 바로 『천지대능력자』 책이니라.

　이 책을 처음부터 끝까지 다 읽지 못하는 자들은 태초 하늘인 나에게 구원받기 어려우니라. 지옥별 지구를 탈출하여 너희들이 떠나왔던 곳, 너희들의 천상가족들이 기다리고 있는 영들의 영원한 천상의 고향으로 돌아가는 유일한 기회이니라.

　천상으로 돌아가는 다시 없는 기회이니 놓치지 말고 기회를 잡아야 하느니라. 이제는 악들이 세운 종교와 악들이 만든 오랜 세월의 관습과 풍습에서 벗어나야 하느니라. 종교, 제사, 차례, 묘지는 영원히 없어져야 하느니라. 천상입천만이 이 모든 번거로운 일들을 통쾌하게 해결해 주느니라.

천상으로 오를 자와 못 오를 자

몸과 마음이 아플 때, 슬플 때, 괴로울 때, 우울할 때, 허전할 때, 고통스러울 때, 사건 사고 났을 때, 누군가와 이별이나 사별하였을 때, 가정이 파탄 났을 때, 사업이 실패했을 때, 자살 충동이 일어나 죽고 싶을 때, 불행할 때, 사랑하는 가족·애인·친구·동료가 갑자기 죽었을 때 너희들은 어디를 찾아가고, 무엇으로 마음의 위로를 받느냐? 폭력성 성격으로 스트레스를 풀어버릴까? 아니면 술 한 잔으로 마음을 달래는가?

인생사의 희로애락은 누구에게나 있는 것이지만, 너희들 자신을 더 크게 성장시키기 위한 깨달음을 주려는 과정이라고 생각하고, 그런 위기를 슬기롭게 넘겨야 하느니라. 왜 그런 상황이 발생하였는지 너희들은 내면의 영적세계 존재들에 대해서 알 수 있는 방법이 없는데, 자신이 아닌 또 다른 내면의 영적 존재들로 인해서 일어나는 것이 99.99%이니라.

마음 안에 내면의 영적세계에 과연 누가 함께 살아가고 있을지 한 번이라도 생각해 보고 살아왔느냐? 너 자신 혼자만 존재할 것이라고 생각하는 자들이 상당히 많을 것인데, 인간 육신 자체가 신과 영들의 집이라는 진실을 알고 있는 자들은 많지 않고, 신과 영이 다른 점은 신은 고차원적인 영들이니라.

크게 신과 영들로 분류하지만 신의 세계와 영의 세계를 다시 분류하면 엄청 복잡하도다. 신은 크게 참신과 악신으로 분류하는데, 참신은 천상계 신명으로 지상계에는 특별한 나의 하명이 없는 이상 내려오지 않는 것이 철칙이고, 지상에서 신이라고 자처하는 존재들은 몽땅 귀신이 사칭하기에 검증할 방법이 없어 속아 넘어가느니라. 귀신도 신이라고 우기는 경우를 종종 접하고 있고, 귀신 차원도 수억만 차원이 있기에 각기 다르니라.

악신들은 아수라, 악령, 악마, 사탄, 마귀, 요괴, 악귀들이 대부분이지만, 이들도 천상에서 신명이었다가 역모 반란에 가담하는 대역죄를 짓고, 지구로 도망치고 쫓겨나 하늘의 자손들을 못 살게 하고, 괴롭히는 못된 존재로 변신하였느니라.

한마디로 태초 하늘인 나에게 버림받아 구원받지 못하도록 지구에 최초로 종교를 세운 악의 씨앗이자 악의 원조인 '하누'(하느님, 하나님, 부처님, 상제님, 천지신명님)와 그의 아들 '표경'이 인류를 종교로 끌어들여 자신의 종과 노예로 삼아 인류의 정신을 오랜 세월 동안 지배 통치한 악의 원조이니라.

지구상에 존재하는 모든 종교가 악마의 씨앗, 악의 원조 하누와 표경이 세운 것이기에 이들은 구원의 능력도 없고, 천상의 절대자 하늘인 내가 받아주지도 않지만 이미 소멸되었느니라. '하누'(하느님, 하나님, 부처님, 미륵님, 상제님, 천지신명님을 자처)가 너희들과 세계 인류를 천상으로 돌아가지 못하도록 종교세계의 사상과 교리로 세뇌시켜서 "나 이외에 신을 믿지 말라"고 했었던 깊은 뜻이 있었느니라.

이들 하누와 표경은 언젠가는 천상의 절대자 하늘인 내가 인간 육신으로 직접 강세하여 만 세상에 심판과 구원을 선포할 것을 이미 알고 있었기 때문이니라.

악마의 씨앗인 하누와 그의 아들 표경이 각 나라의 유명한 성인, 성자 몸으로 들어가 세운 종교 숭배자, 창시자, 교주, 신도들에게 언젠가는 절대자 하늘이 인간 육신으로 강세한다는 사실을 이미 알고 있었기에 "나 이외에 신을 믿지 말라"고 절대적으로 강요했었던 것이었느니라.

결국 2019년 11월에 대우주 천지인 창조주 절대자 하늘인 내가 인간 육신으로 강세하여 악마의 씨앗인 '하누'와 그의 아들 '표경'과 하나님, 하느님, 부처님, 상제님, 천지신명님, 열두대신, 알라신, 라마신, 시바신이라고 자처하던 자들과

그리고 이들의 사상을 수천 년 동안 인류에게 전하고 정신을 지배 통치하였던 석가모니, 여호와(야훼), 예수, 성모 마리아, 마호메트, 공자, 노자, 상제들의 영성과 영체를 추포하여 완전 소멸시키는 극형을 집행하였기에 종교세계는 종교 귀신들만 바글거릴 뿐 빈집이 되어버렸는데, 기운이 예전 같지 않다는 것을 느끼는 민감한 종교인들도 많을 것이니라.

화려하고 웅장한 대웅전의 금불상과 보살상, 미륵존불상, 십자고상, 성모상, 신령 형상과 탱화, 사진으로 봉안된 존영에는 온갖 종교 귀신들과 원혼귀, 악귀, 잡귀, 자살귀, 장군귀, 동자귀, 동녀귀, 청춘귀, 몽달귀, 애기 귀신들만 바글바글 달라붙어 신도들이 올리는 지극정성 참배를 받고 있느니라.

참배를 올리는 신도들을 보며 낄낄거리며 웃고 있다는 경천동지할 사실은 이 세상의 모든 종교인들과 신도들은 전혀 모르고 난생처음 들어볼 것인데, 이렇게 인간들의 눈과 귀를 속이기 좋은 곳이 종교세계이고, 가장 어두운 곳이 신, 영혼, 조상, 악, 귀신들의 세계이기도 하느니라.

결국 종교시설과 명산대천에서 귀신들에게 구원해 달라고 굿, 천도재, 기도 발원, 치성, 정성, 예배, 미사를 올렸던 것이고, 이들에게 복을 달라고 기도 올렸던 것인데, 이제까지 인류의 영도자가 없어서 종교와 신과 영, 악과 귀신들의 진실을 파헤치지 못하여 인류가 수천 년 동안 악들이 세운 종교에 몽땅 속았도다.

종교적 숭배자들인 하나님, 하느님, 부처님, 미륵님, 천지신명님, 석가모니, 여호와(야훼), 성모 마리아, 공자, 노자, 상제와 종교 교주와 종교지도자들에게 마음과 정신을 의지하며 지옥으로 떨어지지 않고, 천상으로 오르게 구원해 달라고 빌고 있는 자들, 종교를 열심히 믿으면 죽어서 좋은 세계인 극락, 선경, 천국, 천당으로 올라갈 것이라고 굳게 믿는 자들, 소원성취를 이루려고 복을 열심히 빌고 있는 자들은 결국 악마의 씨앗과 귀신들에게 열심히 빌고 있었던 것이니라.

지구에 인류가 태어나고부터 자신의 죽은 가족과 조상들을 구원하려고 굿과 사십구재, 천도재, 지장재, 수륙재, 위령미사, 추모예배, 추도미사를 열심히 올리는 자들이 주위에 차고도 넘치는데, 정말 좋은 세상인 천상으로 올라가신 것인지 알수 있는 길이 없어서 종교인들의 말만 믿고 좋은 곳으로 가셨을 것이라고 위안 삼는 것이 모든 자들의 똑같은 마음이니라.

그러나 지구에 인류가 태어나고 종교에서 어떤 의식을 행해서 천상으로 올라간 신과 영들, 조상들은 한 명도 없다는 사실을 이 세상 그 어느 누구도 인정하지 않을 것이고, 아무도 믿으려 하지 않겠지만 이것이 종교세계의 진실이니라.

종교적 숭배자, 종교 창시자, 교주, 종교지도자들은 천상세계의 주인도 아니고, 대우주를 다스리시는 천지인 창조주, 절대자 하늘도 아니고, 신과 영들을 창조한 영혼의 부모도 아니고, 죄사면권자도 아니기에 구원 자체를 할 수도 없는데, 마치 자신이 절대자 하늘처럼 마구잡이로 신과 영들을 구원해 준다고 수많은 자들을 끌어들여 회유하고 현혹시키고 있느니라.

인간, 신, 영혼, 조상들을 구원해 줄 수 있는 절대자 하늘은 나뿐이고, 내가 인간 육신으로 강세하여 구원을 해주어야 하느니라. 지구상에 존재하는 550만 개의 종교시설을 통해서는 천상으로 올라가는 구원 자체가 불가능하고 돈 낭비, 시간 낭비만 할 뿐이고, 죽은 가족과 조상들에게 모진 형벌의 고통만 안겨준다는 무서운 사실을 알아야 하느니라.

전 세계에서 유일하게 하늘나라 자미국에서만 산 자들과 죽은 자들이 구원받아 천상으로 오를 수 있도다. 너희들이 믿거나 말거나 이것이 나의 명이고, 천상으로 오를 자들은 책 내용에 절대적으로 공감하여 박수 치며 찾아올 것이고, 무시하고 부정하는 자들은 당연히 못 오르고 윤회지옥과 불지옥이 기다리느니라.

이 책 내용은 흥미 위주의 공상 소설이 아니라 하늘의 진실, 사후세계의 진실 그 자체인데, 종교세계를 통하여 너무 깊게 사상과 교리로 세뇌당하여 말도 안 된다, 황당하다고 말을 할 것이지만 그것인즉, 악의 원조인 하누와 표경이 내세운 종교 숭배자들인 하나님, 하느님, 부처님, 미륵님, 천지신명님, 상제님, 석가모니, 여호와(야훼), 예수, 성모 마리아, 공자, 노자가 뿌린 악마의 씨앗, 악의 기운이 가득하다는 증표이니라.

이 세상에서 절대자 하늘의 진실, 사후세계, 천상세계, 윤회세계, 조상세계, 신명세계, 영혼세계, 귀신세계, 종교세계, 인간세계의 진실을 밝힐 수 있는 것은 절대자 하늘뿐이니라.

악마의 씨앗이자 악의 원조인 하누와 표경의 기운을 가장 많이 받아들인 자들이 종교 숭배자들, 창시자, 교주, 종교지도자들과 신도들, 홀로 명산대천을 주유하며 수행 정진하는 자들, 도를 닦는 자들이니라. 너희 종교인들과 인류 자체가 나에게 죄인들이기에 하늘의 진실, 하늘의 메시지, 하늘의 계시를 아무도 받을 수 없느니라.

종교를 믿는 것이 죽음보다 더 무섭다는 진실을 지금은 육신이 살아 있어 죽음 이후 세상을 알 수 없고, 종교적 사상과 교리에 깊게 세뇌당하여 받아들이기 어려워 적극적으로 부정할 것인데, 죽어서는 뼈저리게 후회하며 알게 될 것이니라.

죽어서 직접 체험해 보는 수밖에 없지만, 그때는 돌이킬 수 있는 그 어떤 방법도 없도다. 종교가 얼마나 잘못된 사상과 교리를 세뇌시키고 있으면 절대자 하늘인 내가 너희들에게 인간 육신의 죽음보다 더 무서운 것이 종교이기에 전 세계 종교를 멸망시키려고 인간 육신으로 강세하였겠느냐?

종교를 믿는 것은 윤회와 지옥세계로 입문시키는 길이고, 너희들만 멸망하는 것이 아니라, 살아 있는 가족들과 죽은 선대 조상들까지 몽땅 멸망으로 인도한다는 무서운 사실 때문이도다.

너희들이 종교를 믿으면 재수 없는데, 악들과 귀신이 들어와 망한다는 것은 진짜 하늘이 아닌 가짜 하늘 즉 악마의 씨앗이자, 악의 원조인 하누와 표경의 기운을 받는 것이기 때문에 구원은커녕 지옥세계 입문 0순위이고, 말 못 하는 비참한 만생만물로 영원히 반복 환생하는 가혹한 벌을 받게 되느니라.

지구상에 있는 전 세계 550만 개의 모든 종교시설이 구원과는 거리가 먼 몽땅 망하도록 악마와 악의 씨앗 숭배자들을 섬긴 것이고, 종교 자체가 너희들 몸으로 수많은 악들과 귀신들만 잔뜩 넣어주는 악마와 악의 소굴이니라.

절대로 종교에는 다니지 말라는 하늘인 나의 메시지를 무시하고 종교세계를 다니면서 악마와 악의 숭배자들을 열심히 받들어 섬긴 대가로 인생이 몽땅 뒤집어져 비명횡사당하여 죽거나 엉망진창 된 자들도 많은데, 왜 자신의 인생이 망가진 것인지 생각조차 못 하고 살아가는 자들이 많을 것이니라.

이런 큰 불행이 일어나면 의례적으로 정성이 부족해서, 좋은 일에는 마가 낀다는 호사다마가 아닌 다마호사로 좋은 일이 있기 전에 나쁜 일부터 일어나는 것이라고 둘러대거나, 하나님이 데려가시었다, 더 크게 쓰시려고, 더 큰 복을 주시려고 연단(몸과 마음을 단련시킴)시키는 것이라 말하는 것은 종교인들이 일상적으로 둘러대는 궤변의 말이니라.

종교를 다니면서 수많은 자들과 뒤섞여 인연을 맺어 대화를 나누고 굿, 사십구재, 천도재, 기도, 예배, 미사, 도를 닦을 때 상대방 몸에 있던 온갖 원한 귀신, 청춘 귀신, 암으로 죽은 귀신, 자살 귀신, 교통사고 귀신, 익사 귀신, 화마 귀신, 투신 귀신, 음독 귀신, 목맨 귀신, 심정지 귀신, 괴질병 귀신, 질병사 귀신, 단명 귀신 등등, 엄청 많은 귀신들이 너희들과 기운이 맞으면 무더기로 들어와서 자신들이 죽은 것과 똑같은 방법으로 다른 자들을 죽게 만드는 경우가 헤아릴 수 없이 많이 있느니라.

첨단 과학 문명, 첨단의학 시대를 살아가는데, 귀신들이 어디 있느냐고 하면서 무시하고 부정하는데, 사람 자체가 살아 있는 예비 귀신 겸 귀신 자체이도다. 사람 육신 자체가 걸어 다니는 공원묘지, 공동묘지, 납골당, 납골묘라고 해도 과언이 아니도다.

너희들 몸 안에 태어날 때부터 현재까지 몸으로 들어온 악마와 귀신들이 얼마쯤이나 있을 것이라고 생각하느냐? 잘 모르겠다는 자들이 전부일 것이며, 예민한 자들은 느끼지만 그 숫자가 얼마나 되는지에 대해서는 잘 모르니라. 귀신을 퇴마하는 퇴마사들도, 유명한 법사들도, 보살과 무당들도, 신부, 목사, 승려들도 악마와 귀신들이 사람 몸에 얼마나 들어와 있는지 아무도 알아낼 천지대능력자가 없느니라.

사람 몸에는 각자마다 다르지만 기본적으로 수백억에서 수천억, 조, 경, 해, 자, 양, 구, 간, 정, 재, 극, 항하사, 아승기, 나유타, 불가사의, 무량대수, 구골, 구골플렉스, 구골플랙시안, 그레이엄 수에 달하는 악마와 귀신들이 들어와서 함께 살아가고 있음을 절대자 하늘인 내가 알려주느니라.

대우주의 영적 차원에서 들어온 악마와 귀신들도 엄청 많은데, 우주에서 들어온 영적 차원이 높은 악마와 귀신들은 자신의 이름을 각각 말하면서 무슨 무슨 신이라고 대우해 달라는 경우가 다반사였는데, 이 세상 인간의 능력으로는 이들이 진짜인지 가짜인지 말해 줄 수 없고 알아듣지 못하는 방언을 하는 경우가 상당히 많으니라.

그러니 악마와 귀신을 쫓는다는 유명 종교인들은 자신들이 악마와 악의 씨앗인 줄도 몰라보고, 또 다른 악마와 악들을 쫓아낸다고 하고 있으니 우스운 일이고, 악마와 귀신들이 깔깔대고 조롱하며 비아냥거리는데, 이런 것조차 알아보지 못하고 있도다.

종교인들이 이렇게 많은 악마와 귀신들의 숫자를 무슨 수로 찾아내어 쫓거나 소멸시킬 수 있을 것이더냐? 또한 이들 악마와 귀신들을 소멸시킬 수 있는 종교인들은 이 세상에 존재하지 않으며, 절대자 하늘인 나만이 이들을 3초 이내로 몽땅 추포하여 심판 후에 소멸(사형집행)시키실 수 있는 천지대능력자이니라.

"하늘궁전 태상천궁 태휜사온지인
무극천도 무화공결 무천경세 도하사민
대륙무한무천 인혼, 영혼, 기혼, 피혼,
민혼, 심혼, 지혼, 파혼, 진혼, 육화혼,
인세봉이 도지백멸 인축지
자미파멸 곤경육지혼세 사곤멸지영 반수사멸 지상혼혼멸"

천상입천의 값어치는 얼마일까?

산 자의 생령(자신의 영혼)과 죽은 자의 사령(조상)을 위한 영들의 영원한 고향인 무릉도원 세상으로의 천상입천 의식 비용은 기본으로 5단계가 있고, 그 이상은 각자의 경제적 능력과 마음의 크기에 따라서 천차만별인데, 각자 마음으로 인정하고 받아들이냐에 따라서 금액 크기를 스스로가 정할 수 있느니라.

인간세상의 삶은 짧지만, 끝도 없이 이어지는 장구한 사후세계를 무릉도원 세상에서 영생하는 천상으로 준비하라고 절대자 하늘이 내려준 마지막 천재일우의 기회이기에 너희들이 판단과 선택을 잘해야 하느니라. 너희들이 지상의 하늘나라 자미국에서 행하고 뿌린 대로 천상에서 거두어들이기 때문이니라.

인간세계는 계급 관등이 18단계와 관등마다 호봉으로 서열이 정해지는데, 천상의 3천궁에서는 3,333단계(하늘나라 자미국 제후국 숫자가 3,333개국인데 제후들 모두가 서열순서)의 관등과 호봉으로 정해지기에 너희들이 천상으로 올라가서 어느 관등으로 올라갈 것인지 자신의 마음을 금전으로 바칠 수 있는데, 명목상으로는 생사령들의 벼슬 천상입천 의식(좃값)이니라.

관직과 높은 벼슬자리에 욕심이 있는데 살아서 이루지 못하고 돌아간 너희들의 부모 조상들을 높은 관등으로 천상입천시켜 주려거든 높은 등급으로 하고, 이름만 지으려거든 낮은 등급으로 하면 되는데, 너희가 어떤 등급으로 생사령들의 천상입천 의식을 행해 주었는가에 따라서 하늘이 내려주는 자미천기 기운 자체가 관등에 따라서 천차만별이라고 보면 되느니라.

천상으로 입천되었다고 다 똑같은 서열이 아니라 관등 서열이 생사령들의 천상입천 의식 등급에 따라서 정해질 수밖에 없도다. 이런 관등을 하사받을 수 있는 것도 살아서 행할 수 있는 마지막 기회이고, 일단 천상에 올라가면 완전히 시험에 따른 평가제에 의해서 승진할 수 있기에 감히 엄두도 못 내느니라.

인간이나 조상이나 지구에서 처음이자 마지막으로 행할 수 있는 천재일우의 기회인데, 살아서 이해하고 인정하는 자들이 선택받을 수 있고, 하늘의 진실을 믿지 못하는 자들과 의심하는 자들은 굳이 행할 필요가 없느니라.

천상의 하늘나라로 올라가는데 무슨 돈을 받느냐? 하늘이 돈을 받느냐고 항변하는 무지한 자들도 여럿 있었는데, 이들은 영적 수준이 최하위인 축생급들이고, 이들이야말로 윤회와 지옥세계를 영원히 면하지 못할 대역죄인들이니라.

천상에서 죄를 짓고 지구로 도망치거나 쫓겨 내려온 죄인 신분들인데, 무슨 낯짝으로 공짜 천상입천하겠다는 것인지 도무지 이해가 안 되느니라. 이런 무지한 생각을 가진 자들은 시간 낭비하며 이곳에 들어올 필요가 없느니라.

기본등급이 5단계가 있는데도 왜 비싸냐고 못마땅해하는 자

(인간, 신, 영, 조상)들도 있는데, 이곳은 종교가 아니라 일평생 단 한 번만 행하는 천상입천 의식이기에 당연히 기존 종교세계보다는 비싸고, 대우주 천지인 창조주 절대자 하늘인 내가 나의 인간 육신으로 친히 강세하여 천상입천 의식을 주재하므로 품격에 맞추어야 하기 때문에 기존의 종교의식과는 분명히 차등이 있을 수밖에 없는 고품격 로열 천상입천 의식이니라.

하늘나라 자미국에서 행하여지는 생령과 사령(생사령)들의 천상입천 의식은 지구 역사상 처음이자 마지막이고, 최고의 의식이기에 돈의 값어치로는 환산할 수 없도다. 유명 화가의 그림이 수십억, 수백억을 호가하는데, 절대자 하늘의 명을 받아 천상으로 올라가 영생하는데 어찌 금전으로 환산이 가능하겠느냐?

경제적 능력이 있는 자들은 최고 많은 금액(자율 판단)으로 하는 것이 천상에서 최고로 출세하고 성공하는 지름길이니라. 너희 자신이 이 땅에서 살다가 죽으면 모든 돈과 재물을 놔두고 수의 한 벌 받아 입고 저세상으로 떠나야 하느니라.

유산은 상속세와 자손들에게 넘어가고, 너희에겐 아무런 도움도 안 되기에 살아생전 자신의 사후세계는 너희 스스로가 품격과 계급서열에 맞는 천상입천 의식을 행하고 죽어야 하느니라.

인간세상의 모든 계급 관등과 문화, 예술, 관광, 오락, 과학, 의학이 천상의 3천궁에서 내려온 것이었느니라. 인간세상에 있는 모든 것이 천상의 3천궁에 그대로 존재하느니라. 그래서 너희들이 죽어서 천상에 올라가 높은 벼슬자리에 오르려거든 살아생전 하늘나라 자미국에서 그에 합당한 생사령의 천상입천 의식 비용(좃값 크기)을 지불하면 뜻을 이룰 수 있느니라.

물론 책을 읽고 공감하고 감동, 감격, 감탄하여 하늘나라 자미국에 들어와서 천상으로 오르기를 갈망하는 생령과 사령들의 소원을 인간 육신이 이루어주고자 하는 자라야 하느니라. 인간 육신은 영생도 할 수 없고, 천상으로 올라갈 수 없지만 너희들의 몸 안에 있는 신과 영, 조상들은 천상으로 올라가느니라.

그러니 너희들의 몸 안에 있는 신과 영, 조상들이 원하는 소원을 이루어주는 자들이 순천자이고, 너희 이익만 추구하고 생사령들의 소원을 무시하면 가문에 흉사가 끊이지 않는 풍파가 휘몰아치기에 건강, 생명, 사건 사고, 재산 피해가 많으니라.

인간 육신들은 영적 존재들인 생사령 즉 자신의 영혼과 조상들과 싸워봐야 승산이 없고 백전백패로 얻어터지는데, 이것이 인간세상의 온갖 풍화환란으로 다가오느니라. 어느 누구든 생사령들의 저주를 피할 수 없기에 순순히 이들의 소원을 들어주는 것이 현명하게 세상을 살아가는 방법이니라.

인생사 모든 것은 기운으로 돌아가는데, 첫째가 하늘의 기운이고, 둘째는 신의 기운, 셋째는 영(생사령)의 기운이고, 넷째 악귀잡귀(아수라, 악신, 악마, 악령, 사탄, 마귀, 악귀, 동물령, 축생령, 만물령)의 기운에 의해서 좌우되고 있느니라.

조상 천상입천과 생령 천인합체

종교에서 수천 년의 오랜 세월 동안 행해 온 정체를 알 수 없는 무지한 구원의식이 아니라 너희들 자신의 목숨보다도 더 소중하고 귀한 천상 구원의식이 산 자와 죽은 자의 영혼 천상입천 의식과 천인합체 의식이니라.

죽은 자는 영혼(조상) 천상입천 의식이고, 산 자는 영혼(생령) 천인합체 의식인데, 천상의 무릉도원 세상으로 오를 수 있는 지구상 유일한 천상의식으로 자미국에서만 행할 수 있도다.

천상의 좋은 곳으로 갔는지 못 갔는지 알 수도 없는 기존 종교의식에서 행하는 벙어리, 멍텅구리, 장님 구원의식이 아니라 각자들이 객관적으로 체험하는 최고의 귀한 천상의식이도다.

기존 종교를 통해서 알고 있는 죽은 자들을 위한 조상굿, 진오기굿, 49재, 천도재, 수륙재, 지장재, 위령제, 추모예배, 추도미사와 전혀 다른 하늘이 직접 행해 주는 인류 역사 이후 최고의 천상의식만을 행하고 있는 곳이 하늘나라 자미국이니라.

인간이 지구에 태어난 이래 하늘이 직접 집행하는 구원의식은 인류 최초이니라. 태초 하늘이 집행하는 진짜 의식이기 때문에 매년 또는 철마다 수시로 행하는 것이 아닌 일평생 한 번만 행하는 천상의식이니라.

　부모 조상이든 가족 영가들이든 단 한 번의 천상입천 의식으로 꿈에 그리던 영혼의 고향 천상에 다시 태어나는 행운과 함께 천복 만복을 받으며 영생을 누리니라. 이승의 삶은 노인으로 죽었어도 천상으로 오르면 이팔청춘의 꽃다운 젊은 나이로 태어나는 천변만화의 조화를 내려주느니라.

　천상과 전생에서의 기억이 모두 삭제되어서 이번 생만 존재하는 줄 알고 살아가는 자들이 전부이고, 천생의 기억을 말해 주어도 기억나지 않는다며 믿으려고 하지 않느니라.

　너희들은 지구에 태어나기 전에 천상에서 죄를 짓고 지옥별 행성인 지구로 도망치고 쫓겨나서 태어난 것인데, 천상에는 너희들이 돌아오기를 학수고대하며 기다리는 가족들이 있도다.

　천상에도 조상, 부모, 배우자, 자녀, 손자, 손녀들이 너희들을 기다리고 있을 것이라고는 꿈에도 생각하지 못하고 살아가는데, 이런 말은 이 세상 어느 종교인을 만나도 말해 줄 수 없는 고차원적인 영적 세계 진실이니라.

　책을 읽고 하늘나라 자미국에 들어와서 태초 하늘의 명을 받지 못하고 죽으면 상천세계로는 절대로 올라가지 못하고, 말 못하는 짐승, 가축, 곤충, 벌레, 미물같은 축생들로 태어나는데 아무도 믿으려 하지 않고, 자신들은 종교 숭배자들을 열심히 믿었고 천도재, 조상굿을 했기에 꽃 피고 새 우는 무릉도원 세계에 태어날 것이라고 굳게 믿으며 살아가고 있느니라.

착하게 살았든 못되게 살았든 가리지 않고, 이 땅에 태어난 자들 모두가 추포되어 천상대법정에서 심판을 받고, 만생만물로 영원한 윤회, 수백만 개에 이르는 지옥세계 압송, 영혼 소멸의 극형 여부가 판가름 나기에 현재의 판단이 중요하느니라.

죽어서 추포되어 태초 하늘로부터 천상대법정에서 심판받으면 구원 자체는 아예 불가능하고 정해진 지엄한 천상법도에 따라서 너희들의 운명이 정해지느니라.

현재 육신이 살아 있을 때 태초 하늘을 알현하여 천상에서 지은 죗값을 치르고 구원의 명을 받는 자가 가장 현명하도다. 너희들의 돌아간 부모, 조상, 가족들이 치러야 할 죗값이 있고, 너희들 자신의 영혼이 치러야 할 죗값이 각기 다르니라.

그 죗값이 이미 죽은 자들에게는 천상입천 의식비용이고, 산 자들에게는 천인합체 의식비용이니라. 그러면 산 자와 죽은 자들이 죗값으로 치러야 할 의식비용의 값어치는 얼마나 될 것인가 궁금할 것인데, 인간들과 영혼들마다 천차만별이니라.

죗값인 의식비용의 기준선은 정해져 있지만, 이것에 대해서 각자가 받아들이는 체감액은 마음의 크기, 영적 차원이 낮은가 높은가에 따라서 천차만별로 다르게 느껴지니라. 인간세상을 살아가는 자들의 눈높이로 선택해야 하는데, 판단은 여러 가지 단계별 차등이 있으며 어떤 것을 선택하든 자유이니라.

일반적으로 죽은 망자들을 위한 의식비용 죗값은 일반 천상입천, 하단 천상입천, 중단 천상입천, 상단 천상입천, 특단 천상입천, 특상 천상입천이 있느니라. 산 자들의 영혼이 죽은 뒤에 영혼의 고향 천상궁전으로 돌아갈 수 있는 천인합체 의식은 하단 천인합체, 중단 천인합체, 상단 천인합체, 특단 천인합체, 특상 천인합체 의식이 있는데 자율적인 선택이니라.

그럼 죽은 자들이나 산 자들이 죽어서 윤회하지 않고, 허공중천을 추위와 배고픔에 고통받지 않고, 명부전 지옥세계로 압송되지 않고, 사망 즉시 천상으로 직행할 수 있는 천상입천의 값어치는 인간세상 기준으로 얼마나 될 것인가 궁금하리라.

어떤 물건을 구매하는 것이 아닌 영적 세계 일이기에 무형적인 값어치인데 이것을 인간세상의 값어치로 환산하는 것이 불가능할 정도로 고차원적인 높은 가치를 갖고 있으나, 너희들이 사후세계를 어떻게 생각하느냐에 따라서 싸게 느껴지는 자도 있을 것이고, 비싸다고 생각하는 자들도 있을 것이니라.

인간 육신의 삶은 길어봐야 몇 년에서 몇십 년, 길면 100년 미만인데, 죽음 이후 사후세계는 영원하니라. 추위와 배고픔, 질병의 고통, 아픔과 슬픔이 없는 꿈의 무릉도원 세상에서 이팔청춘의 나이로 근심과 걱정 없이 영생을 누리는 삶이니라.

죽음 이후 영구히 말 못 하는 축생계 윤회, 추위와 배고픔으로 허공중천 떠돌아다니는 아픔과 슬픔, 고통과 불행, 끔찍한 지옥세계 압송의 공포와 두려움에서 벗어나 천상에서 영원히 살아간다는 것은 이 세상의 금전으로는 환산이 안 되는 금액이니라. 일평생 모은 전 재산 수십억, 수백억, 수천억, 수조 원을 몽땅 다 바쳐도 모자랄 정도로 고귀한 천상의식이니라.

하늘나라 자미국에서 행하는 의식은 종교의식과는 전혀 다르기에 생소할 것이지만 직접 하늘의 명을 받아 천상으로 직행하는 고귀한 천상의식이고 일평생 한 번만 행하면 되느니라.

천상입천의 값어치는 이 세상 금전으로는 환산 자체가 안 되는 어마어마한 의식이니라. 각자들이 어떤 등급을 선택하는가에 따라서 천상세계의 신분과 품계가 각기 다르게 정해지고, 인간세상의 18관등 계급서열보다 세분화되어 있는데, 서열등급이 3,000등급이 넘는다고 보면 되느니라.

그래서 영원히 살아갈 천상으로 얼마를 가지고 갈 것인가는 각자의 자유인데, 순간의 선택이 아주 중요하니라. 너희들이 의식을 행하고 뿌린 대로 천상세계 신분과 서열이 정해지기 때문에 신중하게 생각하고 판단해야 하느니라.

너희들이 누리던 이 세상의 수많은 돈과 재물은 육신이 죽는 순간 아무 소용이 없게 되고, 유산으로 물려주면 자식들이야 좋다고 하겠지만 너희들에게는 아무런 도움도 안 되느니라.

산 자들도 죽음 이후 천상세계로 입천하면 의식 등급에 따라서 벼슬을 하사받을 수 있도다. 왕(제후), 왕비(제후비), 왕자, 공주, 재상(총리), 대신(각 부처 장관), 대도독(특별시장, 도지사), 도독(시장, 군수, 구청장), 상장군(대장), 대장군(중장), 장군(소장, 준장), 대판관(대법원장), 판관(판사), 대검관(검사장), 검관(검사), 입법의장(국회의장), 제국의원(국회의원) 등등 인간 직제와 비슷한 상하서열의 계급이 있느니라.

너희들의 부모, 조상, 가족들도 천상입천 의식 등급을 어떻게 행하는가에 따라서 개별적인 벼슬을 하사받을 수 있게 해주는 곳이 지구상에 단 하나뿐인 하늘나라 자미국이니라.

나는 천상의 역천자 신과 영들인 악신, 악령, 악마, 사탄, 마귀, 악귀, 잡귀, 요괴와 귀신들에게는 무서운 공포의 대왕이고, 하늘을 애타게 찾고 기다리는 인간, 신, 영혼, 조상들에게는 하늘, 진인, 신인, 천도령, 정도령, 미륵, 구세주, 구원자이니라.

전 세계 인류 모두가 종교 숭배자, 교주, 지도자, 종교 귀신들에게 속고 있으나 아무도 속고 있다는 진실을 알려고도 하지 않고 찾으려고도 하지 않는다. 그러니 각자가 살아서 행하고 뿌린 대로 한 치의 오차도 없이 거둘 뿐이니라.

사후세계에서 죄를 빌다가 언젠가 지구의 인간 육신으로 강세할 태초 하늘의 명을 받들 자손을 점지해 달라는 기도를 간절히 올리며 기다려왔던 조상들이 사후세계에서 아주 간절하고 절박하게 많이 빌고 빌어야 태초의 절대자 하늘인 나에게 뽑혀서 천상입천의 명을 받느니라.

천상에서도 벼슬과 재물, 명예, 진급 다툼이 치열하기에 '하누'와 '표경'이 황실 대신(각료)들과 3,333개 제후국 제후들을 포섭하여 나의 자리를 찬탈하려고 역모 반란을 일으켰고, 너희들 인류 모두가 천상에서 벼슬과 재물, 명예를 더 높이, 더 많이 갖고자 역모 반란에 가담했던 대역죄인들의 신분이니라.

천상의 벼슬이 최고

　돈과 재물, 권력과 명예를 갖기 위해 온갖 노력을 다하며 많은 돈을 벌고 정치인, 고위공직자의 자리에 오르는 것이 인간 세상의 관습이자 풍습이지만 사후 천상세계에도 재벌과 벼슬이 있다는 것을 아는 자들은 아마도 없을 것이니라.

　죽으면 끝이고, 죽으면 그만이라고 생각해서 죽음 이후의 사후세계가 인정이 되지 않기 때문에 그럴 것인데, 진짜 벼슬과 출세길은 영원한 사후세상에서 이루어져야 하느니라. 살아서 벼슬은 권불십년이란 말이 있듯이 찰나에 지나가지만 사후세계를 천상세계로 보장받으면 반영구적이니라.

　그 이유는 이 땅에 태어났다가 죽은 자들과 현재 살아 있는 인류 모두가 천상에서 하늘을 배신하고 역모 반란을 일으키다가 지구로 도망쳐 오고 쫓겨난 대역죄인들의 신분이기에 하늘나라 자미국에 들어와서 태초 하늘 앞에 죄를 용서 빌고 사면을 받지 않는 이상 아무도 천상세계로 돌아갈 수 없느니라.

　하늘나라 자미국은 기존의 종교세계가 아니라 종교에 빠진 자들을 구해 주는 곳이고, 천상에서 지은 죄를 용서 빌어 하늘이 내리는 명을 받들게 하여 영혼의 고향인 무릉도원 천상세계로 돌아가게 해주는 지구상에 단 하나뿐이니라.

하늘나라 자미국은 진짜이고 종교세계는 몽땅 가짜인데 이 말을 받아들일 수 있는 인간, 영혼, 조상, 신들이 얼마나 있을 것인가 그것이 문제이니라. 수천 년 동안 역사와 전통을 자랑하는 기존의 종교세계 사상과 경전, 교리를 어느 누가 부정하고 뒤엎을 수 있겠느냐?

일반 종교인들은 감히 무서워서도 할 수 없는 일인데, 천상에서 죄를 짓고 도망치고 쫓겨 내려온 악신과 악령들이 그 얼마나 많겠느냐? 인간 눈에 보이지도 들리지도 않는 악신과 악령을 몽땅 추포하여 그들이 천상에서 지은 죄를 심판하여 축생계 윤회와 소멸의 명을 내릴 수 있는 무소불위한 천지대능력자가 하늘나라 자미국의 태초 하늘이니라.

어디에서도 들어보지 못한 난생처음 들어보는 하늘세계, 사후세계, 천상세계, 윤회세계, 조상세계, 신명세계, 지옥세계, 종교세계, 귀신세계에 대하여 기존에 알고 있던 것과 너무나 다르다고 부정하며 받아들이기 어려울 수 있느니라.

육신이 살아서 있는 인생은 몇 년에서 몇십 년의 아주 짧은 인생이지만 육신이 죽은 뒤의 사후세상은 끝이 아니라 영원히 이어지는 무서운 윤회세계와 지옥세계가 기다리고 있도다.

태초 하늘인 내가 거처하는 천상의 하늘나라 자미국 태상천궁 세계가 있듯이 사후세계도 존재하고, 이곳 천상은 3,333개 제후국의 왕(제후)들을 다스리는 황실정부가 있고 인간세계처럼 왕들(제후)과 재상(국무총리), 대신(장관)들도 있느니라.

또한 태초 하늘인 나의 관직도 여러 개이기에 종교에서처럼 절대자님, 하늘님, 창조주님, 주님, 하나님, 하느님, 부처님, 상제님, 천제님이란 관명은 쓰지 않으며 통치권자 관명 ○○○○을 쓰는데 이 책을 읽고 인연이 맺어진 하늘의 천인과 백성의 신분이 되는 자들에게만 공개하고 부르게 하느니라.

천상세계 벼슬을 하사받고 천상의 재벌이 될 수 있는 유일한 길이 지금 살아 있을 때, 하늘나라 자미국에 찾아와서 태초 하늘이 내리는 명을 차례대로 받들어 봉행하는 길이 유일한 방법이니 이런 뜻을 이루려는 자들만 방문하면 되느니라.

언젠가는 너희들 모두가 반드시 죽어야 한다는 만고불변의 진리는 알고 있으면서도 정작 너의 죽음 이후 사후세계가 어떻게 될 것인지에 대해서는 걱정하지 않고 천하태평으로 살아가고 있으니 안타깝도다.

세상에서 보고 들은 호화산소, 호화납골묘, 호화납골당, 수목장과 49재, 천도재, 위령제, 진오기굿, 조상굿, 추모예배, 추도미사, 위령미사에만 의지하고 있는데, 이 모든 것들이 악신과 악령들이 종교를 세워서 수천 년 동안 전통과 관습, 풍습으로 내려오고 있으나 다 부질없는 일이란 걸 죽어서 알겠지만, 하늘나라 자미국에 들어와도 금방 알게 되느니라.

지구에서 하늘의 기운이 가장 강하게 내리는 곳이 하늘나라 자미국이니라. 너희들이 소원을 빌기 위해 기도하러 명산대천을 찾아다니고, 온갖 종교세계 안에서 열심히 발원하는데, 부질없는 일이고, 악들과 귀신들만 잔뜩 달라붙느니라.

살아 있는 기도, 태초 하늘인 내가 직접 너희들의 기도를 듣는 곳이 하늘나라 자미국이니라. 응답도 없는 벙어리 기도 그만하고, 내 앞에서 너희들의 소원을 발원 올리면 즉시 응답을 듣거나 자미천기 기운으로 이루게 해주느니라. 문자만 보내도 소원이 이루어지는 이적과 기적을 내려주고 있느니라.

"황인(○○○) 지상대멸
본명, 천명, 숙명, 태황명
본명이을 기립 자미천궁
자미○ 자미천궁 방혼육 명성진인
자미칠성 자미공성 자미○ 태혈 황립온성
자미인 황혼일영지상 ○○폐하 황립 지성감천
(○○○)왕손 태을진인 황세지현사혼
자미○ 천도만도술 영정사오 자미태천
자미출두 황인천(○○○)1955○○○"

"자미○인존지사 자미인축
사멸무강 무법지현세
자미필멸 자미○도 자미멸살 대경래민진서
팔공대천 인지축사멸 자미○경락사지침명
자미솔온 자미사○ 방칠경하륵
옥경부현 칠성합력 자미칠본 자미○상대륵
수언분조 서경천술 자미○(○○○) 칠공본판"

돈 벌어 어디에 쓰려는가?

　너희들은 돈을 많이 벌어 어디에 쓰려고 열심히 일하여 돈을 벌려는 것인가? 참으로 식상한 질문이 분명하지만 모두가 돈! 돈! 돈! 하면서 돈에 혈안이 되었고, 하루라도 일하지 않아 돈을 벌지 못하면 살아갈 수 없는 것이 현실이니라.

　물론 이 세상에서 먹고살기 위해서 돈을 버는 자들, 호화주택을 사고 고급 승용차를 굴리며, 비싼 귀금속과 명품을 사서 남들에게 자랑하고 시선을 끌며 잘 먹고 잘살기 위해서 돈을 버는 자들, 자식들에게 많은 돈과 유산을 물려주어 고생시키지 않으려고 돈을 버는 자들도 있느니라.

　이것은 순전히 인간세상을 살아가기 위한 인간들 모두의 한결같은 인생 목표일 것인데, 너희들은 이 세상을 떠나면 죽음 이후 다음 생인 사후세상이 기다리고 있다는 것을 얼마나 알고 준비하며 살아가고 있더냐?

　죽으면 그만이지 먹고살기도 바쁜데, 무슨 얼어 죽을 사후세상이 있느냐고 부정하고 살아가는 자들이 예상외로 참으로 많고, 설령 사후세계를 믿는다고 하여도 나는 종교에 열심히 다니고 돈(시주, 불공, 헌금, 정성금, 굿, 천도재 의식비용) 많이 바쳤으니까 죽어서 좋은 세계로 갈 것이라 철석같이 믿으며 살아가는데 모두가 낭패를 보게 되느니라.

  너희들이 믿고 다니는 이 세상에 존재하는 모든 종교를 통해서는 천상으로 갈 수 없다는 하늘의 진실을 아무도 모른 채 종교인들의 교리와 사상으로 철저하게 세뇌되어 그것이 맞는 것인 줄 알고 살아가고 있느니라.

  천상에서 도망친 역천자 악들과 악령들이 세워 수천 년 동안 역사와 전통을 자랑하며 지구에 뿌리내린 종교세계를 혁파하여 무너뜨린다는 것은 상상 초월의 일이니라. 너희들이 알아듣든 말든, 인정하든 말든 이것이 태초 하늘의 진실이기에 전해 주는 것이니 죽어서 고생하기 싫은 자들은 종교에서 배운 사상과 교리를 몽땅 내려놓고 하늘나라 자미국으로 들어와서 태초 하늘의 명을 받아 천상으로 돌아가야 하느니라.

  하늘나라 자미국은 일반적인 종교세계가 아니라 대우주 천지인 창조주 절대자 하늘인 내가 육신으로 강세한 곳이기에 하늘나라 그 자체인 것이니라. 그래서 무슨 종교냐고 묻지 않았으면 좋겠도다. 기존세계의 종교가 아닌 하늘나라이기에 자미국(紫微国)이라 한 것이니라.

  이 땅에 태어난 인류 모두는 천상에서 대역죄를 짓고 지구로 도망치거나 쫓겨난 죄인들의 신분이라는 것을 아무도 모르느니라. 너희들은 살아가면서 전생에 무슨 죄를 많이 지어서 팔자가 이렇게 기구하냐고 한탄하는 경우를 종종 듣느니라. 원인 없는 결과 없듯이 천상에서 있었던 일의 기억이 삭제되어 전혀 알 수 없지만, 너희들의 인생은 천상에서의 삶과 아주 밀

접한 관계가 있느니라.

너희들은 천상에서 태초 하늘과 인연이 안 된 자들이 하나도 없느니라. 좋은 인연도 있었지만 거의 대다수가 역모 반란에 가담하였다가 지구로 도망치고 쫓겨난 악연이 더 많도다.

천상의 황실에서 태초 하늘인 나를 보좌하던 자들도 있었고, 비서진, 경호진, 황실정부에 제후(왕), 왕자, 공주, 재상(총리), 대신 (장관), 황회의원(국회의원), 대기업 총수, 장군, 황실관리(공무원), 일반인 등등 모두가 인연이 있었던 자들이 역모 반란군에 가담하는 대역죄를 짓고 지구로 내려왔느니라.

이런 사실을 너희들은 알지 못한 채 종교의 노비가 되어서 살아가고 있고, 죽으면 극락, 선경, 천국, 천당으로 가는 줄 알고 있는데, 천상의 주인이자 태초 하늘인 내게 대역죄를 지었는데 종교를 믿었다고 어떻게 천상으로 돌아가려는 것이더냐?

죗값(의식 비용)을 준비하여 눈물, 콧물 범벅이 되도록 울며 불며 죄를 빌어야 받아주느니라. 천상에서 지은 죄를 빌지도 않는데 어떻게 천상으로 가겠다는 것인지 너희들이라면 이해가 되고 받아주겠느냐? 이 세상에 종교 안에서 수천 년 동안 믿어오던 하나님, 하느님, 상제, 부처, 미륵, 천지신명이란 자들은 하늘인 나를 사칭한 가짜들이었느니라.

그리고 너희들이 수천 년 동안 떠받들며 추앙한 숭배자들인 석가모니, 여호와(야훼), 예수, 마리아, 마호메트, 노자, 공자, 도교 창시자, 종교 교주들은 천상에서 대역죄를 짓고 지구로 도망친 대역죄인들이기에 이들을 믿어서는 절대 천상으로 돌아갈 수 없고, 이들의 영성과 영체들은 2019년 11월에 이미 추포하여 몽땅 소멸시켰느니라.

이들 모두는 대우주 천지인 창조주 태초의 절대자 하늘인 내게 추포되어 영성과 영체가 소멸되어 이 세상에 존재조차 하지 않는다는 사실을 알아야 하고, 대신 이들의 빈자리를 종교 귀신들이 차지해서 대우받고 있느니라.

또한 종교상의 모든 숭배자들은 하늘나라의 주인이 아니기에 너희들과 영혼, 조상, 신들을 구해 줄 능력 자체가 전혀 없다는 사실도 알아야 하느니라.

이 세상의 삶도 중요하지만 죽음 이후 사후세계에서 어디로 가야 하는지 그것이 더 중요하느니라. 인생은 길어봐야 몇십 년의 세월이지만 사후세상은 한도 끝도 없이 장구하도다.

무한대의 고통스러운 윤회세계와 지옥세계를 어찌 감당하려고 종교의 노예가 되어서 살아가고 있느냐? 너희들과 영혼, 조상, 신들이 천상에서 지은 죗값(천상입천 의식 비용)을 바쳐야만 천상으로 돌아갈 수 있느니라.

인간 세상살이는 길어봐야 몇십 년의 짧은 세월이기에 이 세상에서 잘사는 것보다 죽어서 천상으로 올라갈 수 있도록 더 철저히 준비해야 하느니라. 천상으로 올라가는 데는 절대로 공짜가 없고, 너희들과 영혼, 조상, 신들은 자신들이 지은 합당한 죗값을 바쳐야 하기에 돈을 열심히 버는 것이니라.

너희들이 천상에서 얼마나 큰 죄를 지었는지, 얼마나 많은 죄를 지었는지, 어떤 죄를 지었는지 사람마다 다르기에 바쳐야 할 죗값 크기도 천차만별 다르도다. 순간의 판단과 선택이 사후세상의 운명을 좌우하게 되니까 어떻게 하는 것이 가장 현명한 일인지 너희들 스스로 판단하여라.

태초 하늘의 말은 명이자 법이고 기운 그 자체이기에 전 세계에서 실시간으로 일어나고 있느니라. 순천자들에게는 자상하고 대단하며 만인의 어버이 같은 지극 지존한 태초의 하늘이지만 역천자들에게는 무섭고 두려운 공포의 대왕이니라.

너희들 세계 인류 모두가 현생에서 원하고 바라는 구원과 인생의 소원들도 즉시 이루어지고 있으니, 직접 체험해 보지 않으면 믿기 어려울 정도이니라. 말하는 대로 이루어지는 말법의 천지대능력은 무소불위하나 그렇다고 태초 하늘인 내게 점을 봐달라는 불경스런 청은 하지 말아야 하느니라.

사람의 신분과 지위, 영적 신명의 그릇 크기에 따라서 하루, 한 달, 1년에 돈을 많이 버는 사람, 작게 버는 사람이 있는데, 이것이 천상에서 너희들이 어떤 신분과 지위에 있었는가에 따라서 각기 다르느니라. 나는 태초 하늘이기에 천상세계와 인간세계에서 일어났던 일들을 다 알고 있느니라.

천상에서 높은 관직에 출사했으면 현생에서도 관직에 출사하여 높은 자리에 오른 자들이 많은데, 이것은 그릇을 그렇게 타고났기 때문이니라. 그리고 재벌이나 크게 부자가 된 자들 역시 천상에서도 사업을 크게 하던 자들이었고, 정치하던 자들, 공직자로 있던 자들도 있고 다양한데, 이것이 너희들이 타고난 천상의 그릇이니라.

우주 천체의 수많은 별(행성)들 중에서 영적 수준이 가장 낮은 별이 지구이고, 천상에서는 지구에 태어난 인간을 비롯하여 만생만물, 축생들 모두가 살아가는 지구를 지옥별이라 하느니라. 너희들은 지구가 아름답다고 말하는데, 인간과 동식물의 생물체 모두가 죄를 지어 지옥도를 윤회하는 중이기에 지구에 있는 삼라만상 자체가 바로 현실적인 윤회지옥이니라.

인류에게 아름답다고 알려진 지구가 우주에서 가장 낙후되고 영적 수준이 가장 낮은 지옥별이라는 말에 의아할 것이고, 이해하지 못할 것이니라. 너희들이 천상과 전생의 일에 대해서 기억 못 하는 것은 지구에 태어난 자들 모두에게 천상과 전생의 기억을 삭제시켜 유배 보낸 것이기에 기억이 없느니라.

인류가 지구에 왜 태어났는지 모르고 세상을 살아가고 있기에 가르쳐주느니라. 지구에 태어난 이상 생로병사를 거치면서 죽음을 맞이하고, 만생만물과 축생계로 거듭 반복 윤회하며 환생하기도 하며 말로만 듣던 지옥세계로 잡혀가느니라.

불행하게도 너희 인류가 지구에 태어난 이래로 역천자 신들이 세운 종교세계를 통하여 천상으로 돌아간 자들은 단 한 명도 없느라. 너희들은 기가 막힌 일이고, 말도 안 된다며 황당하다고 생각할 것인데 사실이니라. 그래서 전 세계 종교가 몽땅 거짓 세계이기에 인류가 모두 종교인들에게 수천 년 동안 감쪽같이 속아왔느니라.

봉황은 한 번 날아오르면 천리를 날아가지만, 오동나무 가지가 아니면 절대 내려앉지 않는다는 고사가 전해 내려오듯이 절대자 하늘인 내가 역천자 대역죄인들이 살아가는 지옥별인 지구의 종교인들 육신으로는 내려갈 이유가 없느니라.

공상 소설처럼 생각할 자들도 많을 것이지만 진실 그 자체이며, 믿고 안 믿고는 너희들 각자의 몫이니라. 하늘나라 자미국에 들어오기가 참으로 쉽고도 어려울 것이니라. 책을 읽어서 공감하고 감동받지 않고, 주위 사람들에게 소개받아 방문하려는 자들은 알현 자체를 일체 사절하느니라.

이곳은 무속세계나 철학관처럼 점이나 사주팔자를 보는 곳이 아니니라. 하늘나라 자미국 자체가 하늘의 지엄한 황실 그 자체이기에 교리와 경전 같은 것이 일절 없고, 모든 구원과 심판이 생라이브로 집행되는데, 황궁예법만 잘 지키면 되느니라.

너희들의 사후세계, 천상세계, 윤회세계, 조상세계, 신명세계, 인간세계 운명과 생사를 모두 주관하며 만생만물의 생살여탈권과 죄사면권을 집행하느니라. 그러므로 하늘나라 자미국에서 사후세계를 천상으로 보장받을 것인가? 아니면 고통스러운 윤회와 지옥세계로 갈 것인가 양단간에 선택해야 하느니라.

이 세상의 종교세계 판도를 몽땅 바꾸고, 종교로부터 인류를 해방시키려고 천상에서 내려온 대우주 창조주 태초의 절대자 하늘과 알현하여 선택받으면 현생과 내생까지 천복만복을 받게 될 것이니라.

돈 많고 오래 살면 무엇하나?

돈 많이 벌고 오래도록 수명장수하며 100세까지 건강하게 사는 것이 모든 자들의 희망이자 꿈이라고 할 수 있는데, 이 모든 것이 다 부질없단 것을 살아서는 인정할 수 없겠지만, 육신이 죽으면 허망하다는 것을 알게 될 것이며, 살아서의 삶을 잘못 살았다는 것을 후회하며 뉘우치게 될 것이니라.

모두가 원하고 바라는 100세 수명장수가 좋은 것일까? 돈이 많고, 성공 출세해서 태산 같은 재력, 최고의 권력, 사해에 울려퍼지는 명예를 모두 갖고 남부럽지 않은 부귀영화를 누린다고 한들 다가오는 죽음의 문턱을 아무도 피할 수 없느니라.

건강하게 잘 살면 뭐하고, 돈 많고 권력이 높으면 뭐하나? 어차피 떠나가야 할 인생길이거늘 한 치 앞도 내다보지 못하고, 현실의 삶에 만족하고 살아가는 불나방 같은 존재가 인생길인데, 아무도 사후세상을 대수롭지 않게 여기고 있느니라.

때가 되면 모두가 죽어야 하고, 남들도 모두가 죽으니까 당연하게 생각하며 살아가고 있을 것인데, 그래서 우주 천체의 그레이엄 수에 달하는 수많은 별(행성)들 중에서 지구인의 영적 수준이 가장 낮다고 하는 것이니라.

이 땅에서 원하고 바라는 재력과 권력, 건강과 명예를 모두 갖고 100~120세를 산다고 하여도 종착역은 죽음이고, 모두에게 공평하게 무섭고 두려운 사후세상이 활짝 열리는데, 어째서 천하태평으로 죽음 이후를 준비하지 않고 살아가는 것이더냐?

현실적으로 공상 소설 같은 말로 들려서 황당하게 들리겠지만 죽어서는 자연적으로 알게 될 것이니 직접 체험하면 될 것인데, 그때 가서 인정한다고 빌어봐야 아무 소용이 없고, 육신이 살아 있을 때 천상에서 지은 원죄를 빌어야 하느니라.

오늘 이 순간도 세상을 떠나는 자들이 참으로 많은데 이 나라에서만 평균 800명 정도이고, 세계적으로는 1일 사망자가 16만 명인데 이들이 죽었다고 자신들 가고 싶은 데로 갈 수 있는 것이 아니라 사후세계 법도에 따라서 만생만물로 윤회와 지옥행이 정해지기에 종교에서 들은 것이 모두 헛것이니라.

불우이웃 돕고 착한 일을 했다고 좋은 세계 가는 게 아니라 너희가 천상에서 지은 원죄에 따라서 사후세계 운명이 정해지는데, 종교를 믿고 죽었으면 가중처벌되어 형벌이 가혹하게 집행된다는 사실을 인류가 하나도 알지 못하느니라.

※ **백신을 맞을 수도 없고, 안 맞을 수도 없는 공포의 괴질병은 하늘의 심판이니라.** 괴질병 감염방지 예방은 대우주 창조주 태초의 절대자 하늘에게 있기에 의학계에서 개발한 백신은 무용지물이 된다는 사실을 백신 접종자들의 돌파 감염과 잇따른 백신 접종 사망자를 통해서 확인되고 있느니라.

왕과 대통령, 공직자, 재벌과 부자들

 이 세상에서 최고로 성공하고 출세한 자들이 왕과 대통령, 공직자, 재벌, 부자들인데 많은 자들이 선망하는 대상자들이다. 인생에서 가장 성공하고 출세한 선망의 대상인 세계 각 나라의 왕과 대통령, 공직자들, 재벌과 부자들이 진정한 최후의 성공자이자 출세한 자들이라고 생각하느냐?

 권력과 재력, 명예, 잘남을 모두 가졌기 때문에 태초 하늘 앞에 찾아와서 머리 숙일 수 있을지 의문이니라. 태초 하늘 앞에 머리 숙이고 천상입천의 명을 받아 영원한 성공자, 출세자가 될 것인가? 아니면 재력과 권력, 명예에 취해서 천상입천의 명을 받지 못하고 죽음 이후 사후세상에서 고통을 영원히 겪어야 하는 불행한 성공자이자 출세자가 될 것인가?

 살아서는 권력과 재력, 명예가 최고였을 테지만 죽어서는 아무런 도움도 안 되고, 살아생전의 내가 누구라고 아무리 목이 터지라고 외쳐도 통하지 않으며, 살아서 태초 하늘을 알현하여 천상과 전생, 현생에서 지은 죄를 빌지 않은 죄, 종교를 열심히 다닌 죄에 대한 무서운 형벌의 고통만 받을 뿐이니라.

 육신이 죽었어도 살았을 때 받는 형벌의 고통을 그대로 느낀다는 사후세계 법도를 이해할는가 모르겠도다. 죽으면 모든 것이 끝이고, 영면에 들어 편히 지낼 것이라고 생각하며 살아가는 자들이 대다수이지만, 죽는 순간부터 모질고 험난한 무서운 고통의 사후세상이 활짝 열리느니라.

이 책을 읽고 내가 내린 시험 관문을 통과하여 재력과 권력, 명예를 모두 가진 자들이 높은 신분과 재력의 지위를 내려놓고 천상에서 지은 죄를 반성하고, 깨달아 살아서 자신과 가족, 조상의 사후세상을 준비할 자들이 얼마나 올지 모르겠도다.

살아서는 돈과 재물, 권력과 명예를 뽐내며 자랑하고 살았던 자들 모두는 죽음과 동시에 태초 하늘이 주재하는 수억만 조의 윤회세계와 지옥세계 대법정 심판대에 서게 된다는 무서운 사실도 알지 못하고 살아가느니라.

사후세계가 너희들의 눈에 보이지도 들리지도 않기 때문에 반신반의하고, 설혹 믿는다고 할지라도 너희들이 일평생을 열심히 믿어오던 종교관에 따라서 자신의 숭배자들에게 구원받아 좋은 곳으로 알려진 극락, 선경, 천국, 천당으로 올라갈 것이라는 잘못된 믿음을 갖고 살아가고 있느니라.

하지만 죽어서 정말 좋은 곳으로 갈 것인지 못 갈 것인지, 이 세상 그 어느 곳에서도 살아서는 알 수 있는 길이 없고, 육신이 죽어서도 체험할 수 없지만, 하늘나라 자미국에서는 너희들이 살아서든 죽어서든 사후세계 어디로 가서 무엇으로 태어날 것인지 미리 알 수 있는 전 세계 유일한 곳이니라.

죽어서는 종교가 거짓이었고 악들의 세계라는 것을 알게 될 것이지만, 그때는 하늘의 심판자인 태초 하늘 앞에서는 아무런 변명도 통하지 않고, 구원받을 수 있는 그 어떤 방법도 없다는 무서운 사실을 살아생전 알고서 대비책을 세워야 하느니라.

너희들이 죽음 이후 사후세상에서 어디로 어떻게 무엇으로 태어나는지 알 수 있는 곳이 지구상에 하늘나라 자미국의 태초 하늘뿐이니, 이 세상 떠나기 전에 미리미리 알아보고 사후세상을 철저히 준비해야 하느니라.

지금 세상을 살아가는 것이 너희들 마음대로 살아가는 것처럼 보이겠지만 태초 하늘의 자미천기 기운에 의해서 한 치의 오차도 없이 탄생과 죽음, 성공과 실패, 생로병사를 거듭하고 있을 뿐이고, 죽어서는 살아생전에 태초 하늘 앞에 찾아와서 죄를 빌지 않고 죽은 죄에 대한 엄중한 형벌을 받게 되기 때문에 인류 모두가 추포되어 천상대법정에서 심판을 받느니라.

너희들이 언제 어느 때 어디에서 어떻게 살다가 죽었는지 모든 일거수일투족의 현생록이 천상장부에 실시간으로 동영상과 문서로 기록되고 있도다. 인류 모두는 태초 하늘 앞에 살아서든, 죽어서든, 지구든, 우주든, 땅속이든, 강과 물속이든, 만생만물로 윤회하든 도망갈 곳도 없고, 숨을 곳도 없느니라.

가장 무섭게 다루는 죄는 천상의 도망자들인 하누님, 하느님, 하나님, 한울님, 한얼님, 부처님, 미륵님, 상제님, 천지신명님, 열두대신, 알라신, 라마신, 시바신, 석가, 여호와, 예수, 마리아, 마호메트, 도교 창시자 등등 악의 씨앗들인 악신과 악령, 사탄과 마귀들이 지구에 세운 온갖 숭배자들을 받드는 종교 믿은 죄를 가장 큰 형벌로 다스리느니라.

 종교를 악신, 악령, 사탄, 마귀들이 세운 곳이란 사실을 모르고 믿었든 상관없이 모두가 추포되어 심판받게 되며, 육신 살아서의 삶보다 죽음 이후 끝없이 계속되는 사후세계를 철저히 준비해야 하느니라.

 이 세상의 모든 종교에 다니는 것은 돈을 주고, 악귀잡귀들을 무더기로 사들이는 무서운 일이란 진실을 알려주느니라. 인류 모두가 수천 년 동안 종교에 몽땅 속았느니라.

 청개구리, 까치, 앵무새, 병아리, 닭, 돼지, 말, 소, 양, 개, 두꺼비, 고양이 기타 모든 가축과 짐승들도 너희들 말을 알아듣는 이유가 궁금할 것인데, 이들 모두가 전생에 사람으로 살았다가 말 못 하는 축생으로 윤회하며 벌받는 중이기에 너희들의 말귀를 알아듣는 것이니라.

 이들 중에는 살아서 종교를 열심히 믿다가 죽은 종교인들, 신도들, 살아생전 왕과 대통령, 공직자, 재벌, 부자들이었느니라. 너희들의 조상들이 죽어서 이렇게 윤회하고 있기에 자손과 후손들이 고통을 짊어지고 살아가느니라.

 사후세상을 살아서는 인정 안 하고 육신이 죽어서야 무서움을 인정하게 되는데, 심판은 살아서만 심판받는 것이 아니라 육신이 죽어서도 심판받게 된다는 무서운 진실을 알아야 하느니라.

죽으면 그만이라 생각하며 살아가는 자들이 무척 많은데, 죽음이 편한 것이 아니라 얼마나 무서운 것인지 죽어서 처절하게 느낄 것이지만 무서운 고통을 면할 수 있는 길은 없느니라.

살아서 열심히 받들어 섬기던 하누님, 하느님, 하나님, 한울님, 한얼님, 상제, 천지신명, 미륵, 부처, 여호와(야훼), 예수, 마리아를 찾으며 구원해 달라고 목이 터지라고 외쳐도 이들은 천상의 역모 반란군들로서 쫓겨난 자들인 악신과 악령, 악마, 사탄, 마귀의 씨앗들이기에 절대로 구하러 오지도 않고, 구원해 줄 능력도 없다는 하늘의 진실을 살아서 깨우쳐야 하느니라.

이들은 모두 태초 하늘로부터 추포되어 심판받고 영성과 영체가 소멸되었기에 종교 귀신들만이 종교세계를 지배 통치하고 있을 뿐이도다. 태초 하늘인 나는 인류와 신과 영들, 만생만물, 인간 육신의 세포까지도 명을 내릴 수 있고, 이들 신과 영들, 세포를 추포하여 대화하며 심판할 수 있는 천지대능력자이니라.

너희들의 인생 선배들인 죽은 영(귀신)들이 전해 주는 진실은 지구에 태어나는 것은 태초 하늘인 내게 심판받고 죄를 빌기 위해서 지구에 태어나는 것인데, 여기 하늘나라 자미국에 들어온다는 것도 굉장히 힘든 것이고, 기적 중에 기적이고, 하늘의 명을 받들면 지옥별 지구에서 다시는 태어나지 않고, 영원히 천상이란 곳에서 살게 된다고 말하느니라.

너희 영들이 지구에 태어나는 것은 고통 그 자체이며, 지구에 인간으로 태어나는 것도 가장 큰 불행이기에 너의 업보와 너의 죄업만 가지고 태어나느니라. 너희들은 애기를 낳으면 축복한다고 하는데 축복이 아니라 저주이니라.

차라리 지구에 사람으로 태어나지 말았어야 한다며, 빨리 죽었으면 좋겠다고 말하느니라. 이곳 하늘나라 자미국에 찾아와서 죄를 빌지 않는 한 어차피 죽어도 끝없이 심판을 받게 되는데 처음부터 태어나지 말았어야 한다고 말하느니라.

사람으로 살아가는 것이 참 어렵다고 하느니라. 살아 있는 것 자체도 힘들고, 살아서 숨 쉬는 것도 고통이지만 죽어서는 더 힘든 지옥세상이 기다리는 줄 모두는 모르고 있다 하느니라.

수천 년의 세월 동안 인간들에게 절대적으로 추앙받으며 섬김을 받는 하누님, 하나님, 하느님, 여호와님(야훼), 예수님, 성모님, 천사님, 부처님, 미륵님, 보살님, 상제님, 천지신명님 자체가 죽어보니 악신, 악령, 악마, 사탄, 마귀, 악귀였다고 말하니, 너희들은 이런 무서운 진실을 어떻게 받아들일 것이더냐?

살아생전에는 가장 성스럽게 존경하며 목숨처럼 귀하게 받들고, 아낌없이 금전을 바치고, 희생하며 봉사하였던 숭배자들과 종교지도자들이 사탄, 마귀, 악신, 악령, 악마, 악귀 자체였다는 무서운 진실을 너희들도 죽어봐야 알겠다고 말할 것이더냐?

죽은 영들이 전해 주는 진실은 하늘나라 자미국에서 출판한 책을 읽고 대우주 창조주 태초 하늘인 줄 알고도 죄를 빌러 찾아오지 않는 살아 있는 자들은 죽어서도 지옥세계 염라국이라는 곳에서 다시 심판하게 될 것이니라.

육신이 죽은 뒤에는 명부전 지옥에 가서 직접 지엄한 심판의 명을 내리게 되는데, 명부전 10대왕들을 비롯하여 수억만 조에 이르는 모든 윤회세계와 지옥세계를 관장하고 다스리니라.

너희들의 영적 수준으로는 이것이 진실이라 하더라도 이해하기 어렵고 믿어지지도 않을 것이도다. 세상에 널리 알려진 수천 년의 역사와 전통을 자랑하고 웅장한 건물과 화려한 기존 종교세계가 진짜인 줄 알고, 모든 돈과 재물, 인생을 바치며 다니고 있을 테지만 죽어서야 종교세계가 모두 가짜라는 것을 알고서 눈물 흘리며 대성통곡하지만 돌이킬 수 있는 길이 없느니라.

인간세상 눈높이에서 세상적으로 성공하고 출세하여 재력과 권력을 거머쥐고, 명예를 널리 알리고 있는 소위 상류층 엘리트들로 잘 나가는 자들도 가는 세월을 잡을 수 없고, 죽음 이후 모두에게 다가오는 사후세상을 피할 자들은 하나도 없느니라.

육신 살아서 태초 하늘을 알현하여 천상입천의 명을 받드는 자들이 가장 성공하고 출세한 최후의 승리자들이고, 이 세상의 부귀영화는 죽음과 함께 신기루처럼 영원히 사라지느니라.

제8부

충격! 말로 병마 원격 소멸

3년 전 예언 현실로

전 세계적으로 걷잡을 수 없이 일파만파로 창궐하고 있는 변이 변종 괴질병은 이미 3년 전인 2018년 예언되어 있었도다. 지금은 초기라서 병원에 입원하여서 치료를 받을 수 있으나, 앞으로는 병실이 부족하여 병원에 가더라도 치료를 받을 수 없는 최악의 상황이 발생하여 집에서, 차 안에서, 길거리에서 사망하여 시체들이 널려 있는 광경들을 보게 될 것이니라.

지금은 초기라서 여유가 있어서 시체를 매장하거나 화장하여 장례식을 치르고 있지만, 앞으로는 장례식도 치르지 못하고 닭, 오리, 돼지, 소 살처분하듯 생매장당하게 될 끔찍한 날이 다가오고 있고, 현대의학으로는 방법이 없느니라.

백조일손, 천조일손, 만조일손의 아비규환 지옥세상이 전 세계적으로 활짝 열리게 되는데, 사는 길은 하늘나라 자미국에 들어와서 하늘이 내리시는 십승의 자미천기 기운을 받아야만 괴질병에서 자신과 가족의 목숨을 지킬 수 있을 것이니라.

현재 퍼지고 있는 괴질병은 자체 변이되는 자연 진화 변종 능력이 있어 3종 4종 변이, 알파 변이, 델타 변이, 델타 플러스 변이까지 발생하였는데, 또다른 변종이 계속 출현할 것이니라.

어차피 산 자들의 종착역은 죽음인데, 다만 각자 죽어야 하는 시간의 차이만 다를 뿐인데, 빨리 죽느냐, 늦게 죽느냐의 차이 밖에 없느니라. 그리고 종교를 믿는 자들은 숭배자들에게 매달리며 살려달라고, 구해 달라고 열심히 기도할 것인데, 불행을 막아줄 숭배자들이 소멸되어 없기에 기도해 봐야 아무 응답도 받지 못하고, 어떤 이적과 기적도 나타나지 않을 것이니라.

죽어서 극락, 선경, 천국, 천당으로 갈 것이라고 맹신하는 자들이 대다수이겠지만 인류가 꿈꾸는 죽음 이후의 이상향의 유토피아 세계는 종교를 통해서는 단 한 명도 갈 수 없다는 무서운 진실을 받아들여야 하고, 죽어보면 알게 될 것이니라.

육신이 살아 있을 때 하늘나라 자미국을 찾아오지 않는 자들도 죄가 크고 불행한 자들이니라. 지구상에 존재하는 모든 종교세계는 너희들을 지옥세계와 말 못 하는 축생계로 인도해 줄 뿐 절대로 꿈의 무릉도원 세상이 열리는 천상으로 올라가게 해주는 일은 그레이엄 수의 1도 없느니라.

살아서든 죽어서든 인간, 영혼, 조상, 신명들이 구원받을 수 있는 곳은 지상의 하늘나라 자미국 한 곳뿐이니라. 귀신들이 살아가는 사후세상이 존재하는지, 없는지 아직도 반신반의하는 자들이 무척 많은데, 죽음 이후 사후세상이 존재한다는 것은 금방 알 수 있느니라.

태초 하늘인 나에게 자미천기로 보호받으면 누구든지 재난, 질병, 고통, 불행에서 벗어나 행복하게 되느니라. 나는 너희들이 찾으려던 천통대능력자, 도통대능력자, 의통대능력자, 신통대능력자, 영통대능력자이고, 풍운조화를 부리며 신과 영들에게 명을 하달하는 대우주 창조주 절대자 하늘이고, 구원은 나를 통하지 않는 이상 종교인들에게는 받지 못하느니라.

 태초 하늘인 나를 알현하는 자들은 가장 행복하고 천복만복을 받은 천운아, 행운아이며, 인생 최고의 승리자이자 최후의 승리자이니라. 로또복권, 미국의 메가밀리언, 파워볼 복권에 1등 당첨된 것보다 값어치가 더 크다고 보면 되느니라.

 하늘, 영혼의 부모, 영혼의 어머니, 천지인 창조주, 절대자, 하느님, 하나님, 한울님, 천황, 상제, 천제, 천자, 도전, 도황, 부처, 미륵, 재림예수, 마리아, 정도령, 진인, 신인, 메시아, 구세주, 구원자를 사칭하여 금전을 갈취하고 육신과 정신을 지배 통치하여 자신들의 노비로 삼는 종교의 창시자, 교주, 지도자, 조상, 신명, 영혼, 아수라, 악신, 악령, 악마, 사탄, 마귀, 요괴, 악귀, 잡귀, 축귀, 귀신들을 추포하여 심판하기 위해서 대우주 창조주 태초의 절대자 하늘이 인류 최초로 강세하였느니라.

 심판할 자 심판하고, 구원할 자 구한 뒤에 지구 파괴로 인류는 결국 멸망하여 종말을 맞이하게 될 것인데, 인류가 멸살되어 종말을 맞이하기 전에 태초 하늘이 내리는 천상입천의 명을 받들 순천자들을 불러들여 구해 주고자 하느니라.

말(자미천기)로 병마 원격 소멸

난생처음 들어보는 황당한 이야기로 들릴 것인데, 말로 병을 고쳐주고 있는 대우주 천지인 창조주 태초의 절대자 하늘이니라. 서울 강동구 성안로 118(성내3동 382-6) 하늘나라 자미국을 창시한 태초 하늘이 자미천기 천지기운으로 병마를 소멸해 주기 때문에 일어나는 신비로운 현상이니라.

오늘이 천기(天紀) 21년 5월 12일인데, 제주도 서귀포시 서흥동에 있는 하늘의 백성 고○○이 한 달 반 동안 콧물과 재채기가 너무 심하게 나와서 초주검 상태라 일을 못 해서 고생하였는데, 콧물과 재채기 나오게 하는 귀신들을 원격으로 추포해서 소멸시켜 주고 5분 만에 콧물과 재채기가 멈추어 정말 너무 신기하고 놀랍다고 문자를 보내왔느니라.

자미천기 천지기운은 이처럼 시공간의 거리 개념을 넘어서 지구촌 어디든지 즉시 도달하지 않는 곳이 없느니라. 태초 하늘은 서울 강동구에 있고, 하늘의 백성 고○○은 제주도 서귀포시 서흥동에 있었느니라. 종교인이나 의사들의 능력으로 가능한 일이겠느냐? 이것을 어떻게 무엇으로 설명할 것이더냐?

서울 강동구 성내동에서 제주도 서귀포시 서흥동까지 직선거리상으로는 약 479.4km인데, 이렇게 멀리 떨어져 있어도 태초 하늘인 내게 천상입천 명을 받은 백성이나 하늘의 신하(천인) 신분이 되면 원격으로 24시간 병마를 소멸해 줄 수 있는데, 세계 어느 지역에 살고 있든 거리는 상관없느니라.

이것이 바로 대우주 천지인 창조주 절대자 하늘의 천지대능력이니라. 이것은 너희들이 애타게 기다리던 절대자 하늘이 하늘나라 자미국으로 강세하였다는 것을 현실로 생생히 검증해 준 것이니라.

이 같은 수많은 신비한 사례는 차고도 넘쳐 대하 드라마나 경전을 써야 할 정도이고, 매주 일요일 천법회에서는 말로 병을 고치는 사례를 직접 보고 듣고 체험할 수 있느니라.

문자로 몸의 아픈 부위를 보내면 그곳에 있는 병마 귀신을 추포해서 소멸시키면 병이 거짓말처럼 낫게 되니, 직접 체험해 보지 않으면 반신반의하며 인정하기 어려울 것인데, 전국 각지에 사는 태초 하늘의 신하와 백성들은 갑자기 몸이 아프면 문자로 병마를 소멸해 달라고 의뢰하느니라.

말로 병을 고친다니 이것이 가능하냐고 모두가 믿지 못할 것인데 사실이니라. 해외토픽이나 '세상에 이런 일'에 출연해야 할 정도인데도 아직 세상이 알아보지 못하고 있도다. 태초 하늘은 질병을 전문으로 치료해 주는 퇴마사가 아니기에 일반인들에게는 널리 알려지지 않았느니라.

태초 하늘인 나의 명을 받들어 하늘나라 자미국의 백성이나 신하(천인)들만이 누릴 수 있는 특권이기에 너희들도 이런 천비(신비)한 체험을 하려면 나의 명을 받아 하늘나라 자미국의 정식 백성 신분 취득부터 해야 가능하느니라.

그러니까 단순하게 병마 소멸만을 목적으로 찾아오는 사람들에게는 해당되지 않느니라. 다시 말하자면 너희들의 조상을 천상입천시켜 구원해 주는 근본도리를 행하였거나 자신의 영혼을 하늘 사람이 되는 천인합체 의식을 행한 자들에게만 자격이 주어진다는 뜻이니라.

너희들의 조상 구원 천상입천 의식과 자신의 영혼 구원 천인합체 의식을 행해 보면 신비로운 일들이 너희들의 일상에서 부지기수로 일어난다는 것을 실제로 체험하게 되고, 알 수 없는 신비로운 자미천기 천지기운을 온몸으로 느끼게 되느니라.

이 세상의 종교와 명산대천에서 어떤 신비로운 기운을 느낀다는 모든 기운은 악신과 악령, 아수라, 사탄, 마귀, 악귀, 귀신들이 주는 기운을 받아오는 것들이고, 진짜 태초 하늘이 내려주는 자미천기 천지기운은 하늘나라 자미국에서만 받을 수 있다는 사실을 처음으로 알리느니라.

병원에서 잘 낫지 않는 병들의 90% 정도는 병마를 소멸할 수 있지만 먼저 하늘의 명을 받아 백성이나 신하의 지위를 취득해야 이런 특혜를 누릴 수 있느니라. 만성질환이나 평생을 지병으로 시달리며 살고 있는 자들이 많은데, 귀신병은 병원에서 치료를 받아도 잘 낫지 않는 것이 특징이니라.

만성 감기, 몸살, 두통, 우울증, 불면증, 자살 충동, 어깨 결림, 허리통증, 무릎 통증, 당뇨, 고혈압, 암, 희귀병 등에 이르기까지 병마의 90%까지는 말(기운)로 소멸할 수 있느니라.

태초 하늘인 나의 말은 명이자 법이고, 자미천기 천지기운이기 때문에 상상을 초월하는 이적과 기적이 무수히 일어나느니라. 질병뿐만이 아니라 인생사 얽히고설킨 모든 문제들도 말로 해결이 가능하느니라.

일단 태초 하늘의 명을 받아 하늘의 백성이나 신하의 신분을 취득하고 나면, 다음부터는 직접 방문하지 않아도 원격으로 아픈 질병을 낫게 해주느니라. 물론 시간이 되면 매주 일요일 천법회에 참석해서 병마를 소멸하면 더 좋으니라.

이것은 대우주 천지인 창조주 절대자 하늘의 자미천기 천지기운이 아니면 절대로 불가능한 일이고, 이런 말은 태어나서 그 어디서도 들어본 적이 없을 것이니라. 자미천기 천지기운으로 천상지상 공무를 집행하기에 인간, 영혼, 조상, 신, 귀신의 문제에 대해서는 불가능이 없다고 보면 되느니라.

세상이 애타게 기다리는 공포의 대왕, 생살여탈권자, 죄사면권자, 천통, 도통, 신통, 영통, 의통의 천지대능력자는 바로 대우주 천지인 창조주 태초의 절대자 하늘이니라.

종교세계가 진짜인 줄 알고 하늘의 집을 나간 인간, 영혼, 조상, 신들은 이제 악들이 세운 종교를 떠나 만생만물과 영혼의 부모이자 태초의 절대자 하늘의 품 안으로 어서 돌아오라고 하늘나라 자미국에서 손짓해 부르느니라.

서울에서 부산 환자 병마 원격 소멸

50년 고질병인 위통을 단 5분 동안 병마 원격 소멸 이후 위가 아픈 것이 완전히 사라졌는데, 세상에 이런 일입니다. 저는 요즘 하루하루가 너무 즐겁습니다. 오늘은 친구와 점심을 먹으러 보리밥집에서 비빔밥을 주문했는데, 상 위에 나오는 온갖 나물들을 보리 반, 쌀 반 섞인 밥에 모두 넣고 강된장을 넣어 슬슬 비벼 한 톨도 남기지 않고 맛있게 먹었습니다.

비빔밥이 이렇게 맛있는 줄 몰랐습니다. 속이 답답하지도 않고 밥 한 그릇 쉬지도 않고 뚝딱 먹어치웠습니다. 저는 원래 어려서부터 위가 좋지 않아서 늘 음식을 조심해야 했기에, 보리밥에 비빔밥이라는 것은 상상도 못 할 일입니다.

압력솥 밥만 먹어도 위가 아파서 늘 살짝 끓여야 하고, 친구들이 비빔밥집을 가자고 하면 어떤 핑계를 대서라도 빠지거나 다른 것을 먹었습니다. 어떤 음식이든지 음식을 먹고 소화가 되기 전에 눕거나 잠이라도 자고 일어나면 눈을 뜰 수 없이 얼굴이 붓고, 위는 말할 수 없이 아파서 약국으로 달려가야 했습니다. 그뿐만이 아닙니다.

비타민 하나도 소화시키지 못해 소화제랑 늘 같이 먹어야 했고, 한 번 탈이 나면 여러 날 약을 먹어야 했으며 최고 1년까지

약을 먹은 적도 있습니다. 병원과 약국은 안 가본 데가 없고, 병원을 부산에서 인천까지 가본 적도 있습니다. 위암인 줄 알았는데 다행히 아니었지만, 사소한 일로 위가 아프기 시작하면 등을 칼로 도려내는 것 같고, 뒷머리는 망치로 쉴 새 없이 두들겨 패는 느낌에 눈은 빠질 듯이 아픕니다.

저녁에는 항상 음식을 일찍 조금만 꼭꼭 씹어 먹고, 소화를 다 시키고 잠을 자야 뒤탈이 없었습니다. 가방에는 항상 비상약을 준비하고 다녔습니다. 얼굴은 맨날 부기가 있었는데, 요즘은 얼굴뿐만 아니라 손등과 다리까지 부어서 손으로 눌러보면 쑥 들어갈 정도였습니다.

몸이 늘 부어 있으니, 솜이 물에 젖어 있는 것처럼 무겁고 피곤해서 자꾸 눕거나 졸음이 왔습니다. 그랬던 제가 이번에 태초 하늘께 병마 원격 소멸 뒤부터 달라졌습니다.

첫날 태초 하늘께서 시키는 대로 아픈 곳을 문자로 올리고, 가만히 아픈 부위에 손을 올려대고 있으니, 온몸으로 진동이 오기 시작했습니다. 그렇게 5분간 병마 소멸시간이 지나고 나서 바쁘게 시간을 보내고 있는데 배가 슬슬 고파왔습니다.

아무 생각 없이 밥을 먹고 무언가 하다 보니 몸이 개운한 느낌이 들었습니다. 습관처럼 명치끝을 손으로 눌러 보았습니다. 그런데 아프지 않았습니다. 음식을 먹고 나면 명치끝이 365일 아팠던 저였습니다. 너무나 놀라서 웃음이 막 나왔습니다. 태초 하늘께 문자 올리고 혼자 싱글벙글하면서 감사합니다, 감사합니다, 소리가 저절로 나왔습니다.

두 번째 태초 하늘께서 문자메시지를 밖에서 받았는데, 옆에 사람이 많아서 마음속으로 다시 한번 따르겠습니다, 하는 동시에 온몸으로 다시 진동이 오기 시작하여서 살며시 사람들과 조금 떨어져서 걸었습니다. 그리고 저녁에 음식이 너무 맛있어서 밤 10시경에 밥을 또 먹었는데, 아침에 일어나서 거울을 보니, 코끼리처럼 부어 있어야 할 얼굴이 보이지 않아 나도 모르게 소리 내어 막 웃었고 자꾸 웃음이 나왔습니다.

저는 태초 하늘을 생각만 해도 한결같이 눈물이 났습니다. 장소를 가리지 않고 눈물을 달고 있는 편인데, 이번에는 웃음이 나왔습니다. 남편이 왜 그러느냐고 하기에 내 얼굴 좀 봐요? 하나도 안 부었죠? 하니까 정말 그러네, 하는 것이 아니겠습니까? 순간 저울이 생각나서 얼른 몸무게를 달아봤는데, 2~3일 사이에 1.2kg이 빠졌고, 몸이 너무나 가벼워졌습니다. 요즘은 보는 사람마다 볼살이 빠졌네, 더 예뻐졌네 하는데, 이 나이에도 그 말이 싫지 않습니다.

전 세계 인류 중에 태초 하늘께서만이 가능하신 천비(신비)한 기적의 병마 원격 소멸! 세상에서 기 치료사가 손으로 환자 몸에 손을 대고 치료하는 것은 들어보았어도 문자로 병마를 원격 소멸한다는 것은 인류 최초이고, 난생처음 들어보는 말입니다. 평생을 고통스럽게 살다가 질병의 고통에서 벗어나서 너무나 좋고, 기적의 천지대능력에 무한한 찬사를 보냅니다. 이때 전국 각지에 살고 있는 하늘나라 자미국 전체 신하와 백성들을 동시에 합동으로 병마를 원격 소멸해 주셨는데, 많은 사람들의 병마들이 기적처럼 사라졌습니다.

인류 최초이고, 있을 수 없는 일이 일어났습니다. 태초 하늘께서는 서울 강동구 성내동에 계시고, 저는 부산에 사는데, 핸드폰 문자를 통해서도 자미천기를 내려주시는 천지대능력자이신 하늘나라 자미국의 태초 하늘께서는 대한민국뿐만 아니라 전 세계 인류의 큰 어르신이자 구세주이십니다.

병원에서 평생 치유가 안 되어 고생했었던 나의 고질병이 태초 하늘의 신비한 병마 원격 소멸로 단번에 통증이 없어졌으니, 예수의 기적을 능가하는 일이 아닐까 생각합니다. 현대 최첨단 의학이나 과학적으로 도저히 설명할 수 없는 태초 하늘의 신비스러운 천지대능력은 무소불위함 그 자체이십니다.

노벨의학상을 받아도 모자랄 것 같습니다. 우리 인간의 능력으로는 감히 생각조차 못 해본 일이기에 황당한 사이비 같다고 봐야 할지도 모릅니다. 태초의 하늘께 이 세상의 어떤 말로 어떻게 감사드려야 할지 모르겠습니다. 또 눈물이 자꾸자꾸 납니다. 태초 하늘이시여~! 감사합니다.

태초 하늘의 병마 원격 소멸! 공상 소설 그 자체인데, 현실이니라. 이 기적의 사연을 쓴 자는 나를 알현한 후, 현재 13년째 하늘나라 자미국에 다니고 있도다. 3년 전에 아예 서울로 이사했고, 강남에서 일하고 있는데, 매주 일요일 천법회에 참석하고 있으며, 이렇게 말로 병을 고치는 것은 인류 역사에 없었던 일이니라. 즉, 태초 하늘인 나의 자미천기는 지구든 우주든 미치지 않는 곳이 없다는 뜻이고, 절대자 하늘이 이 땅에 강세하였음을 세상에 알려주는 경이로운 사례이니라.

병마를 원격 소멸시키는 천지대능력자

이 세상 어디에서도 들어본 적 없는 기상천외한 병마 소멸을 말로 해주고 있는데, 직접 체험해 보아야 인정할 것이니라. 몸에 손가락 하나 대지 않고, 5m 거리를 유지하고 말 한마디로 병마를 다스리는 인류 최초의 진인이 태초 하늘이니라.

세상에서 병마를 다루는 것은 침술사, 기치료사, 퇴마사, 무속인, 승려, 신부, 목사의 안수기도가 일반적으로 알려진 내용이니라. 병원에서도 잘 고쳐지지 않는 영적인 병마를 소멸하려고 이곳저곳을 찾아다니지만, 그렇게 치료해도 잘 낫지 않아서 실망하는 경우가 많으니라.

이런 글을 읽으면 이해가 안 될 것이기에 직접 체험해 보는 것만이 불신이 생기지 않느니라. 태초 하늘의 천지대능력이 아니고서 인간의 능력으론 절대 불가능한 일이니라.

아직까지 이 세상에서 이런 천지대능력을 가진 자를 본 적도 들은 적도 없었기에 믿으려는 사람도 없을 것이지만, 하늘나라 자미국에 다니는 전국의 신하와 백성들만 알고 있을 뿐이니라.

태초 하늘의 육성으로 나가는 말은 이 세상에 명이자 법이고 기운으로 내려가고, 현실로 이루어지는 무소불위한 천지대능력이기 때문에 병마를 다스릴 수 있는 것인데, 너희들의 입장에서는 난생처음 들어보기에 쉽게 이해하기 매우 어려운 일이지만 전국 각지에서 수많은 자들이 체험하고 있느니라.

병마를 다스리고 질병을 고치는 것이 전문이 아니다 보니 일부러 소문을 내지도 않고, 질병만 고치러 오는 자들은 받아주지 않으니, 태초 하늘인 나를 알현하여 병마를 소멸하려면 너희들의 조상들부터 천상입천 의식을 행하여 구원해야 하느니라.

이것이 태초 하늘인 나의 뜻이기에 사후세계에서 슬피 울며 제발 살려달라고 눈물, 콧물 흘리며, 애걸복걸 울부짖고 있는 불쌍한 너희들의 조상부터 구원해 주어야 하느니라. 질병으로 인한 고통은 너희 조상들이 죽어서도 그렇게 아프다는 것을 알려주는 메시지이기 때문이니라.

너희들의 반은 조상, 반은 인간 즉 반조반인인데, 조상을 살려주는 근본도리를 행하지 않는 자들은 병마를 소멸해 줄 수 없도다. 나의 천지대능력은 무소불위한 자미천기 기운이기에 조상을 구하지 않는 자들에게는 절대 쓰지 않느니라.

물론 조상과 함께 살아가고 있기 때문에 조상들이 살아생전 앓았던 질병이 대물림되어서 질병으로 고통을 당하는 자들도 있고, 혹은 다른 귀신들이 들어와서 발병한 질병들도 있기에 질병의 고통에서 벗어나려면 자신을 낳아주고 길러준 부모 조상들부터 구해야 하느니라.

이것이 너희들의 부모 조상에 대한 근본도리를 행하는 것이

첫째 효도일 것인데, 요즘은 제사와 차례를 지내고 종교만 열심히 믿으면 조상들이 좋은 세상으로 가서 편히 있는 줄 착각하며, 모든 것이 다 이루어지는 것처럼 생각하며 살아가고 있느니라.

너희들의 부모 조상들을 종교에 모두 팔아먹고 근본도리를 다한 것처럼 착각하고 있는 것이 현실이니라. 태초 하늘인 나는 근본도리를 가장 중요하게 여기기에 부모 조상을 구하지 않는 자들은 죽음 이후 사후세상을 보장받을 수 있는 조상들의 천상입천, 생령들의 천인합체 의식을 윤허하지 않느니라.

이 땅에서 종교를 믿는 행위 자체가 나의 가슴에 비수를 꽂은 천상의 대역천자들인 악신, 악마, 악령, 악귀, 요괴, 사탄, 마귀들의 뜻에 동참하여 종교 부흥을 도와주는 일이기에 나에게 무서운 죄를 짓는 행위가 되어 윤회하거나 지옥세계에 떨어졌을 때 죄의 대가를 치르게 되느니라.

태초 하늘인 나는 무소불위한 천지대능력을 가진 영도자이자 신과 영혼, 인류의 대황제이기에 전 세계의 신과 영들을 다스리며 구원과 심판의 천상지상 공무를 집행하고, 인류의 생살여탈권을 집행하고 있느니라.

이 지구상에 수많은 이인, 기인, 도인, 도사, 술사, 유능한 종교인들이 많겠지만 아무도 나의 천지대능력을 능가할 수 있는 인간, 영혼, 조상, 신들은 이 세상에 존재하지 않느니라.

지금까지 이 땅에 다녀간 죽은 자들과 현재 살아 있는 자들 중에서도 태초 하늘의 육신을 제외하고 참 인간 진인이 없는 이유는 지구에 태어난 자체가 천상에서 대역죄를 짓고, 지구로 도망치거나 쫓겨난 죄인들이기 때문이니라.

대우주 창조주 태초의 절대자 하늘인 내 인간 육신은 천상에서 지구로 내려보낸 자미황혈(紫微皇血) 혈통으로 진인이기에 참진인이라 하느니라.

"자미○○ 백화천 분염경성
도천구한 참인지사생인솔
세육황락 기대본서 자미○○ 대솔지엄황
내려사측육혼 자미필멸"

"태상○○불멸 태상궁환 경태천륵 경불하세
태상천륵 자미혈손
자미○ 불멸천지인 대극화성멸
태상천기 태상오군 태화미형
자미○ 판관 육태황지경
자미○경 인화멸 지상육멸
태상○○ 화수대멸 인지래
자미○공판 태상○○ 하강 천지멸
자미○사 천판멸 오천사태지업
인화태멸 지사평치 공인황멸"

병마에서 벗어나는 길

괴질병에 걸리지 않으려고 백신 접종을 맞고 있는데, 맞든 안 맞든 인간은 언젠가는 결국 죽게 되고, 죽음 이후에 받아야 하는 무서운 심판은 어떻게 받을 것이더냐? 인간의 종착역은 죽음이고, 그곳에는 무서운 심판이 기다리고 있다는 진실을 빨리 알아차리고 하늘나라 자미국으로 들어와야 하느니라.

세계적인 괴질병은 앞으로도 걷잡을 수 없이 자체 변이되어 알파 변종, 델타 변종, 델타 플러스 등 수천 종류로 무수히 발생할 것인데, 현대의학이 따라가지 못하여 패닉 상태에 빠지게 될 것이며, 이들 바이러스는 괴질신장들이니라.

즉, 인류를 심판하기 위한 것이기에 의학적으로는 한계에 부닥칠 것이고, 괴질병 감염으로부터 벗어날 수 있는 유일한 방법은 하늘나라 자미국에 들어와서 자미천기를 받고 살아가는 것뿐이니라. 생존도법주문이란 것이 있는데, 이것을 수시로 외우면 괴질병 바이러스가 침투하지 못하느니라.

하늘나라 자미국에서는 감기가 자미천기 기운으로 사라지는 것이 무수히 입증되고 있느니라. 오한, 발열, 메스꺼움, 구역질, 너무나 고통스러운 심한 기침, 줄줄 흐르는 콧물, 잠 못 자게 하는 코막힘, 끊임없이 나오는 재채기가 자미천기를 받으면 즉시 사라지는 이변이 일어나고 있느니라.

의학적으로는 설명이 안 되는 실제상황이니라. 즉, 자미천기는 괴질병까지 통제하고 다스린다는 말이 되는데, 태초 하늘의 명을 받은 하늘나라 자미국의 신하와 백성들은 병원에 가는 일이 거의 없고, 수술할 큰 병이 아닌 이상 태초 하늘의 자미천기로 모두 고쳐주느니라.

발열, 오한, 몸살, 감기, 기침, 콧물, 재채기, 가래, 만성 두통, 뒷골 당김, 어깨 통증, 오십견, 가슴 답답, 흉통, 복통, 속쓰림, 신물, 담, 결림, 손발 저림, 허리통증, 무릎 통증, 종아리 통증, 손발 부종, 무기력, 자살 충동, 환청, 환영, 불치병, 살면 무엇하나 하는 비애를 느끼는 자들은 해답이 이곳에 있느니라.

현대의학 장비나 의사들도 알지 못하고 찾아낼 수 없는 병의 원인과 해법을 모두 찾아내어 자미천기로 병마들을 순간에 소멸할 수 있어 매우 놀랍고 경이로운 일인데, 의학계에 전무후무한 일이라서 어디까지 믿을지 모르겠도다. 인류의 첨단의학이 풀지 못한 쾌거이니라. 몸이 피곤하거나 특정 부위가 아프다며 침을 맞고, 부황을 뜨는 것조차도 일절 필요 없느니라.

세상을 살아가면서 육신의 질병, 정신적인 질병으로 고통 속에서 살아가는데, 병원에서 간단히 치료할 수 있는 질병이 있는가 하면 최첨단 의학 장비와 유능한 의사들도 고치지 못하는 병마들도 너무나 많고, 병명조차도 알아내지 못하는 병마의 종류가 헤아릴 수 없이 많으니라.

MRI, CT로 촬영하고 피검사와 소변 검사, 변 검사를 통해서 세균 종류를 알아내어 병명을 진단하는 것이 현대의학인데, 의학적으로는 아무 이상이 발견되지 않아 고통 속에 살아가는 자들이 참으로 많으니라.

병명을 찾아내었다고 하더라도 주사와 약물로도 치료가 안 되는 질병 종류가 많도다. 신병, 무병, 우울증, 불면증, 자살 충동, 정서 불안, 초조함, 두통, 뒷골 당김, 뇌 안개 현상, 머리 무거움, 가슴답답, 속 쓰림, 어깨 결림, 허리통증, 무릎 관절, 색정, 식탐, 폭음과 술주정, 마약중독, 도박중독,

간암, 위암, 폐암, 대장암, 후두암, 췌장암, 신장암, 전립선, 시력 저하, 눈 침침, 눈꺼풀 떨림, 이명 현상, 환청, 환영, 무기력, 의욕 상실, 사업실패, 금전 고통, 가정불화, 이혼, 별거, 상습폭행, 교통사고, 단명, 투신자살, 음독자살, 자해, 악몽과 흉몽으로 고통 속에 살지만, 방법을 찾지 못하고 있느니라.

또한, 원인조차 알아내지 못하고 전 세계적으로 일파만파 퍼지는 괴질병으로 많은 자들이 죽어나가 하루하루 불안과 공포 속에서 살아가고 있어도 해법을 찾아내지 못하고 있느니라.

현대의학과 종교를 통해서도 찾을 수 없고, 해결하지 못한 인류사의 질병과 죽음, 하늘세계, 천상세계, 사후세계의 모든 비밀을 태초 하늘이 갖고 있느니라. 현생만 존재하는 것이 아니라 죽음 이후 내생(來生)의 세계도 존재하느니라.

이 땅에 태어나기 전의 천상의 삶인 천생(天生)과 직전 전생

(前生)도 존재하고, 수많은 생명체로 윤회 과정을 거치며 전생과 천생에서 지은 업보를 풀기 위해 현재 이 세상에 태초 하늘 육신과 동시대에 태어났는데, 이 책을 읽고 하늘나라 자미국에 들어올 팔자를 타고난 자들과 영혼, 조상, 신들은 최고로 선택받은 행운아, 천운아들이니라.

너희들과 가족, 영혼(생령), 조상(사령)들의 현생과 내생의 모든 비밀을 말해 주고, 길흉사를 좌우하는 운명의 주인공인 태초 하늘을 알현할 수 있기 때문이니라. 이 세상에 태어났다가 이미 죽은 세계 인류와 아직 살아 있는 모든 인류가 하늘나라 자미국의 태초 하늘을 알현하여 천생과 전생, 현생에서 지은 업보를 풀기 위해서 태어났다는 위대한 진실을 알고 있는 자들은 전무후무할 것이니라.

나는 너희들과 똑같은 인간의 모습을 하고 있으나 사람이 아닌 태초 하늘이니라. 천상입천의 명을 받들어 봉행하는 자들은 천상으로 돌아갈 수 있고, 세상에서 가장 무서운 종교의 사상과 교리, 이론에 조상의 대를 이어 세뇌되어 빠져 있는 영혼, 조상, 신들은 영들의 고향인 천상으로 돌아가지 못하니라.

그래서 종교 숭배자들을 믿는다는 것은 영원한 죽음의 길인 것인데도 불구하고 오히려 자랑스럽게 생각하며 성직자의 길을 자랑스럽게 걷고 있는 것이 종교인의 모습들이니라.

태초 하늘은 이 땅에서 살다가 죽어서 귀신이 되고 만생만물로 윤회하여 고통 속에 살아가는 수많은 영들을 자유자재로 불러서 대화하기도 하고 구원도 하며, 심판을 통해서 이들의 생살여탈권을 집행하느니라.

　태초 하늘의 무소불위한 천지대능력은 불가능이 없고, 겪어 보지 않으면 믿을 수 없는 수많은 이적과 기적이 너무나도 많이 일어나고 있느니라. 인간들의 눈높이로는 도저히 상상이 안 되는 상상 초월의 천지대능력을 갖고 있느니라.

　너희들과 가족, 영혼, 조상, 신들의 생살여탈권과 죄사면권을 갖고 천상에서 내려왔느니라. 살아 있는 자와 이미 죽은 자들 모두에 대한 심판을 집행하는데, 육신이 살아서 나를 알현하지 못하고 죽은 자들은 죽어서 반드시 천상대법정에서 다시 심판받게 되어 있느니라.

　나는 너희들과 가족의 영혼, 조상, 신들에 대한 구원자이자 심판자이고, 질병을 낫게 해줄 수 있는 인류의 마지막 희망의 등불이니라. 현생과 죽음 이후 내생을 보호받을 수 있는 인류의 유일한 십승지가 하늘나라 자미국의 태초 하늘이니라.

　수많은 자들이 무소불위한 빛과 불의 천지대능력을 가진 태초 하늘인 나를 알현하여 대개벽하였고, 괴질병으로부터 보호받으며, 악귀잡귀 병마 귀신들을 추포하여 소멸시킴으로써 오랜 질병의 고통에서 벗어난 생생한 사례들이 너무나도 많은데, 정말 믿기지 않을 정도로 상상을 초월하는 일들이 많으니라.

병마의 정체는 무엇일까?

　세상에는 온갖 종류의 질병들이 너희들을 고통스럽게 하고 있고, 병원을 찾아 치료받으려는 자들이 넘쳐나느니라. 병원에는 인간들만 다니는 줄 아는 것이 일반 상식인데, 조상과 귀신들도 살아생전 앓았던 질병을 치료하러 다닌다는 황당한 일들도 일어나고 있지만 눈에 보이지 않아서 몰라보고 있느니라.

　죽은 조상이나 귀신들이 무슨 병원 치료를 받느냐고 황당하다고 할 것인데, 무수히 검증된 내용이니라. 조상과 귀신들은 당대부터 선대 시조 조상들까지 다양하고, 남의 조상귀신들도 빙의된 경우가 상당히 많은 것이 현실이니라.

　육신이 죽으면 모든 고통을 잊는다고 생각하는 것이 일반적인 생각일 것인데, 너희들의 생각과는 정반대이니라. 죽어서도 살아생전 앓았던 질병의 통증을 그대로 느끼며 살아간다는 기막힌 진실을 아무도 인정하려 들지 않을 것인데 사실이니라.

　질병은 너희 조상들의 대물림으로 발병하는 경우와 남의 조상들이 들어와서 발병하는 경우이니라. 조상들의 대물림은 의사들도 인정하는 대목이고, 이것을 가족력이나 유전병이라고 부르는데, 살아서 질병을 앓다가 죽은 영혼들이 너희 몸에 빙의되면 생전에 앓았던 질병과 똑같은 질병을 앓게 되느니라.

죽은 영혼들은 자신의 핏줄인 경우는 조상이라 부르고, 이름 모를 남의 조상들은 귀신들이라 하느니라. 암 귀신, 피부병 귀신, 원한귀, 자살귀, 중풍귀, 청춘귀, 처녀귀, 몽달귀, 치매귀, 이명귀, 두통 통증귀, 뒷골 당김 통증귀, 어깨 통증귀, 허리통증귀, 속 쓰림 통증 귀, 위복통 통증귀, 맹장귀, 무릎 통증귀, 도깨비, 축생령, 곤충령 귀신까지 다양하게 들어와 있느니라.

너희들 눈에 보이는 모든 동물의 축생령이나 곤충령들도 전생에는 사람이었다가 마지막으로 준 기회였던 하늘의 명을 받들지 못한 벌을 받아 축생으로 윤회한 것이니라. 너희들은 종교를 열심히 믿고 있기에 죽으면 좋은 세계로 알려진 극락, 선경, 천국, 천당으로 갈 것이라고 굳게 믿고 있을 것인데, 그것이 모두 허무맹랑한 악신들과 악령들이 현혹시키기 위해 만들어놓은 가상의 가짜세계였느니라.

질병의 정체가 바로 너희들의 조상과 남의 조상들이었다는 것을 인류 최초로 알려주느니라. 단명, 자살 충동, 사건 사고, 차사고, 우울증, 불면증, 두통, 온몸 통증, 무병, 신병, 인생 풍파, 병명 없는 질병, 기타 일체 질병들의 원인과 해법은 지구에서 태초 하늘만이 찾을 수 있고 해결할 수 있느니라.

이러한 질병과 인생 풍파를 벗어나려면 기본적으로 너희들의 부모 조상들부터 먼저 천상입천 의식을 행하여 구원해야 하느니라. 사후세계에서 슬피 울부짖으며 살려달라, 구해 달라, 도와달라며 고통스러워하고 있는 네 부모 조상은 구하지 않고, 너의 질병만 고쳐보겠다는 이런 자들은 절대 사절하느니라.

병마를 소멸하려면 사후세계에서 아픔과 슬픔, 고통과 불행으로 힘들어하는 너의 부모 조상들부터 천상입천 의식을 행하여 구원해야 병마를 소멸할 자격이 주어지는데 이것이 각자 부모 조상에 대한 최소한의 근본도리이기 때문이니라.

돌아간 너의 부모 조상들의 모습이 너희들의 현재 모습 그 자체이니라. 인간의 순수한 정신은 33.3%, 가족과 부모 조상령 33.3%, 남의 조상과 악신, 악령, 사탄, 마귀, 악마, 악귀잡귀, 축생령들이 33.3%이기에 온전한 정신으로 세상을 살아가기가 매우 어려울 것이니라.

세상이 온통 악들과 귀신 천국이기 때문이도다. 너희들 몸 자체가 조상 그 자체이고, 길거리, 자동차, 버스, 지하철, 기차, 고속철, 비행기, 선박, 직장, 공장, 마트, 편의점, 가게, 회사, 백화점, 약국, 병원에서 조상, 악들, 귀신들이 기다리느니라.

너희들의 정신도 태어나는 순간부터 귀신들에게 빙의되어 귀신 없는 맑고 깨끗한 순수한 자들은 이 세상에 하나도 없느니라. 인간을 만나는 자체가 귀신들을 만나는 것이고, 스치기만 하여도 들어오고, 대화할 때 무수히 많이 들어오느니라.

지갑, 핸드백, 카드, 휴대폰, 전화통화, 문자메시지, 컴퓨터, 키보드, 마우스, USB, 오프라인 및 온라인 입출금, 돈을 주고받을 때, 언쟁할 때, 폭행할 때, 대화할 때, 회의할 때, TV 시청, 영화관람, 전국노래자랑, 나이트클럽, 술집, 공연장, 음악청취, 유튜브 시청, 신문 볼 때, 카페와 블로그 접속하여 글을 쓰고 읽어볼 때, 책 읽을 때, 목욕할 때, 대소변 볼 때,

각자의 집 안, 자동차 안, 운전할 때, 열받을 때, 술 먹을 때, 식사 및 회식할 때, 담배 피울 때, 노래 부를 때, 춤을 출 때, 결혼할 때, 합궁할 때, 잔칫집, 상갓집, 장례식장, 영안실, 산소, 납골당, 화장터에 갔을 때, 소파, 테이블, 책상, 의자, 침대, 이불, 요, 베개, 의류, 신발, 구두, 전등, 어항, 인형, 애완동물 등 모든 물품에 상상을 초월하는 수많은 귀신들이 윤회하다가 너희들의 몸으로 숨어 들어오지만, 눈에 보이지 않고 들리지 않아서 인정하고 살아갈 자들은 거의 없을 것이다.

모든 밥, 떡, 반찬, 라면, 국수, 만두, 술, 음료수, 사탕, 과자, 삼겹살, 치킨, 삼계탕, 돼지갈비, 소갈비, 등심, 물고기, 회에도 온갖 귀신들이 무량대수로 달라붙어서 윤회 중인데, 너희들과 접촉하면서 몸 안에 집을 짓기에 세상천지가 귀신투성이니라.

너희들 육신의 120조 세포 중에 1개 세포마다 귀신이 수백, 수천, 수만, 수억 명이 들어 있다고 생각하면 맞을 정도로 많도다. 그래서 몸 아프지 않은 자 없고, 신의 풍파, 조상 풍파, 귀신 풍파, 인생 풍파, 종교 풍파, 사건 사고, 고소 고발, 사기, 배신 풍파를 겪지 않고 살아가는 자들은 하나도 없느니라.

너희들 자체가 귀신과 조상들이고, 눈에 보이는 동물, 축생, 곤충, 벌레, 괴질병, 조류인플루엔자, 돼지 열병, 광우병, 산천초목, 바위, 나무, 돌, 모래, 흙, 풀, 채소, 식물, 육류, 모든 비생명체 사물류, 집기류 등이 신과 영혼(귀신)들 자체이니라. '요즘 세상에 귀신이 어디 있느냐'고 말하는 자들이 아직도 많이 있지만 한마디로 영적 차원이 아주 낮은 자들이다.

너희들 자체가 예비 귀신이자 미래 조상들인데, 귀신들은 컴퓨터 제품들도 오작동을 일으키기에 자동차 급발진 사고도 귀신들의 소행들이니라. 교통사고 다발지역과 익사 사고 자주 일어나는 곳, 자살 바위 같은 곳은 귀신들이 무더기로 몰려 있어서 계속 사고를 나게 만들어 사람이 죽으면 박수 치며 '꼬시다' 하면서 즐긴다는 사실을 어느 누가 알겠느냐?

귀신세계, 하늘세계, 천상세계, 영혼세계, 신명세계, 사후세계, 조상세계, 윤회세계, 지옥세계, 악신세계, 악령세계, 종교세계, 인간세계를 통달한 천지대능력자가 태초 하늘이니라.

그래서 태초 하늘을 알현하는 인간, 영혼, 조상, 신들은 현생과 내생이 천지개벽하는 행운아, 천운아가 되어 근심 걱정 없이 세상을 살아가게 되고 사후세상을 보장받고 살아가기에 질병, 괴질병과 죽음이 전혀 두렵거나 무섭지가 않으니라.

"자미사 태멸 태상○○
자미○ 경극수복이효
수태 자미○대선 태상황사 자미태천도
아육인서 태진서환 자미○정곤
태상○○ 태상천궁 인지태멸
자미○황 사대인태지윤
태상○○ 수군치한 자미보형
대천구멸 사륵 태상○○(자미○○○○)"

악마들의 기운을 소멸시켜라

종교의 악귀잡귀 역천자들을 소멸하지 않으면 인생도 뒤집어지고 천상으로 돌아가지 못하느니라. 너희들의 몸 안에는 눈에 보이지도 들리지도 않는 무수히 많은 무량대수에 달하는 아수라, 악신, 악마, 악령, 사탄, 마귀, 악귀, 원귀, 자살귀, 청춘귀, 사고귀, 음독귀, 투신귀들이 득실거리고 있느니라.

물론 이들도 인간 육신으로 태어났다가 죽은 자들인데, 종교에 빠져서 세뇌되고 죽은 자들이니라. 이들은 태초 하늘인 나를 알현하여 구원받기가 어렵기에 살아 있는 인간 육신들에게 묻지 마 화풀이를 하고 있느니라. 자신들은 구원받을 기회가 없음을 알고 구원받지 못하게 방해하고 있느니라.

지금 역천자 악들과 귀신들을 심판하고, 인류를 구원하기 위하여 태초 하늘인 내가 명을 내리어 천상지상 신명들인 염라국, 곡라국, 현라국의 판관사자들과 저승사자들이 출동하였느니라. 1차 심판 대상자들은 천상에서 역모 반란에 가담한 아수라, 악신, 악마, 사탄, 마귀, 악귀들과 악령들인데, 너희들 몸 안에서 동고동락하며 함께 종교를 다니고 있는 자들이니라.

이런 악들과 귀신들이 인간 몸 안에서 공존공생하며 살아가면 인간 육신들도 함께 벌을 받을 수밖에 없기에 단명, 사기,

배신, 사건 사고, 화재, 천재지변, 사업실패, 금전 고통, 가정 파탄, 이혼, 별거, 정신 이상, 질병, 괴질병에 걸려 고통스럽게 살아가기에 살아 있어도 죽은 것이나 마찬가지일 정도로 사는 것이 짜증 나고, 왜 살아가야 하는지 삶의 의미도 잃어버리고, 아픔과 슬픔, 고통과 불행 그 자체이니라.

이렇게 삶이 힘들다고 자살하면 그것 또한 더 힘든 고통의 지옥세상이 기다리고 있느니라. 너희들은 영적세계에 대해서 문외한이고 아무것도 몰라서 종교에 의지하고 있는데, 종교는 구원이 아니라 지옥으로 인도하는 곳이기에 하늘나라 자미국에 들어오는 것이 살길이니라.

인생의 모든 고통과 불행에서 벗어날 수 있고, 영혼의 부모, 대우주 창조주 태초의 절대자 하늘을 알현할 수 있는 곳은 화려하고 웅장하며 수만, 수십만, 수백만의 신도를 자랑하는 거대 종교세계가 아니라 처음으로 앙골모아 공포의 대왕인 절대자 하늘이 강세한 하늘나라 자미국이니라.

이곳은 점을 보고, 사주 풀이를 하며 수시로 매년 굿을 하거나 도를 닦고, 천도재, 예배, 미사를 보는 곳이 아니라 나의 자미천기 기운으로 너희들을 천상으로 구해 주는 지구상에 단 하나밖에 없는 대단하고 위대한 곳이니라.

하늘에 대해서 관심 있고 구원받고 싶은 자들과 인생의 모든 고통과 불행에서 벗어나고 싶고, 죽음 이후 사후세상을 편안히 보장받을 자들만 들어오면 되느니라. 나는 너희들의 영혼을 창조한 부모이기에 구해 줄 수 있느니라.

답답한 인생, 지치고 힘들어서 어딘가 누구에게라도 의지하며 기대어 마음의 위안이라도 얻어보려고 자연적으로 종교를 다닌 자들도 많을 것이니라. 만사가 얽히고설키어 인간은 인간 대로, 영혼은 영혼대로, 조상은 조상대로, 신명은 신명대로 해답을 얻지 못하여 이 나라에 존재하는 수많은 종교세계를 소문 듣고 여기저기 찾아다니고 있지만 아무도 해답을 찾지 못하고 답답하기는 마찬가지일 것이니라.

채워지지 않는 빈 가슴, 외로움, 고독함, 공허함, 불안감, 초조함에 좌불안석이고, 어딘가에 분명 문제의 해답이 있을 것인데, 그곳이 어디인지 몰라서 헤매고 있는 자들에게 마지막 희망의 등불이 되어줄 곳이 하늘나라 자미국을 창시한 대우주 창조주 태초의 절대자 하늘인 나하고 내 육신뿐일 것이니라.

너희 인간 육신들은 돈과 재물, 권력과 명예를 얻기 위하여 혈안이 되어 있고, 너희들의 영혼과 조상, 신명들은 태초의 절대자 하늘이 내린 곳이 어디인지 찾으려고 혈안이 되어 종교세계를 차례대로 찾아다니고 있지만 아무도 찾지 못했느니라.

나의 존재를 아무 때나 쉽게 나타내지 않기 때문에 너희들의 눈과 귀로는 알아볼 수가 없을 것이니라. 너희들 곁에 함께 있어도 사람의 모습으로 있기에 영안과 신안이 열리지 않으면 절대로 알아보지 못하고 그냥 스쳐 지나갈 뿐이니라.

내가 이제 처음이자 마지막으로 존재를 나타내는 것은 인류와 지구의 운명을 반드시 결정해야 할 절체절명의 시기가 다가오고 있기 때문이니라. 내가 창조한 너희 인간, 영혼, 조상,

신명들이 천상에서 나를 배신한 악들 앞에 줄을 서서 가짜인 줄도 모르고 구원해 달라고 돈과 재물, 정력과 세월을 착취당하며 노비가 되어서 비참하게 이용당하며 살아가는데, 너희들을 이 땅으로 누가 보낸 것인지도 모르고 있느니라.

너희들에게 천상의 주인, 영혼의 부모, 대우주 창조주 태초의 절대자 하늘이 누구인지 알지도 못하고, 죽어서 원과 한이 될까 봐 마지막으로 나의 존재를 나타내는 것이니라. 죽어서 원귀가 되어 지금 살려달라는 귀신들처럼 애걸복걸해 봐야 아무 소용이 없는 일이기에 육신이 반드시 살아 있어야 하느니라.

육신이 없으면 나를 만나도 천상에서 지은 죗값을 바칠 것이 없기에 구원받을 수 없느니라. 하늘은 영혼의 부모이고 자비로우니까 그냥 구해 주어야 한다고 생각하는 자들도 있느니라. 너희들이 나를 배신한 죄가 너무나도 크기에 너희들 죗값에 합당한 대가를 바치고 죄를 빌어야만 구원해 줄 수 있느니라.

하늘인 나에게는 너희들이 가장 좋아하는 돈과 재물이 하나도 필요하지 않지만, 너희들의 죄를 용서하고 받아주는 대가는 마땅히 금전으로 받을 수밖에 없느니라. 말로만 죄를 비는 것은 진심이 실리지 않기에 받아줄 수가 없느니라.

천상에서 나의 자리를 찬탈하려던 종교의 원조이자 악마의 원조인 '하누'와 '표경'의 역모 반란에 직간접적으로 가담했다가 추포되어 재판받고 벌을 받아 지옥별인 지구에 유배된 것이기에 귀신되어 통곡하지 말고, 살아 있을 때 하늘나라 자미국에 들어와서 죄를 빌어야 구원받아 천상으로 돌아가느니라.

자미국에 와야 할 101가지 이유

01) 하늘을 찾아 일평생 종교세계를 다니는 자들
02) 하늘로부터 구원받아 사후세상을 보장받을 자들
03) 세상을 떠난 부모와 가족, 조상들을 구하려는 자들
04) 죽음 이후 자신과 가족이 천상에서 태어날 자들
05) 병명이 나오지 않는 병으로 오랫동안 고통받는 자들
06) 무병, 신병, 우울증, 불면증, 빙의로 고통받는 자들
07) 두통, 뒷골 당김, 머리 무거움으로 고통스런 자들
08) 이명 증상, 어깨 통증, 오십견, 가슴이 답답한 자들
09) 허리통증, 무릎 통증, 속 쓰림, 신물이 나는 자들
11) 상습적인 가정 폭력으로 공포의 나날을 보내는 자들
12) 술주정이 심하여 하루도 편할 날이 없는 자들
13) 흉몽, 악몽, 가위눌림으로 잠자는 것이 무서운 자들
14) 마약과 도박중독에서 벗어나지 못하는 자들
15) 고질병으로 장기간 고통받고 있는 자들
16) 대인기피증으로 사람 만나기가 두려운 자들
17) 환청과 환영으로 오랜 세월 고통받는 자들
18) 교통사고, 사건 사고, 사기배신 잘 당하는 자들
19) 돈만 빌려주면 못 받아 고생하는 자들
20) 사물이 흔들리고 2~3개로 겹쳐 보이는 자들
21) 사업(대기업, 중소기업, 장사, 가게)이 부진한 자들
22) 꿈에 죽은 가족, 부모, 조상들이 자주 나타나는 자들

23) 마음을 의지할 정신적인 구심점을 찾으려는 자들
24) 공허하고 외로워 빈 가슴이 채워지지 않는 자들
25) 태초 하늘이 이 땅으로 내린 기운을 느끼는 자들
26) 언젠가 찾아올 죽음의 공포와 두려움에 떠는 자들
27) 다니고 있는 종교에 뭔가 회의를 느끼는 자들
28) 하늘, 상제, 구세주, 부처, 미륵을 찾아다닌 자들
29) 죽은 부모, 가족, 조상들이 어디로 갔는지 궁금한 자들
30) 자신이 죽으면 어디로 가게 되는지 궁금한 자들
31) 매사 하는 일마다 무엇에 막히고 꼬이는 자들
32) 항상 마음이 불안하고 초조하여 좌불안석인 자들
33) 인류 멸망, 지구 종말론에 공포를 느끼는 자들
34) 괴질병 감염에서 벗어나고 싶은 자들
35) 갑자기 일어나는 불행으로부터 보호받을 자들
36) 아픔과 슬픔, 고통과 불행으로부터 보호받을 자들
37) 죽어서 짐승, 가축, 곤충, 벌레로 윤회하기 싫은 자들
38) 수백만 개에 이르는 지옥세계를 면하고 싶은 자들
39) 죽은 뒤에 천상에서 높은 벼슬을 누리고 싶은 자들
40) 나는 누구인가? 죽어 어디로 가는지 알고 싶은 자들
41) 자신의 죽음 이후 사후세상을 미리 알고 싶은 자들
42) 자신의 몸 안에 누가 살고 있는지 궁금한 자들
43) 천상에서 어떤 신분이었는지 알고 싶은 자들
44) 축생이 아닌 사람으로 태어난 이유를 알고 싶은 자들
45) 천상에서 어떤 죄를 짓고 태어났는지 알고 싶은 자들
46) 천상세계, 사후세계가 존재하는지 궁금한 자들
47) 상상의 동물인 용들이 실제 존재하는지 궁금한 자들
48) 용이나 봉황이 나타나는 꿈을 자주 꾸는 자들
49) 천상의 주인 하늘은 어떤 분인지 궁금한 자들

50) 각자들이 믿고 있는 종교적 숭배자들이 궁금한 자들
51) 자신은 왜 병마에 걸려서 고통받는지 궁금한 자들
52) 잘 낫지 않는 병마 원인과 소멸 방법이 궁금한 자들
53) 머릿속이 멍하고 텅빈 느낌을 받는 자들
54) 몸 안에 귀신이 얼마나 있는지 궁금한 자들
55) 집 안에 귀신들이 함께 살아가는지 궁금한 자들
56) 자동차 안에 귀신들이 정말 있는지 궁금한 자들
57) 종교에 열심히 다니고 있는 자들
58) 집 안과 몸에 부적을 늘 지니고 다니는 자들
59) 신줏단지를 모시고 있는 자들
60) 신을 받으라고 권유받은 자들
61) 머리 깎고 승려 되라고 권유받은 자들
62) 하나님, 예수, 성모 마리아를 믿거나 권유받은 자들
63) 도를 닦으려고 권유받은 자들
64) 일평생 무속에 빠져서 수시로 굿하는 자들
65) 신령, 탱화, 불상을 모신 자들
66) 조상님들이 좋은 세계로 갔는지 알고 싶은 자들
67) 귀신들이 보이고 귀신과 대화를 하는 자들
68) 자기 정신으로 살아가지 못하는 자들
69) 부부간, 애인과 피 터지게 싸우는 자들
70) 말이 두서 없이 튀어나와서 망신당하는 자들
71) 죽어서 천상세계에 태어나고 싶은 자들
72) 종교가 아닌 마음의 신선한 의지처를 찾는 자들
73) 종교인들에게 궁금증에 대한 해답을 얻지 못한 자들
74) 천상의 우주는 어떤 세계인지 알고 싶은 자들
75) 가족과는 어떤 인연으로 만났는지 알고 싶은 자들
76) 몸 안에서 누군가 자신에게 지시를 내리는 자들

77) 어느 날부터 갑자기 심한 통증이 느껴지는 자들
79) 이 땅에 왜 태어났는지, 사명이 궁금한 자들
80) 어디가 진짜인지 수많은 종교를 전전하는 자들
81) 어디로 하늘이 내렸는지 찾아다니는 자들
82) 오늘이 마지막 날일 것 같은 마음이 드는 자들
83) 죽음을 암시하는 불길한 꿈을 꾸는 자들
84) 자신이 믿는 숭배자가 진짜인지 궁금한 자들
85) 자살하라고 마음 안에서 메시지가 강하게 뜨는 자들
86) 살면 무엇해, 어차피 죽을 건데 빨리 죽으려는 자들
87) 죽은 친구나 지인들이 나타나 손짓하는 자들
88) 주식투자만 하면 막대한 손실을 보는 자들
89) 가상화폐 투자로 막대한 손실을 보는 자들
90) 선물옵션 투자로 막대한 손실을 보는 자들
91) 동업으로 사기 배신당하여 고통받는 자들
92) 재산을 자식에게 물려줄 것인가 고민하는 자들
93) 막대한 재산을 어떻게 할 것인가 고민하는 자들
94) 재산 상속할 핏줄이 없어서 고민하는 자들
95) 큰돈을 꼭 벌 수 있는데 마지막에 실패하는 자들
96) 죽은 뒤에 매장과 화장으로 고민하는 자들
97) 납골당, 납골묘, 수목장으로 고민하는 자들
98) 제사, 차례, 시제, 성묘를 해야 하는지 궁금한 자들
99) 위패를 절 법당에 봉안하고 있는 자들
100) 종교단체에 정기적으로 기부금을 내고 있는 자들
101) 치매(치매 귀신 빙의)로 가족이 고통받는 자들

산 자들과 이미 죽은 자들 모두가 궁금하게 여기는 내용들에 대해서 속 시원히 해법을 제시하여 주는 곳이 하늘나라 자미

국의 태초 하늘이니라. 내로라하는 대사, 고승, 도승, 학승, 도인, 도사, 기인, 이인, 술사, 보살, 무당, 신부, 목사, 역술인을 통해서도 알지 못하고 얻지 못하는 모든 해답을 얻느니라.

종교인들조차도 명쾌한 해답을 제시하지 못하는 산 자들과 죽은 자들 모두가 궁금히 여기는 극락, 선경, 천국, 천당, 하늘세계, 천상세계, 사후세계, 지옥세계, 윤회세계, 영혼세계, 신명세계, 귀신세계, 악신과 악령세계, 생령과 사령세계, 종교세계, 인간세계, 예언과 대재앙, 괴질병, 기후재앙, 인류 멸살, 지구 종말, 조상굿, 진오기굿, 49재, 천도재, 수륙재, 지장재, 위령제, 제사, 차례, 성묘, 추모예배, 위령미사, 추모미사에 이르기까지 모든 분야에 대한 명쾌한 해법을 갖고 있는 천지대능력자가 태초의 절대자 하늘이니라.

태초 하늘인 나는 세상적 표현으로 하늘, 천황, 천제, 상제, 구세주, 심판자, 구원자, 메시아, 정도령, 진인, 미륵불로 불릴 것인데, 이런 말을 액면 그대로 받아들일 자들과 거부하고 무시할 자들도 있을 것이니라. 각자의 영적 수준이 얼마나 되느냐에 따라서 받아들이는 감도가 각자 다를 것이도다.

산 자와 죽은 자들인 너희들이 종교 안에서 수천 년을 애타게 찾아 헤매던 예언의 주인공이 바로 태초 하늘인데, 나에게 선택받아 뽑힐 행운아, 천운아들은 이 글을 읽고 환희와 기쁨에 들떠서 만세를 외칠 것이니라. 자미국의 '자미'는 태초 하늘인 나의 성씨이니라. 이 책을 읽고, 공감하여 태초 하늘을 알현하는 복 있는 자들은 행운의 줄을 잡게 될 것이니라.

자미대학원 최고위 천상과정

이 세상에 태어나면서부터 유치원을 시작으로 초등학교, 중등학교, 고등학교, 대학교, 대학원을 수업료 내고 다니면서 공부~공부~공부~ 노래를 부르며 정규 수업시간도 모자라 유명 강사가 있는 학원에 비싼 수강료를 지불하고 다니고 빛나는 졸업장을 받는 것이 대다수가 겪는 과정이니라.

하지만 약 19년의 공부과정을 거치면서 학교에서 배운 전공과목 이론을 사회생활에 적용하는 것이 사실상 불가능하고 오로지 취직시험, 자격취득시험, 사법고시, 행정고시, 외무고시를 보기 위한 학력 검증인데, 많은 시간이 소요되느니라.

정작 일상생활에 필요한 공부라기보다는 시험 보기 위한 공부가 대부분이라 지겹고 짜증나고 배우기 싫지만, 졸업장을 받고 취직시험을 봐야 하기에 마지못해서 다니는 경우가 많아 인생 낭비가 심한데 어쩔 수 없는 인생사 과정들이니라.

자미대학원 최고위 천상과정은 매주 일요일 1시~6시까지이며, 단기 6개월부터 12개월, 18개월, 24개월, 30개월, 36개월, 42개월, 48개월의 과정과 단기과정을 이수하고 계속 다음 학기를 연장할 수 있으며 각자 여건에 맞게 선택하면 되고 매 6개월마다 자미대학원 총장 명으로 수료증을 수여하느니라.

천생, 전생, 현생, 내생의 삶의 내용과 하늘세계, 천상세계, 영혼세계, 신명세계, 사후세계, 조상세계, 윤회세계, 지옥세계, 인간세계, 종교세계의 진실을 낱낱이 파헤치는 살아 있는 실전 공부과정이고 하늘과 신과 영, 조상, 악귀잡귀들이 우리 인생에 어떤 영향을 미치는지 생생하게 지켜보는 학습과정이도다.

또한 이 세상에서 수천 년 동안 지극정성으로 숭배하고 있는 하느님, 하나님, 상제님, 부처님, 미륵님, 천지신명님, 열두대신, 알라신, 라마신, 시바신, 석가모니, 여호와(야훼), 예수, 마리아, 공자, 노자 등등에 이르기까지의 진실을 전하느니라.

죽음 이후의 세상이 존재하는데 영생하는 천상으로 갈 것인가? 형벌받는 지옥으로 갈 것인가? 비참한 만생만물로 윤회할 것인가? 이것에 대한 명쾌한 해법을 얻을 수 있는 곳이 자미대학원이고, 이미 죽어서 세상을 떠난 역대 제왕, 역대 대통령, 국내외 재벌 총수들, 종교 교주들, 총리, 부총리, 장관, 차관, 시도지사, 시군구청장, 정치인, 국회의원, 내로라하는 유명인사들은 과연 죽어서 어느 세계에 어디로 가는지 알 수 있느니라.

이들의 영혼을 불러서 그들의 사후세계 실제 모습을 알 수 있고, 너희들의 돌아간 수많은 조상들도 지금 어느 세계 어디에서 무엇으로 태어났는지 알 수 있으니 경천동지할 일이며, 너희에게 바라고 원하는 것이 무엇인지 알 수 있는 곳이 자미대학원 최고위 천상과정이니라.

그리고 살아있는 너희 들은 죽으면 좋은 세계로 알려진 천상으로 올라가는지, 지옥으로 가게 되는지, 어디로 가서 축생으으로 태어날 것인지 사후세계 모습을 미리 알 수 있는 곳이 자미대학원 최고위 천상과정이니라.

　너희들이 궁금히 여기고 종교세계에서 두루뭉술하게 넘어가서 알 수 없고 풀리지 않는 영적세계의 모든 진실들이 생생하고 적나라하게 말해 주어서 통쾌함을 느낄 것이니라.

　이번 생에 천상으로 가느냐? 지옥으로 가느냐? 만생만물로 윤회하느냐를 결정하는 인생 최대의 화두이자 마지막 시험장이기에 순간의 선택이 중요한데, 자미대학원에 들어오지 못하면 죽어서도 천추의 원과 한을 남길 것이니라.

　아직은 육신이 생생히 살아 있기에 죽음 이후의 세상이 얼마나 무서운지 알지 못하니라. 때가 되면 죽어야 하는 것이 숙명이라 생각하며 대수롭지 않게 받아들이지만, 죽음 너머에 기다리는 세상은 너희가 생각하는 것처럼 편안하지 않으니라.

　종교인들이 사후세계 진실을 제대로 전달하지 못해서 반신반의하거나 죽으면 극락, 선경, 천국, 천당으로 가는 것으로만 알고 있는데, 죽어보지 않았으니 아무리 설명해도 이해가 안될 것이기에 자미대학원 최고위 천상과정을 통해서 간접체험이라도 해보는 자들이 가장 현명할 것이니라.

　이 땅에 세워진 종교세계를 통해서는 천상세계에 존재하는 하늘나라 자미국의 진실을 알지 못하느니라. 천상에는 태상천궁 외에 3천궁과 3,333개 제후국들과 제후들, 제후비, 왕자, 공주들이 있지만 이곳으로 가는 방법이 종교세계 안에는 없느니라.

종교인들은 신과 영혼, 조상령을 구해 줄 수 있는 능력도 없고, 귀신들을 소멸시킬 수 있는 능력도 없느니라. 종교인의 삶을 사는 성직자들은 중생 구제한다고 자랑하지만, 죄가 가장 많다는 것을 직업으로 표시해 놓은 것인데, 이들을 믿고 따르는 신도들 역시도 죄가 클 수밖에 없도다. 이런 내용을 이 땅에 있는 자들은 절대로 이해 못 할 내용이라서 오히려 부정할 것인데 죽어보면 알게 되느니라.

얼마나 죄가 크면 종교인과 신도들을 100명 죽인 살인자보다 크게 죄를 묻겠다고 하겠느냐? 태초 하늘인 나에게 구원받아야 할 너의 신과 영혼, 조상령들을 영원히 지옥세계와 윤회세계로 인도하는 곳이 성직자라는 종교인들이니라.

난생처음 들어보는 말이고, 말도 안 된다고 항변하겠지만, 종교인들의 조상들이 죽어서 어디에 가 있는지 말해 줄 수 있고, 종교인 역시 살아서 자신의 죽음 이후 어디로 가서 무엇으로 태어나는지 생생히 알려줄 수 있느니라. 너희들과 조상들도 어떻게 되는지 미리 알 수 있는 곳이 전 세계 유일한 하늘나라 자미국의 자미대학원 최고위 천상과정이니라.

자미대학원 최고위 천상과정을 통해 영적세계 진실을 알게 되면 남은 인생을 어떻게 살아가야 하는지 인생 좌표가 생기고, 등록금 납부 즉시 해당 일요일부터 참석할 수 있느니라.

매주 일요일 천법회 개최

　천법회(천상도법주문회)는 매주 일요일 오후 1시부터 6시까지이도다. 천법회에 참석하려면 조상님 천상입천 의식을 행한 백성급 이상, 혹은 천상입천 의식을 행할 형편이 안 되면 예비백성 신분으로 가입하여야만 참가할 수 있느니라.

　천법회에서는 인류 모두가 궁금하게 여기는 하늘세계, 사후세계, 영혼세계, 신명세계, 천상세계, 지옥세계, 윤회세계, 귀신세계, 종교세계, 인간세계에 대한 상상을 초월하는 경천동지할 진실들을 낱낱이 알 수 있다.

　하늘나라 자미국은 서울 강동구 한 곳뿐이기에 거리가 멀어도 진실을 갈구하는 자들은 바쁜 일정을 잠시 미루고 참가해야 하는데 제일 먼 곳은 제주도, 부산, 기장, 울산, 거제도, 진주, 경주, 창원, 광양, 함안, 대구, 광주, 강진, 전주, 대전, 천안, 금산, 청주, 제천, 이천, 하남, 용인, 오산, 수원, 화성, 평택, 군포, 광명, 고양, 남양주, 포천, 인천, 서울에서 매주 일요일마다 참석하고 있는데, 일반인들은 이해가 안 갈 것이니라.

　정작 서울에 사는 자들보다 부산, 울산, 경남, 대구, 경북 등 지방에 사는 자들이 더 많은 것이 아이러니하니라. 오히려 장거리 지방에 사는 자들이 매주 일요일마다 참석할 정도면 얼마나 대단한 천법회인지 짐작이 가는 대목이니라. 거리가 멀어서 엄두가 안 난다고 하는 자들은 그만큼 하늘에 대한 마음이 없기 때문이고, 하늘나라 자미국이 얼마나 대단한 곳인지 알지 못한 경우와 하늘로부터 뽑히지 못했기 때문이니라.

이곳은 일반 종교처럼 아무나 쉽게 들어오는 곳이 아니라 책을 읽어보고 하늘로부터 뽑히고 선택받은 인간, 영혼, 조상, 신들만 들어올 수 있는 지구상에 하나밖에 없는 곳이니라.

종교처럼 누구 소개로 들어오는 곳이 아니라 책을 읽고 공감, 감동, 감격, 감탄해서 1차로 하늘의 관문을 통과해야만 하고, 가족이나 지인에게 말하거나 다른 자들을 데리고 동행하는 것은 절대 불가한 곳이니라.

가족과 지인에게 자미국에 대해 의견을 교환하고 이것저것 물어보면 못 들어오기에 혼자서 알고 혼자서 찾아와야 하느니라. 이유는 그들의 몸에는 구원받아 천상으로 돌아갈 자들이 없기 때문에 자미국에 가는 것을 방해하기에 배우자나 자녀들에게도 말을 하면 이곳에 들어오는 길이 막혀버리느라.

즉 너희들 주위에는 가족들이라도 그 몸 안에는 반대파 귀신들이 무량대수로 많기에 절대로 자미국에 대해서는 입 밖에도 꺼내면 안 되는 이유를 23년 동안 무수히 체험했도다. 그렇게 말한 자들은 모두가 자의든 타의든 인연이 끊어졌느니라.

부산, 울산, 창원, 대전에 사는 자들은 아예 서울로 직장을 옮긴 자들도 4명이나 있도다. 기존의 종교세상이 아닌 하늘의 무소불위한 자미천기 기운이 실시간으로 무궁무진 내리는 전 세계에 하나밖에 없는 대단한 곳이기에 거리가 아무리 멀어도 매주 일요일마다 천법회에 참가하고 있느니라.

일반적인 종교단체라면 멀고 먼 지방에서 서울 강동구까지 올 필요가 없느니라. 참석하는 자들은 10년 넘은 자들이 대부분인데 태초 하늘의 천지대능력에 대해서 무수히 체험하였기에 거리가 멀어도 개의치 않고 매주 천법회에 참석하느니라.

태초 하늘 그 자체라고 인정하고 믿기에 참석하는 것이고, 무소불위한 자미천기 기운에 이끌려서 자발적으로 참여하는 것이니라. 그리고 태초 하늘인 나를 알현하여 자신들의 인생살이가 천지개벽하여 좋아지고 있기 때문에 안 믿을 수가 없어 일요일마다 바쁜 일을 미루고 참가하고 있느니라.

마음이 있으면 거리가 멀어도 달려오고, 태초 하늘의 위대한 존재와 하늘나라 자미국에 대해 모르면 멀게만 느껴지느니라.

기존의 일반적인 종교가 아니라 진짜 태초 하늘이 내린 곳이며 종교처럼 맹목적으로 믿는 것이 아니라 각자가 태초 하늘이 내려주는 천비롭고 무소불위한 자미천기 기운을 온몸으로 생생히 느끼고 체험을 통해서 인정하는 곳이니라.

이곳은 심판과 구원을 병행하는 천상지상 대법정이기에 교리를 전파하지 않으며 실시간 라이브로 모든 천상의식을 태초 하늘이 주관하는 정말 대단한 곳이니라. 남의 말을 듣고 하늘나라 자미국을 판단하려는 자들은 이미 탈락자들이기에 들어올 수 없느니라. 지구 자체가 하늘의 역천자 죄인들이 살아가는 곳이라 사방 천지가 반대파들 악들과 귀신들뿐이니라.

하늘이 내린 시험지인 책을 읽고 들어온 자들만 있느니라. 책 자체가 하늘이 내린 시험지이기에 인간, 영혼, 조상, 신들이 하늘의 시험 문제를 풀어야만 자미국에 들어올 수 있도다.

너희들과 부모 조상들의 사후세계를 누군가에게 의논하고 하늘나라 자미국이 어떤 곳인지 믿지 못해서 여기저기 확인하려는 자들은 차라리 들어오지 말지어다. 들어온다 해도 태초 하늘이 내리는 고귀한 천상입천의 명을 받을 수 없느니라.

지금까지 이 세상에 알려진 모든 종교세계가 구원받지 못할 귀신세계인데, 이것을 아무리 가르쳐주어도 믿으려 하지 않느니라. 태초 하늘의 진실보다는 수천 년 된 종교 역사를 더 신뢰하고 믿지만 종교세계가 몽땅 가짜이고 귀신세계들이니라.

지금은 육신이 살아 있기에 아무리 알려주어도 믿지 않는데 죽어보면 종교의 진실이 무엇인지 생생히 알게 되지만 그때는 죄를 용서 빌 수 있는 그 어떤 길도 없고, 용서도 받을 수 없으며 대성통곡과 고문 형벌의 무서운 심판만이 기다릴 뿐이도다.

태초의 절대자 하늘인 나는 천통대능력자, 도통대능력자, 신통대능력자, 영통대능력자, 의통대능력자인데 이 모두를 합한 것이 천지대능력자이니라.

† 책을 맺으면서

 만생만물의 영장인 사람으로 태어난 것은 분명 영광 중에 영광이고, 행운 중에 행운이기에 태초의 절대자 하늘인 나에게 감사한 일인데, 하늘의 진실을 몰라보고 허송세월을 보내며 나를 죽이려 했던 악들이 세운 종교사상에 빠져 있느니라.

 지구에서 처음이자 마지막으로 구원받을 수 있는 태초의 절대자 하늘이 하늘나라 자미국으로 강세한 줄도 모르고 종교에 빠져 있는데, 태초의 절대자 하늘은 천상과 지상의 모든 신명들은 물론 산 자와 죽은 자의 영혼(생령과 사령)들을 자유자재로 불러서 수시로 대화를 나눌 수 있는 인류 최초, 인류 최고의 무소불위한 대천력, 대도력, 대신력, 대법력, 대원력을 지니고 천통, 도통, 신통, 영통, 의통의 천지대능력자이며, 너희들이 세상에서 기다리던 하늘, 메시아, 구세주, 구원자, 미륵, 정도령, 진인이니라.

 말하는 대로 이루어지는 신비의 말법시대를 도법세상이라고 하느니라. 아직도 귀신이 있느냐, 없느냐로 반신반의하는 자들이 많은데, 너희들 자체가 언젠가는 죽을 것이기에 예비 조상이자 예비 귀신이란 진실을 받아들이고 인정해야 하느니라.

 조상과 귀신의 차이는 나의 핏줄이면 조상이고 남의 핏줄이면 귀신이 되는 것이도다. 영혼은 육신이 살아 있는 사람의 영혼을 생령(生靈)이라 하고, 육신이 죽은 자들의 영혼을 사령(死靈)이라고 부르고 이들을 합성한 용어가 생사령이니라.

매일같이 수많은 조상들과 귀신들을 불러서 구원해 주면서 하소연을 들어주는 시간이 있는데, 이들이 한결같이 말하는 내용들은 살아서는 몰랐는데, 사후세계가 수백만 개의 차원이 있다고 말하며 너무나 힘들다고 하느니라.

종교를 열심히 믿었다가 죽은 조상과 귀신들은 종교에 들어가서 숭배자들을 열심히 믿었고 천도재, 사십구재, 지장재, 수륙재, 굿, 지노귀굿, 추모예배, 추모미사, 위령미사 구원의식을 끝도 없이 행하였지만 좋은 세계로 알려진 극락, 선경, 천국, 천당세계로 올라가지 못하여 원귀가 되었다고 말하느니라.

죽어서 저승에 들어가서야 이 땅에 있는 모든 종교세계가 몽땅 가짜라는 것을 알게 되었다며 살려달라고 애걸복걸하며 눈물 흘리고 있었느니라. 종교인들이 전해 준 극락, 선경, 천국, 천당세계는 존재하지 않았으며, 죽으면 데려간다는 천사들도 악신들이 변신한 것이고 실체가 전혀 없느니라.

이렇게 죽어서 소문 듣고 전 세계에서 찾아오는 조상과 귀신들이 엄청 많은데, 구원받으려면 살아 있는 자손이든 후손과 함께 책을 읽어보고 들어와서 자신이 천상과 전생, 현생에서 지은 죄를 비는 천상입천 의식을 행해야만 영혼의 고향인 천상으로 올라가는 행운을 잡을 수 있느니라.

하늘나라 자미국에 들어와 태초 하늘의 명을 받들지 못하고 죽으면 허공 중천을 떠돌거나 자손과 후손의 몸으로 들어가기도 하고, 만생만물로 반복 환생하며 윤회하는데 파리, 모기, 개미, 구더기, 바퀴벌레, 날짐승, 길짐승, 어류, 가축들인 소, 돼지, 닭, 개, 고양이, 쥐, 식물, 나무, 풀, 모래알, 돌, 바위, 일반 모든 물건으로 태어나 한도 끝도 없이 윤회하게 되느니라.

죽으면 그만이라고 생각하는 자들이 참으로 많고, 죽으면 고통이 없을 것이라고 하는데, 죽은 귀신도 생전에 질병으로 앓았던 고통, 사고로 죽었을 때의 고통을 그대로 간직하며 살아가기에 고통스럽고, 술을 좋아하고 졸음도 오게 하느니라.

산 사람 몸에 들어와서 자신이 살아서 앓았던 질병을 고쳐보려고 멀쩡한 사람 몸에 들어가 병에 걸리게 하여 치료하려고 병원을 함께 다니고 있다는 웃지 못할 경천동지할 일들도 있었는데 너희들이 얼마나 이해하려는지 모르겠도다.

변하지 않는 사후세계 진실은 이 세상의 모든 종교가 전부 가짜라는 무서운 진실을 전혀 몰랐다는 것이고, 죽어서야 종교인들에게 속았다는 것을 알게 되었다는 것이 공통점이었는데, 이런 모습들이 남의 이야기가 아니라 죽음 이후 너희들 모두에게 똑같이 일어난다는 사실을 알려주느니라.

이 세상에서 육신의 죽음이 무서운 것이 아니라 태초의 절대자 하늘인 내가 가장 싫어하는 종교를 믿어 지옥세계로 압송되는 것이 가장 무서운 일이도다. 육신의 죽음은 모두가 때가 되면 맞이해야 하는 피할 수 없는 인륜지대사이기에 왕과 대통령,

왕비와 영부인, 재벌 총수와 총수 부인, 부자와 권력을 휘두르는 고위공직자들이라 할지라도 아무도 피할 수 없느니라.

종교인들과 신도들은 지금이라도 당장 종교를 떠나 하늘나라 자미국으로 들어와서 천상입천의 명을 받들지 않고 죽으면 지옥세계 입문은 피할 수 없느니라. 겁주려고 하는 말이 아니라 이미 죽어서 지옥세계로 떨어진 너희들의 인생 선배들인 수많은 귀신들과 대화를 통해 가르쳐주는 진실이니라.

지옥세계 다음으로 무서운 세계가 만생만물로 끝없이 반복 환생하는 윤회지옥인데, 윤회를 인정하고 믿는다는 것이 쉬운 일은 아니지만 수많은 귀신들을 불러 무수히 대화를 주고받으면서 귀신들이 겪었던 사후세계 진실이니라.

죽어서 하늘의 진실과 종교의 진실을 깨닫고 인정해 봐야 아무 소용이 없고, 살려달라, 구원해 달라고 눈물 콧물 흘리며 빌어도 너희들을 살려줄 구원자는 영원히 나타나지 않는다는 만고불변의 위대한 진실을 가르쳐주는 것이니라. 사후세계를 보장받으려거든 반드시 살아생전 하늘나라 자미국에 들어와서 천상입천의 명을 받들어야 현생과 사후세상이 편안하느니라.

이번 생애가 나에게 구원받아 천상으로 돌아갈 수 있는 처음이자 마지막 기회이기에 허송세월을 보내며 천하태평으로 시간을 보낼 여유가 없느니라. 너희들에게 오늘이 마지막 날이 되는 자들, 내일이 마지막 날인 자들도 있을 것이고, 1개월, 1년, 3년, 5년, 10년, 20년, 30년, 40년, 50년, 60년, 70년, 80년 후에 죽게 될 자들도 있느니라.

너희들은 어떤 종교를 열심히 다니며 종교 숭배자들을 목숨처럼 받들어 섬기기에 죽어도 좋은 세계로 알려진 극락, 선경, 천국, 천당으로 올라갈 것이라고 철석같이 믿고 있을 것이지만, 종교란 자체가 몽땅 거짓이니라.

너희들은 이 세상에서 언제 죽을지도 모르고 불확실한 미래를 하루하루 위태롭게 살아가고 있는데, 살아서 천상입천의 명을 받들지 못하고 죽으면 사후세상을 보장받는 길은 이 세상 그 어디에도 존재하지 않느니라.

너희들을 구원해 준다는 종교의 숭배자들인 하나님, 하느님, 한울님, 부처님, 미륵님, 상제님, 천지신명들은 나를 사칭한 악신과 악령에 불과하고 석가, 여호와(야훼), 예수, 마리아 역시도 구원해 줄 능력이 하나도 없기에 하늘나라 자미국은 세계 인류의 영적 세계를 선도하고 독점할 것이니라.

이제부터 악들이 세운 전 세계 종교는 무너질 것이며, 태초의 절대자 하늘인 내가 강세한 하늘나라 자미국이 세상의 중심이 될 것이고, 그동안 종교 안에서 구원받지 못했던 인간, 영혼, 조상, 신명들은 빛과 불인 영혼의 부모 품 안으로 들어와 아픔과 슬픔, 고통과 불행에서 졸업해야 하느니라.

하늘은 기독교와 천주교에서 말하는 여호와(야훼) 하나님, 하느님과는 완전히 다른 대우주 천지인 창조주이자 천상의 주인을 말하느니라. 종교인들이 태초 하늘인 나를 너무나 많이 팔아 처먹어서 진실을 밝히고자 직접 강세하였도다.

하늘나라 자미국 의식 종류

첫　째 조상님을 천상으로 보내는 조상 천상입천 의식
둘　째 지옥, 윤회 않고 천상으로 오르는 천인합체 의식
셋　째 고차원의 천상신명과 하나되는 신인합체 의식
넷　째 신선의 반열에 오르는 도인합체 의식
다섯째 가족의 사후세상을 보장하는 가족 천인합체 의식
여섯째 천상에서 지은 죄를 용서 비는 사죄 의식

첫째와 둘째는 기본이고 나머지는 선택 사항이고, 모든 의식은 일반, 하단, 중단, 상단, 특단, VIP 의식이 있고 금액의 차이가 있느니라. 천상의 삶을 알고 싶은 자들은 사죄식 할 때 천상록을 의뢰하면 15~20 페이지의 천상록을 받아보느니라.

"자미ㅇ삼영지사 사상장
자미천궁 요불천세강존 태상현륵 자미ㅇ(ㅇㅇㅇ)
태인상존 인축지세 대황천멸 지소화영ㅇㅇㅇ1955
태기태상인북 천기선주엽"

"태상선오 태문지사 태극수멸 천지판경 인출래
자미ㅇ 천상지상 화기육천(ㅇㅇㅇ)
강소화염태경 자미ㅇ경출세 자미남도 자미ㅇ 소염구천구업
자미사륵 태상ㅇㅇ 자미염소 화인치수(ㅇㅇㅇ)
자미도술 천간지하세멸 자미인ㅇㅇㅇ칠육화소대멸
자미ㅇ 서도자미화 자미ㅇㅇ인ㅇㅇㅇ
지축인 자미사도 병마천화 자미ㅇ(ㅇㅇㅇ)출래"

주의사항

1) 태초 하늘과 알현 상담할 때는 천공(하늘 알현 상담 금전)은 너희들 마음 크기에 따라 자율적으로 올리면 되느니라.

2) 어떠한 경우라도 배우자, 가족, 형제, 자매, 애인, 지인, 친구를 동행하면 그들 몸에 악들과 귀신들이 방해하고 시기, 질투하기에 알현을 거절하니 반드시 혼자 와야 하느니라.

3) 책을 읽고 너희들 사상과 다르다고 말, 글, 마음, 생각으로 비난, 험담, 욕설하면 하늘의 명을 받은 판관사자와 저승사자들과 용(황룡, 청룡, 흑룡, 적룡, 백룡)들이 실시간으로 네 몸 안에 있는 너의 영혼, 조상, 신, 귀신, 악들을 즉시 원격 추포하여 불지옥 적화도, 독사지옥, 거해지옥으로 압송하느니라.

그러면 너와 네 가족과 가문, 실직, 사업, 기업이 몰락하는 걷잡을 수 없는 풍파가 휘몰아치는 온갖 사건 사고와 화재, 괴질병, 차사고, 단명, 불치병, 두통, 온몸 통증, 정신병, 살을 맞아 반신불수, 천재지변의 대재앙과 불행이 일어날 것이도다.

4) 반면에 책을 읽고 감탄, 감격, 감동받아 환희하고 박수 치며 만세 부르는 자들에게는 무소불위한 자미천기 천지기운이 무궁무진 내려서 기운으로 하늘나라 자미국으로 인도해 주고, 막힌 일들이 풀어지고 좋은 일들이 계속 일어날 것이니라.

하늘에 공덕을 쌓으라!

　천생, 전생, 현생, 내생의 죄업을 풀기 위해, 자식을 위해 공덕을 쌓으려고 여기저기 종교를 찾아다니며 절을 지어주거나, 교회, 성당, 도장, 병원, 대학교를 짓는 데 큰돈을 성큼 내는 자들이 많이 있느니라. 인간들은 배신을 밥 먹듯이 하는지라, 공덕을 쌓고도 배신당하여 마음의 상처를 입은 자들도 많으니라.

　공덕을 쌓으려거든 배신 없는 태초의 절대자 하늘인 내게 쌓든가, 너희 조상들에게 쌓든가, 너의 신과 영혼에게 쌓든가 해야 할 것이니라. 이 땅에 인간들은 모두가 천상에서 태초의 절대자 하늘인 나를 배신하고 지구로 도망치고 쫓겨나 유배당한 자들이기에 언젠가는 또 배신할 것이도다. 천성은 변하지 않느니라.

　부모, 배우자, 자녀, 형제, 자매, 친인척, 친구도 믿을 수 없고 서로 배신하고 살인하는 불신의 세상이 되었도다. 인간세상에 공덕을 쌓는 것은 태초의 절대자 하늘인 나를 배신한 악들과 귀신들에게 쌓는 것이기에 현생과 내생이 더 뒤집혀지느니라.

　인간세상은 한정되어 짧은 몇십 년의 삶이지만, 천상세계는 무한하기에 태초의 절대자 하늘에게 공덕을 쌓는 것이 가장 안전하고 가장 보람된 일이니라. 재산을 자녀들에게 미리 몽땅 물려주어 자녀들이 찾아오지도 않아 배신당하여 후회하며 마음의 상처를 입은 자들도 아주 많으니라.

　너희들을 영원히 배신하지 않는 존재는 태초의 절대자 하늘인 나와 죽은 네 부모 조상과 네 육신, 너의 신과 영혼뿐이니라. 네 주변에 아무도 믿을 자들이 없고, 너를 이용하여 사기, 배신하려는 적들뿐이니라. 믿었던 도끼에 발등 찍히듯이 가장 가까운 자들이 네 인생의 적들임을 명심해야 할 것이니라.

　1차 사명완수는 너희들의 죽은 부모와 조상, 가족들을 구하는 천상입천 의식을 행하여 천상의 하늘나라 자미국으로 보내고, 너의 신과 영혼이 윤회와 지옥도를 면하는 천인합체의 명을 받는 것이 인간 육신으로 태어난 1차 사명을 완수하는 것이니라.

　2차 사명완수는 태초의 절대자 하늘이 거처하는 인류의 수도가 될 지상의 하늘나라 자미국(궁전)을 짓는 데 건축 천공, 공덕 천공을 아낌없이 바치는 것이니라. 너희들이 바치는 천공은 살아서나 죽어서나 무소불위한 자미천기 기운을 영원히 받는 것이니라. 너희들이 행하고 뿌린 대로 건축 천공, 공덕 천공을 바친 만큼 한 치의 오차도 없이 거둘 것이니라.

- 대우주 창조주 -

하늘나라 자미국(자미천국/자미천궁/태상천궁)
문의 및 알현 상담 예약 02)3401-7400
서울 강동구 성안로118(성내3동 382-6)
건축 · 공덕 · 천공 : 농협 301-0111-2970-51 (예금주:하늘)